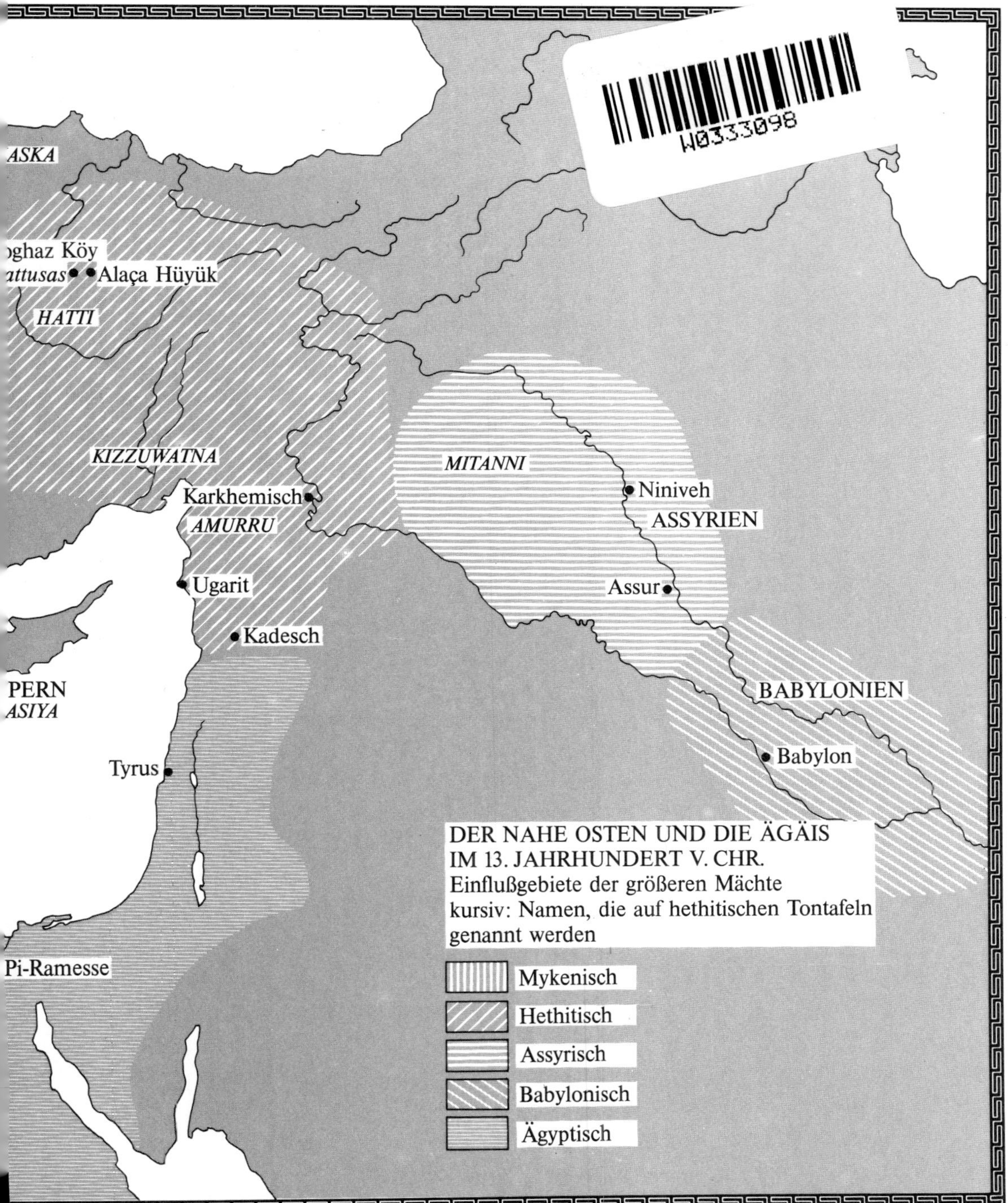
ASKA
ghaz Köy
attusas
Alaça Hüyük
HATTI
KIZZUWATNA
Karkhemisch
AMURRU
Ugarit
Kadesch
PERN
ASIYA
Tyrus
Pi-Ramesse
MITANNI
Niniveh
ASSYRIEN
Assur
BABYLONIEN
Babylon
DER NAHE OSTEN UND DIE ÄGÄIS
IM 13. JAHRHUNDERT V. CHR.
Einflußgebiete der größeren Mächte
kursiv: Namen, die auf hethitischen Tontafeln genannt werden
Mykenisch
Hethitisch
Assyrisch
Babylonisch
Ägyptisch

Michael Wood

DER KRIEG UM TROJA

Michael Wood

DER KRIEG UM TROJA

Geschichte der Stadt, ihrer Wiederentdeckung und der neuesten Grabungen

Aus dem Englischen von Friedrich W. Gutbrod

Umschau Verlag Frankfurt am Main

CIP-Kurztitelaufnahme der Deutschen Bibliothek

Wood, Michael:
Der Krieg um Troja : Geschichte d. Stadt, ihrer Wiederentdeckung u. d. neuesten Grabungen / Michael Wood. Aus d. Engl. von Friedrich W. Gutbrod. – Frankfurt am Main : Umschau-Verlag, 1985. –
Einheitssacht.: In search of the Trojan war ⟨dt.⟩
ISBN 3-524-69055-0

Die Originalausgabe erschien 1985 unter dem Titel »In Search of the Trojan War« bei British Broadcasting Corporation, London

Umschlaggestaltung: Manfred Sehring

Gesamtherstellung: Brönners Druckerei Breidenstein GmbH, Frankfurt am Main
Printed in Germany

Inhalt

Dankwort

»Ich könnte genausogut auf die Suche nach Utopia gehen oder nach Robinson Crusoes Karibik-Insel und seiner Hütte, um mit demselben Gewinn heimzukommen«, sagte der streitbare Jacob Bryant über die Suche nach Troja, von dem er glaubte, daß es nie existiert habe (1799). Wenn ich speziell von meiner eigenen Odyssee mit irgendwelchem Gewinn zurückgekehrt bin, so verdanke ich das weitgehend den vielen Wissenschaftlern und Freunden, die mir ihre Kenntnisse zukommen ließen.

Als erstes möchte ich den Freunden danken, die die Filme drehten, zu denen dieses Buch den Begleittext lieferte: Bill Lyons, dem Produzenten und Regisseur mit seinem Können und wahrhaft trojanischen Durchhaltevermögen; Annette Steinhilber, der unerschütterlichen Stütze des Unternehmens; Richard Gannicliffi, Dennis Cartwright und Alan Parker, auf deren tatkräftige Hilfe und gute Laune man sich stets verlassen konnte. Dank gleichermaßen David Jackson, Graham Veevers und Terry Bartlett, Pat Haggerty und Roy Newton, die mit ihrer besonderen Sachkenntnis bei der Bearbeitung mitwirkten. Mordo und Sevim Berker ebneten in der Türkei alle Wege und erwiesen uns großzügigste Gastfreundschaft. Vor allem aber empfinde ich eine ganz besondere Dankesschuld gegenüber meiner verehrten Freundin Maria Koumarianou-Powell: Ich hätte in Griechenland keine anregendere Begleiterin haben können. Sheila Ableman redigierte das Buch mit lässiger Könnerschaft, und Viv Brearley schlängelte sich zielsicher durch ein Manuskript-Labyrinth: beiden herzlichen Dank!

Meine Dankesschuld gegenüber Fachwissenschaftlern, die auf diesem Gebiet arbeiten, ist ungewöhnlich groß. Mein Dank gilt den Professoren George Huxley, Kevin O'Nolan, John Davies, Leonard Palmer, Oliver Gurney, Peter Warren, Colin Renfrew, James Hooker und Sir Moses Finley sowie den Doktoren Oliver Dickenson, Chris Mee, Mervyn Popham, Nancy Sandars, David Hawkins, John Lazenby, Jim McQueen, John Killen, Livia Morgan, Brian Hainsworth, James Jackson, Lord William Taylour und General Sir John Hackett, die sich alle in liebenswürdiger Weise die Zeit nahmen, bestimmte Punkte mit mir zu besprechen. Besonders dankbar bin ich Professor Geoffrey Kirk, Professor R.H. Crossland und Dr. John Chadwick für Rat und Hilfe, und den Doktoren John Bintliff, James Mellart, Donald Traill sowie Professor Hans Güterbock, die mir gestatteten, ihr noch unveröffentlichtes Material zu benützen. Lesley Fitton war so freundlich, im Britischen Museum Briefe von Calvert und Schliemann für mich aufzustöbern. Dr. Ken Kitchen versorgte mich mit sonst unzugänglichem Material und ermutigte mich mit seinem ausgeprägten Enthusiasmus, wofür ich beiden vielmals danke. Donald Easton diskutierte mit mir in höchst entgegenkommender Weise das Trojaproblem aus der Sicht seiner Nachforschungen in Schliemanns Aufzeichnungen und gestattete mir die Benützung seines unveröffentlichten Materials im Entwurf; alle seine Verehrer warten gespannt auf die Veröffentlichung seiner Arbeit. Eine besonders angenehme Pflicht ist es, Sandy McGilivry, Sinclair Hood und William Taylor für einen denkwürdigen Abend in der »Taverna« in Knossos zu danken, wo wir über die kniffligen Probleme dieses großartigen Fundreviers sprachen. Ebenfalls in Griechenland waren die Professoren Catherine Koumarianou, C. Doumas und Spiro Jacovides sowie die Doktoren J. Sakellerakis und Alexandra Karetsou äußerst hilfreich. Professor George Mylonas verdanke ich einen unvergeßlichen Tag in Mykene, desgleichen Mikalis und den Wachen in Phaestos. Ganz besonders möchte ich der deutschen Schule in Athen und in Istanbul für viele Gefälligkeiten danken und hier insbesondere Klaus Kilian in Tiryns, der mir seine Zeit und sein Material aufs großzügigste zur Verfügung stellte. In Athen ließ mich Jerome Sperling an seinen dramatischen Erinnerungen an die Ausgrabungen der Universität von Cincinnati in Troja teilhaben. In der Türkei bin ich besonders zu Dank verpflichtet Professor Ekrem Akurgal und Professor T. Osgüc, Dr. Sedat Alp und Mustafa Gözen Servinç, dem Direktor der archäologischen Zone von Troja, der Türkischen Historischen Gesellschaft sowie Şeref Taşliova und den öffentlichen Sänger-Barden von Kars, die mir einen Einblick in diese traditionsreiche Form des Geschichtenerzählens gaben; im äußersten Westen Europas waren es John Henry und die Leute von Kilgalligan in der Grafschaft Mayo, die mir durch Vermittlung von Seamus O'Cathoin einen Eindruck von den letzten Spuren dieses Brauchtums auf den britischen Inseln vermittelten. Schließlich möchte ich Professor John Luce für das Lesen meines Manuskripts und das Anbringen vieler Verbesserungsvorschläge danken, desgleichen Dr. Elizabeth French, die das Pech hat, in meiner nächsten Nachbarschaft zu wohnen und meine häufigen Fragen mit unerschütterlicher Geduld über sich ergehen ließ: ihrem kritischen Auge verdanke ich mehr, als ihr vielleicht bewußt ist. Der übliche Hinweis auf eventuelle Schuldzuweisungen ist hier allerdings ganz besonders angebracht; es kann gar nicht genügend hervorgehoben werden, daß keiner der obengenannten Wissenschaftler für irgendwelche sachlichen Irrtümer oder Mißverständnisse verantwortlich gemacht werden kann, die in diesem Buch vielleicht zutage kommen. In einer solchen synthetischen (will sagen: zusammenfügenden) Arbeit ist es nicht möglich, allen auseinandergehenden Theorien auf diesem äußerst umstrittenen Gebiet gerecht zu werden. Es ist einmal sehr treffend gesagt worden, daß Historiker von der Vieldeutigkeit leben und Journalisten von der Gewißheit. Zumindest hoffe ich, daß das, was Gladstone vor einem Jahrhundert über Homer schrieb, noch immer zutrifft: »Keine Mühe, die an irgendeinen der großen Klassiker der Welt gewandt wurde und die zu einem wirklichen, wenn auch noch so bescheidenden Ergebnis führte, ist vergeudet. Es ist besser, ein Wort auf Fels zu schreiben, als Tausende auf Wasser oder Sand.« *(Studies on Homer)*

Einführung

Ilion war während einer beträchtlichen Zeitspanne für die heidnische Welt, was Jerusalem heute für die christliche ist, eine »heilige« Stadt, die durch die Fama ihrer Triumphe und Tragödien sowie durch die auf ihr ruhenden Schatten einstiger Heiligkeit Pilger anzog. Ohne mit Worten Mißbrauch zu treiben, kann man sagen, daß eine von diesem Hügel herab sprechende Stimme vor dreitausend Jahren ihre Worte über die ganze Welt des Altertums erschallen ließ, so, wie ihr Echo noch in der heutigen Welt nachhallt.

Charles Maclaren, *The Plain of Troy Described* (1863)

Die Autofähre von Gallipoli über den »schnellfließenden Hellespont« beschreibt einen großen Bogen stromaufwärts, um bei Çanakkale auf das gegenüberliegende Ufer zu stoßen, so stark ist die Strömung durch die Dardanellen. Türkisfarbene Wellen von unnatürlicher Leuchtkraft schlagen gegen die Schiffswand, und ihre Kämme zerstieben unter dem unaufhörlich blasenden Wind zu Schaum. Hier in der Meerenge, wo Lord Byron hinüberschwamm und Xerxes seine Schiffsbrücke baute, ist die Durchfahrt weniger als eine Meile breit. Hinter uns liegt die Halbinsel Gallipoli mit ihren Erinnerungen an einen Krieg jüngerer Zeit. Vor uns liegt die Küste Asiens mit den Minaretts von Çanakkale. Dies ist schon in vorgeschichtlicher Zeit eine Übersetzstelle für Heere, Händler und Wanderbewegungen gewesen – und es war der Weg nach Troja.

Der Weg nach Troja! Sicher rufen nur wenige Namen bei so vielen Menschen auf der Welt solche Gefühle wach! Gibt es in all den Geschichten, die die Menschheit sich erzählt und in ihrer langen Geschichte bewahrt hat, einen berühmteren Ort?

Von den holprigen Pflasterstraßen Çanakkales führt eine moderne Asphaltstraße südwärts an dem Küstenstreifen entlang, vorbei an der Stätte des alten Dardanos, das heute nicht mehr als eine mit Topfscherben übersäte, nichtssagende Erhebung über dem Meer ist. Zur rechten Hand senken sich Pinienwaldungen zur Küste hinab, links erhebt sich eine niedere Hügelkette. Einige Schiffe sind zu sehen, die hinauf ins Schwarze Meer oder hinunter ins Mittelmeer fahren – ein griechischer Frachter, ein sowjetischer Kreuzer und winzige Fischerboote, die sich zum Makrelen- und Thunfischfang zusammenfinden, nicht anders, als sie es schon zur Bronzezeit taten. Nach etwa fünfzehn Kilometern wendet sich die Straße von der Küste ab und führt von Erenköy (Intepe) in eine fruchtbare, mit Baumwoll-, Sonnenblumen-, Valonia- und Weizenfeldern bedeckte Ebene hinab; man sieht Rinder grasen; Silberpappeln und Weiden säumen Wasserläufe und Bewässerungsdämme. Gelegentlich begegnen einem sogar Kamele, die mit Tabakpflanzen und altertümlich aussehenden, strickumflochtenen Vorratskrügen auf ihren buntgemusterten Satteldecken beladen sind. Dies ist das

»Die großartigste Stadt der Welt«, so nannte Lady Montague 1718 diese Stätte; der verwüstete Hügel von Hisarlik heute, mit seinen von Schliemanns Schutthaufen beherrschten Konturen. Im Vordergrund der Dumrek Su (der Simois).

Tal des Dumrek Su, des alten Simois. Voraus, im rechten Winkel zur Straße, dehnt sich eine lange bewaldete Schwelle vielleicht dreißig Meter über der Ebene; die Straße führt steil hinauf, und oben zeigt ein Schild nach rechts: »Truva« – Troja.

Man biegt in eine schmale Landstraße ein und folgt der Anhöhe nach rechts in der Richtung zum Meer. Wenn man sich nach der Straßengabelung links hält, passiert man das Dorf Çiplak: dreckige Gassen, anatolische Fachwerkhäuser mit überkragenden Obergeschossen, abbröckelnder Verputz und bloßliegendes Füllgeflecht: auf der Straße Kühe, die von einem Jungen mit einem langen Stecken in einen Hofeingang getrieben werden; eine Schar schnatternder Gänse. Dies ist der Ort, wo Heinrich Schliemann zuerst wohnte, als er 1870 mit seinen Ausgrabungen begann. Es war damals ein Dorf von »wilden« Türken, das wahrscheinlich im 15. oder 16. Jahrhundert entstanden ist, als die nahegelegene Siedlung Neu-Ilion einging. Noch 1816 erinnerten sich Reisende, daß das Dorf aus den Überresten des Städtchens errichtet worden war, und in der Tat vermerkt Schliemann, daß 1873 die neue Moschee mitsamt ihrem Minarett mit den Steinen von seinen Ausgrabungen errichtet wurde. Der Weg geht weiter durch das Dorf Tevfikiye mit seinen Andenkenläden und dem fälschlich so bezeichneten »Haus Schliemanns«; alles ist hier aus den Trümmern der Schliemannschen Grabung gebaut worden. Westlich von Tevfikiye sind alle Äcker mit Steinen, Scherben und Brocken rot- und weißgeäderten Marmors übersät. Diese Erhebung ist die Stätte der klassischen Stadt Neu-Ilion, »Neu-Troja«, die von 700 v. Chr. bis 500 n. Chr. bestand. In der ganzen antiken Welt glaubte man, daß der Ort an der Stelle jener Stadt stünde, die im Trojanischen Krieg geplündert und zerstört worden war. Ein heftiger Wind fährt durch die Eichen, die um die Stätte selbst herumwachsen, und wirbelt den Staub um die zerfallene Snack-Bar »Helena und Menelaos« auf. Der erste Eindruck ist der von Vernachlässigung und Verlassenheit: Mit

Brettern verschalte Gitter, klappernde Schilder, zerbrochene Fensterscheiben, abblätternde Farbe auf einem grellbunten Wandbild – ein Menelaos wie aus einem Comicsheft, mit rotem Haar und O-Beinen, und eine Pin-up-Helena mit Kußmund. (Durchaus treffend, denn war sie nicht schließlich und endlich das erste Pin-up-Idol der Geschichte, der Preis im ersten und folgenschwersten Schönheitswettbewerb?) Durch die Bäume gewahrt man ein riesiges Hölzernes Pferd. Es ist so aufgestellt, daß Touristengruppen sich vor der »grimmigen Bestie aus Argos« fotografieren lassen können, aus deren Bauch die griechischen Helden heraussprangen, um »sich an dem Blut von Prinzen satt zu trinken«. Und dieser Wind, kalt und unerbittlich! (Hatte Homer nicht gesagt, daß Troja vor allem »sehr windig« sei?)

Spaziergang durch den lichten Pinienbestand um das Lokalmuseum, durch einen hübschen kleinen Garten, gesäumt mit Urnen, kannelierten Säulentrommeln und Denkmalsockeln, die mit den wunderschönen Großbuchstaben des klassischen Griechisch beschriftet sind; abgerissene Sätze, die von dem Gefühl der Einheit zeugen, das die klassische Welt verband: »Meleager grüßt den Rat und das Volk von Ilion ... veranlaßt durch seine Verehrung für den Tempel und sein Gefühl der Freundschaft für eure Stadt ... « (Die Definition des Begriffes Zivilisation – Leben in einer Stadt. »Frage mich nach einem wahren Bilde menschlicher Existenz«, schrieb der Römer Seneca, »und ich werde dir die Plünderung einer großen Stadt zeigen.«)

Auf der anderen Seite der Bäume kommt man zu der Stätte selbst, einem Hügel namens Hisarlik. Man bemerkt sofort, daß man sich am Rande des Plateaus befindet. Nach Norden und Westen fällt der Boden recht abrupt zu der Ebene in ihrem lebhaften Grün hinab, so daß die Stadt auf einer Erhöhung stand, wenn auch nicht »vorn überhängend«, wie Homer es darstellt, so doch mindestens die Ebene überragend. Im Südwesten, jenseits des Sigeum-Höhenrückens, der die Küste markiert, erkennt man den charakteristischen Buckel der kleinen Insel Tenedos, wo die Griechen nach Angaben Homers während der zehnjährigen Belagerung eine Etappenstation eingerichtet hatten. Am nordwestlichen Horizont kann man, wenn das Wetter schön und der Himmel klar ist (was selten vorkommt), das Ägäische Meer und ein anscheinend hineinragendes langes Vorgebirge erkennen. Dies ist die Insel Imbros. Gerade noch über den Gipfel von Imbros hinweglugend (wenn das Licht ganz ungewöhnlich gut ist), findet sich ein Bild von hinreißender Schönheit: der große Berg namens Fengari auf Samothrake, etwa achtzig Kilometer entfernt. Von diesem Berg aus, »dem bewaldeten Gipfel des thrakischen Samos«, heißt es bei Homer, beobachtete der Gott Poseidon den Trojanischen Krieg. Das großartige Schauspiel, schrieb 1810 der Reisende Edward Clarke,

»... würde jedem Versuch einer Beschreibung spotten. Es entfaltete sich mit ungeheurer Pracht; und während der verklärte Gipfel in unbeschreiblicher Klarheit unter dem wolkenlosen Himmel aufleuchtete, schien es trotz seiner entfernten Lage, als könne seine ungeheure Größe, sollte ein Erdbeben ihn von seinem Untergrund wuchten, ganz Troja überwältigen.«

Schliemanns »großer Graben« mit den zerstörten Mauern von Troja I auf der Grabensohle, dahinter die Ebene von Troja. Nach einer Aufnahme von 1893.

Zu unseren Füßen liegt das, was wir heute Troja nennen. Wer etwas großartiges erwartet, etwas an die »himmelhohen Türme Ilions« erinnerndes, eine mittelalterliche Burg vielleicht oder die zyklopischen Mauern Griechenlands, wird enttäuscht sein. Der Platz ist winzig, 180 mal 130 Meter. Das entspricht etwa der Größe des Friedhofs der St. Paul's Kathedrale oder der Bahnhofshalle der Euston Station in London. Vor einem erhebt sich ein Streifen feingefügter Mauern, dahinter ein überwuchertes Gewirr kreuz und quer übereinandergesetzter Mauern verschiedensten Alters, ein Durcheinander von buschbewachsenen und schuttgefüllten Schächten und Gräben.

Als erstes bemerkt man, daß die Ruinen verschiedene Höhenlagen einnehmen und daß es in der Tat mehr als nur *ein* Troja gegeben hat. Das Ganze wird kompliziert durch die Schwierigkeit, die Umrisse der verschiedenen Bauphasen Trojas auseinanderzuhalten und zu erkennen, welche Überreste zusammenpassen. Ein zusammenhängendes Bild ergibt sich nicht. Zunächst einmal ist der größte Teil der Stätte heute zerstört; Siedler in klassischer Zeit, die eine neue Stadtanlage errichten wollten, ebneten den Hügel ein und beseitigten weitgehend das Innere der früheren Städte. Den Rest besorgten die Archäologen. Es liegt in der Natur der Sache, daß sie das, was sie untersuchen, auch zerstören, denn um Fakten zu ermitteln, müssen sie die Beweisstücke ausgraben und damit von ihrem Platz entfernen. Dem Besucher, der heute über die Trümmerstätte wandert, vermitteln daher nur

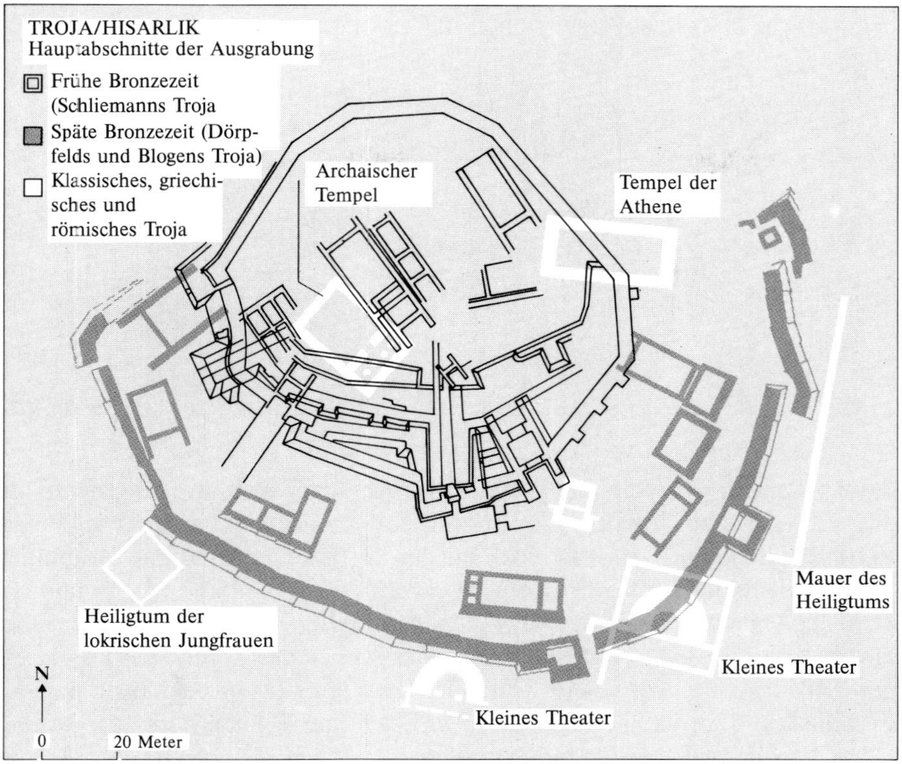

noch einige aufragende Mauerreste eine Vorstellung von der ursprünglichen Höhe des Hügels, bevor die Ausgräber sich von 1870 an über ihn hermachten. Dabei handelte es sich um Heinrich Schliemann im Zuge von sechs größeren Expeditionen zwischen 1870 und 1890, Wilhelm Dörpfeld von 1893 und 1894 und den Amerikaner Carl Blegen zwischen 1932 und 1938. Heute sind nur noch diese Trümmergipfel und ein kleines unberührtes Areal an der Südseite für künftige Generationen erhalten, die die Arbeit früherer Forscher nachprüfen wollen.

Zumindest von hier aus sind also in dieser größten archäologischen Detektivgeschichte der Welt keine neuen Aufschlüsse zu erwarten. Das meiste, was bis in neuere Zeit erhalten geblieben war, ist von Schliemann zerstört worden, bevor die heutigen Grabungstechniken entwickelt werden konnten, mit denen sich die Vielfalt von Fundschichten unterscheiden läßt und die Keramikstile korrekt zu datieren sind.

So beruht denn unser heutiges Bild von Troja auf dem, was Schliemann, Dörpfeld und Blegen taten und wie sie es interpretierten. Die Ergebnisse ihrer Arbeit kann man überall an den gelben Hinweisschildern mit den Angaben Troja I bis IX ablesen, die die neun Hauptabschnitte im Leben einer Stadt von vor 3000 v. Chr. bis zum Ende des Römischen Reiches bezeichnen; denn der Hügel ist eine aus Schichten gebildete Erhöhung wie die »Tells«, die im Nahen Osten so verbreitet, im Westen allerdings selten zu finden sind. Tatsächlich ist diese Stätte so bedeutungsvoll, daß sie selbst

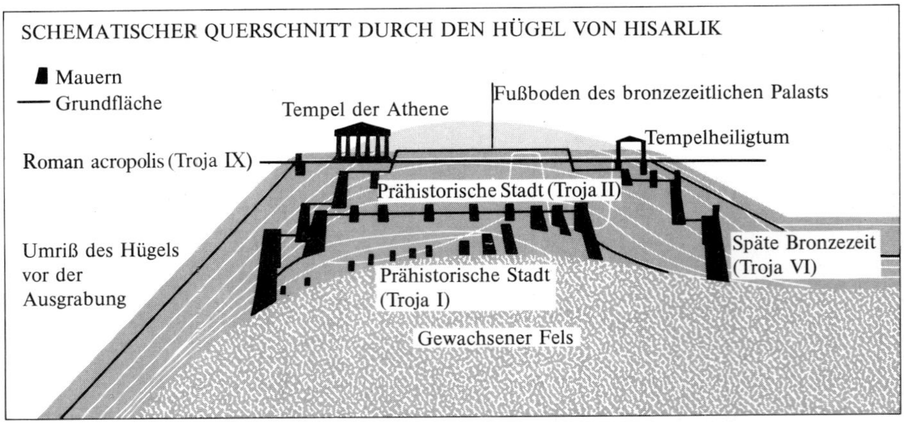

dann, wenn es die Geschichte von Troja nie gegeben hätte, angesichts all dessen, was sie uns über die Kontinuität und die Entwicklung menschlicher Zivilisation in der Ägäis und in Kleinasien verrät, eine der Schlüsselstellungen im Mittelmeerraum einnehmen würde.

Als erstes muß man sich stets vor Augen halten, daß Troja (sofern es je diesen Namen trug, bevor die Legende es so benannte) nie etwas anderes gewesen ist als eine königliche Zitadelle, der Wohnsitz von ein paar Dutzend Familien und ihren Gefolgsleuten: es war eine Königsstadt auf einem kleinen Hügel, die ein paar Hundert Menschen Schutz bot, während vielleicht tausend um sie herum lebten. Selbst in seinen besten Tagen war dieser kleine Hügel nie mehr als eine Plattform für einen mauergeschützten Palast. Erst später, in klassischer Zeit, sollte er die Akropolis von Neu-Ilium werden, die in einer Ecke dieser kleinen Provinzstadt des Römischen Reiches lag. Das Städtchen war nie besonders erfolgreich, war nie ein jäh aufblühendes Gemeinwesen; sein Theater war nur für 6000 Zuschauer ausgelegt, und seine Einwohnerzahl läßt sich wahrscheinlich treffender aufgrund einer Inschrift (aus dem dritten oder zweiten Jahrhundert v. Chr.?) abschätzen. Sie gibt an, daß bei einer öffentlichen Festveranstaltung des Städtchens 3000 Leute zu verköstigen waren. Dies vermittelt uns zumindest eine gewissen Vorstellung von der Größenordnung der eigentlichen Stadt, die an dieser Stelle gestanden hat.

Die Zahlen Troja I bis IX sind in 47 Unterabteilungen aufgegliedert. Die übereinanderliegenden Phasen menschlicher Besiedlung entstanden durch die dauernde Neubebauung, die in Anatolien noch immer praktiziert wird. (Es hat sich gezeigt, daß modernes Mobiliar, das inzwischen Einzug gehalten hat, die Fußböden aus gestampfter Erde derart beschädigt, daß diese alle paar Jahre erneuert werden müssen.) Des weiteren entstanden Schäden durch menschliche Zerstörung (das übliche Schicksal von Städten in der alten Mittelmeerwelt), durch Erdbeben oder einfach durch Verkommenlassen. Die Überlebenden oder die Nachfolgenden räumten das Grundstück aus und errichteten ein neues Bauwerk; sie ebneten die Trümmer ein, bedeckten die Abfälle aus Essensresten, Tierknochen, Asche

Das von Schliemann entdeckte Troja II. Im Vordergrund ist das obere Ende der Rampe. Um diese Überreste freizulegen, beseitigte Schliemann den bis zu zwölf Meter mächtigen Trümmerschutt aufeinanderfolgender Siedlungen, einschließlich der Fundamente von Gebäuden der mykenischen Zeit.

und dergleichen mit einer neuen Schicht Erde und bauten darauf neue Lehmziegelmauern. Auf diese Weise wuchs der Hügel von Hisarlik nach allen Seiten, wobei sich stellenweise fünfzehn Meter Schutt an seinen Flanken anhäuften. London hat es in seinen 1900 Jahren vergleichsweise auf eine Schuttschicht von sechs Metern gebracht, in der Archäologen heutzutage nicht nur die allgemeine historische Entwicklung ablesen können, sondern auch markante große Ereignisse, wie beispielsweise die Plünderung und Einäscherung Londons während des Aufstandes der Königin Boadicea im Jahre 61, die großen Brandkatastrophen von 764, 1077 und 1666, den »Blitz« von 1944 usw.

Ein Hügel wie Troja ist also eine Musterkarte menschlicher Geschichte: Ende und Neubeginn von Völkern und Kulturen, Zeugnis von Zerstörung und Wiederaufbau, Bestätigung der ameisenähnlichen Beharrlichkeit der Menschen. Dies ist Kultur nicht mit den Ausdrucksmitteln von Michelangelos *Abendmahl* oder Johann Sebastian Bachs *Kunst der Fuge*, sondern in Gestalt von Lehmziegeln, Knochennadeln und handgeformten Töpfen: der langwierige, langsame Aufstieg – wenn es ein solcher ist! – des Menschen.

Heute kann der Besucher auf einer Höhe über die großen Mauern der Stadt wandern, die zeitlich dem mykenischen Zeitalter in Griechenland entspricht; sie ist 1893–94 von Dörpfeld ausgegraben worden, der ihr gewaltsames Ende mit dem Untergang des homerischen Troja gleichsetzte. Jenseits stößt man auf Mauern sowie ein Theater des römischen Ilium (Troja IX), also jener Stadt, die die Apostel kannten. Geht man die Straße

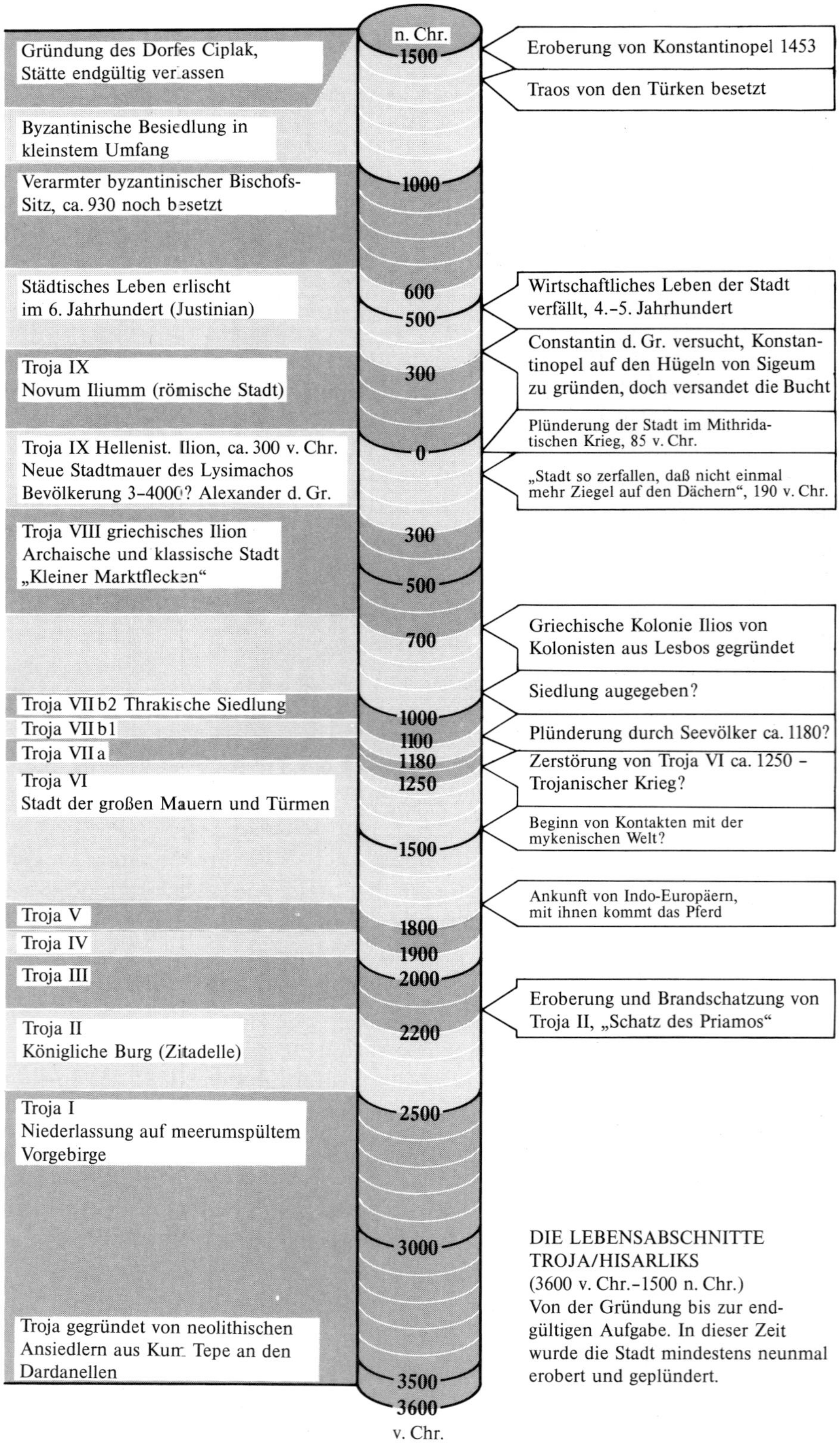

DIE LEBENSABSCHNITTE TROJA/HISARLIKS (3600 v. Chr.-1500 n. Chr.)
Von der Gründung bis zur endgültigen Aufgabe. In dieser Zeit wurde die Stadt mindestens neunmal erobert und geplündert.

vom Haupttor hinauf, kommt man an den Fundamenten der schäbigen Hütten von Troja VIIa vorbei; dort sieht man noch immer die Spuren des Feuers, das sie zerstörte und das Blegen für die Brandschatzung des homerischen Troja hielt. Vom oberen Ende der Straße kann man über die Mauern von Troja II (2500 v. Chr.) wandern und zu der Rampe gelangen, wo Schliemann 1873 unter einem Haufen Brandschutt, den er nun wiederum der Eroberung Trojas zuschrieb, seinen umstrittenen Goldschatz, den »Schmuck Helenas«, fand. So hat man auf einem Weg von zwei oder drei Minuten die Zeit von den Königen von Mykene bis zu Jesus, die Zeit vom Bau der Cheopspyramide bis zu Alexander dem Großen durchmessen – mehrere Trojas und mehrere Belagerungen. Wenn der Besucher in dem gewaltigen Graben steht, den Schliemann durch den nördlichen Teil des Hügels trieb, mit seinen steilen und zerbröckelnden Wänden, mit den Stümpfen zerstörter Mauern, die aus den Überresten des Hügels herausragen, fällt es ihm schwer, die epische Schilderung vor seinem geistigen Auge wieder erstehen zu lassen. Ist dies wirklich die Stätte, die der Dichter einst besang? Wenn es so ist, dann scheint sie »ausgegraben von der Spitzhacke des Zeus«, wie Äschylos in seinem *Agamemnon* sagt, verzehrt von einem »Wirbelwind des Untergangs«, eine »zu Staub zerriebene Stadt«.

Und doch ist Troja eine Stätte, deren Erinnerung die letzten Spuren ihrer physischen Existenz weit überdauern wird. Bei einer unromantisch-nüchternen Betrachtung des Befundes bietet sich nur das Bild einer kleinen Stadt des Mittelmeerraums, eines der Tausenden von Zentren menschlichen Zusammenlebens, die zwischen der Steinzeit und heute entstanden und vergingen; nur eine Stadt – aber eine, deren Name für alle steht. In unserem abendländischen Kulturkreis, in der Sprache und im Gedächtnis der – wie wir sie nennen – indogermanischen Völker ist sie vielleicht die berühmteste aller Städte, und dies wegen einer Geschichte, der Geschichte ihrer Belagerung und Zerstörung, des Todes von Hektor und ihrer anderen Helden unter den Schwertern Agamemnons, Achilles' und der achäischen Griechen, alles um Helenas willen, »dem Antlitz, das tausend Schiffe in See stechen ließ«. Die Geschichte wurzelt in den Fundamenten abendländischer Kultur. Von Homer zu Virgil, Chaucer und Shakespeare, Berlioz, Yeats und vielen anderen hat sie Wortbilder geprägt. Das Trojanische Pferd, die Achillesferse und die Odyssee sind in vielen Sprachen zur stehenden Redensart geworden. Von Xerxes und Alexander dem Großen bis zu Mehmed dem Eroberer war Troja ein politisches und völkisches Musterbeispiel, nach Meinung Herodots die Wurzel der »Feindschaft zwischen Europa und Asien«. Es ist eine so weltweit geläufige Geschichte, daß sie von Bühnenschriftstellern im besetzten Paris des II. Weltkriegs benützt wurde, dem Publikum ihr Anliegen verständlich zu machen, ohne mit der Zensur in Konflikt zu geraten. In ähnlicher Weise behauptete der österreichische Romancier Hermann Broch 1942 im Exil, es sei »der Wachtraum der Nazis, die Achäer der Neuzeit zu werden und eine alte Kultur zu zerstören«, wobei er Hitler mit Achilles verglich. Es war wohl auch unvermeidlich, daß die weltweite Faszination des Themas sich Hollywood für »Film-Epen« wie

Odysseus oder *Die schöne Helena* förmlich anbot; dem Fernsehen diente es in dem Film *Star Trek* zu einer amüsanten Persiflage der »Politik der Nichteinmischung« (als Captain Kirk voll Bedauern die Trojaner ihrem Schicksal überläßt) und der »Einmischungspolitik« des Dr. Who (dem guten Doktor, der keine solche Skrupel hatte und die Griechen auf die Idee brachte, das Hölzerne Pferd zu bauen).

»Troja, das ist der Schauplatz«, wie Shakespeare sagte. Die nie nachlassende Faszination dieses Themas, die Geschichte von Achilles, Hektor, Helena und wie sie alle heißen hat dreitausend Jahre lang einen Strom von Pilgern in die Troas, das Gebiet von Troja geführt; von Alexander dem Großen bis Lord Byron haben sie an der Stätte der großen Taten der Helden gestanden und das gewaltige Geschehen nachzuerleben versucht. Aber hat der Trojanische Krieg je stattgefunden? Und wenn ja – wo war Troja? Lag es wirklich an der Stelle, die wir heute Troja nennen? Wer waren Homers Achäer und Trojaner, und warum kämpften sie gegeneinander? Hat es die Schöne Helena überhaupt gegeben? Gab es das Hölzerne Pferd? Weshalb hat man den Schauplatz so lange, so emsig und beharrlich gesucht? Warum diese Besessenheit? Und warum kamen Schliemann, Dörpfeld und die anderen zu ihren Schlußfolgerungen? (Die Suche nach Troja ist aufs innigste verknüpft mit der Entwicklung der gesamten Archäologie.) Ich begann dieses Buch ohne eine Antwort auf alle diese Fragen; ja, ich hielt die ganze Geschichte bestenfalls für eine Sage, nicht für einen Gegenstand ernsthafter historischer Nachforschungen. Ich war aber auch überzeugt, daß sich die Suche sehr wohl lohnen würde und daß selbst wenn es ein langer Weg wäre (wie Constantine Cavafy in seinem Gedicht »Ithaca« sagt), es ein Weg »voller Abenteuer und Einsichten« sein würde. Ich hoffe, daß sich etwas von beiden Erlebnissen auf den Leser übertragen möge.

1. Die Suche nach Troja

Von dem wahren und berühmten Troja gibt es seit Jahrhunderten keine Spur; kein Stein ist übriggeblieben, der bestätigen könnte, wo es gestanden hat. Bis zurück zur Zeit Strabos hat man zu wenig Nutz und Frommen danach gesucht, und Lukan beschließt seine Schilderung – nachdem er erwähnt, daß zu Julius Caesars Zeiten vergeblich danach gesucht worden ist – mit der melancholischen Bemerkung über das Schicksal dieser gefeierten Stadt, *daß selbst ihre Ruinen vernichtet wurden.*

Robert Wood, *An Essay on the Original Genius and Writings of Homer* (1769)

Homers Schilderung

Beginnen wir mit der Geschichte in ihrem weiteren Zusammenhang. Selbstverständlich ist Homer mit der Ilias und der Odyssee der Ausgangspunkt, aber dennoch sollte von Anfang an klargemacht werden, daß er auf einen großen Kreis von Erzählungen zurückgreifen konnte, die den Trojanischen Krieg zum Inhalt haben. Die *Ilias* befaßt sich überhaupt nur mit einer einzigen, einige Wochen ausfüllenden Episode im zehnten Jahr des Krieges. In klassischer Zeit schilderte eine größere Reihe von Epen, die heute nicht mehr oder nur in Bruchstücken erhalten sind, diejenigen Teile der Geschichte, die in den früheren homerischen Gedichten unerwähnt bleiben, wobei einige von ihnen, so die unter den Titeln *Kypria* und *Die Eroberung Trojas* bekannten Epen, von großem Umfang und großer Ausdruckskraft waren. Sie wurden bald nach Homer verfaßt; wenn er im späten achten Jahrhundert v. Chr. gelebt hat (siehe Kapitel 4), müßten seine Nachfolger um 700 v. Chr. oder wenig später gewirkt haben, zu einer Zeit also, als die Schrift in Griechenland weitere Verbreitung zu finden begann. Diese Nachfolger Homers dürften ihre Epen schriftlich niedergelegt haben. Aus den erhaltenen Fragmenten ist jedoch klar ersichtlich, daß sie genau wie Homer auf eine lange mündliche Überlieferung zurückgriffen.

Griechischer Überlieferung zufolge lag Troja in der Nähe der Dardanellen. Über seine allgemeine Lokalisierung im Rahmen der Geschichte hat es nie Meinungsverschiedenheiten gegeben. Die topographischen Geländemerkmale sind alle wohlbekannt und leicht zu bestimmen: die Dardanellen, die Inseln Imbros, Samothrake und das kleine Tenedos, der Berg Ida im Südosten, die Ebene selbst und der Skamander, der durch die Hügel am Fuße des Berges Ida hinabfloß. Es war eine alte Stadt, deren Bewohner unter dem Namen Teukrier oder Dardanier bekannt waren (so benannt nach legendären Gründern in grauer Vorzeit), aber auch als Trojaner oder Ilier; die Sage erfand eponyme Helden, Tros und seinen Onkel Ilos, um diese beiden Namen zu erklären. Andere Darstellungen besagen mit einigem Anspruch auf Wahrscheinlichkeit, daß Troja und Ilios ursprünglich zwei verschiedene Orte gewesen seien, und in der Tat ist Homers Beharrlichkeit in der Verwendung beider Namen für Troja auf andere Weise nie befriedigend erklärt worden. Ilos war der Vater des Laomedon, einer wichtigen Gestalt in den Sagen um Troja, weil er die großen Mauern erbaute, die in der Überlieferung erwähnt werden. Dabei halfen ihm Apollo und Poseidon. Doch er versuchte, die Götter um ihren Lohn zu betrügen, und dies führte zur ersten Eroberung Trojas. Es dürfte eine Überraschung darstellen, von einer früheren Eroberung der Stadt zu hören, aber die griechische Sage zeigt sich in diesem Punkt sehr insistent. Wir brauchen hier nicht auf die Vorgeschichte einzugehen – es mag genügen, darauf hinzuweisen, daß Laomedon sich weigerte, die unsterblichen schneeweißen Pferde herauszugeben, die er Herakles (Herkules) dafür schuldete, daß dieser ihm bei der Vernichtung eines von Poseidon gesandten Seeungeheuers geholfen hatte. Herakles sammelte daraufhin in der Peloponnes ein kleines Heer – nach Homer nur sechs Schiffe –, segelte zur Troas und griff die Stadt an. Er schlug eine Bresche an einer Stelle, die bei der späteren Belagerung Berühmtheit erlangen sollte: dem schwachen Punkt in dem westlichen Mauerzug, wo die wunderbaren neuen Mauern die ältere Umwallung noch nicht ersetzt hatten. Bei der Erstürmung wurden Laomedon und seine Söhne getötet; nur der jüngste, Podarkes, blieb am Leben, denn er hatte als einziger die Meinung vertreten, daß Herakles seinen gerechten Lohn erhalten solle. Podarkes wurde freigelassen und nahm einen neuen Namen – Priamos – an, was soviel wie »freigelassen«, »von Schuld befreit« heißt: in der Tat ein schicksalsträchtiger Name. Herakles ließ Priamos als jungen König zurück, und Troja wurde innerhalb derselben Mauerzüge wieder hergestellt.

Während einer sehr langen und erfolgreichen Regierungszeit, die drei Generationen umfaßte, führte Priamos die Stadt auf die Höhe ihrer früheren Macht zurück. Er selbst hatte fünfzig Söhne und zwölf Töchter; sein ältester Sohn war der große Kriegsheld Hektor, der nächste Paris, mit anderem Namen Alexandros, der in den folgenden Ereignissen das Werkzeug der Vorsehung sein sollte.

Für die Menschen des Altertums war Troja eine Stadt, die es wirklich gegeben hat. In Homers Epos gibt es eine Anzahl von Hinweisen darauf, wie sie nach der Überlieferung in ihrer Blütezeit unter Priamos ausgesehen hat. Die meisten beschreibenden Beiwörter bei Homer sind stereotype Ausdrücke und daher nicht allzu ernst zu nehmen; doch einige verdienen zumindest, festgehalten zu werden. Homers Troja ist »wohlummauert«, es ist eine »ausgedehnte Stadt« mit »hochragenden Toren« und »schönen Türmen« und hat »breite Straßen«. Einige Beiwörter werden nur für Ilios verwendet, das »heilig«, »geheiligt«, »steil«, »aufragend« und »lieblich«, aber auch »sehr windig« ist. Wie Troja ist es »wohlgebaut«, hat aber auch »gute Pferde«. In der Tat werden die Bewohner Trojas mehrfach als »Rossezähmer« oder als »schöne Fohlen Besitzende« bezeichnet (einmalig unter den von Homer genannten Völkern – vielleicht hielt die Überlieferung fest, daß die Pferdezucht für die Trojaner charakteristisch war). Die Gesamtanlage, wie Homer sie schildert, ist die einer großen Stadt mit schönen, starken Mauern und ausgedehnt genug, eine große Bevölkerung aufzunehmen. Ganz oben auf der Akropolis war der Palast des Priamos mit Staatsgemächern, einem königlichen Thronraum, fünfzig Marmorgemächern für die Söhne des Königs und königlichen Gemächer für Hektor und Paris. Des weiteren gab es, wie Homer sagt, eine Agora als Treffpunkt und Versammlungsort der Bewohner, einen Athene-Tempel in der oberen Stadt und einen Apollo-Tempel auf der Zitadelle, dem »Pergamos« des Priamos. Die Stadt scheint mindestens vier Tore gehabt zu haben, darunter das skäische und das dardanische Tor. An einem stand »der große Turm von Ilion«. Selbstverständlich darf man solche Beschreibungen nicht zu ernst nehmen – in vieler Hinsicht handelt es sich offensichtlich um eine Märchenstadt, ein Fantasiegebilde, denn sie hat mit ausgegrabenen Städten aus der Zeit Homers wenig gemein. Nimmt man die Schilderung so, wie sie ist, darf man immerhin den Schluß daraus ziehen, daß Homer sich eine Stadt vorstellte, die sehr viel größer war als zu seiner Zeit die spätere äolische Kolonie Ilion, die etwa 180 Meter Durchmesser besaß. Selbst die jonische Stadt Smyrna im achten Jahrhundert nahm nur eine Fläche von etwa 280 mal 140 Meter ein. Das Troja, das Homer vor seinem geistigen Auge sah, besaß eine stattliche Akropolis und eine daruntergelegene ummauerte Stadt mit einer Bevölkerung von mehreren Tausend. Dies also war das große Troja, der Schauplatz des dramatischen Geschehens.

Auf dem griechischen Festland war in Priamos' alten Tagen Agamemnon der mächtigste König. Er hatte seinen Herrschersitz in Mykene. Zu jener Zeit nannten sich die Bewohner Griechenlands nicht Griechen oder Hellenen sondern Achäer, Danaer oder Argiver. Agamemnons Familie, die Atriden, stammten aus Lydien im westlichen Kleinasien; sie hatte in die Perseiden-Dynastie von Mykene eingeheiratet und beherrschten die Argolis mit ihren Hauptfestungen Tiryns und Midea. Ihr Einfluß erstreckte sich über das ganze südliche Griechenland, vor allem dank vorteilhafter dynastischer Heiraten. Agamemnon selbst hatte Klytemnestra geheiratet, die Tochter des Tyndareos von Sparta und Schwester von Helena, der schönsten Frau der Welt. Als Helena zur erwachsenen Frau heranwuchs, bewarben sich alle Fürsten Griechenlands um ihre Hand, doch sie ging zu Agamemnons Bruder Menelaos, dem reichsten und begehrenswertesten Junggesellen Griechenlands, der auf diese Weise König von Lakonien wurde. So kam es, daß nun die beiden Brüder aus Mykene im südlichen Griechenland eine überwältigende Machtstellung einnahmen.

Aus welchem Grunde es zum Trojanischen Krieg kam, darin stimmen die Sagen und Homer nicht überein, wohl aber berichtet uns eine berühmte Sage über die Art und Weise. Bei der Hochzeit des Peleos mit Thetis hatte Eris – die Zwietracht – einen goldenen Apfel »für die Schönste« hingeworfen. Zeus, der Götterkönig, konnte sich nicht entschließen, in dem daraufhin ausbrechenden Streit zwischen seiner Gemahlin Hera, Athene, der Göttin der Weisheit, und Aphrodite, der Göttin der Liebe, zu entscheiden. Die Göttinnen wurden zum Berg Ida in der Troas geführt, wo Priamos' schöner Sohn Paris als Schiedsrichter angerufen werden sollte.

Die Opferung Iphigenies nach den Vorstellungen eines mittelalterlichen Künstlers.

Hera bot ihm die Herrschaft über ganz Asien sowie unermeßliche Reichtümer an; Athene versprach ihm Sieg im Krieg und alle Menschen überragende Weisheit; Aphrodite verhieß ihm die schönste Frau der Welt: Helena von Sparta. Und wie Männer nun einmal sind und Geschichten erzählt werden, gab Paris den Apfel Aphrodite.

Homer befaßte sich nicht mit dem Urteil des Paris, das später in der Kunst ein so beliebtes Thema werden sollte. Seine Schilderung ist einfach und ganz realistisch. Paris stattet Sparta einen Besuch ab und wird von Menelaos in seinem reichgeschmückten Palast in Amyklai gefeiert. Am zehnten Tage des Festes muß Menelaos nach Kreta abreisen, um Idomeneos, den König von Knossos, zu besuchen. Wie Aphrodite versprochen hatte, läßt sich Helena von Paris entführen. Die erste gemeinsame Nacht verbringen die beiden auf einer kleinen Insel Kranai unweit von Githeon, dann fahren sie weiter nach Troja. Es gibt aber noch andere Versionen dieser Geschichte, die man nicht außer acht lassen sollte. Einige besagen, daß Paris Helena gewaltsam entführte und sich das ganze im Rahmen eines trojanischen Überfalls auf Lakonien abgespielt habe mit dem Ziel, Schätze und Frauen zu erbeuten. In der Tat bestätigt Homer, daß Helena Wertgegenstände aus dem Palast mitnahm. Andere Quellen sagen aus, daß zusätzlich königliche Frauen und Sklaven fortgeschleppt wurden und Paris noch weitere Orte in der Ägäis plünderte, bevor er nach Troja zurückkehrte.

Als die schlechten Nachrichten bei Menelaos in Kreta eintrafen, begab sich dieser eilends nach Mykene und bat seinen Bruder Agamemnon, ein

Das griechische Heer bricht nach Troja auf. Nach einem mittelalterlichen französischen Manuskript.

Heer gegen Troja zu führen und Rache zu nehmen. Dies sagte der König zu, doch schickte er zunächst einmal Gesandte nach Troja, die die Auslieferung Helenas bei Leistung einer Entschädigung verlangten. Als diese Gesandten mit leeren Händen heimkehrten, reiste Menelaos mit seinem Verbündeten, dem alten König Nestor von Pylos, in Griechenland umher und bat die unabhängigen Könige Griechenlands, ihn auf dem Kriegszug zu begleiten. Das achäisch-griechische Heer versammelte sich in Aulis, einer geschützten Bucht in der Meerenge zwischen Euböa und dem Festland, »wo die Gezeiten aufeinandertreffen« (wie dies noch heute der Fall ist). Der Schilderung zufolge waren die großen Helden in diesem Heer Achilles, Odysseus und Ajax, die jedoch nur unbedeutende Herrschaftsgebiete besaßen. Die größten Kontingente kamen von der Peleponnes (Pylos, Sparta, Tiryns und Mykene) sowie von Kreta (Knossos). In Homers *Ilias* ist eine uralte und seltsame Aufstellung von 164 Orten in Griechenland bewahrt, angeblich eine Liste aller derjenigen, die Truppen nach Troja entsandten. Da Agamemnon der mächtigste König in Griechenland war, erkannten ihn die anderen als Befehlshaber an.

In Aulis begutachtete der Seher des Heeres die Vorzeichen und prophezeite, daß Troja im zehnten Jahr (gerechnet von dieser ersten Zusammenkunft) fallen werde. Die Griechen stachen nach Kleinasien in See und unternahmen irrtümlich einen Angriff auf Teuthrania in Mysien gegenüber von Lesbos, wobei sie das Land verwüsteten, das sie für trojanisches Gebiet gehalten hatten. In einer Schlacht im Mündungsgebiet des Flusses Kaikos

Das »Grabmal des Ajax« und die Mündung des Skamander, dahinter der Imbros, nach einer Darstellung des 18. Jahrhunderts. »Die vornehmste Lage für das Oberhaupt eines großen Reiches«, schrieb Lady Montague 1718, wobei sie »die genaue Geographie Homers« bewunderte.

wurden sie von Telephos, dem König von Mysien, in einem »schimpflichen Rückzug« zurück zu ihren Schiffen getrieben und kehrten daraufhin nach Griechenland heim. In der Überlieferung bleibt unklar, wieviel Zeit zwischen diesem verfehlten Angriff und der zweiten berühmten Versammlung in Aulis verging, obwohl manche meinen, es seien acht Jahre gewesen. Die Legende sagt nicht zwingend aus, daß die Griechen tatsächlich volle zehn Jahre unter den Mauern Trojas verbrachten.

Als die Griechen sich zum zweitenmal in Aulis versammelten, konnten sie nicht lossegeln, da sie den Wind gegen sich hatten. Sie litten Hunger, mußten jedoch weiter warten. Äschylos schreibt in seinem *Agamemnon*, daß »die Winde, die vom Strymon bliesen, Aufschub, Hunger, verkommende Liegeplätze, ›durchdrehende‹ Mannschaften, faulende Schiffe und Taue brachten . . . und die Blüte der Argolis zerpflückten«. Dann verkündete der das Heer begleitende Seher Kalchas, daß Agamemnon die Göttin Artemis verärgert habe und nie in See stechen werde, wenn er nicht seine ungewöhnlich schöne Tochter opfere, um die Göttin zu beschwichtigen und zu veranlassen, den Wind zu ändern. Obwohl sie nach späteren Versionen mit dem Leben davonkommt, stimmen ältere Quellen darin überein, daß Iphigenie (oder Iphianassa, wie sie bei Homer heißt) von den Heerführern geopfert wurde.

So drehte nun endlich der Wind, und die Flotte setzte die Segel. Eine erste Landung erfolgte auf Lesbos, die nächste auf Tenedos, das von Troja aus sichtbar ist und wo eine mit den Trojanern verwandte Herrscherfamilie regierte. Hier kam es denn auch zu Plünderungen und Verwüstungen. Dann setzten die Griechen ihre Schiffe in der Bucht von Troja zwischen zwei Landzungen auf den Strand. Sie schlugen ihr Lager auf und schützten es auf der Landseite durch einen Wall aus Erde, Baumstämmen und Steinen; hier verbrachten sie nach Homers Schilderung die folgenden Kriegsjahre. Die Trojaner hatten ebenfalls Bundesgenossen, und zwar sowohl aus Kleinasien

Eine mittelalterliche Darstellung des Trojanischen Pferdes.

als auch aus Thrazien. So wogte der Kampf hin und her. Beide Seiten setzten Streitwagen ein, fochten aber auch zu Fuß mit Bronzeschwertern, Schilden und Speeren, durch bronzene Rüstungen geschützt, Mann gegen Mann. Gewisse Elemente der Schilderung deuten darauf hin, daß Troja möglicherweise nicht das einzige Angriffsziel der Griechen war. So führte beispielsweise Achilles einen großen Beutezug nach Süden, wobei er mehrere Städte auf dem Festland sowie auf den Inseln Lesbos, Skyros und Tenedos plünderte. Homer zufolge brachte er nicht nur materielle Beute zurück, sondern auch »Frauen von Kunstfertigkeit«; einige gab er Agamemnon, doch die schönste behielt er für sich. Ajax unternahm Plünderungen in Teuthrania, wo er Frauen, Vieh und Schätze raubte und die Tochter des Königs als Konkubine entführte.

Im zehnten Kriegsjahr (dem Jahr, für das der Fall Trojas prophezeit worden war) stellten die Griechen die Raubzüge in Kleinasien ein und griffen Troja nunmehr ernsthaft an, während die Trojaner durch Bundesgenossen aus dem Südwesten Anatoliens unterstützt wurden. Jetzt fiel der trojanische Held Hektor im Einzelkampf mit Achilles, dem besten griechischen Kämpfer (ein Ereignis, das allein Gegenstand von Homers *Ilias* ist). Dies geschah nach dem Tode von Achilles' Freund Patroklos, den zu rächen Achilles zwölf vornehme trojanische Gefangene an dessen Scheiterhaufen opfern ließ. Das Ende war nun nahe, wenn auch noch kein Ende für die Drangsale der Griechen, die »tausendfachen Leiden auf die Häupter der Achäer, massenhaft hinabgeschleudert in das Haus des Hades«, von denen Homer sang. Nach dem Schlachtentod des trojanischen Verbündeten Memnon am skäischen Tor brachte Paris mit einem Bogenschuß Achilles eine tödliche Verwundung bei, indem er ihn an der Ferse traf, der einzigen Stelle, an der er verwundbar war (weswegen wir noch heute von einer »Achilles-Ferse« sprechen). So kam es, daß der größte aller griechischen Helden verbrannt und seine Asche auf einer Landzunge mit Blick auf den

Hellespont begraben wurde. Es sollte für die Griechen noch schlimmer kommen. Wegen eines Streits um sein Anrecht auf die Waffen des Achilles völlig von Sinnen, beging Ajax mit dem silberbeschlagenen Schwert Selbstmord, das Hektor ihm als ein Zeichen seiner Hochachtung geschenkt hatte. Zu diesem Zeitpunkt wurde Priamos' Sohn Paris, der an allem schuld war, von Philoktetes getötet. Trotzdem weigerten sich die Trojaner noch immer, Helena herauszugeben. Nun wurde schließlich der Plan geschmiedet, ein hölzernes Pferd zu bauen, um sich durch List und Tücke Zugang zur Stadt zu verschaffen. Der Bauch des Pferdes war hohl. Darin versteckte sich eine Anzahl Bewaffneter, unter ihnen auch Odysseus von Ithaka und Menelaos. Das Pferd wurde scheinbar als ein Dankopfer für Athene zurückgelassen. Die Griechen zündeten ihr Lager an und stachen in See, als ob sie aufgegeben hätten. Vor Tenedos gingen sie in Wartestellung, bis ein Feuersignal sie zurückrufen sollte.

Bei Tagesanbruch fanden die Trojaner das Pferd und die Aschenreste des Lagers. Sie zogen das Pferd in die Stadt. In der folgenden Nacht lagen die vom Feiern und Schlemmen erschöpften Trojaner in tiefem Schlaf, während die Flotte der Griechen bis nahe an das Ufer kam, um auf das verabredete Zeichen zu warten. »Es war Mitternacht«, wie es in einem Fragment des als *Kleine Ilias* bekannten Epos heißt, »und in voller Größe ging der Mond auf.« Die Helden kletterten aus dem Bauch des Pferdes, töteten die Wachen und öffneten die Tore. Die Griechen ergossen sich in die Gassen, drangen in die Häuser ein und metzelten die Bewohner nieder, wo sie sie fanden, ohne irgend jemand männlichen Geschlechts zu verschonen. Sie eilten hinauf zum Pergamos, dem Palast auf der Kuppe des Hügels. Dort erschlug Neoptolemos den alten Priamos auf der Schwelle seines königlichen Hauses, den Greis, dessen Leben die vier Generationen seit der Eroberung der Stadt durch Herakles umspannte und der Zeuge des Todes aller seiner Söhne wurde. Deiphobos, den Helena nach Paris' Tod geheiratet hatte, wurde niedergehauen und verstümmelt. Was Helena anbetrifft, die Hauptperson des ganzen Unternehmens, so berichtet Arkinos von Milet, der Autor der *Kypria*, in seiner *Eroberung von Ilios*, daß Menelaos sie eigentlich töten wollte. Als sie ihm in dem nächtlichen Inferno jedoch mit entblösten Brüsten gegenüberstand, war er von ihrer Schönheit so überwältigt, daß er sein Schwert fortwarf. Die männlichen Nachkommen aller trojanischen Helden wurden umgebracht (Hektors kleiner Sohn Astyanax von der Mauer hinabgeworfen) und die Frauen versklavt und nach Griechenland verschleppt, um den Siegern als Bettgenossinnen das Leben zu versüßen oder Flachs zu streichen und an der Quelle unterhalb des Palastes in Sparta Wasser zu schöpfen.

Nach dem Gemetzel plünderte Agamemnons Heer die Stadt, brannte sie nieder und schleifte ihre Mauern, wobei, wie Äschylos sagt, »die verglimmende Asche den fetten Wohlgeschmack des Reichtums in der Luft verbreitete«. Als ein letzter Akt wurde Polyxena, die Tochter des Priamos, auf dem Grab des Achilles geopfert. Das Haus des Priamos war ausgelöscht. Nachdem sie die Beute verteilt und die Frauen als Sklaven den siegreichen Heerführern zugewiesen hatten, verließen die Griechen die Troas. Die unterschiedlichen Umstände ihrer Heimkehr werden in vielen Geschichten erzählt, vor allem in der *Odyssee*. Wie nicht anders zu erwarten, brachte die Brutalität ihres Sieges und ihr Mangel an Respekt gegenüber den trojanischen Göttern den Siegern nur weitere Leiden. Sie wurden von Stürmen zerstreut – unsere Quellen berichten von Irrfahrten in der Ägäis, nach Kreta, Ägypten und anderen Gegenden. Manche, wie Menelaos und Odysseus, brauchten bis zu zehn Jahre, um ihren Weg nach Hause zu finden; andere wiederum, wie der unbedeutendere Mopsos, zogen in das Innere Anatoliens und ließen sich dort nieder. Wieder andere wurden zu Seeräubern und griffen Orte im Mittelmeer an. Manche gar, wie Agamemnon selbst, erwartete daheim politischer Aufruhr, Palastintrigen und gewaltsamer Tod. Agamemnon wurde von seiner Frau und einem Nebenbuhler aus einem anderen Zweig der Familie ermordet; Philoktetes wurde von Aufrührern aus Thessalien vertrieben, und nur der alte Nestor starb in Frieden. Er war das letzte Verbindungsglied mit dem Goldenen Zeitalter der im Trojanischen Krieg untergegangenen Welt der Heroen. Die griechische Tradition datiert den Zusammenbruch des heroischen Zeitalters auf eine Zeitspanne von ein bis zwei Generationen nach dem Trojanischen Krieg (achtzig Jahre nach Meinung des Geschichtsschreibers Thukydides) und berichtet von »fortwährenden Umbesiedlungen«, Parteienstreit und Wanderungen großen Stils, von den Landnahmen in Italien, Sizilien und Westanatolien durch Helden wie Diomedes, Philoktetes und Idomeneos. Schließlich kam es in Griechenland zu einem Einströmen griechisch sprechender Bauern aus dem Norden, der Dorier, deren Ankunft das Ende von Agamemnons Welt bezeichnet. Am Ende des damals beginnenden Dunklen Zeitalters blickte der Dichter Hesiod, der am Fuße des Berges Helikon in Böotien kärglich sein Land bestellte, auf die großen Kämpfe zurück, die dem heroischen Zeitalter den Todesstoß versetzten und »jenes göttergleiche Geschlecht von Heldennaturen« vernichteten, das zwischen der Bronzezeit und seiner eigenen tristen eisenzeitlichen Gegenwart gelebt hatte: »Schauerlicher Kampf und furchtbares Schlachtgetöse vernichtete sie . . . als der Krieg sie über die Weite des Meeres nach Troja brachte, um der reichgelockten Helena willen.«

Die Faszination, die dieser Mythos auch weiterhin auf die Fantasie der Griechen ausübte, zeigt sich an einem außergewöhnlichen Nachspiel. Ein unbedeutender Held, Ajax von Lokris, hatte angeblich während der Plünderung Trojas den Tempel der Athene geschändet und daher ihre immerwährende Feindschaft erregt. Der Glaube an diese Geschichte war unter den Lokrern so stark, daß sie von etwa 700 v. Chr. an jedes Jahr ausgewählte Töchter zum Dienst im Tempel der Göttin nach Troja sandten, wo sie Demütigungen erlitten und selbst den Tod riskierten, um die Schuld eines ihrer Altvorderen zu sühnen. Einige dieser Mädchen, vielleicht ursprünglich alle, blieben dort bis ins hohe Alter und reinigten mit geschorenen Haaren und barfuß den Tempelbezirk. Noch im vierten Jahrhundert v. Chr. hatten die Trojaner das Recht – und übten es auch aus –, diejenigen Mädchen zu töten, die sie dabei ertappten, wie sie von ihren lokrischen Führern heimlich zum Allerheiligsten geleitet wurden. Aber selbst jene, die dorthin gelangten, lebten bis ans Ende ihrer Tage in völliger Abgeschlossenheit und äußerster Armut wie Sklaven. Dieser Brauch hielt sich bis in das erste nachchristliche Jahrhundert – ein verblüffendes Zeugnis für die fortwirkende Macht der Legende in der griechischen Gesellschaft.

Geschichte oder Dichtung? Die Ansicht der Antike

Es wird oft behauptet, daß die Griechen die ersten waren, die die Ereignisse der Vergangenheit auf so etwas wie eine wissenschaftliche Weise behandelten. Sicher ist jedoch, daß die Geschichte von den sogenannten Barbaren viel besser bewahrt worden ist als von den Griechen selbst... Ägypter, Babylonier und Phönizier haben, wie allseits eingeräumt wird, das Andenken an die ältesten und dauerhaftesten Überlieferungen der Menschheit erhalten.

Josephus, *Jüdische Altertümer*

In der Alten Welt herrschte die nahezu einheitliche Überzeugung, daß der Trojanische Krieg ein historisches Ereignis gewesen sei. Der Philosoph Anaxagoras gehörte zu der kleinen Handvoll von Leuten, die dies bekanntlich bezweifelt haben, aus dem einfachen Grund, weil es keinen Beweis gab. Damals wie heute wußte jeder, daß es keine eigentliche Quelle, keine »Primär-Information« über den Krieg gab. Aber ebenso »wußte« man, daß es sich ereignet hatte. Es ist ein in der Geschichtsschreibung einzigartiges Paradox. Als der »Vater der Geschichte«, Herodot, der im fünften Jahrhundert v. Chr. lebte, ägyptische Priester fragte, ob die griechische Geschichte von diesem Krieg wahr sei, meinte er damit lediglich, ob die Priester irgendwelche anderen Berichte darüber hätten, denn es gab keine schriftlichen Quellen, bevor die homerischen Epen – vielleicht erst im sechsten Jahrhundert v. Chr. – niedergeschrieben wurden. Daher standen den Geschichtsschreibern des fünften Jahrhunderts v. Chr. keinerlei dokumentarische Quellen zur Verfügung. Es ist interessant festzustellen, daß diese Geschichtsschreiber bereit waren, den Grundlagen der homerischen Überlieferung uneingeschränkt Glauben zu schenken. Von Homer ausgehend, konstruierte Thukydides (ca. 400 v. Chr.) einen brillanten Abriß des »prähistorischen« Griechenlands, der noch immer eine der abgewogensten und einleuchtendsten Darstellungen darüber ist, wie es zu dem Krieg gekommen sein könnte. Allerdings besteht keine Gewißheit darüber, wieviel davon seine eigene Eingebung aufgrund sichtbarer Überreste (»achäologischer« Fundstätten) und Rückschlüsse aus der homerischen Schilderung sind und was er aus Quellen herleitete, die wir nicht besitzen (wobei die meisten Fachleute diese letztere Möglichkeit ausschließen). Auf jeden Fall hielt Thukydides die Geschichte vom Trojanischen Krieg für wahr und die »königliche« Macht Mykenes für Wirklichkeit:

Wir haben keine Nachricht von irgendeiner Unternehmung, die Hellas als ganzes vor dem Trojanischen Krieg durchgeführt haben könnte. Ja, meine Ansicht geht dahin, daß das ganze Land zu dieser Zeit noch nicht einmal Hellas genannt wurde... Die beste Bestätigung hierfür kann man bei Homer finden, der, obwohl er viel später als zur Zeit des Trojanischen Krieges geboren wurde, nirgends den Namen »hellenisch« für die gesamte Streitmacht verwendet.

Thukydides stellt dann Betrachtungen über vermehrte Kenntnisse von der Seefahrt in der Ägäis an, über die Entstehung von »Kapitalreserven« und die allmähliche Errichtung ummauerter Städte mit angesammeltem Wohlstand und einer seßhafteren Lebensweise. Alle diese Faktoren betrachtet er als Vorbedingungen für eine vereinte Unternehmung, wie Homer sie schilderte:

Einige bauten auf der Grundlage ihrer neuerworbenen Reichtümer Mauern um ihre Städte, die Schwächeren schickten sich darein, von den Stärkeren regiert zu werden, und diejenigen, die durch den Erwerb von Kapitalreserven eine überlegene Machtstellung gewannen, brachten die kleineren Städte unter ihre Kontrolle. Hellas hatte sich bereits ein Stück in dieser Richtung entwickelt, als der Zug gegen Troja stattfand. Agamemnon muß allem Anschein nach der mächtigste Herrscher seiner Zeit gewesen sein; aus diesem Grunde war er in der Lage, die Streitmacht gegen Troja aufzubringen... Er besaß demnach die stärkste Flotte; daher spielte meiner Meinung nach bei der Mobilisierung des Unternehmens gegen Troja Furcht eine größere Rolle als Gefolgschaftstreue. Mykene war sicherlich ein kleiner Ort, und viele Städte aus jener Zeit erscheinen uns heute nicht besonders beeindruckend; aber dies ist kein ausreichendes Beweismittel, um zurückzuweisen, was die Dichter und was die allgemeine Überlieferung über den Umfang des Unternehmens zu sagen haben... Wir haben daher auch kein Recht, die Städte nach ihrem äußeren Erscheinungsbild statt nach ihrer tatsächlichen Machtposition zu beurteilen, und es gibt keinen Grund, weshalb wir nicht glauben sollten, daß der Trojanische Feldzug der größte war, der jemals stattgefunden hat.

So schrieb Thukydides im fünften Jahrhundert v. Chr., das heißt, so lange Zeit nach dem überlieferten Datum der Eroberung Trojas (hierüber bald mehr) wie wir heute von der Unterzeichnung der Magna Charta entfernt sind. Bemerkenswert ist das Fehlen jedweder Anhaltspunkte, die über die Worte der Dichter und »die allgemeine Überlieferung« hinausgingen. Es sollte allerdings auch darauf hingewiesen werden, daß nichts von dieser Interpretation durch die moderne Archäologie oder moderne Textkritik widerlegt worden ist. Es bleibt nach wie vor ein plausibles Modell, auch wenn heute viele Wissenschaftler an der Existenz eines mykenischen »Reiches«, am Trojanischen Krieg und gar an Troja selbst zweifeln. Plausibel, aber noch immer nicht beweisbar.

Wie errechneten denn nun die Alten eine Chronologie für ihre »prähistorische« Vergangenheit? Wo ordneten sie beispielsweise den Trojanischen Krieg zeitlich ein? Im klassischen Griechenland reichte eine ins einzelne gehende Zeitrechnung bis zur ersten Olympiade im Jahre 776 v. Chr. zurück. Wir wissen, daß dieses Datum ziemlich genau der Übernahme des Alphabets durch die Griechen gegen Ende des achten Jahrhunderts entspricht. Wie zu erwarten, kam es etwa um dieselbe Zeit zur Aufstellung einer wirklichen historischen Chronologie, in der auch die ersten schriftlichen Aufzeichnungen vorlagen. Daher beginnt George Grotes große *History of Greece*, die erst in den 40er und 50er Jahren des 19. Jahrhunderts geschrieben wurde, mit der ersten Olympiade. Was weiter zurücklag, war für ihn unbrauchbar, denn noch hatte die Archäologie das Fenster zur Vorgeschichte nicht aufgestoßen. Wie Grote jedoch erkannte, besaßen die alten Griechen eine gewaltige Anzahl von Sagen, Erzählungen, Genealogien und dergleichen, die sich auf diese präklassische Welt bezogen und von denen sie glaubten, genau wie Homer dies tat, daß sie wirkliche Ereignisse zum Gegenstand hätten. Dies waren die »allgemeinen Überlieferungen«, die Thukydides erwähnt und die offensichtlich mündlich bewahrt worden waren. Sie umfaßten oft detaillierte zeitliche Zusammenhänge – so »wußte« beispielsweise jedermann, daß die Eroberung von Theben vor dem Trojanischen Krieg stattfand, daß der Trojanische Krieg der dorischen Invasion Griechenlands vorausging, und dergleichen mehr. Schon vor Herodot hatten Geschichtsschreiber versucht, eine zeitliche Ordnung hierfür zu konstruieren und sie zur Historie zu erheben, so schwierig es auch war. Später vermerkt Diodorus Siculus, wie beschwerlich es war, eine Darstellung der »Vorgeschichte« zu schreiben, weil er keine zuverlässige Datensammlung für die Zeit vor dem Trojanischen Krieg finden konnte. Thukydides beschränkte sich auf die allgemeine Vermutung, daß vor der Zeit der mykenischen Oberherrschaft die Kreter von Knossos eine Vormachtstellung über die Ägäis ausgeübt hätten. Hinsichtlich der zeitlichen Einordnung des Krieges schwankten die meisten Berechnungen zwischen etwa 1250 v. Chr. bei Herodot und 1135 v. Chr. bei Ephoros; das früheste Datum war 1334 v. Chr. bei Doulis von Samos, das meistbeachtete 1184–1183 v. Chr., das von Eratosthenes, dem Bibliotheksleiter von Alexandria, bestimmt worden war. Derartige Daten – ausgedrückt in der Form »soundso viele Jahre vor der Ersten Olympiade« – wurden gewöhnlich aus Genealogien berechnet, und zwar auf der Grundlage von Schätzungen der Länge einer Generation vor allem der alten dorischen Königsfamilien von Sparta. Ein bemerkenswertes Beispiel dafür, wie genau solche Angaben sein können, hat sich in einer kleinen Kirche auf Chios erhalten, wo ein Familiengedenkstein fünfzehn Generationen aufführt, die vom fünften bis zum zehnten Jahrhundert v. Chr. zurückreichen. Es ist auf diese Weise zumindest möglich, derartige Angaben über Jahrhunderte hinweg zuverlässig zu konservieren.

Die genaueste Datierung des Trojanischen Kriegs aus klassischer Zeit findet sich auf der »Parischen Marmortafel«, einer Chronik markanter – legendärer oder wirklicher – Ereignisse, die aus den Genealogien der sagenhaften athenischen Könige errechnet ist und bis zur Mitte des dritten Jahrhunderts v. Chr. reicht. Sie ist auf einer großen Tafel aus dem berühmten Marmor von der Insel Paros eingemeißelt, die ein Botschafter des englischen Königs Karl I. bei der Hohen Pforte gelegentlich eines Besuches in Smyrna erworben und nach England geschafft hatte, wo sie ein Teil der Sammlung des Grafen von Arundel wurde. Die Marmortafel wurde im englischen Bürgerkrieg (also zur Zeit Cromwells) beschädigt. Dabei wurde ausgerechnet der vorgeschichtliche Teil zerstört, doch war er glücklicherweise von dem Antiquar John Selden kopiert worden. Daher wissen wir, daß die Inschrift die Entstehung des eleusischen Mysterienkultes in das frühe 14. Jahrhundert v. Chr. datiert, die Eroberung Thebens in das Jahr 1251, die Gründung von Salamis auf Zypern auf 1202, die ersten griechischen Niederlassungen in Jonien auf 1087, Homers Schaffensperiode auf 907 und die Eroberung von Troja auf den 5. Juni 1209 v. Chr.! Unglücklicherweise ist die verblüffende Genauigkeit, mit der sogar Monat und Tag angegeben werden, das Ergebnis einer astronomischen Berechnung, die auf eine Fehlinterpretation einer Strophe in der *Kleinen Ilias* zurückgeht. Die Worte: »Es war Mitternacht und ein heller Mond ging auf« wurden als ein Hinweis auf Vollmond ausgelegt, und einen solchen gibt es am kürzesten vor Mitternacht bei der letzten Lunation vor der Sommersonnenwende.

Diese Art von Quellenmaterial dürfte deutlich machen, daß die Bemerkungen des jüdischen Historikers Josephus über die griechische Geschichtsschreibung, die im ersten Jahrhundert n. Chr. niedergeschrieben und auf Seite 28 von uns zitiert wurden, zutreffend sind; die Griechen besaßen keine zuverlässige Quelle über ihre vorgeschichtliche Vergangenheit. Mündliche Überlieferung, vor allem in Gestalt der homerischen, war alles, worauf sie zurückgreifen konnten, denn, so führt Josephus im Vorwort zu seiner Geschichte des jüdischen Krieges aus: »Es war spät und unter Schwierigkeiten, daß sie in den Besitz der Buchstaben kamen, die sie jetzt verwenden.« Auch im »archäologischen« Sinne hatten die Griechen wenig Verständnis für die fernere Vergangenheit: »Was die von ihnen bewohnten Örtlichkeiten anbetrifft, so sind zehntausend Zerstörungen darüber hinweggegangen und hatten die Erinnerung an frühere Taten ausgelöscht, so daß sie jedesmal eine neue Lebensweise beginnen mußten.« Freilich gab es in der Antike »archäologische« Grabungen: die Leute fanden immerzu Überbleibsel, und sie wußten auch die Namen der Städte, die nach Angaben Homers Kontingente nach Troja schickten (man erinnere sich der Bemerkungen des Thukydides – Seite 29 – über die Ruinen von Mykene zu seiner Zeit, die er offensichtlich besucht hatte). An solchen Orten wurden im achten und im siebten Jahrhundert v. Chr. viele mykenische Gräber entdeckt und mit Homers heroischem Zeitalter in Zusammenhang gebracht, denn man fand darin Weihgaben für die Helden, eine Sitte, die bis in die klassische Zeit fortbestand. Aber die Art und Weise, wie solche Funde interpretiert wurden, zeigt, daß die Alten keine Vorstellung von dem hatten, was wir heute bronzezeitliche Geschichte nennen. Mündliche Weitergabe war ihre einzige Mitteilungsmöglichkeit. In diesem einen Sinne unterscheidet sich also das Problem der Geschichtlichkeit des Trojanischen Krieges heute nicht sehr von dem, wie es sich für Thukydides stellte. Homer und die Sagen erzählen die Geschichte; die Orte, die sie aufführen, waren und sind noch immer sichtbar, wobei einige einstmals offensichtlich mächtig, einige äußerst unbedeutend waren. Andere Sagen wiederum ranken sich um Stätten, die nachweislich der Bronzezeit angehörten – Nemea, Jolkos, Theben usw. Wenn die griechischen Sagen wirklich einen Kern bronzezeitlicher Geschichte enthalten, wovon Thukydides ausging, wie können wir dies beweisen? In den letzten hundert Jahren hat die neue Wissenschaft der Archäologie den Versuch unternommen, Antworten zu liefern. Bevor wir uns jedoch diesem Versuch zuwenden, müssen wir verstehen, warum die Geschichte vom Trojanischen Krieg die Phantasie unseres ganzen Kulturkreises gefangengenommen hat, denn selbst die Archäologie hat sich dieser Verführung nicht entziehen können. Schon im Griechenland des Thukydides war die Geschichte offensichtlich ein großer nationaler Mythos, aber das war nichts im Vergleich zu dem, was in den darauf folgenden zweieinhalb Jahrtausenden daraus wurde. Daher wende ich mich nun dem Weiterleben dieser Geschichte zu.

»Wallfahrer« in der Welt der Antike

Die Ausstrahlungskraft dieses Mythos war so stark, daß eine ganze Parade von Eroberern sich angezogen fühlte, den Schauplatz des entscheidenden Zweikampfes zwischen Achilles und Hektor aufzusuchen und anzustaunen. Inzwischen war auf den überwachsenen Ruinen von Hisarlik eine kleine griechische Ansiedlung entstanden. Dies war der Ort, wo nach der Überlieferung der Trojanische Krieg stattgefunden hatte, und in diesem Glauben nannten ihn die Siedler um 700 v. Chr. Ilion. Als sich der Perserkönig Xerxes 480 v. Chr. anschickte, den Hellespont von Asien nach Europa zu überqueren, berichtet uns Herodot:

Er hatte den dringenden Wunsch, Troja zu sehen. Dementsprechend ging er hinauf zur Zitadelle (der Stadt Ilion), und als er gesehen hatte, was er hatte sehen wollen, und die Geschichte der Stätte von den Leuten dort gehört, opferte er der trojanischen Athene tausend Ochsen, und die Magier brachten den großen Männern von einst Trankopfer von Wein.

Einhundertfünfzig Jahre später verband sich die Überquerung der Dardanellen in der anderen Richtung, von Europa nach Asien, in der beeinflußbaren Vorstellung Alexanders des Großen mit dem Zug gegen Troja. Alexander war berauscht von der Welt der Götter und Heroen, wie sie von seinem Lieblingsdichter Homer gezeichnet worden waren (er hatte die *Ilias* bei sich und legte sie nachts unter sein Kopfkissen). Als er seine Flotille von Schiffen zur Troas führte, brachte er auf halbem Wege Poseidon (der den Griechen im Trojanischen Krieg so feindlich gewesen war) ein Opfer dar und sprang als erster an das trojanische Ufer. Dabei stieß er seinen Speer in den Boden, um seinen Anspruch zu erhärten, daß Asien sein wäre: »erobert mit dem Speer« und »von den Göttern übereignet«. Dann begab er sich in die ummauerte Stadt selbst, weihte seine Rüstung der trojanischen Athene und nahm sich dafür aus ihrem Heiligtum alte Waffen und einen Schild, der (wie behauptet wurde) vom Trojanischen Krieg aufbewahrt worden war. Wie Arrian (ca. 150 n. Chr.) vermeldet, legte er beim Verlassen Trojas einen Kranz an Achilles' Grab in der Ebene nieder, wobei »er ihn einen glücklichen Mann nannte, da er Homer hatte, um seine Taten zu verkünden und sein Andenken zu bewahren«.

Alexanders Nachfolger schmückten das kleine Ilion mit einer Stadtmauer, obwohl es sich nie mit einer neuen Stadt messen konnte, die vor 300 v. Chr. an der Küste gegründet wurde – Alexandria Troas. Zu römischer Zeit war die Stadt, nunmehr unter dem Namen Ilium bekannt, halb verlassen. Aber noch einmal erschien, von der Legende beflügelt, ein reicher Gönner, der an Homers »Heilige Ilios« glaubte. Nicht anders als Alexander, der für sich in Anspruch genommen hatte, von dem griechischen Helden

Achilles abzustammen, nannte nun Julius Caesar den Trojaner Aeneas seinen Vorfahren, und nach Lucans *Pharsalia*, die im ersten Jahrhundert n. Chr. geschrieben wurden, besuchte er das Vorgebirge Sigeum und den Fluß Simois, »wo so viele Helden gefallen waren« und nun »kein Stein namenlos ist«. »Er wanderte überall umher, wo einst Troja gewesen war und nun nur noch ein Name, und suchte nach Spuren der großen Mauer, die der Gott Apollo gebaut hatte. Aber er fand den Hügel mit Dornengestrüpp und vermodernden Bäumen überwachsen, deren altes Wurzelwerk tief im Untergrund eingebettet war.« (»Sei behutsam, daß du nicht auf Hektors Geist trittst«, ermahnte ihn ein Einheimischer.) Aber »selbst die Ruinen waren zerstört worden«. Caesars Enttäuschung dürfte wohl von vielen Besuchern, die nach ihm kamen, geteilt worden sein! Lucan nimmt die Gelegenheit wahr, um Betrachtungen über die Unsterblichkeit anzustellen, die selbstsüchtigen Militaristen von Dichtern verliehen worden ist: »Caesar brauchte jedoch auf die von Homer verewigten Helden nicht eifersüchtig zu sein, da dieses Gedicht, wenn lateinische Dichtung überhaupt eine Zukunft hat, ebensolange wie das Homers in Erinnerung bleiben wird.« Die dankbare Nachwelt hat von Lucans Gedicht nicht soviel gehalten wie er selbst, aber immerhin bewahrt sein Bericht Caesars bemerkenswertes Versprechen, Troja als die römische Hauptstadt wieder aufzubauen – eine Geschichte, die Horaz in seinen Oden wiedergibt: »Neu zu bedachen ihr vorväterliches Heim.«

Die Liebesaffäre Roms mit Troja erfüllte sich in dem großen Epos des Römischen Staates, also in der von 30 bis 19 v. Chr. verfaßten *Aeneis* des Virgil, in der die Geschichte der Abstammung Roms von Aeneas und den Trojanern verewigt wurde. Diese besondere Beziehung sollte im vierten nachchristlichen Jahrhundert in seltsamer Weise noch einmal aufleben, als Konstantin der Große zunächst versuchte, seine neue Hauptstadt des Römischen Reiches auf der Sigeum-Hügelkette unweit Trojas zu errichten, bevor er sein Interesse Konstantinopel zuwandte. Die Tore des noch immer Yenisehir (Neue Stadt) genannten Ortes waren angeblich noch mehr als ein Jahrhundert nach den Tagen Konstantins für die Schiffsreisenden, die sich den Dardanellen näherten, zu erkennen, und in elisabethanischer Zeit, ja, bis ins 18. Jahrhundert konnten Reisende Teile der Stadtmauer besichtigen. Heute ist allerdings bei einer Wanderung entlang des Hügelrandes keine Spur von alledem mehr zu erkennen. Die Lage der Stadt hätte ebensoviel natürliche Schönheit geboten wie die von Konstantinopel und wäre auch geeigneter gewesen. Der Grund, weshalb dieser Ort nach der Errichtung großer Bauwerke aufgegeben wurde, ist dennoch offensichtlich: zu diesem Zeitpunkt war die große Bucht, die dreitausend Jahre lang die Existenzgrundlage Trojas gewesen war, versandet und schließlich völlig verlandet – Troja hatte keinen Hafen mehr.

Meine letzte Geschichte über Troja aus klassischer Zeit ist einem großartig lebendigen Brief des Kaisers Julian entnommen, der im Winter 354/5 n. Chr., also vor seiner Regierungszeit, geschrieben wurde. Bekanntlich verehrte Julian die »alten Götter«, das heißt das heidnische Pantheon, dem die Menschen der Antike schon seit vorhomerischer Zeit ihre Opfer darbrachten, und dies trotz der Tatsache, daß sein Onkel Konstantin das Christentum in den ersten Jahren des Jahrhunderts zur offiziellen »Staatsreligion« erklärt hatte. Julian hegte die Hoffnung, daß der verhaßte »Galiläer« (wie er Jesus nannte) nicht endgültig siegen werde. Er sollte, als er Kaiser wurde, entsprechende Maßnahmen ergreifen.

In diesem Winter 354/5 legte Julians Schiff in Alexandria Troas gegenüber Tenedos an. Da Julian ein glühender Hellenist, um nicht zu sagen: in Homer vernarrt war, nahm er die Gelegenheit wahr, nach Troja bzw. der Stadt Ilium Novum hinaufzuwandern, obgleich seine Freunde düster voraussagten, daß er die geheiligte Stätte von den Christen entweiht und das Grabmal des Achilles mutwillig zerstört vorfinden werde. Die erste Station auf seinem Weg war das Grabmal Hektors. Hier stieß Julian zu seinem Erstaunen auf ein noch flackerndes Feuer auf dem Opferaltar und eine von frischem Weihe-Öl glänzende Kultfigur. »Was bedeutet das? Bringen die Bewohner von Ilium noch immer Opfer?« Der ihn begleitende christliche Bischof erwiderte: »Wundert es dich, daß sie ihrem berühmten Mitbürger ihre Reverenz erweisen, wie wir dies gegenüber den Märtyrern tun?« Sie stiegen zum Tempel der Athene hinauf, und wieder sah Julian, daß Opfer dargebracht worden waren. Auch bemerkte er, daß der Bischof nicht das Zeichen des Kreuzes machte, wie die Christen es »auf ihren gottlosen Stirnen beschrieben«, und auch nicht durch die Zähne pfiff, um die bösen Geister abzuwehren, von denen man glaubte, daß sie an solchen Orten hausten. Auch das Grab des Achilles war heil und unbeschädigt. Julian begriff bald, daß der Bischof selbst es war, der die Flamme vor dem Erlöschen bewahrte. Die beiden Männer wanderten in der Stadt umher, unterhielten sich über deren Baudenkmäler und einstige Größe und tauschten (wie man es sich wohl vorstellen darf) homerische Sentenzen aus. Als Julian an jenem Abend zu seinem Schiff zurückkehrte, war er erfüllt von einem Gefühl tiefer Erleichterung und kaum unterdrückter Freude: die Welt von einst war, wenn auch nur für den Augenblick, noch immer heil, die Erinnerung war bewahrt und die alten Riten wurden weiter vorschriftsmäßig gepflegt.

Natürlich neigte sich die antike Welt – die Welt, die die Geschichte von Troja und den homerischen Helden erdacht und sie zu einem Abbild ihrer eigenen Vorstellungen gemacht hatte – ihrem Ende zu, zumindest hinsichtlich ihrer Vorstellungen von Erziehung und Kultur (wenn vielleicht auch nicht in jenen tieferen Strukturen mediterranen Lebens, die sich, wie wir noch sehen werden, nur unmerklich über Jahrhunderte hinweg änderten). Das Römische Reich im Westen war im Begriff, sich aufzulösen, und die neue Spezies kritischer Zeitgenossen fand in den Werken Homers keine moralische Stütze für solche tiefgreifenden Umwälzungen – ihre Bibel war die der Christen. Der junge Augustinus von Hippo Regius, der im Jahre von Julians Reise nach Ilium geborene spätere Heilige, wurde in Nordafrika als wesentlichem Bestandteil seiner Erziehung auch mit den Klassikern vertraut gemacht, gibt aber zu, von Homer tödlich gelangweilt gewesen zu sein.

(Dem entsprechend nahm er sich auch nie die Mühe, Griechisch zu lernen.) Offensichtlich war der Hellenismus im christlichen (nordafrikanischen) Thagaste des vierten Jahrhunderts im Begriff, abzutreten. Bald würden Augustin und seine Anhänger die Welt erben, zumindest deren westlichen Teil. Vater Basil, ein älterer Zeitgenosse Augustins (der für kurze Zeit gemeinsam mit Julian in Athen studiert hatte), ging so weit, zu behaupten, daß es nie einen Trojanischen Krieg gegeben habe: Was war er denn schließlich anderes als eine bloße heidnische Erzählung? Das war ein Zeichen der Zeit. Natürlich gab es im Byzanz des fünften Jahrhunderts noch Kenner Homers, aber ihre griechischen Studien waren auf neue Ziele ausgerichtet. So schrieb beispielsweise die Kaiserin Eudoxia, die Gemahlin Theodosius' II., ein *Leben Jesu* in homerischen Versen!

Einen letzten Einblick in den außergewöhnlichen Einfluß, den sich Homer tausend Jahre lang auf die klassische Vorstellungswelt bewahrte, gewährt uns ein bemerkenswertes Vermächtnis des kultivierten Hellenismus, die *Saturnalia* des Macrobius (frühes fünftes nachchristliches Jahrhundert). Sie zeichnen ein Bild gebildeter und kultivierter Römer, die noch ihr attisches Griechisch beherrschen und ein gemeinsames Abendessen damit verbringen, äußerst tiefschürfende Vergleiche zwischen Homers und Vergils Behandlung des Trojanischen Krieges anzustellen. Bis zum letzten Augenblick lebte die geistige und politische Elite der Alten Welt mit Homer; Macrobius' Tafelrunde wußte offensichtlich noch große Passagen davon auswendig.

Als die Tafel dieser Abendgesellschaft endgültig aufgehoben worden war, blieb dem frühen Mittelalter nur sehr viel kärglichere Kost, ein Eintopf aus christlicher Bibelauslegung, aus der gewöhnliche Überlieferungen wie die von Homer verbannt und als Blendwerk des Teufels verdammt waren. Byzanz im orthodoxen Osten war als christliches Kaiserreich ein Feind des Hellenismus und setzte Homer samt allen anderen mit Heidentum und Vielgötterei gleich. Im Westen ging die Kenntnis des Griechischen fast völlig unter. Erst im 19. Jahrhundert entstand jene geradezu leidenschaftliche Beschäftigung mit Homer wieder, die auch den Beifall Julians und Macrobius' gefunden hätte. Aber das ist, wie die Dinge liegen, eine andere Geschichte; im Westen hat es im Erzählen der Geschichte von Troja nie eine Unterbrechung gegeben, welche Gestalt sie auch annahm.

Die Weitergabe der Geschichte von den sächsischen Erzählungen und Legenden der Tudor-Zeit bis zu Dichtern des Ersten Weltkriegs

Vierhundertdreißig Winter, bevor Rom gegründet wurde (das heißt 1183 v. Chr.), geschah es, daß Alexander, der Sohn des Königs Priamos des Burgfleckens Troja, Helena, die Gemahlin des Königs Menelaus von Lakedämonia, einer griechischen Stadt entführte. Um sie wurde jener große und berühmte Krieg zwischen den Griechen und den Trojanern geführt. Die Griechen hatten tausend Schiffe des Typs, den wir große Langschiffe nennen, und sie schworen untereinander den Eid, daß sie nie wieder in ihre Heimat zurückkehren würden, bevor sie nicht die erlittene Unbill gerächt hätten. Und zehn Jahre lang belagerten sie diese Stadt und kämpften um sie herum. Wer kann sagen, wieviel Männer auf beiden Seiten getötet wurden, von denen der Barde Homer berichtet hat! Ich brauche das nicht zu erzählen, sagt Crosius, denn es ist eine lange Geschichte, die ohnehin jeder kennt. Dennoch kann jeder, der es wissen will, in seinen Büchern nachlesen, welches Unheil sich zutrug und welche Opfer durch Totschlag, durch Hunger, durch Schiffbruch und alle Arten von Missetaten es gab, wie es in den Geschichten erzählt wird. Volle zehn Jahre lang wogte der Krieg zwischen diesen Menschen. Denk darum an jene Zeiten und an unsere eigenen, welche wohl die besten sind, um darin zu leben!

Eine angelsächsische Darstellung des Trojanischen Krieges nach einer Übersetzung aus Orosius, etwa 895 n. Chr. in dem Kreis um Alfred den Goßen angefertigt.

Die Geschichte von Troja verlor in dem Jahrtausend zwischen dem Fall Roms und der Renaissance nie ihre Anziehungskraft. Sie faszinierte die Lehnsmänner Alfreds des Großen um die Kaminfeuer des wikingerzeitlichen Wessex und war mit einem zusätzlichen Schuß Liebeslust und -leid auch in der höfischen Gesellschaft im Europa des 12. Jahrhunderts äußerst beliebt. Gerade zu dieser Zeit wurde von Benoît de Sainte-Maure, einem anglo-normannischen Troubadour am Hof Heinrichs II., eine höchst erfolgreiche dichterische Version in der Volkssprache verfaßt (Roman de Troie, ca.1160). Die Geschichte ließ sich gut auf die Welt des Rittertums, der streitbaren Recken und treuen Gefolgsleute übertragen. Es war übrigens Benoîts launische Brisaida *(trop est mes cuers muable et fel)*, die auf dem Weg über Caxtons *Recuyell of the Historyes of Troye* (ca. 1475) – einem Markstein der Übertragung ins Englische – Shakespeare das Vorbild für die »falsche Cressida« lieferte. Diese Übertragung basiert auf einer französischen Prosaversion nach Benoît aus der Feder Raouls le Fèvre. Benoît wiederum hatte bei der Abfassung seiner Schilderung die spätrömischen Geschichten von Dares und Dictys benützt, deren erstere angeblich eine Übersetzung der Ilias-Erzählung aus vorhomerischer Zeit ist, während die zweite zur Zeit Neros in Knossos aufgetaucht sein soll. Es ist eine der Kuriositäten der Geschichtsschreibung, daß in der damaligen Zeit ausgerechnet diese beiden wertlosen Machtwerke einen bevorzugten Platz als kompetente Quellen für den Trojanischen Krieg einnahmen und man sie für Berichte von Augenzeugen hielt. Dem kam noch besondere Bedeutung zu, da mehrere westeuropäische Völker der Idee Vergils folgten, ihre Abstammung auf Änäas und jene Trojaner zurückzuführen, von denen man glaubte, daß sie den Fall der Stadt überlebt hätten und nach Italien oder weiter westwärts ausgewandert wären. Seltsamerweise hielt sich dieses Thema gerade in England besonders hartnäckig.

In den Tagen der Auflösung des spätrömischen Reiches finden wir die ersten Beispiele dafür, wie die eindringenden Barbaren die Geschichte von Troja für sich in Beschlag nahmen, um sich enger mit der alten und überlegenen römischen Kultur identifizieren zu können, deren Erbe sie antreten sollten. Kurz vor dem Untergang des alten Rom berichtet uns der Geschichtsschreiber Ammianus Marcellinus, daß geflüchtete Trojaner sich in Gallien, dem heutigen Frankreich, niedergelassen hätten, und es dauerte nicht lange, bis die Geschichte für politische Zwecke ausgenutzt wurde. Etwa um das Jahr 550 nahm Cassiodorus in seiner *Geschichte der Gothen* für

Theoderich, den Ostgotenkönig von Italien, trojanische Abstammung in Anspruch. Als nächste beuteten die Franken die Geschichte für sich aus, indem sie den sagenhaften eponymen Vorfahren Francus den Trojer erfanden. Es war eine gute Geschichte. Deshalb gelangte sie von Frankreich bald nach England. In dem Wales des Dunklen Zeitalters hieß es, wie Nennius berichtet, daß der Gründer Britanniens ein gewisser Brutus gewesen sei, der von »Ilius« abstammte, welcher seinerseits »als erster Ilium, das ist Troja, gründete«. Diese Geschichte wurde durch Geoffrey von Monmouth in seiner berühmten Erzählung volkstümlich gemacht, wonach London unter dem Namen Troynovant oder neues Troja von Brutus gegründet worden sei. Obwohl diese Darstellung von dem Geschichtsschreiber Polydore Vergil als Unsinn abgetan worden war, wurde sie von den meisten Dichtern der elisabethanischen Zeit als ein Teil der Tudor-Legende akzeptiert und zum Allgemeingut der damaligen Vorstellungswelt. Die Tudors waren, wie behauptet wurde, von walisischer oder altbritischer Abstammung, und somit fiel dem alten trojanisch-britischen Herrschergeschlecht, als es nach der Schlacht von Bosworth 1485 den englischen Thron bestieg, von neuem imperiale Macht zu, womit ein neues Goldenes Zeitalter seinen Einzug hielte. Daher konnte Königin Elisabeth I. im Schicksalsjahr der Großen Armada in Gray's Inn als »dieser liebliche Nachfolger von Priamos' Haus, diese Hoffnung des aufsprießenden Troja« begrüßt werden; und auf dem berühmten Gemälde aus dem Jahr 1569 in Hampton Court ist sie es, und nicht Athene, Aphrodite oder Hera, die im Urteil des Paris den goldenen Apfel empfängt! Wenn Pistol in Shakespeares *Heinrich V.* zu dem Waliser Fluellen sagt: »Falscher Trojaner, du sollst sterben«, so setzt er in seiner Zuhörerschaft Vertrautheit mit einem altbekannten Vorgang voraus. Ein weiterer bemerkenswerter Nachhall der Geschichte von Troja!

Die zentrale Rolle der Geschichte von Troja in der Tudor-Legende trägt vielleicht auch dazu bei, die große Zahl von Übersetzungen der *Ilias* im England des 16. Jahrhunderts zu erklären, da der Originaltext zunehmend in alten Handschriften nachgelesen wurde. Halls Version in zehn Bänden erschien 1581, Chapmans berühmte Wiedergabe 1598. Es ist aber interessant, daß Caxtons *Recuyell* immer noch populär war und vor 1600 fünf Auflagen erlebte; Shakespeare verwendete es als Quelle für *Troilus und Cressida*, und es war noch bis zu Popes Zeit gefragt. Chapmans und Popes Bearbeitungen sind immer als die größten englichen Homer-Übersetzungen angesehen worden; besonders die von Pope gilt heute noch als Klassiker. (»Eine Leistung, der gleichzukommen keine Zeit und keine Nation behaupten kann«, meinte Samuel Johnson, wenn auch der gelehrte Richard Bentley sagte: »Es ist ein hübsches Gedicht, Mr. Pope, aber Ihr dürft es nicht Homer nennen.«)

Dennoch dauerte es bis zum 19. Jahrhundert, bis Homer als ein volkstümlicher »Klassiker« voll zur Geltung kam, wobei unter den vielen Bearbeitungen der größte Einfluß von William Morris' *Odyssey* (1887) – teils nordische Saga, teils Tennyson – und von Andrew Langs seltsam wirkungsvoller, spätviktorianischer *Ilias* ausging, die zwischen 1882 und

1914 nicht weniger als achtzehnmal neu aufgelegt wurde. Nach den damaligen Vorstellungen der herrschenden Schichten überragte Homer alles andere. Es ist bezeichnend, daß auf dem bekannten Denkmal des Prinzgemahls Albert am Londoner Hyde Park (dem Albert Memorial) niemand anderes als Homer unter den großen Künstlern der Welt den Ehrenplatz zu Füßen des Prinzen einnimmt.

Die unerreichte Popularität Homers in der spätviktorianischen und eduardischen Vorstellungswelt dürfte wohl auch die Rolle widerspiegeln, die die *Ilias* in dem englischen Public-Schools-System spielt. Auf der Höhe des British Empire war Homer vielleicht derjenige Dichter, der die Gefühle der britischen Imperialisten am meisten ansprach, und zwar nicht nur wegen seiner Gentleman-Gesinnung und kühlen Selbstbeherrschung (der »stiff upper lip«) sowie der Bedeutung, die er der körperlichen Ertüchtigung und Abhärtung beimaß, sondern auch wegen seiner Verherrlichung des kriegerischen Mutes. Ob es auf dem südafrikanischen Veld war, in den flandrischen Schützengräben oder am Himmel der Picardie, überall weckte Homer die machtvollsten Vorstellungen in denen, die durch ihre Erziehung dazu gebracht worden waren, sich als die neuen Athener zu sehen. Während des Ersten Weltkrieges schrieb Maurice Baring:

Ein Kampf, wie ihn der blinde Dichter nie besang,
Kein Hektor, kein Achilles je erahnte –
Hoch in des blauen Himmels Leere.

Nirgends aber hätte Homer eindringlicher auf die Gemüter wirken können als vor Gallipoli, wo Troja und Kap Helles sich an den Dardanellen gegenüberliegen. Wie hätten die jungen Dichter und Schriftsteller des British Empire – John Masefield, A.P. Herbert, Patrick Shaw-Stewart, Compton Mackenzie – nicht an die *Ilias* denken können! Auch dem jungen Franzosen Jean Giraudoux, der seine Freunde in den Schützengräben von Suvla (Anafarta auf Gallipoli) sterben sah und selbst schwer verwundet wurde, gab das Trauma furchtbare Inspirationen für seine Kunst ein *(Der Trojanische Krieg findet nicht statt)*: »Warum gegen uns?« fragt Hektor. »Troja ist berühmt für seine Künste, seine Gerechtigkeit, seine Menschlichkeit.« Rupert Brooke starb, bevor er die Kanonen feuern hörte. Doch als er seinem Schicksal entgegenfuhr, gelobte er, auf der Fahrt durch die Kykladen Homer zu rezitieren, auf daß »die Winde der Geschichte uns auf dem ganzen Wege begleiten mögen«. Einige hingeworfene Fragmente von dieser letzten Reise zeigen uns, was Brookes Fantasie bewegte:

Es heißt, Achilles hätt' im Dunkel sich gerührt,
Und Priamos mit seinen fünfzig Söhnen
Wacht auf verstört und hört Kanonen donnern,
Und zittert nun ein weit'res Mal für Troja.

Patrick Shaw-Stewart, der die *Ilias* auf dem Wege nach Gallipoli von neuem las, hatte angesichts von Imbros, von Troja und all diesen »von Gedankenverbindungen gesättigten Orten« ein schreckliches Gefühl des *Déjà-vu*:

O Hölle für Schiffe und Städte,
Hölle für Menschen wie mich,
Todbringende zweite Helena,
Warum muß dir folgen auch ich?

Achilles führt es nach Troja,
Zum Chersones führt es mich,
Vom Zorne wandt' er sich dem Kampf zu,
Von drei Tagen Ruhe ich.

War es so schwer, Achilles,
Sosehr schwer der Tod für dich?
Du weist es, aber ich weiß nicht,
Um so glücklicher bin vorerst ich.

Zurück übers Meer von Imbros
Noch heute morgen fahr' ich,
Steh fest im Graben, Achilles,
Flammenumblitzt kämpfend für mich.

Bei den jungen Leuten von den Public Schools, die gen Gallipoli fuhren – »die Jugend, die zum Schauplatz selbst ihre Schulzeitgefühle tragen«, wie Byron es so kühn formulierte –, riefen die mit den Örtlichkeiten verbundenen Assoziationen also überwältigende nostalgische Gefühle wach: die Inseln, die Ebene des Skamander, der Hügel der »Heiligen Ilios«. Vielleicht wurden sie später von den Erlebnissen des Krieges ausgelöscht. Nach 1915 nahmen Erinnerungen an einen viel schrecklicheren Krieg ihren Platz ein: Erinnerungen an die einfachen Helden, die fern vom »weitgebauten Liverpool« und vom »hunderttorigen Leeds« sterben mußten. (Homers Welt ist, wie wir nicht vergessen dürfen, vornehmlich aristokratisch.) Heute, siebzig Jahre später, berührt uns die nachhaltige Identifizierung der englischen Oberschicht mit den strengen ethischen Gesetzen Homers als eine seltsame Zwangsvorstellung. Es ist jedoch nicht zu leugnen, daß diese Geschichte auf Generationen von Briten, Amerikanern, Deutschen, Griechen und anderen, die mit solchen Vorstellungen aufgewachsen sind, noch immer eine große Faszination ausübt. Paradoxerweise gilt dies ganz besonders für die Fachgelehrten und Archäologen, die diese Vorstellungen auch weiterhin für das breitere Publikum interpretieren. Sosehr dies eine objektive Diskussion des Belegmaterials erschwert, die Sage (oder die Legende) ist doch zu einem Faktum geworden. Nichts anderes als ihre Macht als Mythos ist es, die den Glauben an ihre Geschichtlichkeit erweckt und gefördert hat – die Geschichte bewegt uns so sehr, daß sie wahr sein muß. Immerhin haben viele Archäologen, ausgesprochene Wissenschaftler, vermocht, diese Auffassung in ihre wissenschaftliche »Wahrheit« einzubeziehen.

Ich habe versucht, die Rolle Homers im englischen Geistesleben kurz zusammenzufassen. Es bedürfte eines ganzen Buches, und zwar eines großen, wollte man diese Rolle in anderen Sprachen und Kulturen umreißen.*

Zum Abschluß möchte ich noch eine letzte Version erwähnen, und zwar die gälische, verfaßt von einem gewissen John McHale, dem Primas von ganz Irland in der Mitte des 19. Jahrhunderts. Diese eindrucksvolle Anpassung der Geschichte von Troja an die uralten heroischen Traditionen des keltischen Epos (Agamemnon ist darin *ard-ri*, und die Achäer heißen *Feanna*) erinnert uns daran, daß die homerischen Epen die ersten großen Werke der europäischen Literatur sind, die in einer Sprache verfaßt wurden, deren Wurzeln auch die Sprachen der keltischen und germanischen Völker entsprossen sind. Diese Völker waren westwärts zu ihren heutigen Wohnsit-

*In Deutschland verlief die Entwicklung anders: Zwar hatte es auch hier Anfang des 16. und 17. Jahrhunderts bereits zwei Übersetzungen (beide in Augsburg verlegt) gegeben, doch setzte das eigentliche Interesse erst in der Zeit des Klassizismus ein, zu dessen Wesen es gehörte, eine intensive Beschäftigung mit der klassischen Antike vorauszusetzen und zugleich anzuregen. Nachdem Übersetzungen der homerischen Epen durch Ch. T. Damm (1769–71), J. J. Bodmer (1778) und Graf zu Stolberg (Ilias 1778) vorausgegangen waren, erschienen in den Jahren 1781 bis 1814 die Übersetzungen von J. H. Voß, die – ungeachtet späterer deutscher Übersetzungen – längst zu Klassikern geworden sind, die sich mit den Übersetzungen von Chapman und Pope durchaus messen können. Es ist allerdings nicht zu übersehen, daß England für die »Renaissance« der homerischen Epen eine wesentliche Rolle gespielt hat und daß die eher bescheidene Arbeit von Robert Wood »Essay on the original Genius of Homer«, die 1769 verfaßt worden und bald auch nach Deutschland gelangt war, indirekt einen starken Einfluß ausübte: Sie führte 1773 zu einer Übersetzung durch den Orientalisten Michaelis und veranlaßte über zwanzig Jahre später (1795) F.A. Wolf zu seinen »Prolegomena ad Homerum«, die sich mit der Frage der Entstehung der homerischen Epen auseinandersetzte.

zen gezogen, nachdem die indogermanischen Völker im frühen zweiten Jahrtausend v. Chr. nach Europa gelangten, während die Griechen nach Süden in den Balkan vordrangen. Homers Schilderung ist ein ferner Widerhall dieser Vorgänge, geschrieben in einer Sprache, die in ununterbrochenem Zusammenhang in das zweite Jahrtausend v. Chr. zurückreicht. Das Griechisch, das man heute in den Kneipen auf Korfu oder Kreta zu hören bekommt, ähnelt noch immer erkennbar dem, das in den bronzezeitlichen Palästen von Mykene und Pylos gesprochen wurde. Keine andere europäische Sprache, mit Ausnahme vielleicht des Gälischen, kann das von sich sagen, und keine besitzt schriftliche Zeugnisse, die so weit zurückreichen. In diesem Sinne stellen die homerischen Epen sozusagen den »Urtext« der gesamten abendländischen Kultur dar.

Auf der Suche nach Troja

Während die Geschichte vom Trojanischen Krieg im mittelalterlichen Europa mit einer solchen Besessenheit gepflegt und weiter kultiviert wurde, war die ungefähre örtliche Lage Trojas nie vergessen worden. Aus dem Mittelalter und der beginnenden Neuzeit sind uns viele Reiseberichte erhalten geblieben, die zeigen, daß die Lage der klassischen Städte Neu-Ilium und Alexandria Troas noch immer als der Standort der homerischen Stadt bezeichnet wurde. Einige Griechen an Bord des Schiffes, mit dem der angelsächsische Pilger Saewulf von Chios nach Konstantinopel fuhr, etwa eine Generation nach der Eroberung Englands durch die Normannen (1066), machten ihn auf der Höhe von Tenedos auf die »sehr alte und berühmte Stadt Troja« aufmerksam, wo »Ihr noch immer die über viele Meilen verstreuten Ruinen sehen könnt« (wahrscheinlich die von Alexandria Troas). Andere Reisende waren interessiert genug, um an Land zu gehen und sich die Ereignisse der *Ilias* an Ort und Stelle zusammenzureimen. Ein spanischer Botschafter, der im Oktober 1403 unterwegs war, um den Mongolen-Khan Tamerlan (Timur) aufzusuchen, Ruy Gonzales de Clavijo, sah die Ruinen und die sich bis zu den Hügeln am Fuße des Berges Ida hinziehende Ebene und berichtete, daß »der Bereich von Troja sich über viele Meilen Landes auszudehnen scheine und daß an einer Stelle oberhalb der alten Stadt sich ein hoher, steiler Hügel erhebe, auf dessen Gipfel dem Vernehmen nach die seit alters her als Ilion bekannte Burg gestanden habe«. Bei Kumkale an den Dardanellen, so schrieb Clavijo weiter, »wurde das griechische Lager aufgeschlagen. Hier war es auch, wo sie große Gräben aushoben, die zwischen ihnen und Troja lagen, um die Trojaner bei einem Angriff zur Zerstörung der Schiffe aufzuhalten. Man kann sehen, daß diese Gräber drei an der Zahl sind und eines hinter dem anderen liegen.« Solche Darstellungen stammten von Griechen der Insel Tenedos, die sogar damals schon als Führer zu den berühmten Stätten fungierten, und von Leuten aus den noch immer griechisch sprechenden Dörfern der Troas. In dem Tagebuch seiner Abenteuer spricht ein skeptischerer Reisender, der Spanier Pero Tafur, von Griechen derselben Insel, die über Troja berichten konnten.

Nachdem er Weihnachten 1435 einen Schiffbruch im Hafen von Chios überlebt hatte, saß er drei Wochen lang, zur Untätigkeit verurteilt, fest. So mietete er sich, nachdem ihn jemand zum Festland übergesetzt hatte, Pferde und einen Führer und ritt nach Troja. Tafurs Reise war (wie die vieler anderer nach ihm) eine Enttäuschung:

So viele zerfallene Bauwerke, so viele Marmortrümmer und Steine, dieses Meeresufer und der Hafen von Tenedos ihm gegenüber, und ein großer Hügel, der aussieht, als sei er durch den Einsturz eines großen Gebäudes entstanden. Aber ich konnte nichts weiter ausfindig machen und kehrte nach Chios zurück.

Sehr wahrscheinlich sah Tafur nur die Überreste von Alexandria Troas. Sein Unternehmen ging nur ganz kurz dem des weitaus bemerkenswertesten aller damaligen Reisenden und Altertumsfreunde, Cyriac von Ancona, voraus. Der Urtyp des umherziehenden Antikenforschers der Frührenaissance verdient vielleicht mehr als jeder andere den Titel des ersten Achäologen, wenn diese Bezeichnung nicht erst 400 Jahre später geprägt worden wäre.

Nachdem er im Oktober 1444 die trojanische Ebene durchstreift hatte, stach Cyriac nach Imbros in See und sah Samothrake über den oberen Rand hinweglugen, ganz so, wie Homer es schildert. Der berühmte Reiseschriftsteller des 19. Jahrhunderts, Alexander Kinglake, war nicht der erste, der aufgrund eigener Beobachtung feststellte, daß Homers Schilderung zutreffend war: »Hoch oben über Imbros – hoch oben unter einem fernen Himmel – Samothrake, der Wachtturm Neptuns – so hatte Homer es bedacht, und so war es auch.« Cyriacs Vermerk ist in sein Exemplar der Werke des antiken Geographen Strabos hineingekritzelt, das sich heute in der Bibliothek des Eton College befindet. Aus der Gegend von Troja kommend, von wo man die alles überragenden Konturen von Samothrake sich in der Ferne auftürmen sieht, rief sich Cyriac die Textstelle in der *Ilias* ins Gedächtnis, wo Poseidon den Kampf zwischen Griechen und Trojanern von »der Spitze des höchsten Gipfels des holzreichen Samothrake verfolgt«. Homer hatte die Wahrheit gesprochen!

Als früherer Schiffahrtsagent, vielgepriesener Geschäftsreisender und vertraulicher politischer Berater zog Cyriac fünfzig Jahre lang im östlichen Mittelmeerraum umher, kletterte über Ruinen, skizzierte Baudenkmäler, kopierte Inschriften und redete auf die Bewohner verschlafener mediterraner Städtchen ein, sie sollten ihre »halbverschütteten Herrlichkeiten« retten. Für Cyriac waren die Trümmer der Antike lebendige Stimmen, die danach riefen, das zerrissene Gewebe der Alten Welt neu zu knüpfen, sowohl seitens der »Söhne Griechenlands« als auch seitens der »Söhne Trojas« – der Türken.

Cyriacs Hoffnung auf die »Söhne Griechenlands und der Türkei« und auf die Wiedergeburt der Welt der Antike erinnert uns daran, auf welch besondere Weise die Geschichte der Archäologie in Griechenland mit der Wiedergeburt des Hellenismus und der Idee eines griechischen Nationalstaates verknüpft ist. Die Byzantiner, die das Oströmische Reich bis zum Fall Konstantinopels regierten, nannten sich selbst nicht Hellenen, wie es

DIE LAGE TROJAS IM NORDOSTEN DER ÄGÄIS

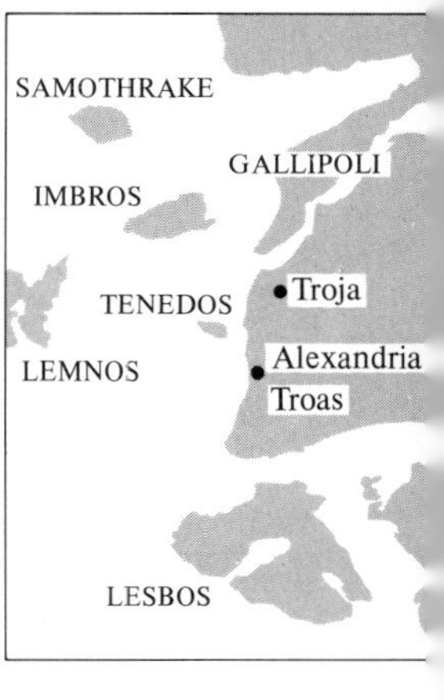

die Griechen von heute tun (und wie es auch Thukydides tat). Sie waren »römisch« und zudem während ihrer ganzen Geschichte als ein christliches Kaiserreich allgemein feindselig gegenüber allem, was sich unter dem Namen »Hellenismus« präsentierte. Dazu gehörten auch die philosophischen, ethischen und religiösen Vorstellungen des alten Griechenlands. Für sie war dies alles heidnisch und polytheistisch. Im elften Jahrhundert, so berichtet Michael Psellus, bekreuzigten sich griechische Mönche gewohnheitsmäßig bei der Nennung des Namens Plato, dieses »hellenischen Satans«.

In der ersten Hälfte des 15. Jahrhunderts, in den Jahren unmittelbar vor dem Fall Konstantinopels, erreichte die Hellenisierungsbewegung ihren Höhepunkt. Damals kam die Vorstellung auf, daß die Bewohner der Peloponnes, des angrenzenden Festlandes und der benachbarten Inseln die unmittelbaren Abkömmlinge der alten Griechen seien und in den Gebieten, die früher von alters her von Hellenen besiedelt gewesen waren, wieder einen Nationalstaat errichten sollten. Es war dies das Klima, in dem Männer wie Cyriac von Ascona ihre bahnbrechenden Versuche unternahmen, die archäologischen Zeugnisse hellenistischer Kultur und Zivilisation zu sichten und aufzuzeichnen. Hierbei spielte der Trojanische Krieg eine ganz besondere Rolle, da er, wie Thukydides gesagt hatte, die erste überlieferte Unternehmung einer vereinten hellenischen Macht gewesen war. Aber 1453 ging Konstantinopel unter Mehmed II. an die Türken verloren, und das übrige Griechenland folgte bald – Athen 1456, die Morea (die Peloponnes) 1460. Der Traum war zunächst einmal ausgeträumt.

Cyriacs mystische Vermengung von Altem und Neuem, sein Bestreben, die Geschichte vom Trojanischen Krieg auch gegenwärtigen politischen Zielen dienstbar zu machen, hatte ein Nachspiel, das nicht der geschichtlichen Ironie entbehrt. Im Jahre 1462 besichtigte sein Freund Mehmed II. die Reste »Trojas«. Die Szene wird von dem Griechen Kritoboulos von Imbros geschildert, der – wie viele Griechen – aus Haß gegen »die Lateiner«, die römische Kirche, zu Mehmed neigte. Mehmed umschritt das Gebiet der Stadt.

> Er inspizierte die Ruinen und erkannte ihre günstige Lage so nahe zum Meer und zum gegenüberliegenden Festland. Dann begehrte er die Grabstätte der Helden Achilles, Hektor und Ajax zu sehen und brachte, wie andere große Eroberer vor ihm, am Grabmal des Achilles Opfer dar, beglückwünschte ihn zu seinem Ruhm und seinen großen Taten sowie dazu, daß er den Dichter Homer gefunden habe, diese Taten zu besingen (Cyriac hatte Mehmed daraus vorgelesen). Dann sprach er, wie es heißt, die folgenden Worte: »Ich bin es, den Allah auserwählt hat, diese Stadt und ihre Bewohner zu rächen. Ich habe ihre Feinde überwältigt, ihre Städte verwüstet und eine mysische Beute aus ihren Reichtümern gemacht. Niemand anderes als die Griechen waren es, die zuvor diese Stadt gebrandschatzt haben, und ihre Nachfahren sind es, die mir nach so langer Zeit die Schuld bezahlten, die ihr grenzenloser Hochmut *(hybris)* damals – und noch oft danach – gegenüber uns, den Völkern Asiens, angehäuft hat.

Mit der Einnahme und Plünderung Konstantinopels hatte Mehmed also den Fall Trojas gerächt! Es war eine Wallfahrt, die ähnliche Wallfahrten großer Eroberer in entscheidenden Augenblicken weltgeschichtlicher Konfrontation neu in Szene setzte und offensichtlich den Zug Alexanders des Großen zum Vorbild hatte. Ein historischer Zyklus hatte sich vollendet; selbst wenn Mehmed diese Worte nie gesprochen hat, spürt man, daß er sie hätte sprechen sollen!

Im 15. und 16. Jahrhundert standen sich die türkische und die westliche Welt feindlich gegenüber, und Reisen war schwierig und gefährlich. Doch ab dem ausgehenden 16. Jahrhundert wird mit der Entwicklung neuer Handelsbeziehungen zwischen Ost und West ein Wandel erkennbar. Um diese Zeit wurde das Interesse an Troja durch eine Reihe von Besuchen westlicher Reisender wieder belebt, beginnend mit dem Naturalisten Pierre Belon, der Alexandria Troas für Troja hielt, und gefördert durch die Druckerkunst, die zum erstenmal die weite Verbreitung der homerischen Epen in Übersetzung wie auch der Reiseberichte möglich machte. So liegt uns denn seit den 80er Jahren des 16. Jahrhunderts eine nicht mehr abreißende Liste westlicher Trojareisender vor, in der Hauptsache Engländer.

Als Shakespeare 1602 in London an *Troilus und Cressida* schrieb und sich die »Dardanischen Ebenen« und die »starken Mauergelasse« Trojas, »des Priamos sechstorige Stadt«, ausmalte, gab er keineswegs topographische Kenntnisse über Troja und seine Umgebung wieder, sondern verwendete lediglich ein Buch auf seinem Schreibtisch: Caxtons *Recuyell.* Zu seinen Lebzeiten hinterließen jedoch bereits englische Reisende auf der Suche nach Troja zum erstenmal an Ort und Stelle ihre Spuren. Vom 16. Jahrhundert an traten englische und französische Kaufleute am türkischen Hof an die Stelle der Venezianer und Genuesen, und der erste Handelsvertrag und der erste Austausch von Botschaftern zwischen England und der Türkei kamen 1580 zustande. Der Botschafter von Königin Elisabeth I., John Sanderson, besuchte Troja zweimal, 1584 und 1591, und Richard Wragg, der als zweiter im Namen der Königin seine Aufwartung machte, sah 1594 die beiden großen künstlichen Hügel am Kap Yenisehir. »Gar nicht so unwahrscheinlich, daß es die Gräber von Achilles und Ajax sind«, meinte er. Andere folgten den beiden: Thomas Dallam, der Orgelbauer, der dem Sultan eine kunstvolle Wasserorgel brachte, begab sich an denselben Ort und sah dort Ruinen, die er für Troja hielt (wahrscheinlich die Grundmauern von Konstantins fehlgeschlagener Stadtgründung auf dem Sigeum-Rücken); und im Winter 1609/10 wurde William Lithgow von einem griechischen Dragoman durch eine Ruinenstätte in der Troas geführt. Einige Reisende, so William Biddulph und Thomas Coryate, veröffentlichten ihre Berichte (1600 bzw. 1603), wobei der letztere die erste ins einzelne gehende moderne Beschreibung der Örtlichkeit einschließlich der umgebenden Ebene ist. Die meisten damaligen Besucher wurden jedoch zu der irrigen Auffassung verführt, daß Alexandria Troas oder die Ruinen auf den Sigeum-Höhen der Standort des homerischen Troja seien, obwohl selbst im frühen 17. Jahrhundert nach den Worten von George Sandys das Problem der Lokalisierung von Ilium, der »Glorie Asiens«, auch »anspruchslosen Gemütern eine Fülle von Beweismaterial lieferte«. Sandys war 1627 der

Eine erdachte kartographische Darstellung, wie sie Alexander Pope 1714 für seine Fassung der *Ilias* entwarf. »Er ist nie wieder gutzumachen«, so schrieb er, »der Verlust, den Homer dadurch erlitt, daß er nicht von mir nach Asien versetzt worden war.«

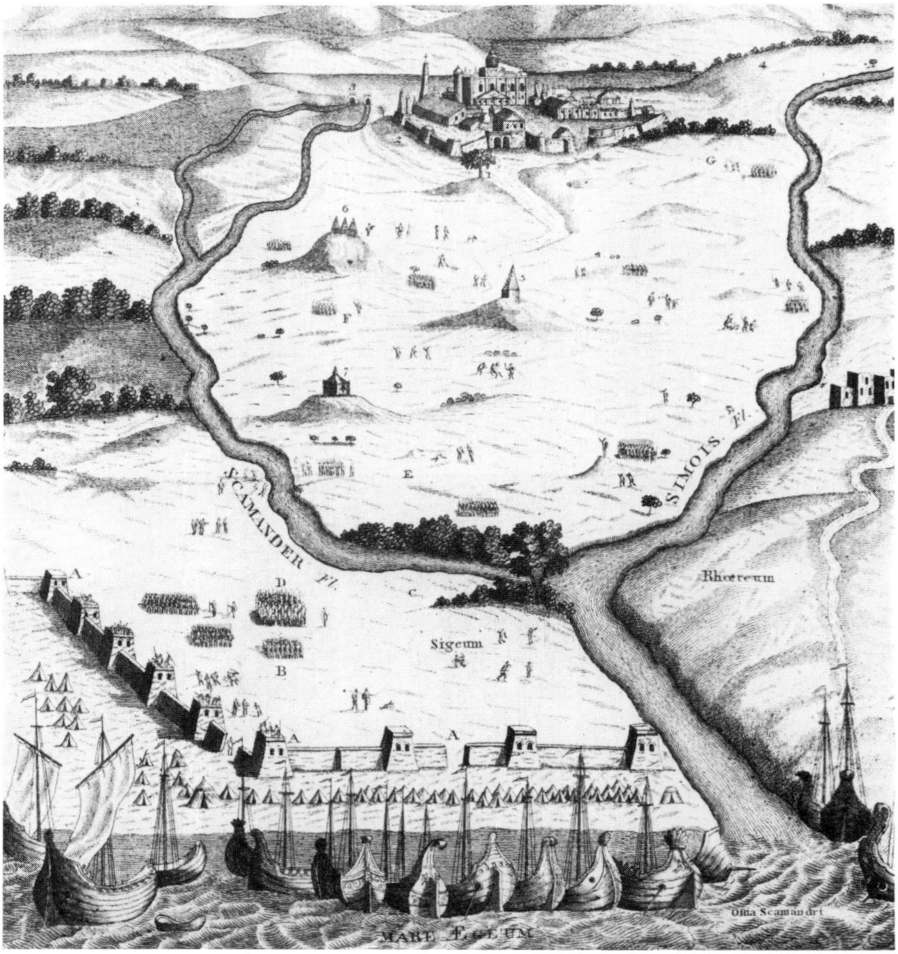

erste, der die Flüsse Menderes und Dumrek Su mit dem Skamander und dem Simois identifizierte. Zu diesem Zeitpunkt wird auch offenbar, daß von der Ruinenstätte von Neu-Ilium kaum Spuren übriggeblieben waren, denn sie wurden von allen damaligen Reisenden überhaupt nicht wahrgenommen.

Es sollte bis zum 18. Jahrhundert dauern, bis man die ersten sachkundigen Versuche unternahm, die genaue Lage der homerischen Stadt und der umliegenden Schauplätze der *Ilias* zu fixieren. Bei zwei Besuchen, 1742 und 1750, zu einer Zeit, da eine Reise in dem von Banditen durchsetzten Kleinasien noch immer eine gefährliche Angelegenheit war, legte Robert Wood die Fundamente für eine moderne topographische Untersuchung dieses Problems. Wood kann Anspruch darauf erheben, als der erste »Griechenland-Pilger« zu gelten. Sein Buch *Essay . . . on the original genius of Homer* (Abhandlung . . . über den schöpferischen Genius Homers), das 1769 erschien, kam zu keinem Ergebnis hinsichtlich der genauen Lage der Stadt (von der er glaubte, daß sie völlig ausgetilgt sei), zog jedoch einige vortreffliche Schlüsse hinsichtlich der Topographie der Ebene, die ihm sehr

verschieden von der der homerischen Zeit zu sein schien. Wood schätzte, daß »ein großer Teil« der Ebene durch Anschwemmungen der Flüsse seit den Tagen der Antike entstanden sei (wobei er Vergleiche mit der Mündung des Mäander bei Milet zog, die früher einen großen Hafen bildete, heute jedoch hoch und trocken liegt). Zur Zeit des Trojanischen Krieges war Troja seiner Meinung nach eine weite Bucht vorgelagert gewesen, »einige Meilen« näher an der Stadt als heute. Der Lauf der Flüsse hatte sich während der dazwischenliegenden Jahrhunderte erheblich verschoben. Diese Schlußfolgerungen wurden von den meisten Fachgelehrten bis in die allerjüngste Zeit verworfen. Heute wissen wir, daß sie richtig waren (s. Seite 166). Eine weitere wichtige Behauptung Woods war, daß Homers Schilderung nicht schriftlich abgefaßt, sondern »mündlich vorgetragen und auswendig im Gedächtnis aufbewahrt« worden sei.) Woods grundsätzliche Prämisse, daß die genaue Lage Trojas und die Geschichtlichkeit des Trojanischen Krieges durch geduldige Forschung vor Ort bestimmt werden könne, gab den Ton für die zukünftige Behandlung des Themas an, und sein Buch bezeichnet den Beginn einer berühmten Kontroverse, die bis heute kein Zeichen des Abklingens erkennen läßt; es erschien in fünf Ausgaben und wurde in vier Sprachen übersetzt.

Die Ebene von Troja im Jahre 1794, von den Sigeum-Hügeln bei Kumkale aus gesehen. Links sieht man den Skamander. Hisarlik, die Erhebung auf der Neu-Ilium stand, liegt vor dem länglichen Hügel etwas links von der Bildmitte.

Mit Woods Buch in der Hand – selbstverständlich zusammen mit der *Ilias* – reiste der Franzose Jean Baptist Lechevalier 1785 in die Troas. Mit ihm begann die topographische Erforschung dieses Gebietes im modernen Sinne. Im Verlauf dreier Besuche durchwanderte Lechevalier das gesamte Gebiet zwischen dem Berg Ida und den Dardanellen und kam dabei sehr

Gegenüberliegende Seite: Ausschnitt aus einer Karte, die der englische Marine-Topograph Thomas Spratt anfertigte, bevor Hisarlik allgemein als die Stätte des alten Troja anerkannt wurde. Der Ortsname Kallifatli unterhalb von Hisarlik bedeutet eine Stelle zum Reparieren und Kalfatern von Schiffen; vermutlich war der Fluß früher bis zu dieser Stelle schiffbar.

schnell zu der Überzeugung, daß die Troas der Beschreibung Homers genau entsprach. Die Stadt selbst hatte nach Auffassung Lechevaliers nicht in der Nähe des Meeres gelegen, sondern weiter flußaufwärts im Tal des Skamander (Menderes) an einem Ort namens Bunarbaschi; dort erhebt sich ein unübersehbar aufragender, akropolis-ähnlicher Hügel unmittelbar über einem wohlbekannten lokalen Fixpunkt, den »Vierzig-Augen-Quellen«, die Lechevalier den von Homer genannten heißen und kalten Quellen bei Troja gleichsetzte.

Durch die Französische Revolution aus seiner Heimat vertrieben, verkündete Lechevalier seine Theorie zuerst in einer auf französisch gehaltenen Vorlesung vor der Royal Society of Edinburgh im Februar 1791, wo sie im selben Jahr auf englisch und mit einem Vorwort veröffentlicht wurde, das ihm »die Lebhaftigkeit seiner Konversation und die Liebenswürdigkeit seiner Umgangsformen« bescheinigte. Lechevalier gab dabei auch seine Meinung über die strittige Frage der Geschichtlichkeit des Trojanischen Krieges im Lichte seiner Untersuchungen ab. Diese Ereignisse waren seiner Meinung nach

> keine dichterische Phantasie, sondern historische Wirklichkeit... Während eines Zeitraums von zehn Jahren waren die Griechen damit beschäftigt, die Küste Asiens einschließlich der benachbarten Inseln zu verwüsten. Die Hauptstadt des trojanischen Gebietes war nicht immer der unmittelbare Gegenstand ihrer kriegerischen Auseinandersetzung... Sie scheinen (Troja) erst im zehnten Jahr des Krieges mit voller Kraft angegriffen zu haben. Ob es wirklich eingenommen wurde oder ... alle Anstrengungen der Griechen zunichte machte – dies zu entscheiden vermag ich nicht auf mich zu nehmen.

Damit kam die Auseinandersetzung erst richtig in Bewegung, wobei einige, wie Jacob Bryant, nicht nur bestritten, daß der Krieg je stattgefunden habe, sondern mit größter Heftigkeit behaupteten, daß es Troja selbst nie gegeben habe. Schreibtischkritiker feuerten gelehrte Breitseiten ab und eröffneten hitzige Debatten über so untergeordnete Probleme wie die Anordnung der griechischen Schiffe oder die vermutliche Anzahl der von den Lagerhuren im Laufe der zehn Jahre in die Welt gesetzten Kinder.

Es war inmitten dieses berühmten und hitzigen Disputs, daß Lord Byron 1810 siebzehn Tage lang vor der Troas vor Anker lag und die Ebene durchwanderte, die ihm als »ein wunderbares Betätigungsfeld für die Aufstellung von Theorien und zum Jagen von Schnepfen« erschien. Die romantische Assoziationen der Örtlichkeit überwältigten jedoch selbst Byron, und er setzte sich kurzerhand über die Kleinkrämerei der »Ungläubigen« hinweg. Später sollte er sich in seinem *Don Juan* über Bryant und seine Anhänger mokieren und sich enthusiastisch über die intensive Atmosphäre der Vergangenheit, die er dort verspürte, und über deren unüberbrückbare Entrücktheit vernehmen zu lassen:

Grabhügel, ungeschmückt und namenlos,
Die weite Ebene ungepflügt und bergumsäumt,
Berg Ida in der Ferne immer noch wie einstens,
Und der Skamander – wenn er's wirklich ist.

Noch immer scheint der Ort für Ruhm geschaffen,
Wohl hunderttausend Streiter fänden kämpfend
Genügend Raum hier; doch statt Ilions Mauern
Fand ich Schildkröten kriechen, Schafe weiden.

Canto IV, 77

»Es ist eine Sache, die *Ilias* mit dem Berg Ida über sich zu lesen«, so schrieb er mit einem Anflug von Selbstgerechtigkeit (denn er verbrachte mehr Zeit an Ort und Stelle als die meisten Forscher vor und nach ihm), »und eine andere, in einer behaglichen Bibliothek zu sitzen und nebenher die Kerze im Leuchter zurechtzutrimmen, soviel weiß ich mit Sicherheit.« Byrons Abschiedshieb in seinem *Don Juan* nimmt die quasi religiöse Leidenschaftlichkeit eines engagierten Homer-Verehrers an:

... ich stand auf des Achilles Grab
Und hörte Troja angezweifelt;
bald wird an Rom man zweifeln.

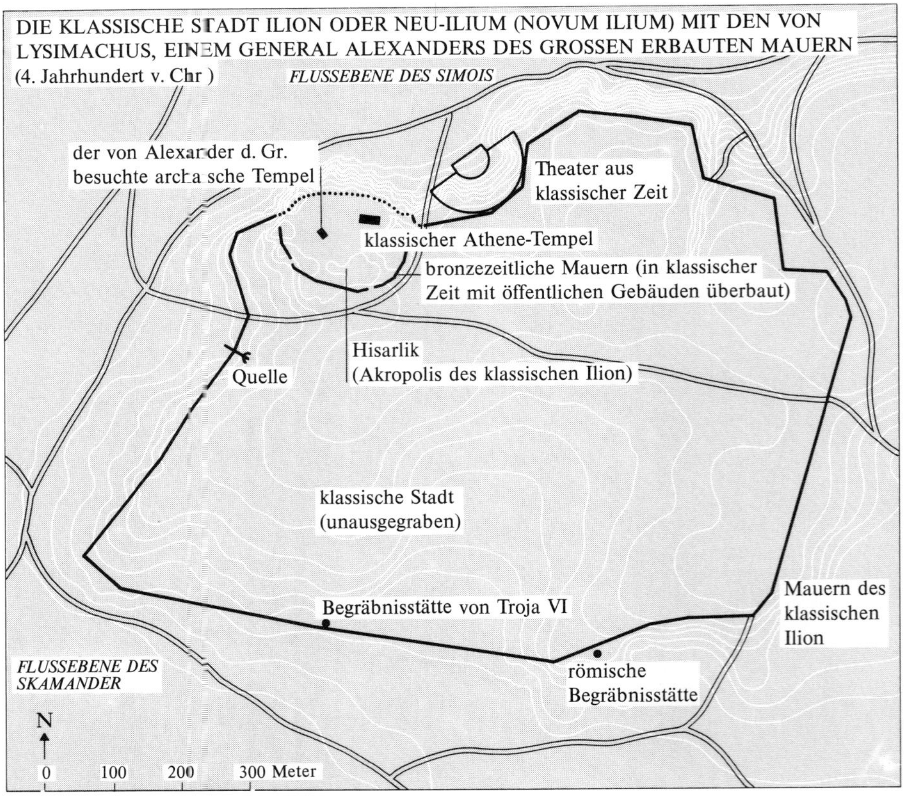

DIE KLASSISCHE STADT ILION ODER NEU-ILIUM (NOVUM ILIUM) MIT DEN VON LYSIMACHUS, EINEM GENERAL ALEXANDERS DES GROSSEN ERBAUTEN MAUERN (4. Jahrhundert v. Chr.)

Jahre nach seinem Besuch in der Troas und nicht lange, bevor er im Kampf für eben diesen romantischen Hellenismus vor Missolunghi fiel, kam Byron 1821 in seinem Tagebuch auf dieses große Thema zurück: »Die Authentizität der Geschichte von Troja ist uns keineswegs gleichgültig... Ich verehre das große Original als *die Wahrheit der Geschichte* ... und des Schauplatzes; anderenfalls würde es mir keine Freude gemacht haben.« Byrons Bemerkung ist bezeichnenderweise ein zentraler Aspekt der ganzen Suche: Warum muß es für uns eine Rolle spielen, ob es Troja wirklich gegeben hat?

Frank Calvert – der Entdecker Trojas?

Für jemand anderen spielte es durchaus eine Rolle: Frank Calvert, der gewisse Ansprüche darauf hat, als Entdecker Trojas zu gelten. Tatsächlich war das ungelöste Geheimnis um Troja so etwas wie ein Familien-Steckenpferd. Die Calverts waren Engländer, aber seit Byrons Tagen in der Troas ansässig und zogen erst bei Ausbruch des Zweiten Weltkriegs fort (man erinnert sich in dieser Gegend noch immer an sie). Drei Brüder Calvert sind mit der Troja-Geschichte verbunden: Frederick war von 1846 bis 62 britischer Konsul an den Dardanellen, während James amerikanischer Konsul war, eine Position, die er an Frank weitergab, der in Erenköy (Intepe) wohnte. Die Familie trat hochherrschaftlich auf und war auf sehr erfolgreiche Weise im Groß- und Kleinhandel tätig. Das hinderte sie nicht, Außenseitern gegenüber immer wieder hilfsbereit zu sein, Ratschläge zu geben und Reisende mit Arzeneimitteln und Darlehen zu versorgen. Franks Tätigkeit als amerikanischer Konsul hat nur wenige schriftliche Spuren hinterlassen, aber er scheute keine Mühe, wenn es galt, Menschen zu helfen. Alle drei Brüder interessierten sich für Altertümer und waren von dem Troja-Problem fasziniert. Frederick (der den Plan entwarf, ein Museum über die Troas aufzubauen) glaubte, daß das homerische Troja im Tal des Skamander etwa acht Kilometer oberhalb von Neu-Ilium bei einem Ort namens Akça Köy läge (wo die Familie noch bis 1939 einen Bauernhof besaß), und besprach diese Idee mit Schliemann. Auch James Calvert trug Schliemann seine Ideen über Troja vor. Aber die treibende Kraft war Frank; er kannte die Troas besser als irgend jemand vor oder nach ihm; er identifizierte eine große Anzahl dortiger antiker Stätten, schrieb kurze und treffende Berichte in gelehrten Zeitschriften und legte eine Sammlung an, deren Großteil sich heute in dem neuen Museum von Çanakkale befindet. Frank war schon in jungen Jahren auf Entdeckungen ausgezogen. Schliemann erwähnt, daß Frank den britischen Kartographen Spratt 1839 auf eine Örtlichkeit aufmerksam machte, als er selbst noch ein Jugendlicher war. Man könnte sich fragen, ob Schliemann, der sein eigenes Leben zu einem unentwirrbaren Geflecht von Phantasie und Wahrheit verwob, sich nicht auch Franks Kindheitsfaszination für die Trojageschichte zu eigen machte (s. Seite 54).

In den 50er Jahren des vorigen Jahrhunderts hatte Frank die Theorie befürwortet, daß Troja bei Bunarbaschi zu suchen sei. Doch zeigt eine Reihe unveröffentlichter Briefe im Britischen Museum, daß er sich schon vor 1864

Teil eines Säulenkapitells vom Tempel der Athene in Neu-Ilium.

Hisarlik zugewandt hatte, wo sich Ilion und die Akropolis von Neu-Ilium befinden. Auch andere hatten diesen Gedanken. Frank wußte beispielsweise von der Existenz einer *Dissertation über die Topographie der Ebene von Troja* von Charles Maclaren (Gründer der Zeitung *The Scotsman* und Prophet des Eisenbahn-Zeitalters), der die Meinung vertrat, daß Troja bei Neu-Ilium liegen müsse; leider hatte Maclaren seine Dissertation jedoch nur an seinem Schreibtisch in Edinburgh verfaßt, ohne diese Ebene je gesehen zu haben, so daß seine Theorie viele Jahre lang unbeachtet blieb. Diese Erkenntnis ist also eigentlich Maclaren zuzuerkennen. Es ist möglich, daß er die Calverts bei seinem ersten Besuch in der Troas 1847 kennenlernte.

Ein anderer Besucher bei den Calverts war Charles Newton, der später einer der bedeutendsten Direktoren des Britischen Museums wurde. Newton war dem konsularischen Dienst zugeteilt worden, um die Interessen des Museums in Kleinasien zu fördern, und kam 1853 in die Troas, wo er Calvert wegen örtlicher Fundstätten befragte. Dieser führte ihn nach Bunarbaschi, das sie als Troja verwarfen, da es dort keine an der Oberfläche umherliegenden Topfscherben gab, mit denen der Boden in Mykene und Tiryns übersät war. In Hisarlik dagegen konnte Calvert Newton zeigen, daß unter der Erdoberfläche ausgedehnte Ruinen verborgen waren. Nach diesem Zusammentreffen führten Calvert und Newton einen ziemlich regelmäßigen Schriftwechsel. (»Ich habe die frühere Geographie der Troas verfolgt und viele Örtlichkeiten identifiziert«, schrieb Calvert 1863.) Um diese Zeit hatte Calvert mit Unterstützung von Newton Pläne entwickelt, Neu-Ilium für das Britische Museum auszugraben, und Newton empfahl, Calvert für diese vorbereitenden Arbeiten 100 Pfund zu überweisen. Leider war das Museums-Kuratorium jedoch verunsichert und verlangte weitere Informationen. Calvert war enttäuscht: »Ich warte gespannt auf das Ergebnis«, schrieb er an Newton. »Es täte mir leid, wenn mein Vorschlag nicht positiv aufgenommen würde, denn eine ähnlich günstige Gelegenheit für die Durchführung von Ausgrabungen in Ilium Novum wird sich nur schwer finden lassen.« Calvert wurde schließlich so ungeduldig, daß er auf die Nachricht hin, Newton befände sich in der Nacht vom 11. Dezember 1863 auf einem französischen Schiff in den Dardanellen, hinüberruderte und an Bord kletterte, allerdings nur, um von einem ungefälligen Kapitän, der seine Passagiere nicht geweckt wissen wollte, abgewiesen zu werden.

So wurde ich von dem Vergnügen abgehalten, mit Ihnen ein Gespräch über achäologische Themen zu führen und meine Vorschläge an das Britische Museum für die Ausgrabung von Ilium Novum zu besprechen. Sie würden mich sehr zu Dank verpflichten, wenn Sie mich die Entscheidung des Britischen Museums über die Frage von Ausgrabungen wissen ließen, so daß ich in der Lage wäre, mich entsprechend einzurichten.

Ihr aufrichtig ergebener
Frank Calvert

So blieb die Gelegenheit ungenutzt. Inzwischen bestätigten deutsche Ausgrabungen in Bunarbaschi 1864 Calverts und Newtons Annahme, daß sich das homerische Troja dort nicht befunden hatte. Calvert kaufte daraufhin den nördlichen Teil von Hisarlik und führte im nächsten Jahr, 1865, an vier Stellen Probegrabungen durch. Im Norden stieß er mit seinen Stichgräben auf die Reste des Athene-Tempels aus klassischer Zeit und die von Lysimachus, einem der Generäle Alexanders des Großen, errichtete hellenische Stadtmauer; dabei verfehlte er nur um einige Meter die große nordöstliche Bastion der Stadt, die wir heute als Troja VI bezeichnen. Auf der Südseite stieß er auf einen Teil der Stadtmauer, die er vermutlich ebenfalls für klassisch hielt. Fest steht auch, daß er im Norden unmittelbar unterhalb des Athene-Tempels bronzezeitliche Schichten freilegte, obwohl die Bauleute der klassischen Zeit die darunterliegenden Mauern der früheren Städte mit Ausnahme der massiven Unterbauten der prähistorischen Mauern abgetragen hatten, die erst in den 30er Jahren dieses Jahrhunderts richtig eingeordnet wurden. Dennoch war die Grabung ein bemerkenswerter Erfolg. Calvert hatte genug gesehen, um zu wissen, daß der Hügel bis tief hinab in Schichten gegliedert war. Eine Ausgrabung in dem Maßstab, wie er bei der erforderlichen Sorgfalt unerläßlich war, würde Geldmittel in einem Ausmaß erfordern, wie er sie nicht aufbringen konnte. Dessen ungeachtet war Calvert sicher, daß Hisarlik der Schauplatz des Epos gewesen sei und eine archäologische Grabung »die Grundfrage *ubi Troja fuit* entscheiden kann... Alle Autoren des Altertums (im Anschluß an Homer) plazieren Troja bis zu Strabos Zeit in Ilium Novum«, schrieb er 1868. Es blieb einem anderen vorbehalten, den Ruhm zu ernten: Heinrich Schliemann.

2. Heinrich Schliemann

Phantasie zu besitzen ist für einen Archäologen eine sehr wichtige Eigenschaft... Doch ist im richtigen Verhältnis zu dieser Gabe ein Gegengewicht an Urteilsvermögen erforderlich, wenn die Phantasie nicht durchgehen und sich überschlagen soll. Dr. Schliemann ist zweifellos ein befähigter Mann, doch muß ihm ein großes Maß dieser Art unausgewogener Phantasie zugeschrieben werden, um die Ideen zu erklären, die er aus den Forschungen in Hisarlik entwickelt hat.

William Borlase, Fraser's Review (1878)

Im Sommer 1868, am 14. August morgens fünf Uhr, um ganz genau zu sein, bahnte sich ein ungewöhnlich aussehender Reiter einen Weg durch das sumpfige Dickicht und das sandige Flußbett des Menderes in der Nordwestecke der Türkei, unweit der Dardanellen. Es war ein Mann von kleiner Statur, mit einem runden, kugelförmigen Kopf (wie ihn ein Freund beschreibt), ganz wenig Haaren und einen rötlichen Gesicht mit Brille; »runder Kopf, rundes Gesicht, runder Hut und große runde Glubschaugen,« wie ein anderer sagte. Um zehn Uhr morgens kam der Mann zu einem ausgedehnten schuttübersäten Plateau, der Stätte der klassischen Stadt Neu-Ilium. Er schritt den Umfang von etwa zweieinhalb Kilometern ab und stellte dabei die Spuren der Umfassungsmauer fest. Schließlich stieg er einen kleineren Hügel namens Hisarlik, den »Platz des Forts« in der Nordwestecke des Plateaus hinauf, etwa zehn Meter über diesem und 30 Meter über der Ebene. Hier besichtigte er eine Ausgrabung, die zu einem früheren Zeitpunkt von ihrem Eigentümer durchgeführt worden war, der dabei einen Teil des Sockels eines Tempels bloßgelegt hatte. Die Stelle, so schrieb er später, steht

in vollständiger Übereinstimmung mit allen Angaben, welche uns Homer über Ilium liefert, (doch) will ich noch hinzufügen, daß man, so wie man den Fuß auf die trojanische Ebene setzt, sofort beim Anblick des schönen Hügels von Hisarlik von Erstaunen ergriffen wird, der von der Natur dazu bestimmt zu sein scheint, eine große Stadt ... zu tragen... In der ganzen Landschaft ist kein Punkt, der mit diesem verglichen werden kann.

Als die Nachmittagssonne langsam über den Dardanellen unterging, strebte er der Küste zu, um eine Unterkunft für die Nacht zu finden, wobei er zu Fuß durch die sumpfigen Niederungen am Unterlauf des Flusses stapfte. Beim Verlassen Hisarliks

begab ich mich nach der Stadt Yenitscheri auf dem Vorgebirge Sigeum... Von hier genießt man eine herrliche Aussicht über die ganze trojanische Ebene. Als ich mit der *Iliade* in der Hand auf dem Dache eines Hauses stand und hinausschaute, war mir, als sähe ich unter mir die Flotte, das Lager und die Versammlungen der Griechen, Troja und die Feste Pergamus auf dem Plateau von Hisarlik, die Märsche und Gegenmärsche und die Kämpfe der Truppen in der Ebene zwischen der Stadt und dem Lager. Zwei Stunden hindurch ließ ich so die Hauptgegebenheiten der *Iliade* an mir vorübergehen, bis die Dunkelheit und heftiger Hunger mich zwangen, hinabzusteigen... Ich war völlig überzeugt worden, daß es hier gewesen ist, wo das alte Troja gestanden hat.

Dieser großenteils erdachte, im nächsten Jahr in Paris niedergeschriebene Bericht bezeichnet den Beginn der verblüffendsten Geschichte der Archäologie.

Ein biographisches Problem

Es wird oft gesagt, daß wir heute nur wegen der Besessenheit eines Mannes soviel über Troja wissen, genauer gesagt, wegen eines Kindheitstraums, den er Wahrheit werden ließ. Dies trifft jedoch nur zu, wenn wir seiner eigenen Darstellung seiner frühen Jugend Glauben schenken dürfen. Schliemanns Geschichte ist die romantischste der ganzen Archäologie und sollte in seinen großen Werken *Mykenae* (1880), *Troja (1884) und Tiryns* (1886) in seinen eigenen Worten gelesen werden – aber mit erheblichem Vorbehalt, denn mit Schliemann verhält es sich nicht anders als mit der Geschichte von Troja: Man kann nicht immer zwischen der Legende und der Wirklichkeit unterscheiden. Material über sein Leben liegt in Hülle und Fülle vor, denn wie viele bedeutende Geister folgte auch Schliemann dem inneren Drang, alle Äußerungen seines langen Lebens aufzubewahren. Er hinterließ elf Bücher, die sogenannte Selbstbiographie, 18 Reisetagebücher, 20000 Niederschriften, 60000 Briefe, Geschäftsberichte, Postkarten, Telegramme und alle Arten alltäglicher Nebensächlichkeiten; darüber hinaus existieren 175 Bände Ausgrabungsnotizen, wobei 46 weitere fehlen, darunter sehr wichtige von Troja, Orchomenos und Tiryns. (Drei verlorene Alben mit Plänen, Zeichnungen und Fotografien von Mykene gelangten vor einigen Jahren in die Hände eines Athener Buchhändlers.) Fügt man zu all dem die große Menge parallelen Materials in den Arbeiten von Fachgelehrten hinzu, die ihn kannten, mit ihm zusammenarbeiteten oder sich mit ihm stritten, die Zeitungsartikel, die unvermeidlichen neuen Funde (wie die fünf Briefe, die 1982 ausgerechnet in Belfast auftauchten), so kann man sich eine Vorstellung von der Größe der Aufgabe machen, die ein Versuch bedeutet, in Schliemanns Leben Dichtung und Wahrheit voneinander zu trennen. Es ist eine Aufgabe, die den Rahmen eines Menschenlebens sprengt, denn Schliemann war ein Mann von kolossaler Energie, Worten und Ideen verschrieben, ein Korrespondenzpartner in einem Dutzend Sprachen. Viele Bücher sind über ihn geschrieben worden, seit er mit seiner Grabung in Troja-Hirsarlik begann, aber bis jetzt gibt es noch keine zuverlässige Biographie. Dies ist die Hauptlücke in unserer unvollständigen Kenntnis über Troja, und es besteht kein Zweifel, daß es heute einer gewaltigen Anstrengung bedarf, Schliemanns Funde im einzelnen zu rekonstruieren. Der Leser, der von der erstaunlichen Geschichte einer der ungewöhnlichsten Persönlichkeiten des 19. Jahrhunderts fasziniert ist – eines Genies, worüber sich niemand täuschen darf –, sollte sich hüten, die Legende unbesehen zu übernehmen, die Schliemann über sich in die Welt setzte und die diese Welt so bereitwillig schluckte, denn, wie er selbst einräumte, »mein größter Fehler, nämlich ein Prahler und ein Bluffer zu sein ... brachte mir auch zahllose Vorteile.« Zu Übertreibungen, Aufschneidereien und oft

Schliemann, ca. 1870: »Ich habe selbst eine beinahe unheimlich lebendige Erinnerung an den mageren, schmächtig gebauten Mann von bläßlichem Aussehen und etwas dunkler Kleidung, mit einer Brille ausländischen Fabrikats, durch die er – so mochte es mir erscheinen – tief in den Erdboden hineingeblickt hatte.« (Arthur Evans)

regelrechte Schwindeleien neigend, präsentiert sich Schliemann mit dem erstaunlichen Paradox, gleichzeitig der »Vater der Archäologie« und ein Lügner zu sein.

So ist man beispielsweise nicht einmal ganz sicher, ob die berühmte Geschichte von seiner Kindheit wirklich wahr ist, obwohl sie selbst von seinen Kritikern unbesehen hingenommen wird. In dem obenerwähnten *Ilios* schildert er, wie er im Alter von acht Jahren von seinem Vater als Weihnachtsgeschenk Ludwig Jerrers *Weltgeschichte für Kinder* bekam, die auch die Geschichte von Troja und einen Stich des Änäas enthielt, wie dieser aus den brennenden Befestigungen der Stadt entkommt.

»Vater«, will Schliemann gesagt haben, »Jerrer muß Troja gesehen haben, er hätte es ja sonst hier nicht abbilden können.«

»Mein Sohn«, antwortete dieser, »das ist nur ein erfundenes Bild.«

»Vater«, sagte ich darauf, »wenn solche Mauern einmal dagewesen sind, so können sie nicht ganz vernichtet sein, sondern sind wohl unter dem Staub und Schutt der Jahrhunderte verborgen.«

Endlich kamen wir überein, daß ich dereinst Troja ausgraben sollte.

Die Geschichte taucht zuerst in einer weniger ausführlichen Form und mit sachlichen Unterschieden in *Ithaque, le Péloponnèse et Troie* auf, das Schliemann 1868 im Alter von 46 Jahren schrieb; es ist die erste Erwähnung der seiner eigenen Behauptung nach lebenslangen Zwangsvorstellung, die Ruinen Trojas ans Licht zu fördern und die Richtigkeit der homerischen Schilderung zu beweisen. Aber stimmt Schliemanns Darstellung? Im Dezember 1868 schrieb er seinem 88jährigen Vater einen dieses Buch betreffenden Brief:

Im Vorwort habe ich meine Biographie gebracht. Ich sagte, daß ich, als ich zehn war ... von Dir die Geschichte vom Trojanischen Krieg hörte... Ich sagte, daß Du der Anlaß dafür gewesen seiest (das heißt der 36jährigen Besessenheit), da Du mir oft von den homerischen Helden erzählt hast und weil dieser erste, von mir als Kind empfangene Eindruck mein ganzes Leben angehalten hat.

Ein Zweifler könnte daraus den Schluß ziehen, daß der alte Schliemann bei dieser Gelegenheit zum erstenmal davon hörte, und in der Tat legt ein prüfender Blick auf die Korrespondenz des Sohnes den Gedanken nahe, daß die Geschichte von Schliemanns Besessenheit eine Erfindung ist. Nach einer Kindheit in Mecklenburg wurde Schliemann ein reicher Geschäftsmann in St. Petersburg und den Vereinigten Staaten. Er war des öfteren in skrupellose Geschäfte verwickelt – so kaufte er beispielsweise während des Krimkrieges den Markt für den zur Pulverherstellung benötigten Salpeter auf. Während des Goldrausches in Kalifornien kaufte er den Goldgräbern das Gold ab und machte während des amerikanischen Bürgerkrieges Geschäfte mit Baumwolle – zumindest war dies seine Darstellung. In den späten 50er Jahren scheint er den Wunsch verspürt zu haben, sich von dieser Geschäftskarriere zu lösen und sich einer mehr intellektuellen Betätigung zuzuwenden, um an Respektierlichkeit zu gewinnen. Seine Ambitionen waren zunächst darauf gerichtet, Großgrundbesitzer zu werden und sich der

Landwirtschaft zu widmen. Als dies fehlschlug, suchte er eine Tätigkeit auf wissenschaftlichem Gebiet, vielleicht so etwas wie Philologie, sah sich aber bald entmutigt: »Es ist für mich zu spät, mich einer wissenschaftlichen Karriere zuzuwenden«, schrieb er. »Ich habe zu lange als Kaufmann gearbeitet, um zu hoffen, ich könnte noch etwas auf wissenschaftlichem Gebiet erreichen.« Wie viele Europäer des 19. Jahrhunderts kannte er Homer und hatte seine Geschichten gern. Wahrscheinlich waren es jedoch seine Besuche in Griechenland und in Troja im Sommer 1868 und sein Zusammentreffen mit Frank Calvert, die Schliemann dazu inspirierten, sich mit Archäologie zu befassen, und den Gedanken aufkeimen ließen, Homers Troja durch Ausgrabungen zu entdecken.

Textkritische Untersuchungen dieser Art haben andere Ungereimtheiten im Hinblick auf Vorgänge in Schliemanns Karriere aufgedeckt, so beispielsweise seine Schilderung des großen Erdbebens in San Franzisko (dessen Zeuge er gewesen sein will), sein angebliches Zusammentreffen mit Präsident Fillmore, und neuerdings sogar der Fund des sogenannten »Schmucks der Helena« in Troja. Hier besteht der Verdacht, Schliemann habe ihn gefälscht oder auf dem schwarzen Markt gekauft und dann am Fundort »plaziert«. Diese Zweifel haben bis heute einen solchen Grad erreicht, daß das Nationalmuseum in Athen 1983 ersucht wurde, das Gold einer der von Schliemann in Mykene gefundenen Masken zu untersuchen. Damit unterstellt man die Möglichkeit, daß er einen Teil der Schätze aus Mykene ebenfalls gefälscht haben könnte. Es muß dazu gesagt werden, daß derartige Behauptungen nicht neu sind: noch zu seinen Lebzeiten war Schliemann bezichtigt worden, Beweismaterial zu »frisieren«, und manche, die mit ihm zusammentrafen, waren argwöhnisch. Der Dichter Matthew Arnold hielt ihn für »unaufrichtig«, und Gobineau, ein französischer Diplomat, nannte ihn einen Scharlatan. Ernst Curtius, der Ausgräber von Olympia, hielt ihn für einen »Schwindler«. Dennoch trifft diese Kritik nicht die volle Wahrheit, so etwa im Falle des »Schmucks der Helena«, dessen Fundumstände befriedigend nachgewiesen werden können. Trotzdem bleiben eine Reihe ernster Widersprüchlichkeiten übrig, die eine zuverlässige Biographie um so wünschenswerter machen. So ergibt sich beispielsweise aus der beunruhigenden Enthüllung seines Zeitgenossen William Borlase, daß Sophie Schliemann bei der Auffindung des »Schatzes des Priamos« entgegen der Behauptung ihres Gatten nicht anwesend war, eine Frage, die auch für die Archäologen bedeutsam ist. Sophie Schliemann war nicht einmal in der Türkei! Wenn Schliemann in diesem Punkt schwindelte oder phantasierte – er sagte, er täte dies, um ihr Interesse an der Archäologie zu fördern, indem er sie mit einbeziehe –, könnte er dann nicht auch über die Funde selbst die Unwahrheit gesagt haben? Wir wissen genug über ihn, um behaupten zu können, daß er in der Tat mitunter skrupellos war; er mogelte und schwindelte, um sein Ziel zu erreichen; er ließ fünf gerade sein und zögerte nicht, krumme Wege zu gehen; er führte mitunter heimlich Grabungen durch und entwendete Material; er schmuggelte seine Schätze lieber an Bord, als sie den Türken zu geben; er bemühte sich verzweifelt um

Anerkennung seitens der akademischen Welt als seriöser Wissenschaftler und Archäologe und sagte dennoch, wie wir heute wissen, über etwas so Belangloses wie die Herkunft einiger in Athen erworbener Inschriften die Unwahrheit. All dies ist leider richtig und mag blamabel genug sein. Aber dem gegenüber stehen die Berichte über seine Funde in seinen Büchern, seine Tagebuchaufzeichnungen, die großartigen Briefe an die Londoner *Times* und natürlich vor allem die phantastischen Funde selbst, die wir heute in der mykenischen Abteilung des Nationalmuseums in Athen bewundern können. Launisch, naiv, begeisterungsfähig, ungeniert romantisch, leicht verletzlich und lernbegierig, ist Schliemann ein Bündel von Widersprüchen. Aber ein Urteil über ihn sollte nur auf der Grundlage seiner Funde gefällt werden. Er hatte das Glück – oder das Talent – die größten archäologichen Entdeckungen zu machen, die je einem einzelnen gelungen sind. Bevor wir uns jedoch näher mit der Geschichte von Schliemanns unglaublichen Funden befassen, müssen wir uns noch eine Frage stellen: Warum wandte er sich ausgerechnet der Archäologie zu anstatt etwa der Philologie? Die Geschichte der Suche nach Troja ist unauflöslich verknüpft mit den Anfängen der Archäologie als einer Wissenschaft.

Archäologie – die Anfänge einer neuen Wissenschaft

In Schliemanns Tagen begann man gerade erst, die Bezeichnung »Archäologie« in ihrer heutigen Bedeutung zu verwenden. Man würde ein ganzes Buch füllen, wollte man den geistigen Hintergrund der Vorgeschichtsforschung in der Mitte des 19. Jahrhunderts umreißen. Mangels einer endgültigen Biographie Schliemanns bleibt es unsicher, wieviel zeitgenössisches Fachwissen er in sich aufgenommen hatte. Was las und hörte er beispielsweise, als er Ende der 60er Jahre als Student reiferen Alters in Paris weilte? Zweifellos zeigt er in den folgenden zwanzig Jahren eine verblüffende Belesenheit, vor allem auf dem Gebiet der Archäologie und der Altertumswissenschaft, aber auch in großem Umfang in der Sprachwissenschaft und der vergleichenden Völkerkunde. Er ließ es sich auch angelegen sein, alle größeren Museumssammlungen zu studieren, um Vergleiche mit den oft verwirrenden Funden in Troja anstellen zu können. Wenn es seiner Denkweise auch an wahrer wissenschaftlicher Disziplin mangelte (»fleißig, aber unklar im Denken«, sagte sein Lehrer) und wenn seine Theorien mitunter recht weit hergeholt waren, so bewegten sich seine Gedanken doch meist in der richtigen Richtung. Außerdem wurden seine Vorstellungen klarer, als seine Karriere weitere Fortschritte machte, da er die Hilfe von Spezialisten in Anspruch nahm: Virchow, Sayce, Müller, Dörpfeld usw., von denen viele die hervorragendsten Gelehrten auf ihrem Gebiet waren. Heute ist es Brauch geworden, über Schliemanns Grabungstechnik wie auch über seinen Charakter zu spotten. Es lohnt jedoch, sich vor Augen zu halten, daß die Zeit von Schliemanns Erwachsenenleben, 1850–1890, im Hinblick auf ein generelles Studium der Vergangenheit vielleicht die umwälzendste Periode in der Geschichte der Wissenschaften war. 1859, dem Jahr von Schliemanns erstem Besuch in Athen und auf den griechischen Inseln (ein kurzer Bericht seiner Reisen erschien in der *Times* vom 27. Mai jenes Jahres), veröffentlichte Charles Darwin sein *Origin of Species* (Die Entstehung der Arten) und schuf ein völlig neues geistiges Klima für die Erforschung des Menschen, der Geschichte und der Entwicklung von Kultur und Zivilisation. (Bemerkenswerterweise war einer der ersten Gelehrten, die Darwins Werk in der Öffentlichkeit lobten, der englische Altertumsforscher John Evans, der Vater des Ausgrabers von Knossos – Schliemann sollte übrigens später beider Bekanntschaft machen.) Zu dieser Zeit hatte die bloße Vorstellung von so etwas wie Vorgeschichte noch kaum einen Platz in der Sprache der Wissenschaft gefunden. Die Bezeichnung als solche wurde in Europa erst mit Daniel Wilsons *Prehistoric Animals* (1851) und John Lubbocks *Prehistoric Times* (1865) Allgemeingut; Lubbock war es, der die Bezeichnung Paläolithikum (Altsteinzeit) und Neolithikum (Jungsteinzeit) prägte, um Abschnitte der Vor- bzw. Urgeschichte zu bezeichnen. Lubbock besuchte Schliemann 1873 in Troja, und Schliemann benützte Lubbocks Buch, als er sein 1881 veröffentlichtes Werk *Ilions (Stadt und Land der Trojaner)* schrieb. Lubbocks krönende Arbeit, *The Origin of Civilisation* (ein Titel, der an Darwin anknüpfen sollte), erschien 1870, sechs Jahre, bevor Schliemanns Grabungen in Mykene unsere Vorstellungen von der Entstehung der europäischen und insbesondere der ägäischen Zivilisation und Kultur auf immer verändern sollten.

In den Jahren, bevor Schliemann Troja ausgrub, bedeutete »Zivilisation« in den Augen der meisten westlichen Intellektuellen nichts anderes als ihre eigene Kultur: eine christliche, abendländische, kapitalistische, bürgerliche und imperalistische Demokratie. Das Gedankengut, auf das sie sich stützten, war das der griechischen und römischen Klassiker und die Bibel. Das Britische Weltreich und das Deutsche Reich galten als logische Höhepunkte einer Entwicklung, die auf die Antike zurückging und deren traditionelle Komponenten Rom (mit seiner Regierungskunst und seinem Recht), Israel (mit seiner Religion und seiner Ethik) und Griechenland (mit seinen geistigen, künstlerischen und demokratischen Idealen) waren. Das war »Kultur«, und daher war »Geschichte« ganz einfach eine Sache griechischen, römischen und hebräischen Gedankenguts, das die abendländischen Traditionen geformt hatte. Um die Mitte des Jahrhunderts begann dann jedoch die Archäologie die Schätze vieler älterer Kulturen ans Licht zu fördern – der ägyptischen, assyrischen, babylonischen und sumerischen –, die, wie sich nach der Entzifferung ihrer Schriftzeugnisse herausstellte, für die Entwicklung der »jüngeren« Kulturen des Mittelmeerraums von unermeßlicher Bedeutung waren. Inzwischen sind wir hinsichtlich unseres Wissensstandes beinahe arrogant geworden: Die Entdeckungen der mesopotamischen Kulturen, der Ägypter, Hethiter und Minoer stellten erhebliche Schritte vorwärts dar. Ihnen schlossen sich im 20. Jahrhundert die Entdeckung der Kulturen Indiens, Chinas und des vorkolumbischen Amerika an. So wurde die Wissenschaft der Archäologie geboren – ein alter Ausdruck aus dem 17. Jahrhundert, der sich ursprünglich auf das Studium der Geschichte im allgemeinen bezog, dann aber in seiner heutigen Bedeutung als die Wissenschaft von den materiellen Überresten der Vorgeschichte in Wilsons 1851 erschienenen *Prehistoric Annals* erscheint. Nur 30 Jahre später, im Jahre 1880, konnte R. Dawkins in seinem *Early Man* schreiben: »Die Archäologen haben die Erforschung von Altertümern in den Rang einer Wissenschaft erhoben.« Und dies war ganz wesentlich das Verdienst von Schliemann, wie Virchow schreibt: »Heute ist es sinnlos, zu fragen, ob Schliemann von richtigen oder falschen Voraussetzungen ausging, als er seine Studien aufnahm. Nicht nur, daß sein Erfolg zu seinen Gunsten entschied – auch seine wissenschaftliche Methode erwies sich erfolgreich.«

Schliemann und die Romantik

Zu Schliemanns sehnlichstem Wunsch, ein ernstzunehmender Wissenschaftler zu sein, gesellte sich eine andere Komponente seiner geistigen und seelischen Konstitution. Wenn wir ihn richtig deuten, war jene zweite Komponente der entscheidende emotionale Auslöser seines Verhaltens: sein romantischer Philhellenismus, seine Liebe zu allem Griechischen. Heute mag dies schwer zu verstehen sein, aber Schliemanns Geburt und Jugend fielen zeitlich zusammen mit einem Ereignis, das eine entscheidende Wirkung auf viele europäische Künstler und Denker hatte: der griechische Unabhängigkeitskrieg.

Zwischen jenem Tag des Jahres 1453, als Cyriac von Ancona an der Seite Mehmeds II. in das von den Türken eroberte Konstantinopel einzog, und dem Tag, an dem Lord Byron in den Malariasümpfen Missolunghis fiel, hatte sich in der abendländischen Kultur eine erstaunliche Entwicklung vollzogen, deren Auswirkungen noch heute sehr lebendig sind. Selbstverständlich wurde die Befreiung von den Türken vornehmlich von den Griechen selbst bewerkstelligt, inspiriert von westlich erzogenen Griechen, die in intellektuellen europäischen Kreisen tätig waren. Aber die Entwicklung wurde keineswegs nur dadurch bestimmt, wie die Griechen sich selbst sahen. Nicht minder wichtig war, wie der Westen Griechenland sah. Der Einfluß der Wiederentdeckung der Kultur des klassischen Griechenlands in der Renaissance war so ungeheuer, daß, wie wir gesehen haben, die Idee der Wiedergeburt einer griechischen Nation zuerst im Griechenland des 15. Jahrhunderts selbst entstand. Aber gerade zu diesem Zeitpunkt geriet Griechenland unter die Herrschaft des Osmanenreiches und wurde zu einer seiner wirtschaftlich und kulturell ärmsten Provinzen. Die Idee eines wiedererstehenden Hellas wurde jedoch außerhalb Griechenlands wachgehalten, und es ist faszinierend zu sehen, wie dem Unabhängigkeitskrieg in den 20er Jahren des 19. Jahrhunderts eine Flut von Büchern westlicher Hellenisten über die Geschichte und Kultur des alten Griechenlands vorausging. Wie Pletho und Cyriac es bereits im 15. Jahrhundert erfaßt hatten, ging die Entwicklung des Nationalismus und der Archäologie Hand in Hand. Wenn man liest, was Reisende und Künstler jener Zeit schrieben –

ein Dichter wie Byron oder, wenig später, ein Musiker wie Berlioz, der »Die Trojaner« komponierte –, verspürt man etwas von dem romantischen Philhellenismus, der offensichtlich den Autodidakten Schliemann inspirierte, selbst wenn er ihn erst später im Leben im Vorlesungssaal in Paris kennenlernte. »Mein geliebtes Griechenland wieder zum Leben zu erwecken«, wie er es formulierte, war ein gemeinsames Ziel von Intellektuellen und Künstlern des 19. Jahrhunderts, und die neue Wissenschaft der Archäologie blieb von solchen Gefühlen zwangsläufig nicht verschont. In einem gewissen Sinne ist sie die romantischste aller Wissenschaften, da sie wirklich eine physische Rekonstruktion der entschwundenen Vergangenheit mit einschließt. Daher war das physische Wiedererstehen des alten Griechenlands, das mit den Grabungen an den klassischen Stätten von Olympia und Samothrake in den 60er Jahren begann und sich mit denen Schliemanns in Troja, Mykene und anderen Orten in den 70er Jahren fortsetzte, der folgerichtige Höhepunkt des Philhellenismus des 19. Jahrhunderts. Nur damit läßt sich Schliemanns allem Anschein nach echtes Anliegen erklären, die Wahrheit der alten Geschichten zu beweisen, das größer war als sein Wunsch, Schätze zu finden. Schließlich war seine Zeit zutiefst aufgerührt, heimgesucht von Revolutionen und Kriegen, von Kolonialismus und Imperialismus, deren Höhepunkt der furchtbare deutsch-französische Krieg von 1870/71 war (und von dem Schliemann einen höchstpersönlichen Eindruck gewann, als Nachbarhäuser seiner Pariser Wohnung durch Geschützfeuer zerstört wurden). Die großen praktischen Errungenschaften der Zivilisation des 19. Jahrhunderts waren in den Augen vieler durch die Aussicht auf künftige Schrecken belastet. Konnte es etwas Verlockenderes geben als eine nahezu unbegrenzte Aussicht aufzufinden – die Aussicht auf die Wiederentdeckung einer Vergangenheit, die in längst untergegangene Zeiten zurückreicht? Fortschritt – dieses große Ziel der damaligen Zeit –, Fortschritt zu einer Kultur edler Bestrebungen und einfacher moralischer Größe war tatsächlich möglich, aber durch ein Fortschreiten in umgekehrter Richtung, zurück in die Vergangenheit. Diese Betrachtungen sprengen zwar den Rahmen unseres Buches, sollten aber nicht außer acht gelassen werden. »Ich habe mein Leben mit diesem Geschlecht von Halbgöttern gelebt; ich kenne sie so gut, daß ich das Gefühl habe, sie müßten auch mich gekannt haben«, schrieb Berlioz über die homerischen Helden; viele Textstellen in Schliemanns Büchern zeigen, daß ihn dasselbe Gefühl bewegte.

Wo war das Troja Homers?

Kein Stein ist dort, der ohne Namen wäre.
Lukan

Die Stätte des Ilion der klassischen Zeit (auf lateinisch Ilium Novum) nimmt die Nordwestecke eines niederen Plateaus zwischen den Flüssen Menderes (dem klassischen Skamander) und Dumrek Su (dem Simois) ein. Die griechische und die römische Stadt waren ziemlich ausgedehnt – ihre

Hisarlik vor Schliemanns Verwüstungen: Eine Rekonstruktion des Hügels vor Beginn der Ausgrabungen, nach Skizzen von Wilhelm Dörpfeld und Charles Maclaren. »Mir schien die Erhebung nahezu quadratisch, mit einer Seitenlänge wenig mehr als einer Achtelmeile, sagen wir 700 Fuß (rd. 210 Meter) . . . und ein paar zerstreuten Bäumen«, schrieb Maclaren. »Sie war bedeckt mit ungezählten kleinen Scherben von Töpfen und Ziegeln sowie ein paar Marmorbrocken und trug in der ersten Maiwoche 1847, auf einige armselige kleine Ackerstücke verteilt, etwas Weizen oder Gerste.«

Mauern umschlossen ein Areal von etwa1 100 × 750 Meter. Aber an ihrem äußersten Nordwestende erhebt sich ein Hügel, der etwa 200 × 200 Meter im Quadrat mißt und zu der Ebene im Norden und Westen steil abfällt. Bevor Schliemann seine Grabung aufnahm, dürfte dieser Hügel das angrenzende Plateau um etwa zehn Meter und die Ebene um etwa 40 Meter überragt haben. In der Bronzezeit – bevor er bei der Bebauung in klassischer Zeit abgeflacht wurde – mag er noch höher und steiler gewesen sein. Heute unter dem Namen Hisarlik, der »Ort der Festung« bekannt, war dieser Hügel die Akropolis der klassischen Stadt, der Standort eines Athene-Tempels und einiger öffentlicher Gebäude. Niemand maß ihm in der Diskussion um den vergessenen Standort des homerischen Troja größere Bedeutung bei. Er wurde erstmals in den 90er Jahren des 18. Jahrhunderts von Reisenden bemerkt, als ein Teil der zu Alexanders des Großen Zeit gebauten Umfassungsmauern zwischen dem Unterholz und den Olivenbäumen noch sichtbar war. Um 1810, als Edward Clarke den Ort aufsuchte, waren die dort ansässigen Türken eben dabei, die großen Steine der Grundmauern fortzuschleppen; 40 Jahre später waren sie vollends verschwunden, und heute ist selbst der Verlauf der Umfassungsmauer schwer zu verfolgen. Aus diesen spärlichen Resten und den Münzen, die er dort fand, zog Clarke den richtigen Schluß, daß diese »alte Zitadelle auf ihrem erhöhten, auf allen Seiten von einer flachen Ebene umgebenen Standort . . . offensichtlich die Überreste von Novum Ilium« darstellte. Wenngleich einige Gelehrte den 1822 von dem Schreibtisch-Topographen Maclaren gemachten Vorschlag akzeptierten, daß dies auch die Stätte des homerischen Troja sei, wurde bis zum Auftauchen Frank Calverts und Schliemanns kein Versuch unternommen, diese Hypothese mit dem Spaten auf die Probe zu stellen.

Solcher Art war der bescheidene archäologische Hintergrund dieser berühmten Örtlichkeit, als sich Frank Calvert ihr zuwandte. In dieser Phase

Troja und seine nähere Umgebung 1839, Ausschnitt aus Spratts Karte. Charles Maclaren glaubte, Troja hätte sich über die gesamte Hochebene erstreckt, mit der Akropolis am südwestlichen Ende (unter dem Wort ILIUM). Frank Calvert war es dann, der die Suche auf den Teil einschränkte, den wir heute als Hisarlik bezeichnen, die ovale Erhebung unter der Eintragung »großes Gebäude«.

behauptete sich noch immer die Theorie, nach der Troja mit Bunarbaschi gleichzusetzen sei. Doch nachdem sich Ausgrabungen an dieser Stelle im Jahre 1864 als Fehlschlag erwiesen hatten, konnte Frank Calvert schließlich in Hisarlik anfangen zu graben. Calvert arbeitete an einer Stelle, die er seit seiner Kindheit gekannt haben muß. Inzwischen hatte er von einem dortigen Bauern ein Stück Land erworben, zu dem auch der nördliche Teil des Hügels gehörte. Wie wir schon sahen, begann er 1865 mit seinen Grabungen und legte auf Anhieb Überreste des Athene-Tempels und der Mauer des Lysimachus frei, jener großartigen klassischen Stadtmauer, deren Überreste von Schliemann hinweggefegt werden sollten. Calvert schnitt auch bronzezeitliche Erdschichten an und erkannte, daß Hisarlik aus vielen übereinanderliegenden Schichten bestand, deren angehäufter Trümmerschutt stellenweise eine Höhe von zwölf bis fünfzehn Metern erreichte.

Schliemann besuchte die Troas zum erstenmal im August 1868. Aus Calverts Briefen wissen wir mit Sicherheit, daß Schliemann um diese Zeit die Bunarbaschi-Theorie Lechevaliers übernommen hatte. Er stocherte ein paar Tage lang dort herum. Offensichtlich hat Hisarlik keinen Eindruck auf ihn gemacht – ganz im Gegensatz zu seinem Bericht auf Seite 53. Erst als er auf dem Rückweg nach Konstantinopel in Çanakkale Calvert kennenlernte, teilte ihm dieser Einzelheiten seiner Ausgrabungen sowie seine Theorie mit, daß Hisarlik ein künstlicher Hügel sei, gebildet aus »den Ruinen und Trümmern von Tempeln und Palästen, die über viele Jahrhunderte aufeinander folgten« – eine Theorie, die Calvert bereits bei Newtons Besuch im Jahre 1853 formuliert hatte. Schliemann war von Calverts Ausführungen, daß dies der Ort des homerischen Troja sei, sofort überzeugt. So sagte er in seinem im nächsten Jahr in französischer Sprache veröffentlichten ersten Buch: »Nachdem ich bei zwei Gelegenheiten die trojanische Ebene genau untersucht habe, stimme ich völlig der Überzeugung dieser *Gelehrten* (Calvert) zu, daß das Hochplateau von Hisarlik der Ort des alten Troja und der Hügel (darauf) der Standort des Pergamos ist.« Tatsächlich verdankte Schliemann diese Vorstellung ausschließlich Calvert, und ein höchst bemerkenswerter Brief an Calvert vom Oktober jenes Jahres aus Paris zeigt, daß Schliemann sich nur noch äußerst vage erinnerte, wie Hisarlik überhaupt ausgesehen hatte (!), sosehr hatte sich seine Aufmerksamkeit auf Bunarbaschi konzentriert. Beiläufig stellte er Calvert alle nur erdenklichen Fragen – warum er meine, daß der Hügel künstlich aufgeführt sei, welche Art von Hut am besten geeignet sei und ob er ein eisernes Bettgestell und ein Kopfkissen mitnehmen solle. Calvert beantwortete alle Punkte der Fragenliste mit Sorgfalt und Geduld. Später wollte Schliemann Calverts Anregung und Hilfe nicht wahrhaben. 1875 sah sich Calvert genötigt, in einem Brief an den *Manchester Guardian* Schliemanns eigene frühere Worte zu zitieren: »Hätte mir irgend jemand anderes vorgeschlagen, einen Hügel auf meine Kosten wegzuschaufeln, hätte ich ihm nicht einmal zugehört!« Calvert war also der einzige Urheber der Idee. Doch Schliemann war später nicht bereit, seinen Ruhm mit ihm zu teilen.

Noch immer offen war das Problem der Genehmigung. Immerhin befand sich Schliemann in einem unabhängigen Land, und die türkische Regierung war seit der Mitte der damaligen 60er Jahre, als das (auch im Deutschen so genannte) Kaiserliche Museum in Istambul gegründet worden war, zunehmend darum besorgt, auf ihrem Boden gefundene Überreste zu behalten. Mit seiner bekannten Überredungskunst hatte Schliemann keine Schwierigkeiten, einen Ferman, also eine amtliche Genehmigung zu erhalten, deren Bedingungen ganz eindeutig waren: die Funde sollten so geteilt werden, daß die Hälfte dem Archäologischen Museum in Istambul verblieb; die von Schliemann freigelegten Ruinen sollten in dem Zustand belassen werden, in dem er sie fand, und vorhandene Baulichkeiten durften nicht zerstört werden. Schließlich sollte Schliemann die Kosten übernehmen. Diese letzte Bedingung war die einzige, die er einhielt. Seine hochfahrende Behandlung der Türken, die Zerstörung zahlreicher Mauern an der Grabungsstätte und besonders das Entwenden in Troja gefundener Schätze haben in der Türkei zu einem beständigen Mißtrauen gegenüber ausländischen Archäologen geführt. Offensichtlich konnte Schliemann seine alte Gewohnheit, vollendete Tatsachen zu schaffen, nicht aufgeben, und schwindelte und mogelte bedenkenlos, um seine Absichten durchzusetzen.

Auf der Südostseite der Stadt durchbrach Schliemann, ohne es zu wissen, die Stadtmauer von Troja VI, wobei dieses Loch zurückblieb. Auf der Nordseite beseitigte er die Überreste der Mauer völlig, obwohl gerade diese (wenn überhaupt irgend etwas) zur Stadt des Trojanischen Krieges gehörten.

Im April 1870 unternahm Schliemann eine vorbereitende Grabung und führte dann 1871–73 drei größere Kampagnen durch, bei denen insgesamt mehr als neun Monatsschichten »gefahren« und täglich zwischen 80 und 160 Arbeiter eingesetzt wurden. Obwohl Calvert zu einem Netz kleinerer Gräben anstelle riesiger Terrassen riet, entschloß sich Schliemann, mächtige Gräben durch den Hügel zu treiben, wobei er nicht nur Hunderte von Tonnen Erde und Schutt beseitigte, sondern auch älteres Mauerwerk, das ihm im Wege war, zerstörte. Zu den Mauern, die auf immer verlorengingen, gehörten, wie wir schon sahen, Teile der großartigen, aus Kalkstein aufgeführten Stadtmauer des Lysimachos sowie, an zwei dahinterliegenden Stellen, eine frühere Mauer aus feinbehauenen Kalksteinblöcken, die Schliemann für zu sauber bearbeitet hielt, um wirklich so alt zu sein. Heute wissen wir, daß Schliemann nichtsahnend einen Teil der Stadt angeschnitten hatte, die – wenn es sie überhaupt gegeben hat – das homerische Troja gewesen sein muß.

Die Folgen von Schliemanns anfänglichen Verwüstungen sind noch heute sichtbar; was übrig blieb, ist die Ruine einer Ruine. 1882 zog Calvert seine

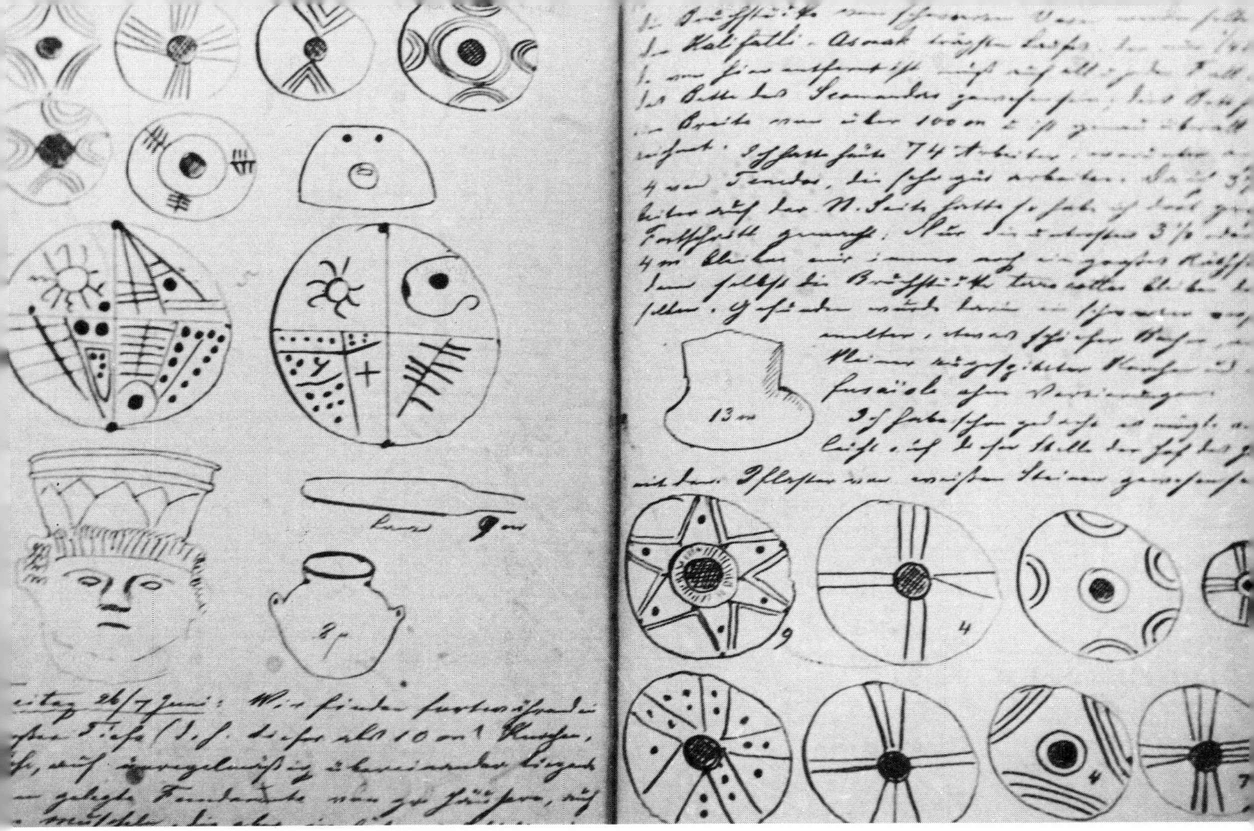

Schliemanns Tagebucheintragungen aus dem Jahr 1872 in Troja. Bezeichnenderweise machte er ausführliche Aufzeichnungen über alle Einzelgegenstände, war aber hinsichtlich architektonischer Einzelheiten weniger interessiert.

Schliemann gewährte Genehmigung zurück, auf der ihm gehörende Seite des Hügels zu graben. Die beiden hatten sich vorübergehend entzweit. Der Grund dafür ist nicht schwer zu erkennen.

Tatsächlich war Schliemann von dem komplizierten »Innenleben« des Hügels völlig konsterniert und von der Schichtenstruktur verwirrt. Glücklicherweise war er einsichtig genug, Ratschläge anzunehmen: »*Nur die genaue Fundstelle* eines Objekts bei der Ausgrabung kann die Epoche richtig angeben. Achten Sie sorgfältig darauf!« schrieb ihm 1872 der französische Architekt Burnouf. Er tat recht daran, hierauf besonders hinzuweisen; denn noch nie war ein so verschachtelter Komplex ausgegraben worden, und Schliemann konnte seine Technik erst mit dem Fortschreiten der Arbeit erlernen. Es ist müßig, Schliemann hierfür zu kritisieren. Andere Ausgrabungen der damaligen Zeit, wie etwa die auf Samothrake, waren einfacher, oder wurden nach Art des Kartoffelnausgrabens durchgeführt, wie Müller von der britischen Ausgrabung 1878–81 in Karkemisch nahe der syrischen Grenze sagte. Allmählich gelang es Schliemann im Laufe dieser drei Kampagnen jedoch, vier aufeinanderfolgende Schichten oder »Städte« unter dem klassischen Ilium zu identifizieren; er kam dabei zu der Überzeugung, daß die homerische Stadt die zweitunterste sei, die durch eine große Feuersbrunst zerstört worden war. Seine Behauptung, daß diese winzige Anlage von knapp hundert Meter Durchmesser das homerische Ilion mit seinen Türmen und »mächtigen Mauern« gewesen sei, fand wenig Zustimmung, trotz der enthusiastischen Übertreibungen in seinen Briefen und Berichten. Schliemann war besonders wütend über einen Artikel von

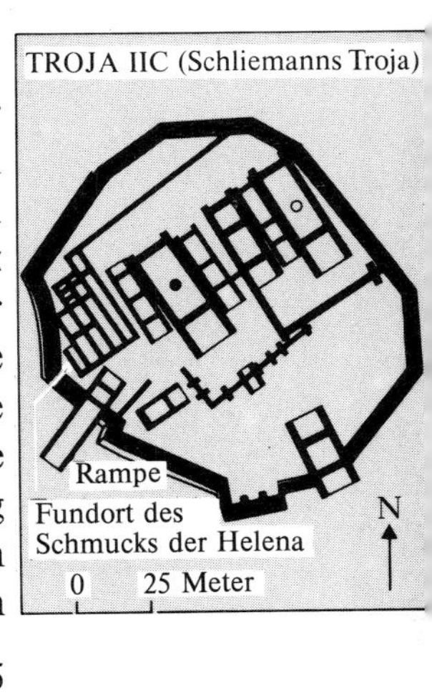

Schliemanns trojanisches Tagebuch scheint die Auffindung des »Schatz des Priamos« am 31. Mai 1873 zu verzeichnen, doch wurde die Eintragung erst am 17. Juni in Athen vorgenommen.

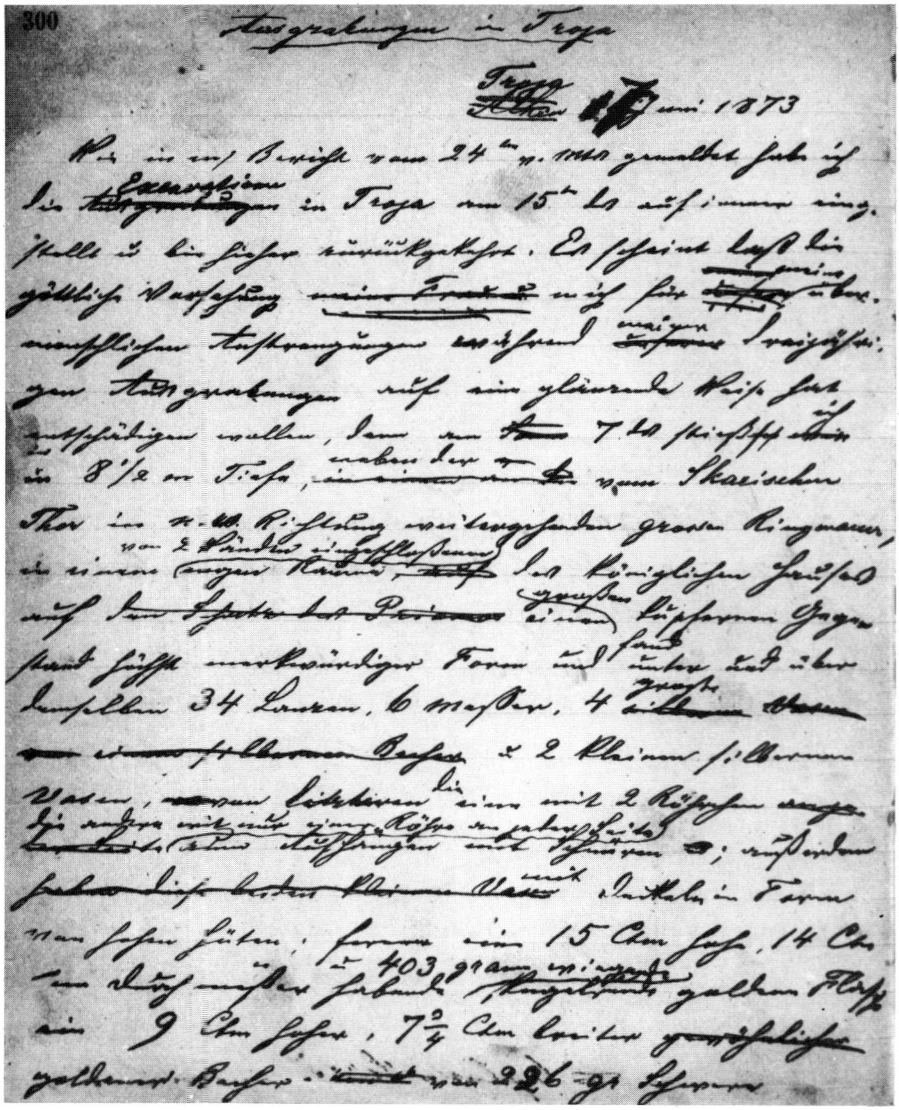

Frank Calvert im *Levant Herald* vom 4. Februar 1873, in dem dieser Schliemanns prähistorische Schichten unterhalb der römischen zustimmend zur Kenntnis nahm, aber treffend bemerkte, daß »ein äußerst wichtiges Verbindungsglied zwischen 1800 und 700 v. Chr. fehle, eine Lücke von über 1000 Jahren«. In diese Lücke falle auch »der Zeitpunkt des Trojanischen Krieges, 1193–1184 v. Chr., nachdem bisher keine Überreste der dazwischenliegenden Epoche gefunden worden seien, die (einerseits) durch die vorgeschichtlichen Steingeräte und (andererseits) durch Tonwaren archaischen Stils gekennzeichnet werde«. Mit anderen Worten: vom Trojanischen Krieg war da nichts zu sehen! Blind gegenüber den aus Calverts Argumenten zu ziehenden Folgerungen, schlug Schliemann wild um sich. Er klagte Calvert an, ihm in den Rücken zu fallen, und nannte ihn

Der sogenannte »Schatz des Priamos«, der noch immer umstritten ist, auch wenn er im Mai 1945 in Berlin verschwand.

Sophie Schliemann mit den »Juwelen der Helena«.

später einen bösartigen Heimtücker, einen »Verleumder und Lügner«. Innerhalb weniger Wochen fand Schliemann jedoch in seinem Troja (II) die Rechtfertigung, als er unmittelbar vor dem Abschluß seiner letzten Kampagne, vermutlich am 31. Mai 1873, den ersten und umstrittensten seiner Schatzfunde machte, den sogenannten »Schatz des Priamos«.

Ich traf ... auf einen großen kupfernen Gegenstand von sehr merkwürdiger Form, der sogleich meine ganze Aufmerksamkeit um so mehr auf sich zog, als ich glaubte, Gold dahinter schimmern zu sehen... Während meine Leute durch Ausruhen und Essen in Anspruch genommen waren, löste ich den Schatz mit einem großen Messer aus seiner steinharten Umgebung, ein Unternehmen, das die größte Anstrengung erforderte und zugleich im höchsten Maße lebensgefährlich war, denn die große Befestigungsmauer, unter welcher ich graben mußte, drohte jeden Augenblick auf mich herabzustürzen. Aber der Anblick so zahlreicher Gegenstände, deren jeder einzelne für die Archäologie von unschätzbarem Wert sein mußte, machte mich tollkühn und ließ mich an die Gefahr gar nicht denken. Doch würde trotzdem die Fortschaffung meines Schatzes mir nicht geglückt sein, wenn nicht meine Gattin mir dabei behilflich gewesen wäre; sie stand, während ich arbeitete, neben mir, immer bereit, die von mir ausgegrabenen Gegenstände in ihren Schal zu packen und fortzutragen.

Der »Schatz« umfaßte, wie Schliemann behauptete, kupferne Tablette und Kessel, in denen wiederum Becher aus Gold, Silber, Elektrum (eine Gold-Silber-Legierung) und Bronze lagen, dazu eine goldene Sauciere, Vasen, dreizehn kupferne Lanzenspitzen und, als schönstes von allem, ein Haufen von mehreren Tausend kleinen Goldringen und Schmuckstücken, mit goldenen Armbändern, einem goldenen Stirnreif, vier schönen Ohrringen und zwei großartigen goldenen Diademen, an deren einem über 16000 winzige auf Golddraht aufgefädelte Goldstückchen befestigt waren. Dieses letztere, das unter dem Namen »Schmuck der Helena« bekannt wurde, war der Kopfschmuck, mit dem Sophie Schliemann später fotografiert wurde – eine der berühmtesten Aufnahmen des 19. Jahrhunderts.

Der Fund war eine Sensation und trug mehr als alles andere dazu bei, daß Schliemanns Behauptungen ernst genommen wurden. Heute wissen wir jedoch, daß Schliemann seinen Bericht zur Erhöhung der Wirkung zumindest ganz erheblich ausschmückte. Einige Gelehrte haben kürzlich sogar behauptet, daß der Schatz samt seinem Fundort künstlich »präpariert« worden sei. Zeitlich paßte er jedoch zweifellos in seine unmittelbare Umgebung. Wenn Schliemanns Bericht auch zu ungenau ist, als daß man ganz sicher sein könnte, so legen jüngste Untersuchungen doch nahe, daß es sich bei der Fundstelle möglicherweise um ein Schachtgrab handelte, das von Troja III aus in die daruntergelegene Schicht von Troja II gegraben wurde. Desgleichen wissen wir inzwischen, daß während der damaligen Grabungskampagne schon vorher hin und wieder Gold in diesem Horizont gefunden worden war, darunter ein größerer Fund ähnlicher Schmucksachen, den die Arbeiter heimlich ausgegraben hatten. Als dann die Amerikaner zwischen den beiden Weltkriegen dieses Areal noch einmal durchforschten, fanden sie verstreutes Gold in nahezu jedem Gelaß, als seien die Einwohner von Troja II in panischem Schrecken vor dem Ansturm geflüchtet, der über ihre Stadt hereinbrach. Somit bleibt Troja II eine mögliche legitime Fundstelle für den »Schmuck der Helena«. Zugleich erscheint es glaubhaft, daß Schliemann diese wunderbaren Stücke selbst fand, wenn auch vielleicht im Laufe mehrerer Wochen und nicht als einzelnen, sensationellen Hortfund. Dies alles hatte er wohl verheimlicht, um den Schmuck am Ende der Grabungen aus der Türkei hinauszuschmuggeln, und trug es dann in Athen in seinem Tagebuch nach. Die konfusen Nachdatierungen, die bei jüngsten Nachforschungen zutage kamen, führten dazu, daß man die ganze Geschichte für Schwindel hielt. Was die Rolle seiner Frau Sophie anbetrifft, so war sie, wie Schliemann seinem englischen Besucher Borlase gegenüber zugab, zu dieser Zeit in Athen. Doch diese Notlüge braucht – zumindest nach meiner Auffassung – nicht den ganzen Fund ins Zwielicht zu rücken. Unglücklicherweise ist der Schatz selbst, der noch die eine oder andere Antwort hätte geben können, 1945 in Berlin

verschwunden. Die mageren Überreste der Goldschätze Trojas sind ein paar prächtige Ohrringe, ein Halsband, Ringe und Nadeln – alles Teile der Funde, die später – 1878 und 1882 – von Schliemann gemacht wurden. Sie sind noch heute zusammen mit verformten Goldbarren, den Überbleibseln eines märchenhaften Schatzes aus dem dritten Jahrtausend v. Chr. im Museum von Istambul zu sehen. Andere Goldfunde der damaligen 70er Jahre wurden zweifellos in den Dörfern in der Umgebung von Hisarlik eingeschmolzen. Das ist, wie wir heute annehmen müssen, auch das Schicksal des Berliner Schatzes, wenn auch Gerüchte nicht verstummen wollen, daß der »Schmuck der Helena« zusammen mit allem übrigen wohlversiegelt in einem Gewölbe in Leningrad oder gar in der Sammlung eines texanischen Ölmillionärs liege. (In einem Roman von Anthony Price, *The Labyrinth Makers*, taucht er unter einem Flugplatz in East Anglia auf; das ist ironisch, denn hätte das Britische Museum die 100 Pfund Sterling an Calvert gezahlt – s. Seite 48 –, könnte der Schatz noch immer sicher und geborgen in London liegen!)

Glücklich zurück in Athen, wenn auch mit wütenden türkischen Agenten auf den Fersen, konnte Schliemann frohlocken. Der Schatz war die Art von Finderglück, dessen er in seinem Unternehmen so dringend bedurft hatte, um die Wissenschaft zu überzeugen, daß seine kostspielige Besessenheit wohlfundiert war, daß er die Welt der Heroen aufgespürt und sie tatsächlich

Schliemanns »große Rampe« von Troja II. Der Schatz wurde wahrscheinlich unmittelbar außerhalb der großen Mauer (linke Bildhälfte) in einem mit Stein ausgekleideten Kistengrab gefunden, das von oben her in die Trümmer von Troja II eingesenkt worden war. (Aufgenommen 1893).

eine hohe materielle Kultur besessen hatte – und obendrein Gold, ganz wie es bei Homer hieß. Für Schliemann war die Mauer, an der er den Schatz gefunden hatte, eindeutig ein Teil des Palastes des Priamos, und die einzelnen Kostbarkeiten waren »von einem Angehörigen des Palastes der königlichen Familie hastig in die Kiste gepackt«. Einen Seitenhieb gegen die Zweifler konnte er sich nicht verkneifen: »Dieser Schatz des *angeblich mythischen* Königs Priamos, des *mythischen* heroischen Zeitalters, den ich in großer Tiefe in den Ruinen des *angeblich mythischen* Troja entdeckte, ist auf jeden Fall ein Ereignis, das in der Archäologie allein steht.«

Das stimmte zwar. Trotzdem war Schliemann in einem englisch geschriebenen Brief an Newton vorsichtiger:

Troja ist nicht groß; aber Homer ist ein epischer Dichter und kein Historiker. Er hat weder den großen Turm von Ilium oder die Göttermauer noch den Palast des Priamos je gesehen, weil, als er Troja 3000 Jahre nach dessen Zerstörung besuchte, alle diese Baudenkmäler seit 3000 Jahren mit ihren zehn Fuß dicken Schichten aus der roten Asche und dem Trümmerschutt Trojas bedeckt waren und auf diesen Schichten eine andere Stadt stand, eine Stadt, die ihrerseits große Erschütterungen durchgemacht und diese Schichten noch erheblich verstärkt haben muß. Homer machte keine Ausgrabungen, um diese Baudenkmäler ans Licht zu bringen, doch kannte er sie aus der Überlieferung, da Trojas tragisches Geschick seit seiner Zerstörung im Munde der wandernden Sänger gewesen war. Das alte Troja hatte keine Akropolis, und *der Pergamos ist eine reine Erfindung des Dichters.* (Hervorhebung des Verfassers)

Dies war allerdings nicht der Eindruck, den die Öffentlichkeit aus Schliemanns Buch gewinnen mußte. Was ihm, wie er im privaten Kreis einräumte, noch immer zu schaffen machte, war die Frage: War dies wirklich das homerische Troja? Zwei Fakten beunruhigten ihn besonders. Da war zuerst die Größe der prähistorischen Siedlung, die mit höchstens 90 × 75 Meter viel zu klein für die große Stadt war, die Homer beschreibt. Wo waren die breiten Straßen, die Türme und Tore, wie sie der Dichter schildert? Zudem gab es kein Anzeichen dafür, daß sich die Siedlung auch auf das darunterliegende Plateau ausdehnte, wie er und Calvert erwartet hatten. Zweitens hatten die prähistorischen Schichten trotz ihrer Mächtigkeit lediglich primitive und nichtssagende Tonwaren erbracht, die viel zu armselig für das Heldenzeitalter zu sein schienen, dem Schliemann sie gern zugeordnet hätte. Wo war beispielsweise der kunstvolle Palastschmuck, den Homer erwähnt? Freilich hatte vieles immer nur in Homers Phantasie existiert, aber Schliemann hatte auch Pech gehabt. Ein großer Teil der Hügelkuppe mit ihren bronzezeitlichen Schichten, wenn auch nicht alles, war im Altertum von den Erbauern von Ilium Novum abgetragen worden. Daher hatte Schliemann, als er den Hügel von Norden aus anging, praktisch keine Chance, mykenisches Material zu finden, das ihm – oder einem Besucher wie Newton – einen Anhaltspunkt für Vergleiche mit früher gefundenen Töpferwaren aus Rhodos und Attika geliefert hätte. Er war so sehr verwirrt und durcheinander, daß er sich bereits 1871, nachdem eine Gruppe hervorragender deutscher Gelehrter die Stätte besucht und erklärt hatte, Homers Troja wäre doch in Bunarbaschi, (mit seinem gewohnten

Respekt vor der Meinung professioneller Wissenschaftler) ihrer höheren Einsicht beugte und an seiner eigenen Intuition zweifelte. In jenem Herbst schrieb er in sein Tagebuch, daß er alle Hoffnung, Troja zu finden, aufgegeben habe. Vielleicht glaubte er, daß es doch nur in der Vorstellung des Dichters existierte. Im November ging er so weit, in Akça Köy, einer Stelle, die Franks Bruder Frederick vorgeschlagen hatte, mit einer Grabung zu beginnen. Hisarlik »verwirrt mich von Tag zu Tag mehr«, schrieb er an James Calvert. »Ich kann dort (in Akça) nächstes Frühjahr noch mehr graben, um zu sehen, ob ich dort nicht Troja entdecke, wenn ich es in Hisarlik nicht finde.«

Vieles, was Schliemann fand, war nicht nur ihm, sondern der ganzen Wissenschaft neu, so daß seine Verwirrung verständlich ist: Er bat jedermann um Rat. Seine erste große Veröffentlichung seiner Funde 1874 bestand aus Grabungsberichten und einem großen losen Skizzenalbum mit über 200 Zeichnungen, Plänen und Fotografien »in der Hoffnung, daß meine Kollegen in der Lage wären, mir unklare Punkte zu erklären ... (denn) alles erschien mir seltsam und rätselhaft«. Das waren die harten Realitäten von Schliemanns »neuer Welt der Archäologie«! Dazu kamen die Unbequemlichkeit, die Malaria, die Skorpione und Insekten, das Fieber in der Regenzeit und der scharfe Wind von Norden, der »uns den Staub in die Augen bläst« und nachts durch die Ritzen der Baracke pfiff. (Auch der romantische Schliemann fand es bald nicht mehr so befriedigend, daß Troja tatsächlich »sehr windig« war, wie Homer gesagt hatte.) Mit einer »Flasche besten englischen Porterbiers pro Tag« kämpfte er gegen Darmverstopfung an, aber er und seine Frau waren oft so krank, daß sie »die Leitung (der Grabungsarbeiten) in der furchtbaren Sonnenhitze nicht während des ganzen Tages übernehmen« konnten. Derartige physische Strapazen kommen bei der archäologischen Feldarbeit heute nicht mehr vor. Trotzdem hielt Schliemann bei zwölf Kampagnen während der nächsten zwanzig Jahre unter großem gesundheitlichen Einsatz durch. Ruhm dürfte kaum der Beweggrund gewesen sein. Ebensowenig Gold. Selbst wenn Schliemann Zeit brauchte, dies zu begreifen, nahm er seine Tätigkeit immer wieder auf, weil es noch Fragen zu beantworten galt.

Schliemann hatte die Grabung von 1873 als die letzte an dieser Stelle angesehen. Im Eifer der ersten Begeisterung hatte er den »Schatz des Priamos« als Beweis dafür hingestellt, daß er wirklich Homers Troja gefunden hatte. Aber mit der seiner Natur zugrundeliegenden Ehrlichkeit wurde er gewahr, daß er die entscheidenden Probleme nicht zufriedenstellend gelöst hatte. So kehrten seine Gedanken immer wieder nach Hisarlik zurück. Er nahm Verhandlungen wegen einer neuen Grabungsgenehmigung auf. Aber die über die Unterschlagung und Entführung des Schatzes wütenden Türken wiesen ihn ab. Als er 1876 die Genehmigung schließlich doch bekam (zusammen mit einer ansehnlichen Barzahlung), hatte er bereits andere Pläne. Er hatte sich entschlossen, an der Stätte des Herrschersitzes Agamemnons, des Führers der griechischen Streitkräfte, vor Troja zu graben: in Mykene.

Das goldreiche Mykene

Obwohl es von mehr als 2000 Jahren verlassen worden war, ist Mykene niemals in Vergessenheit geraten. Wie wir gesehen haben, hat Thukydides die Ruinen besucht. Er fand Homers Schilderung von der hervorragenden Rolle, die der Ort zur Zeit des Trojanischen Krieges als »Hauptstadt« des mykenischen »Reiches« gespielt hatte, mit Befriedigung bestätigt. Im Altertum war die Überzeugung allgemein verbreitet, daß dies der Ort war, an den Agamemnon nach der Erstürmung Trojas zurückkehrte, um dort durch Mörderhand den Tod zu finden. Außerdem nahm man allenthalben an, daß er und die anderen Könige aus dem Hause der Atriden dort beigesetzt seien. Obwohl Mykene nach der Zerstörung durch Argos im Jahre 468 v. Chr. aufgegeben worden war, hatte es immerhin noch eindrucksvolle Ruinen aufzuweisen: die zyklopischen Mauern und die gewaltigen »Bienenkorb«- oder Tholosgräber, die man für die Beerdigungsstätten der ehemaligen Könige hielt. Diese Baulichkeiten wurden im zweiten Jahrhundert n. Chr. von dem griechischen Reisenden Pausanias besucht, der das Löwentor und die Tholosgräber, die man Atreus und Agamemnon zuschrieb, schilderte. Im Vergleich zu Troja und vielen anderen Stätten Griechenlands und Kretas wurde Mykene von Reisenden der nachklassischen Zeit völlig vernachlässigt. Es scheint zwischen Pausanias und dem Franzosen Fauvel im Jahre 1780 keinen Bericht aus erster Hand zu geben. Der Ort war jedoch nie in Vergessenheit geraten, sondern erschien sogar vom 17. Jahrhundert an auf italienischen Karten, und die großen Mauern waren stets über dem Erdboden sichtbar.

Als John Morritt aus Rokeby, ein Freund von Walter Scott, Anfang 1795 dorthin reiste, nachdem er zuvor die Troas besucht hatte, um sich an der von Bryant ausgelösten Auseinandersetzung zu beteiligen (s. Seite 46), war er seit Pausanias der erste, der einen ins einzelne gehenden Bericht schreiben konnte (Pausanias' Schriften dienten ihm bei seiner Reise als Führer!). Morritt war ein begeisterter Reisender, der Strapazen und Unbequemlichkeiten ignorierte, und das zu einer Zeit, als nur wenige reisten oder gar Forschungen betrieben. Von einem »Landarbeiter« geführt, gelangte er zum Löwentor, dessen »grob gemeißeltes Flachrelief« er bewunderte. Sein Eindruck war, daß sich Mykene seit Pausanias nur wenig verändert haben dürfte, womit er wahrscheinlich recht hatte. Morritt bahnte sich auch mit Mühe den Weg in das vollgestopfte Schatzhaus des Atreus und beschrieb den aus einem einzigen riesigen Steinblock gebildeten Türsturz (»jenseits all dessen, was wir bisher gesehen haben«), den er mit dem Türsturz von Orchomenos, einem anderen Tholosgrab aus homerischer Zeit, verglich.

Morritts Tagebuch wurde einer Anzahl von Fachkennern zugänglich gemacht, die in den nächsten dreißig Jahren seinen Spuren folgten. Der erste und umstrittenste war Thomas Bruce – kein anderer als Lord Elgin, der durch die Fortschaffung der »Elgin Marbles« einen zweifelhaften Ruf erwarb. Als der berühmte Fries im Sommer 1802 vom Parthenon in Athen abmontiert wurde, machte Elgin gerade eine Rundreise durch Griechen-

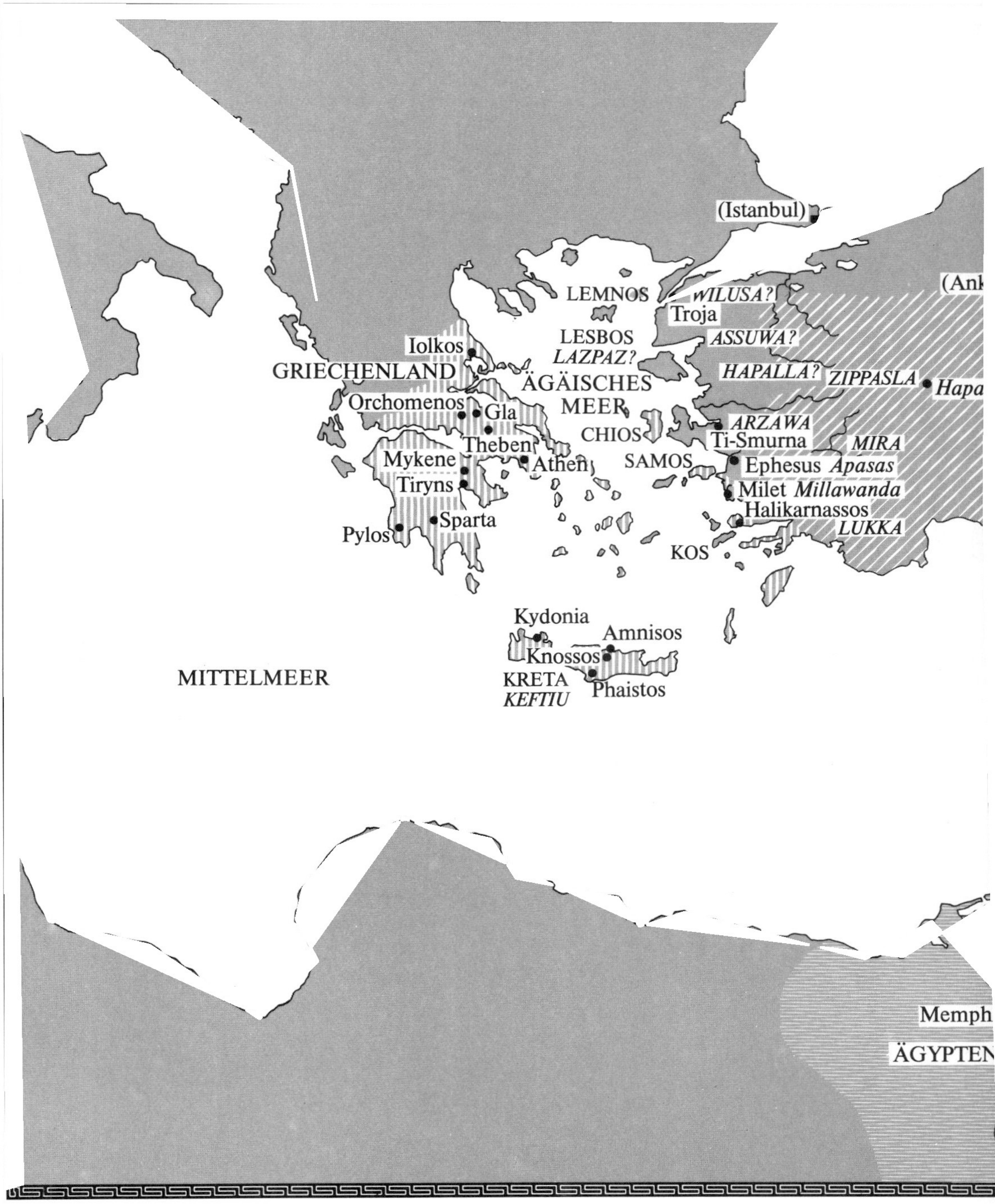
(Istanbul)
(Ank
LEMNOS
WILUSA?
Troja
LESBOS
LAZPAZ?
ASSUWA?
Iolkos
GRIECHENLAND
ÄGÄISCHES
MEER
HAPALLA?
ZIPPASLA
Hapa
Orchomenos
Gla
ARZAWA
CHIOS
Ti-Smurna
MIRA
Theben
Mykene
Athen
SAMOS
Ephesus
Apasas
Tiryns
Milet
Millawanda
Halikarnassos
Pylos
Sparta
LUKKA
KOS
Kydonia
Amnisos
Knossos
MITTELMEER
KRETA
KEFTIU
Phaistos
Memph
ÄGYPTEN

Oben: Die Mauern von Troja VI, ca. 1300 v. Chr.; sie gehören wahrscheinlich zu der Stadt, auf die sich die griechische Überlieferung bezieht.

Rechts: Der mit Trümmern angefüllte Zugang zum Löwentor in Mykene, 1810 von Edward Dodwell gemalt.

Gegenüberliegende Seite: Das Löwentor von Mykene, ca. 1300–1250 v. Chr.

Vorherige Seite: Der Hügel von Hisarlik heute, von der Ebene aus gesehen.

Links: Eine Grabstele vom fünften Grab, die einen Wagenlenker und einen Krieger zeigt.

Gegenüberliegende Seite: Mykene, der Eingang zum »Schatzhaus des Atreus«, ca. 1300–1250 v. Chr.

Unten: Jagdszene auf einem Dolch aus dem Schachtgrab IV; man beachte die Turmschilde.

Goldener Siegelring aus Mykene.

Goldene Siegel aus dem Schachtgrab III, Mykene.

Rhyton (Gefäß für Trankopfer) in Form eines Löwenkopfes, von Schliemann im vierten Schachtgrab gefunden.

Große Goldmaske aus dem fünften Schachtgrab. »Er muß im besten Alter gewesen sein, als er sich abkonterfeien ließ ... ein mächtiger und entschlossener Mann«, schrieb Carl Blegen. Im Frühjahr 1877 gingen Gerüchte um, Schliemann habe einige seiner Funde aus Mykene gefälscht.

Auserlesenes goldenes Siegel mit einem geflügelten Greif (ca. 1420 v. Chr.), das Carl Blegen in einem Grab in Pylos fand.

Die »Krieger-Vase« (ca. 1200 v. Chr.), die Schliemann in Mykene fand. Krieger auf dem Weg in die Schlacht werden von ihren Frauen verabschiedet. So sahen die griechischen Kämpen vor Troja aus.

Das Trojanische Pferd: Die früheste bekannte Darstellung auf einer Vase des 8. Jahrhunderts v. Chr. von Mykonos. Die Geschichte war offensichtlich schon vor Homer in Umlauf.

land, um nach anderen Altertümern Ausschau zu halten. Bei seiner Ankunft in Mykene war er von den Ruinen so beeindruckt, daß er (gedeckt durch eine Genehmigung der türkischen Regierung, zu deren Hoheitsgebiet Griechenland damals noch gehörte) sofort mit Ausgrabungen begann. In dem zur Hälfte blockierten Eingang zum Schatzhaus des Atreus fand er eine Reihe von Bruchstücken des roten und grünen Marmorfrieses, die von der Fassade des Grabes herabgefallen waren. Außerdem entdeckte er (vielleicht in einem anderen der Tholosgräber) zwei monumentale, zum Relief eines Stieres gehörende Fragmente aus schwarzem Kalkstein, die heute im Britischen Museum zu sehen sind. Elgin entfernte auch die Hauptteile der mit grünen Zickzacklinien geschmückten Halbsäulen, die damals noch den Eingang des Grabes flankierten. Die Reste nahm der Marquis of Sligo mit und stellte sie 1810 in Westport House in der Grafschaft Mayo auf, von wo sie 1905 ebenfalls an das Britische Museum gelangten. Es ist sehr zu bedauern, daß sie nicht an dem Grabmonument belassen worden sind, für das sie geschaffen worden waren und dessen festen Bestandteil sie einmal bildeten. Elgin hatte sogar begehrliche Blicke auf das großartige Relief des Löwentors geworfen, war dann aber zu seinem Bedauern zu der Einsicht gekommen, daß es zu schwer und zu weit vom Meer entfernt sei, um ebenfalls abtransportiert zu werden.

Andere Besucher in den letzten zwei Jahrzehnten vor der griechischen Unabhängigkeit nahmen gegenüber den Denkmälern aus prähistorischer Zeit eine konstruktivere Haltung ein. Dabei taten sich vor allem englische Gelehrte hervor, die das Schatzhaus und das Löwentor untersuchten, vermaßen und abzeichneten. Edward Clarke, der uns schon in Troja begegnet ist, begab sich ebenfalls nach Mykene. William Leake setzte in seinen *Travels in the Morea* mit einer Ortsbeschreibung, die noch heute zu den besten zählt, neue Maßstäbe für die Topographie klassischer Stätten. Charles Cockerell führte eine kleine Grabung an der Außenseite der »Kuppel« des Schatzhauses des Atreus durch, um seine »Bienenkorb«-Konstruktion eindeutig zu klären. Edward Dodwell unternahm den Versuch, zyklopische Bauformen in einem verschwenderisch ausgestatteten Folio-Band darzustellen, der auch die ersten Illustrationen der Mauern und Tholoi von Mykene und Tiryns enthielt. William Gell wählte im Verlauf ausgedehnter Reisen in ganz Griechenland weitere Teile baulichen Zierrats aus und beschrieb das Löwentor als das »erste authentische Beispiel der Bildhauerkunst in Europa«. All dies waren entscheidende Schritte auf dem Weg zum heutigen Verständnis der mykenischen Kultur. Einige dieser Bücher, wie die von Leake und Clarke, verdienten schon wegen ihrer brillanten Beobachtungsgabe noch heute, öfter gelesen zu werden. Vor allem das von Leake ist zumindest in meinen Augen eines der besten archäologischen Reisebücher, das je geschrieben wurde. Diese Männer kannten ihre klassischen Quellen, ihren Homer und ihren Thukydides; ihnen ist es zu verdanken, wenn vom Beginn moderner archäologischer Forschung an von der Vorstellung ausgegangen wurde, daß diese Ruinen aus dem vorgeschichtlichen »heroischen« Zeitalter Griechenlands stam-

Der Eingang zum »Schatzhaus des Atreus« zu Beginn des 19. Jahrhunderts.

men, und wenn im Zusammenfügen von Erkenntnissen über den zyklopischen Baustil bereits Fortschritte erzielt worden waren. Schliemann war damit der Weg geebnet worden. Er studierte alle diese Bücher vor und während seiner Grabungen in Mykene auf das Sorgfältigste.

Bevor wir jedoch Schliemann nach Mykene begleiten, sollten wir uns noch zwei weiteren Besuchern zuwenden, die ebenfalls vor ihm an Ort und Stelle gewesen sind; ihre Entdeckungen waren dazu angetan, das weitere Voranschreiten der Mykene-Forschung entscheidend zu fördern. 1809 besuchte Thomas Burgon Mykene »auf der Südseite der südlichsten Ecke der Akropolis-Mauer« und las einige Bruchstücke mykenischer Tongefäße auf, die er 1847 zusammen mit einer Farbtafel veröffentlichte – als einen »Versuch, auf die Gefäße des eigentlichen Griechenlands aufmerksam zu machen, die dem heroischen und homerischen Zeitalter angehören«. Diesen einfachen, aber umwälzenden Aufsatz hatte Charles Newton im Sinn, als er 1853 zusammen mit Frank Calvert das Troja Lechevaliers in Burnabaschi besuchte (s. Seite 48):

Wenn dieser Hügel je eine Akropolis gewesen ist, könnten wir erwarten, solche Bruchstücke sehr früher Töpferware zu finden, die – wie zuerst von dem verstorbenen Mr. Burgon bemerkt – an den homerischen Stätten von Mykene und Tiryns so reichlich vorhanden sind. Von solcher Töpferware fand ich keine Spur...

Das Innere des »Schatzhauses des Atreus«, von Dodwell gestochen und 1834 veröffentlicht.

Burgons und Newtons Beobachtungen liegen allen heutigen Untersuchungen über die Chronologie der mykenischen Welt zugrunde. So war Newton, als er Schliemanns Topfscherben aus Mykene sah, tatsächlich in der Lage, eine grobe vollständige Schätzung für die Chronologie des heroischen Zeitalters von Mykene vorzunehmen, und zwar mittels der einfachen Methode, sie mit ähnlicher, in Ägypten gefundener Ware zu vergleichen, die auf etwa 1375 v. Chr. datiert werden konnte. Die Gespräche mit Newton waren es, die Schliemann veranlaßten, sein Vertrauen in diese Art der Datierung zu erklären (so in seinem *Mykenae*, 1880), obwohl ihm die Folgerungen aus Newtons Beobachtungen für seine eigenen Grabungen in Troja offenbar bis zum Schluß entgangen sind.

Es war ganz natürlich, daß das Löwentor und das Schatzhaus des Atreus die Hauptaufmerksamkeit der Forscher des 19. Jahrhunderts auf sich zogen, wie es schon in den Tagen des Pausanias der Fall gewesen war. Selbstverständlich aber war es das Innere der Zitadelle, das – wenn überhaupt irgend etwas – Aufschluß über die Frühgeschichte der Anlage zu gewähren versprach, und gerade dies hatte vor Schliemann kaum Interesse gefunden. Nur wenige Reisende hatten sich bisher die Mühe gemacht, sich dort ein wenig umzusehen, wenn auch Leake immerhin eine rohe Karte vorlegte und die überwachsenen Hänge innerhalb des Tores mit Spuren von

Mykene von Osten, veröffentlicht 1834 von Dodwell. »Ich näherte mich der Stadt mit einem größeren Maße von Verehrung, als irgendein anderer Ort in Griechenland in mir geweckt hätte. Ihr ehrwürdiges Alter, entrückt in die fernsten Tiefen aufgezeichneter Vergangenheit, und die heutigen außergewöhnlichen Überreste füllten mein Gemüt mit einem Gefühl, in dem sich Ehrfurcht mit Bewunderung mischte.«

Terrassierungen und Mauern beschrieb. Der Stich von Dodwell vermittelt den Eindruck, daß das gesamte Areal bewachsen war, so daß man keine größeren baulichen Strukturen erkennen konnte. In ähnlicher Weise zeigt ein Aquarell aus dem Jahre 1834, daß sogar das Löwentor durch Schutt und Gestrüpp verstopft war und die Mauerbastionen zu beiden Seiten verfallen und mit Erde bedeckt waren. So hatte auch Schliemann es gesehen, als sich der legendäre Herrschersitz des Agamemnon, die »goldreiche« Stadt nach Homers Worten, 1868 zum erstenmal seinen Blicken darbot. Schliemanns Führer aus Korinth hatten nie etwas von Mykene gehört. Aber dem Bauernjungen aus Charvati, der ihn hinführte, war die Zitadelle als »die Festung des Agamemnon« und das Schatzhaus des Atreus als »Agamemnons Grab« bekannt. Für Schliemann war dies praktisch eine Bestätigung alter Sagen. Als ewiger Romantiker konnte die Antwort auf solche Geschichten bei ihm nicht anders ausfallen als bei den Musikern und Künstlern seiner Zeit, wie etwa beim Baron Stackelberg, der nach Mykene zog, um dort zu malen:

> Ich saß stundenlang in feierlicher Einsamkeit vor den riesigen Ruinen, und während meine Feder die kühnen Umrisse festhielt, dachte ich an die gewaltigen Gestalten der griechischen Helden in dieser denkwürdigen Stätte, die Helden, die – mordend und selbst ermordet – ihrem unausweichlichen Schicksal geopfert wurden.

Und nun, im Sommer 1876, schickte sich Schliemann an, die Fantasiebilder seiner romantischen Zeitgenossen zu krönen. Um nichts geringeres ging es ihm in Mykene, als das Heroische Zeitalter zu neuem Leben zu erwecken.

Die Maske des Agamemnon

Der Schlüssel zu Schliemanns unglaublichen Erfolg in Mykene lag in einer Textstelle bei Pausanias, aus der hervorgeht, daß die Gräber des ermordeten Agamemnon und seiner Gefährten eher innerhalb als außerhalb der Mauern zu suchen waren. Die Gelehrten hatten stets angenommen, daß Pausanias von den großen Tholosgräbern rede und darin auch das von uns heute so genannte Schatzhaus des Atreus einbezöge. Das hätte bedeutet, daß er von den Mauern der äußeren Einfassung sprach, die weit außerhalb der Zitadelle verläuft. Schliemann war sicher, daß die Gelehrten sich irrten, und war ausgelacht worden, weil er sich in dem Buch, das er nach seinem Besuch 1868 schrieb, in diesem Sinne äußerte. Er vertrat nachdrücklich die Auffassung, daß Pausanias die großen zyklopischen Verteidigungsmauern der Zitadelle gemeint hatte und daß die Helden von Troja innerhalb des Löwentores ruhten. Absurd, sagten die Gelehrten. Wo war innerhalb der kleinen Zitadelle auf ihrem steilen Hügel Platz für einen Friedhof, und überhaupt, so argumentierten sie, seit wann begruben die Menschen damals ihre Toten innerhalb ihrer Städte? Schliemann war fest entschlossen, die Richtigkeit seiner Auffassung unter Beweis zu stellen. Anfang September 1876 entfernte er mit Genehmigung der griechischen Regierung die Trümmer aus dem Löwentor und begann, unmittelbar dahinter einen großen Graben auszuheben, wobei eine mehrere Fuß starke Schicht von Trümmerschutt angeschnitten wurde, der von der Flanke des Hügels herabgestürzt oder herabgespült worden war. Das vordere Ende dieses Grabens ist am Fuß der Stufen, denen sich der Besucher unmittelbar nach Passieren des Tores gegenübersieht, in den Hang eingeschnitten und noch heute sichtbar. Diesen Graben führte Schliemann westwärts über eine kleine terrassierte Fläche innerhalb der zyklopischen Mauer weiter und stieß unmittelbar auf die Überreste einer Reihe aufrecht stehender Markierungssteine, die einen Kreis von über 50 Meter Durchmesser bildeten. Es war nicht zu übersehen, daß die Oberfläche im Altertum sorgfältig eingeebnet worden war. Innerhalb dieses Bereichs fand Schliemann einen aufrechtstehenden, mit Figuren geschmückten Stein, der einem Grabmal ähnelte. Die Aufregung wuchs, als bald weitere folgten, auf denen deutlich Krieger mit ihren Streitwagen zu erkennen waren. Die sensationellen Funde und Entdeckungen, die sich anschlossen, sind längst zu einem Stück archäologischer Legende geworden, aber der frische Atem ursprünglicher Entdeckerfreude wird noch immer in Schliemanns Briefen an die *Times* (auf Englisch abgedruckt in *Briefwechsel* II) und in seinem großartigen Buch *Mykenae* erkennbar.

Inzwischen verwandelte der Novemberregen Schliemanns Gräben in Schlammlöcher. Als er schließlich gewachsenen Fels erreichte, stieß er auf die Mündung eines Schachts, der in den Fels hineingehauen war. Es war der erste von fünf rechteckigen Grabschächten, aus denen er die Überreste von 19 Männern und Frauen sowie von zwei Kindern barg; alle waren buchstäblich mit Gold bedeckt. Die Gesichter der Männer waren unter

herrlichen Goldmasken verborgen, die so individuell modelliert waren, daß der Gedanke an Porträts naheliegt; auf der Brust trugen sie ungewöhnlich verzierte Strahlenkreuze aus dickem Goldblech mit gepunzten Rosetten; zwei Frauen trugen goldene Stirnbänder und eine von ihnen außerdem ein Diadem. Um die Toten herum lagen Bronzeschwerter und -dolche mit kunstvollen goldenen Griffen und goldenen und silbernen Einlegearbeiten auf den Klingen und Heften. Auf den Klingenwölbungen zweier Dolche befanden sich großartig lebendige Jagd- und Kampfszenen in Gold, Silber und Lapislazuli. Des weiteren gab es goldene und silberne Trinkgefäße, goldene Kästchen, elfenbeinerne Schatullen und Schmuckplättchen sowie Hunderte von runden Goldplättchen, die mit Rosetten, Spiralen, Tieren und Fischen verziert und wahrscheinlich auf Kleidungsstücken und Leichentüchern aufgenäht waren. Die künstlerische Vollendung war einfach atemberaubend. Sie kam vielleicht am besten in einigen an sich ganz unbedeutenden Gegenständen zum Ausdruck, so in einem verzierten Straußenei oder (um auch ein Beispiel aus späteren Ausgrabungen zu erwähnen) einer erlesenen kleinen Schale aus Bergkristall mit einem Vogelkopf – ein Objekt von zerbrechlicher, durchscheinender Schönheit als Kontrapunkt zu den grimmigen, goldstrotzenden, bärtigen Kriegshelden mit ihrem Waffenarsenal.

Für Schliemann gab es selbstverständlich keinen Zweifel: Dies war die Welt Homers und der *Ilias*, und dies waren die Gräber Agamemnons und seiner Gefährten. Pausanias hatte fünf Gräber erwähnt, und Schliemann hatte fünf Gräber ausgegraben. Die Überlieferung wollte genau wissen, daß Kassandra kleine Zwillinge gehabt habe, die mit ihr zusammen umgebracht wurden – und nun gab es in einem der Schächte wirklich zwei Kinderbestattungen! Der Höhepunkt von Schliemanns Suche kam im fünften und für ihn letzten Grab, wo er wie im Falle des »Schmucks der Helena« genau das fand, was zu finden er so heiß ersehnt hatte. Es waren drei männliche Tote, reich geschmückt in voller, mit Einlegearbeiten verzierter Kriegsausrüstung, mit goldenen Brustplatten und goldenen Gesichtsmasken. Die ersten beiden Schädel waren so stark verfallen, daß sie nicht geborgen werden konnten, aber der dritte

> war ... wunderbar unter der schweren goldenen Maske erhalten ... beide Augen deutlich sichtbar, ebenso der Mund, der unter der auf ihn drückenden Last weit geöffnet war und alle seine 32 schönen Zähne zeigte. Aus diesem schlossen alle ... daß der Mann im frühen Alter von 35 Jahren verstorben sei... Die Nachricht, daß der ziemlich gut erhaltene Körper eines Mannes aus dem mythischen heroischen Zeitalter ... gefunden worden sei, verbreitete sich mit Blitzesschnelle in der ganzen Argolis, und Tausende kamen von Argos, Nauplia und den Dörfern, um dies Wunder zu sehen.

So lautete der dramatische, die Phantasie beflügelnde Bericht, den Schliemann 1880 in seinem »Mykenae« veröffentlichte. Wie üblich, war er wohl beim Wiedererzählen weiter ausgeschmückt worden. Die Meldung an die *Times* vom 25. November 1876 ist prosaischer: »In einer von diesen (Goldmasken) befand sich noch ein großer Teil des Schädels, den sie bedeckt hatte.« Nichts weiter! Was die berühmte und oft kolportierte Geschichte

Das Löwentor in den damaligen 80er Jahren. Links vom Torweg, an die Mauer gelehnt, steht Dörpfeld; rechts sitzt Sophie Schliemann (?) auf einem großen Mauerstein.

betrifft, nach der er dem König von Griechenland ein Telegramm mit den Worten »Ich habe in das Antlitz Agamemnons geblickt« gesandt habe, ist festzustellen, daß sie zwar nicht zutrifft, aber seiner Gemütsverfassung durchaus entsprach. Schliemann unternahm übrigens den Versuch, die körperlichen Überreste zu konservieren, indem er Alkohol mit darin aufgelöstem Sandarak-Harz darübergoß, doch hatte er damit keinen Erfolg. Das Ölbild, daß er damals von einem einheimischen Maler anfertigen ließ, ist jedoch kürzlich in einem von Schliemanns verlorengegangenen Alben wieder aufgetaucht. Schliemanns Interpretation seiner Entdeckung, die, für sich allein betrachtet, wahrscheinlich die bemerkenswerteste in der Geschichte der Archäologie ist, war in bezeichnenderweise zutreffend:

Was mich betrifft, so habe ich immer fest an den Trojanischen Krieg geglaubt; mein fester Glaube an Homer und die Tradition ist nie von der modernen Kritik erschüttert worden, und diesem Glauben verdanke ich die Entdeckung Trojas und seiner Schätze... Mein fester Glaube an die Tradition veranlaßte mich, die Ausgrabungen in der Akropolis (von Mykene) zu

machen, und führte zur Entdeckung der fünf Gräber mit ihren ungeheuren Schätzen... Ich habe nicht das allergeringste Bedenken zuzugeben, daß die Tradition, welche die Gräber in der Akropolis dem Agamemnon und seinen Gefährten zuschreibt ... vollkommen richtig und wahr sein mag.

Es braucht nicht erst gesagt zu werden, daß die Funde von Mykene eine Sensation hervorriefen und Schliemann zu einer Weltberühmtheit machten. Er wurde in der High Society Europas gefeiert. Der britische Premierminister Gladstone, selbst ein Kenner der klassischen Antike, schrieb das Vorwort zu der englischen Ausgabe von *Mykenae*; Schliemann hielt Vorträge vor wissenschaftlichen Gesellschaften in ganz Europa. Natürlich gab es noch immer viele Kritiker. Manche behaupteten, es handle sich um einen nachrömischen Friedhof der Völkerwanderungszeit mit »skythischen« Masken; einige meinten sogar, sie seien byzantinisch und christlich. Die meisten aber akzeptierten sie als »homerisch«, will sagen, einer bronzezeitlichen Heroen-Welt zugehörig, die zu Homers Erzählungen in gewisser Beziehung stand. Hatte Schliemann nicht Darstellungen von Eberzahnhelmen gefunden, wie Homer sie beschrieb? Auf den eingelegten Dolchklingen gab es Abbildungen von mannshohen »Turmschilden« wie jenem, den Ajax in der *Ilias* trägt; es gab auch »silberbeschlagene« Schwerter wie das, das Hektor Ajax schenkt. Endlich hatte die neue Wissenschaft der Archäologie erreicht, was bis dahin unmöglich gewesen war: sie hatte eine Verbindung zwischen der Welt Homers und wirklicher Geschichte nachgewiesen. Schliemann konnte nicht länger als ein bloßer »Spinner« abgetan werden. Der große Oxforder Sanskritforscher Max Müller schrieb:

Ich bin hocherfreut, von Ihrem Erfolg zu hören. Sie verdienen ihn voll und ganz... Kümmern Sie sich nicht um die Angriffe der Presse in Deutschland... Ihre Entdeckungen lassen verschiedene Deutungen zu – Sie wissen, wie sehr meine Deutung von der Ihrigen abweicht, noch viel mehr von Gladstones. Aber das berührt nicht meine Dankbarkeit für Sie und Ihre unbeirrbare Beharrlichkeit. Ich bewundere Enthusiasmus um seiner selbst willen, und die große Mehrheit der Welt tut dasselbe, verlassen Sie sich darauf. Man beneidet Sie – das ist alles, und es wundert mich nicht.

Aber hatte Schliemann wirklich Agamemnon gefunden? Leider nein! Hier ist nicht der Ort, Schliemanns Funde und ihre korrekte Datierung im einzelnen zu untersuchen. Die Feststellung möge genügen, daß die Schachtgräber aus dem 16. Jahrhundert v. Chr. stammen, lange vor dem möglichen Datum für den Trojanischen Krieg um das 13. oder 12. Jahrhundert v. Chr. Es ist nicht einmal sicher, daß sie zu derselben Dynastie gehören wie Agamemnon (wenn es ihn gab), obwohl dies durchaus möglich ist. Ebensowenig stammen die sechs Schachtgräber (das letzte wurde 1877 von Stamatakis gefunden) alle aus derselben Zeit, wie Schliemann glaubte. Vielmehr wurden sie von einer Reihe von Generationen nacheinander angelegt. (Ein zweiter Grabkreis mit ebenso märchenhaften Reichtümern wurde 1950 gefunden.) Heute wissen wir, daß die großen architektonischen Leistungen der mykenischen Zeit – das Löwentor, die zyklopischen Mauern und die großen »Schatzhäuser« des Atreus und der Klytemnestra – aus dem

13. Jahrhundert v. Chr. stammen und daß der Bezirk der alten königlichen Bestattungen in den Schachtgräbern um diese Zeit wiederhergerichtet und als Gegenstand öffentlicher Verehrung in den Mauerring einbezogen wurde.

Einige von Schliemanns Fehldeutungen waren schon damals durchaus erkennbar. Wie wir sahen, hatte Charles Newton, brillant argumentierend, Schliemann dargelegt, daß die Tausende von Bruchstücken von Steigbügelkrügen – der typischsten mykenischen Töpferware, die Schliemann 1876 gefunden hatte – der Ware vergleichbar waren, die in Ialysos auf Rhodos in der gleichen Schicht mit ägyptischer Ware vorkommt und deshalb auf das frühe 14. Jahrhundert v. Chr. datiert werden kann. Das wäre nahe genug bei der herkömmlichen Datierung des Trojanischen Krieges gewesen. In seiner Veröffentlichung der Funde legt Schliemann den Vergleich mit der Ware aus Rhodos sehr ausführlich und in sehr dankenswerter Weise dar. Was aber die Verbindungen anbetrifft, um die es ihm tatsächlich ging, Verbindungen zwischen seinen Funden in Mykene und denen in Troja, so konnte er nur ein »Sektglas« von einem Typ, den er hier gefunden und in Tiryns (sowie von dem Grab in Rhodos) gesehen hatte, vorweisen; außerdem die Becher, die »in Troja in einer Tiefe von 50 Fuß« ausgegraben worden waren. Je mehr er fand, um so abgelegener und seltsam isoliert erschien sein »homerisches Troja«.

Goldenes Orchomenos

Unter den Hunderten von Orten, die in der *Ilias* erwähnt werden, bezeichnet Homer lediglich drei als »goldreich«. Für Schliemann waren zwei von ihnen, Troja und Mykene, diesem Epitheton in sensationeller Weise gerecht geworden. Es war daher unvermeidlich, daß es ihn als nächstes zu der dritten »Goldenen Stadt« zog. So unternahm er denn mit Genehmigung der griechischen Regierung eine kleine Grabung in Orchomenos: eine Ruinenstätte in Zentralgriechenland, die einen langen Hügel oberhalb des Kopais-Sees einnimmt. Der Legende zufolge hatte Orchomenos einst sogar das mächtige Theben beherrscht, die Stadt des Ödipus. Pausanias berichtet, wie die Bewohner von Orchomenos, die Minyer, im heroischen Zeitalter ein großes Deichsystem angelegt hatten, um den Kopais-See trockenzulegen. Nach Homers Schiffsliste war es eines der Hauptzentren, von wo Schiffe nach Troja entsandt wurden. Sein Reichtum war sprichwörtlich: »Nicht für alle Reichtümer von Orchomenos«, sagt Achilles in der *Ilias*. Außerdem gab es bei Pausanias noch den Hinweis auf das dortige große Tholosgrab:

> Das Schatzhaus des Minyas ist eines der größten Wunder der Welt und Griechenlands. Es ist aus Stein erbaut, von kreisrunder Form... Es heißt, der oberste Stein sei (zugleich) der Schlußstein, der das ganze Bauwerk zusammenhält. Die Griechen neigen furchtbar dazu, sich durch Fremdländisches auf Kosten einheimischer Erzeugnisse in Staunen versetzen zu lassen; hervorragende Geschichtsschreiber haben die Pyramiden Ägyptens in allen Einzelheiten beschrieben, ohne das Schatzhaus des Minyas oder die Mauern von Tiryns auch nur beiläufig zu erwähnen, die beide keineswegs weniger wunderbar sind!

Orchomenos: Deckenverkleidung der Grabkammer.

Die Lage von Orchomenos war nie in Vergessenheit geraten, auch nicht der Name. Wir finden ihn im Tagebuch des Cyriac von Ancona, der in den 40er Jahren des 15. Jahrhunderts dort herumstöberte. In jüngerer Zeit hatten Gell, Morritt und Leake den Ort ausgekundschaftet, der von Athen aus in einem fünfstündigen Ritt entlang der damals malariaverseuchten Ebene von Kopais zu erreichen war; auch Lord Elgin war auf seiner Suche nach Kunstwerken hierher gekommen.

Wie schon die anderen vor ihm, fand Schliemann den großen Tholos in sich zusammengestürzt, obwohl auch heute noch genug vorhanden ist, um zu erkennen, was für ein Meisterwerk er gewesen war. In seinen Abmessungen ist der Tholos mit dem Schatzhaus des Atreus in Mykene praktisch identisch, so daß er möglicherweise von demselben Architekten entworfen wurde. Diesen Gedanken hatte Schliemann gegenüber dem siebenundzwanzigjährigen Wilhelm Dörpfeld geäußert, der damals Architekt beim deutschen Archäologen-Team in Olympia war und bald ein Mitarbeiter Schliemanns von unschätzbarem Wert werden sollte. Versuchsgrabungen auf der Zitadelle brachten Schliemann jedoch diesmal kein Gold; überhaupt fanden sich enttäuschend wenig Anzeichen für den legendären Reichtum des homerischen Orchomenos, so daß Schliemann bald aufgab. Aber eine Entschädigung gab es wenigstens: In der Grabkammer des Tholos fanden Schliemann und seine Frau zahlreiche Bruchstücke von reliefgeschmückten grünlichen Schieferplatten, mit denen anscheinend die erst vor einigen Jahren eingestürzte Decke des Grabes verkleidet gewesen war. Das Relief bestand aus wunderschön verschlungenen Spiralen aus Blättern und

Rosetten, die die Schliemanns zu rekonstruieren vermochten, so daß der Besucher des heutigen Orchomenos die Grabkammer wieder betreten und das Deckenrelief an seinem ursprünglichen Platz bewundern kann. Übrigens ist anzunehmen, daß die gesamte Grabkammer seinerzeit auf diese Weise geschmückt war; eine nähere Untersuchung der Erdreste in den Ecken der Kammer zeigt, daß kleine Bruchstücke der Schieferplatten noch an den Seitenwänden festsitzen.

Schliemann verließ Orchomenos nach einigen Wochen wieder. Ein Rätsel um seine dortige Grabung bleibt ungelöst, das, wie wir heute wissen, von allergrößter Bedeutung für die Suche nach Troja und den Trojanern ist. Schliemann hatte große Mengen einer seltsamen, einfarbig-grauen Töpferware zutage gefördert, die auf der Töpferscheibe gedreht und glasiert worden war. Er nannte sie nach den einstigen Bewohnern der Örtlichkeit Graue Minyische Ware. Eine sehr ähnliche Ware hatte er bereits in einer der oberen Schichten von Troja, weit über seinem »homerischen Ilion« gefunden. Warum erkannte Schliemann nicht die Bedeutung der Parallelen zwischen den beiden? Hätte er es nur geahnt – die Lösung des Rätsels Troja war zum Greifen nahe. Aber Schliemanns Gedanken waren bereits an einer anderen Stelle, die er von früher kannte: in Tiryns.

»Das festummauerte Tiryns«

Wie ein Schiff aus der Ebene von Argos sich erhebend, liegt Tiryns 15 Kilometer südlich von Mykene auf einem niedrigen, felsigen Vorgebirge, das heute etwa anderthalb Kilometer vom Meer entfernt ist. In der Bronzezeit kam das Meer bis auf hundert Meter an die westlichen Mauern heran. Tiryns muß damals ein Hafen gewesen sein. Von hier führte König Diomedes, so berichtet Homer, acht schwarze Schiffe nach Troja. Die Lage von Tiryns gestattete ihm vermutlich, die Ebene zu beherrschen, denn von seinen Toren führten vorgeschichtliche Straßen südwärts nach Nauplia, südostwärts nach Asine, ostwärts nach Kasarma und Epidauros, nordostwärts nach Midea, nordwärts nach Mykene und Korinth und nordwestwärts nach Argos. Von der oberen Zitadelle aus sieht man, daß Tiryns völlig von Bergen umgeben ist, von deren Ausläufern sich die großen natürlichen Festungen von Argos und Midea abheben; Mykene liegt in nördlicher Richtung im Tal versteckt. Die Aussicht ist ganz besonders großartig, wie Schliemann selbst bemerkt:

> Ich gestehe, daß der Ausblick von der Zitadelle von Tiryns an natürlicher Schönheit alles bei weitem übertrifft, was ich anderswo gesehen habe. Ja, der Zauber des Bildes wird geradezu überwältigend, wenn man sich in Gedanken die gewaltigen Taten zurückruft, deren Schauplatz diese Ebene von Argos mit den sie umringenden Hügeln war.

Wie Mykene war auch Tiryns bereits in klassischer Zeit eine Ruine, längst verlassen, als Pausanias dorthin kam und seine berühmte Bemerkung über die zyklopischen Mauern machte: »in keiner Weise weniger wunderbar« als die Pyramiden Ägyptens. Im Mittelalter stand ein armseliges kleines Dorf

Tiryns im Jahre 1810.

unterhalb der Akropolis, zweifellos der Grund für eine bescheidene byzantinische Kirche samt Friedhof oben auf den Ruinen, deren Reste Schliemann bei seiner Ausgrabung beseitigte. Die mittelalterliche Siedlung bestand vom zehnten Jahrhundert bis etwa zum Jahre 1400. Viele Reisende fanden den Weg nach Tiryns, als die Morea im 17. Jahrhundert für Ausländer zugänglich wurde. Da die Stätte an der Straße von Nauplion, dem wichtigsten Hafen der Morea, nach Argos lag, war sie leicht zugänglich, was für Mykene weniger galt. Der erste Besucher in neuerer Zeit war der Franzose Des Mouceaux im Jahre 1668, der die kasemattenähnlichen gedeckten Gänge und die zyklopischen Mauern beschrieb. Nach ihm kam der Venezianer Pacifico. Doch es waren wiederum die englischen Reisenden Gell, Leake, Clarke und Dodwell, die die Fundamente für die heutige Archäologie legten, ganz besonders Dodwell, der den ersten Plan sowie Stiche von den Befestigungen anfertigte.

Trotz des zunehmenden Interesses an diesen Bauwerken unternahm vor Schliemann niemand einen Versuch, in Tiryns zu graben, wenn man von einem Eintags-Unternehmen des Deutschen Thiersch 1831 absieht. Für Schliemann war dies die nächstliegende Wahl: Da er die Lage des homerischen Pylos oder Sparta nicht zu bestimmen vermochte, blieb ihm auf dem Festland nur noch dieser große Herrschaftsbesitz homerischer Überlieferung. Schliemann hatte die Örtlichkeit auf seiner Reise nach Griechenland und in die Troas 1868 inspiziert. Für ihn bot die bedeutende Rolle der Sage die Gewähr für ein uraltes politisches Zentrum, vielleicht sogar, wie er oft versicherte, für »die älteste Stadt in Griechenland«. Im Sommer 1876 ließ er Probeschächte graben (wodurch er sehr viel Schaden anrichtete), 1884 nahm er die Arbeit ernsthaft in Angriff. Unglücklicherweise wurden seine Funde wiederum dadurch entwertet, daß er es unterließ, die

genaue Fundstelle einschließlich Tiefe und Umfeld zu registrieren. Es kann sein, daß er sich mehr durch bauliche Überlegungen leiten ließ. Nachdem er in Troja »Palast« und »Tempel« freigelegt hatte, hoffte er, Vergleiche mit einer mykenischen Zitadelle anstellen zu können, von der er annahm, daß sie gleichaltrig sei. Glücklicherweise war Dörpfeld bei ihm; andernfalls hätte er höchstwahrscheinlich die im obersten Teil der Zitadelle, unmittelbar unter der byzantinischen Kirche stehenden mykenischen Palastgebäude zerstört. So überließ Schliemann diese Arbeiten Dörpfeld, mit dem Ergebnis, daß der große Gebäudekomplex, den der Besucher heute sieht, ohne Beschädigung freigelegt wurde. Jedenfalls stellt die von Dörpfeld vorangetriebene Ausgrabung von Tiryns Schliemanns archäologisches Gesellenstück dar, und ihre Veröffentlichung, *Tiryns*, war durchaus ein Gemeinschaftswerk. Es ist interessant, daß Schliemann und Dörpfeld noch zu dieser Zeit die weitverbreitete Ansicht vertraten, die Phönizier seien die Gründer und Erbauer der mykenischen Festungsanlagen gewesen. Adler, der bei den Ausgrabungen in Olympia eine maßgebliche Rolle gespielt hatte, schrieb einen Anhang zu Schliemanns Buch, in dem er dies bestritt und statt dessen die Überzeugung vertrat, daß die Gründer bronzezeitliche Griechen gewesen seien. Obwohl Schliemann privat ebenfalls zu dieser Vorstellung neigte, hatte er vielleicht Hemmungen, sich öffentlich gegen die akademische Lehrmeinung – die Phöniziertheorie – zu stellen.

DIE ZITADELLE VON TIRYNS
ca. 1250 v. Chr.

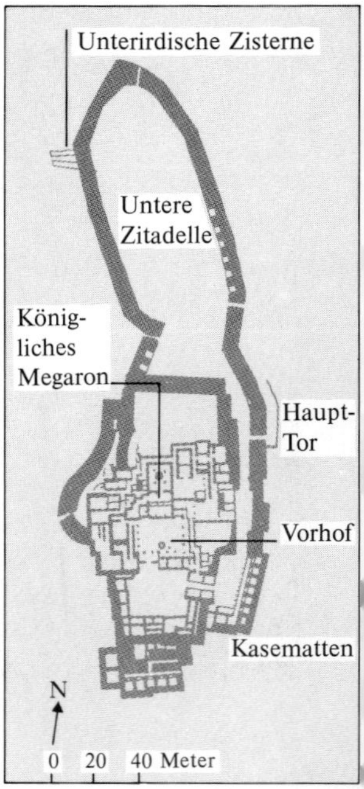

Was Tiryns besonders bemerkenswert machte, war, daß hier die mykenische Palastkultur in einer Form lebendig wurde, die einige sehr enge Parallelen zu den Schilderungen Homers aufweist; es ist unter diesen Umständen einigermaßen überraschend, daß Schliemann darauf verzichtete, sie auszuspinnen (vielleicht sah er sich bewogen, hinsichtlich voreiliger Schlüsse Zurückhaltung zu üben!). Wie jeder heutige Besucher der Anlage weiß, vermittelt Tiryns einen besonders lebhaften Eindruck von der Welt der bronzezeitlichen Kriegsherren: Der Aufgang über die Rampe zum Haupteinlaß durch die zyklopische äußere Umfassungsmauer, der von dieser und einer inneren Mauer flankierte Zugang zur Oberburg, ursprünglich durch ein vorderes (wohl dem Löwentor in Mykene ähnliches) und ein hinteres Tor gesichert, die durch »falsche« (Krag-)Gewölbe gedeckten Kasematten; die säulenflankierte äußere Halle (großes Propylon) und der äußere Palasthof, von dem man durch ein kleines Propylon den großartigen, auf drei Seiten von einem Säulenumgang eingefaßten Innenhof gegenüber der Königshalle betritt, das Megaron (die Königshalle) mit überdachter Vorhalle (Stoa), Vorraum und Thronsaal; der Thronsaal selbst mit einer großen, runden Herdstelle in der Mitte, die Wände – geschmückt mit Alabaster und eingefaßt mit einer Einlage aus blauer Glasmasse (ganz wie Homer es beschreibt). All dies konnte aus den Fundamenten und dem Trümmerschutt geborgen werden, der nur ein paar Zoll unter den Resten der byzantinischen Kirche lag. Ganz besonders aufregend waren für Schliemann Fragmente von Fresken mit Jagd- und Kampfszenen und die außergewöhnlich lebendige Darstellung eines Jünglings, der über einen Stier springt – ein Sujet, das bereits von Siegelringen bekannt war. Der

Tiryns ca. 1886: Der östliche Haupteinlaß; die Fortsetzung der äußeren Umfassungsmauer nach links (Süden) war damals schon weitgehend verschwunden.

Grundriß des Palastes, die Herdstelle, das Bad, die blaue Glaslasur, all dies schien sich in Homers Schilderung des Heroischen Zeitalters wiederzuspiegeln. »Ich habe den großen Palast der sagenhaften Könige von Tiryns ans Licht gebracht«, schrieb Schliemann, »so daß es von heute an bis zum Ende aller Zeiten . . . unmöglich sein wird, ein Buch über die Kunst des Altertums zu veröffentlichen, das nicht meinen Grundriß des Palastes von Tiryns enthält.« Eine typische Schliemannsche Übertreibung – aber diesmal gab er sich nicht bloßen Phantasien hin. Ein Kritiker aus Fachkreisen bezeichnete sein Buch als »den bedeutendsten Beitrag zur archäologischen Wissenschaft, der in diesem Jahrhundert veröffentlicht worden ist«.

Der Palast des Minos in Knossos: Die ursprüngliche Heimat der mykenischen Kultur?

Nach dem verdienten Erfolg seiner Grabung in Tiryns und Vorliegen seines veröffentlichungsreifen Buches fieberte Schliemann schon wieder nach anderen Betätigungsmöglichkeiten. So schrieb er im März 1885:

> Ich bin erschöpft und habe das dringende Bedürfnis, mich von Ausgrabungen zurückzuziehen und den Rest meines Lebens geruhsam zu verbringen. Ich spüre, daß ich diese ungeheure Arbeit nicht länger aushalten kann. Zudem habe ich, wo immer ich bisher den Spaten in die Erde steckte, immerzu neue Welten für die Archäologie entdeckt, in Troja, in Mykene, Orchomenos, Tiryns – jedes von ihnen hat neue Wunder ans Licht gebracht. Aber das Glück ist ein launenhaftes Weib, vielleicht würde es mir jetzt den Rücken zukehren; vielleicht würde ich von jetzt an nur Fiaskos erleben! Ich solte Rossini nachahmen, der aufhörte, nachdem er einige wenige hervorragende Opern geschrieben hatte, die niemals übertroffen werden können.

Und wirklich muß gesagt werden, daß die letzten zehn Jahre von Schliemanns Lebensweg das völlige Gegenteil zu der Zeit der sensationellen Entdeckungen der 70er Jahre darstellten. Wie konnte es anders sein? In der Hauptsache waren diese Entdeckungen Glücksfälle gewesen, wie so vieles in der Archäologie. Schliemanns Instinkt ließ ihn nie im Stich. Dahinter aber steckte wie immer die einfache Annahme, daß sich hinter der homerischen Welt eine wirkliche vorgeschichtliche ägäische Welt verberge; daß die Orte, die Homer zufolge bedeutende Herrschaftszentren waren, tatsächlich bronzezeitliche Palastanlagen gewesen seien. Diese Annahme scheint heute eine Selbstverständlichkeit, und dennoch ist es nur mit Hilfe der Archäologie möglich gewesen, den Nachweis für sie zu erbringen. (Man bedenke, daß im 19. Jahrhundert noch unbekannt war, was wir seit 1952 wissen: daß in diesen Palästen Griechisch gesprochen wurde! Kaum ein Gelehrter hätte in Schliemanns Tagen eine Wette darauf abgeschlossen.)

Im Spätherbst 1888 begab sich Schliemann in die südliche Peloponnes, wo er vergeblich nach dem Palast König Nestors in Pylos suchte, der im Trojanischen Krieg das zweitgrößte Kontingent gestellt hatte. Schliemann hatte dieses Gebiet bereits 1874 besucht, wobei er nach »Nestors Höhle« in der steilen Akropolis von Koryphasion in der Nähe der Bucht von Pylos Ausschau hielt. Er fand tatsächlich eine Höhle, und in dieser Topfscherben des »sogenannten mykenischen Typs«, der erste derartige Fund an der Westküste. In Pylos entdeckte er jedoch keinerlei Königsgräber, und die Lage des Palastes – seit dem Altertum ein berühmtes Ratespiel – entging Schliemanns Nachforschungen. Erst als in seinem Todesjahr Straßenbauarbeiten aufgenommen wurden, tauchten die ersten Hinweise auf die Lage des Palastes auf dem Englianos-Hügel auf. Anschließend – also noch vor der dramatischen Freilegung des Palastes im Jahre 1939 (s. Seite 137) – wurden 1912 und 1926 in der näheren Umgebung Tholosgräber gefunden.

Den Spuren der Heroen folgend, durchforschte Schliemann auf der Suche nach dem Palast des Menelaos und der Helena das Tal des Eurotas im Umfeld Spartas. Er bestieg den Hügel Menelaion bei Therapne, von dem aus man die heutige Stadt Sparta überblickt, wo der mächtige Sockel des in klassischer Zeit für Menelaos und Helena errichteten Schreins noch immer steht. Aufs neue enttäuscht, erklärte Schliemann, daß es hier keine Überbleibsel aus der Bronzezeit gebe. Ironischerweise bemerkte der griechische Archäologe Tsountas (der Nachfolger Schliemanns in Mykene) nur einige Monate später gewisse Anzeichen, die tatsächlich auf eine mykenische Besiedlung des Hügels schließen ließen. 1910 gruben die Engländer nur 100 Meter von dem Schrein entfernt ein bedeutendes Gebäude aus, und dramatische neue Funde in den jüngsten 70er Jahren legen den Gedanken nahe, daß die Hauptpalastanlage zur Zeit des Trojanischen Krieges tatsächlich an dieser Stelle gelegen habe (s. Seite 172). Wenn es Helena wirklich gegeben hat, könnte sie sehr wohl hier gelebt haben.

Viele andere Stätten wurden Schliemann von der wachsenden Schar seiner Bewunderer zur Ausgrabung vorgeschlagen. Der im Hinblick auf zukünftige Entdeckungen vielleicht interessanteste Hinweis kam von dem

englischen Gelehrten Boscawen, der sich mit hethitischen Inschriften beschäftigte, damals ein völlig neues Sachgebiet. Am 14. Januar 1881 schrieb er an Schliemann: »Wir haben oft den Wunsch zum Ausdruck gebracht, Sie möchten eines Tages ein wohlwollendes Auge auf die vorhellenischen Überreste in Kleinasien werfen, besonders auf die von Boghaz Köy und (Alaça) eyuk am Halys.« Boghaz Köy sollte sich in der Tat als eine der bedeutendsten aller bronzezeitlichen Stätten des Mittelmeerraums erweisen (s. Seite 217). Aber Schliemanns Auge war auf Kreta gerichtet. Dort hoffte er sein Werk zu krönen.

Viele Gelehrte der damaligen Zeit glaubten, daß Kreta das Verbindungsglied zwischen der ägäischen Welt und den großen Kulturen des Nahen Ostens liefern könne. Für Schliemann wurden die Bemühungen um eine Genehmigung, dort zu graben, zu einem mit Verbissenheit verfolgten Ziel seiner letzten zehn Lebensjahre. »Meine Tage sind gezählt«, schrieb er schon 1883, »und ich würde vor meinem Tode so gern noch Kreta erforschen.« Sein Mitarbeiter Virchow pflichtete ihm bei: »Kein anderer Ort eignet sich dazu, eine Zwischenstation zwischen Mykene und dem Osten abzugeben.« So wurde Schliemanns Besuch in Knossos im Frühjahr 1886 zu einem bewegenden Ereignis, sogar für ihn. (Der Fama zufolge schockierte er die dortigen Türken, als er bei der Landung auf die Knie fiel und ein Dankgebet an den Diktäischen Zeus richtete!)

Tatsächlich hatte in Knossos bereits 1878 eine Grabung durch einen Einheimischen mit dem so passenden Namen Minos Kalokairinos stattgefunden, der möglicherweise durch Schliemanns Grabung in Mykene inspiriert worden war. Schliemann war über dessen Funde informiert, denn sie waren durch seinen Korrespondenten Fabricius veröffentlicht worden und hatten großes Interesse hervorgerufen. Kalokairinos zeigte Schliemann die Funde in seinem Hause in Heraklion und führte ihn dann zu der Ruinenstätte, wo Reste von Gemächern noch bis zu einer Höhe von etwa zwei Metern offen zutage traten, eines noch immer »bemalt mit zwei breiten Streifen von tiefem Rot«. Was Schliemann sah, fand er so aufregend, daß er auf der Stelle einen Brief (auf Englisch, mit Datum vom 22. Mai 1886) an seinen Freund Max Müller schrieb:

> Dr. Dörpfeld und ich haben mit größter Sorgfalt die Anlagen von Knossos untersucht, die durch Topfscherben und Ruinen aus römischer Zeit gekennzeichnet sind. Über dem Erdboden ist nichts sichtbar, was mit dem sogenannten Heroischen Zeitalter in Zusammenhang gebracht werden könnte – nicht einmal ein Bruchstück aus Terrakotta –, außer auf einem kleinen Hügel, der etwa die Größe des Pergamos von Troja hat; er liegt in der Mitte der Stadt und scheint insgesamt künstlichen Ursprungs zu sein. Zwei große, sorgfältig bearbeitete Blöcke aus hartem Kalkstein, die ein wenig aus der Erde hervorlugten, veranlaßten Herrn Minos Kalokairinos aus Heraklion, an dieser Stelle fünf Löcher zu graben, in denen eine Außenmauer und Teile von Mauern mit den Eckpfeilern eines großen Gebäudes ans Licht kamen, *ähnlich* dem vorgeschichtlichen Palast in Tiryns und anscheinend gleichen Alters, denn die Töpferware ist völlig identisch mit der in Tiryns gefundenen...

Schliemann entschloß sich, dort zu graben:

> Aufgrund seiner großartigen Lage nahe der asiatischen Küste, seines herrlichen Klimas und seiner üppigen Fruchtbarkeit muß Kreta von Anfang an den Völkern der Küstengebiete

begehrenswert erschienen sein; außerdem nehmen die allerältesten Mythen auf Kreta und insbesondere auf Knossos bezug. Ich würde mich daher überhaupt nicht wundern, wenn ich auf dem jungfräulichen Boden hier die Überreste einer Kultur fände, im Vergleich zu der selbst der Trojanische Krieg als ein Ereignis von gestern erschiene.

Wieder einmal hatte Schliemann fast genau ins Schwarze getroffen, denn dies entsprach weitgehend dem, was Arthur Evans 1900 aufdecken sollte. Max Müllers Antwort auf diesen bemerkenswerten Brief, abgefaßt in Oxford am 5. Juni, gab dem Thema noch ein zusätzliches Gewicht: »Kreta ist eine regelrechte Brutstätte von Völkern. Dort, wenn überhaupt, *sollten Sie die ersten Anläufe zu einer an westliche Bedürfnisse angepaßten Schrift finden.*« (Hervorhebung des Autors)

Es hat wohl nur wenige brillantere Voraussagen in der Geschichte der Archäologie gegeben, denn es war in Knossos, wo die Linear B entdeckt wurde, die Schrift der späten ägäischen Bronzezeit. Möglicherweise hat Schliemann vor seinem Tod noch eine einzelne Linear-B-Tafel gesehen, die bei Kalokairinos' Grabung gefunden worden war. Sie ist der erste bekannte Fund in neuerer Zeit. Das hochinteressante Material in Kalokairinos' Sammlung (die bei der Befreiung Kretas 1898 vernichtet wurde) stachelte Schliemanns Ambitionen weiter an: »Ich würde mein Lebenswerk gern mit einem großen Unternehmen auf dem mir vertrauten Gebiet homerischer Geographie abschließen, das heißt, mit der Ausgrabung des vorgeschichtlichen Palastes von Knossos.« Im Frühjahr 1889 war Schliemann wieder in Kreta, um Verhandlungen über den Erwerb des Terrains zu führen, wobei er noch immer hoffte, »diesen Palast, der Tiryns so sehr ähnelte«, auszugraben. Aber im nächsten Jahr gab er das Vorhaben auf, da er über die Kaufbedingungen keine Einigung herbeiführen konnte, und fuhr wieder zurück nach Troja. Er sollte nie mehr nach Kreta zurückkehren und bedauerte seinen Mißerfolg zutiefst; in den letzten Monaten seines Lebens schrieb er, er gestehe, daß es Knossos war, wo er »hoffte, die ursprüngliche Heimat der mykenischen Kultur zu finden«.

Rückkehr nach Troja

Während dieser Jahre war Troja noch immer das zentrale Thema in Schliemanns Karriere als Ausgräber. Zwanzig Jahre waren inzwischen vergangen, seit er zum erstenmal die Troas betreten hatte, und noch immer war das eigentliche, alles bewegende Geheimnis ungelöst. Hatte Homers Troja wirklich in Hisarlik gestanden? Wenn ja, welche der Schichten war es? Wo waren die Hinweise auf eine kulturelle Verbindung mit der Welt, die ihm in Mykene entgegengetreten war? Wo war denn nun das Heroische Zeitalter? Um diese Fragen näher zu untersuchen, müssen wir zeitlich noch weiter zurückgehen.

Im Vollgefühl seines Triumphes in Mykene war Schliemann 1878 und 1879 für zwei größere Grabungskampagnen nach Troja zurückgekehrt. Er unterzog die Ebene einer näheren Prüfung und glaubte nun, die alte und neue Theorie, »daß zur Zeit des Trojanischen Krieges in der Ebene von Troja eine tiefe Bucht gewesen sei«, endgültig zum »Platzen« gebracht zu haben. Hinsichtlich der Stadt selbst erlaubte ihm eine nähere Untersuchung der Schichten, zwei weitere »Städte« zu identifizieren; eine, die sechste, rangierte er zögernd als eine von den Lydiern gegründete vorgriechische Siedlung ein (es war dies die Schicht mit der Grauen Minyischen Ware, wie der von Orchomenos), die andere befand sich in den älteren vorgeschichtlichen Schichten und veranlaßte ihn, die homerische Stadt von der zweiten Schicht von unten in die dritte »anzuheben«. Die Schichtung hatte nun in ihren Grundzügen Gestalt angenommen. Schliemann hielt deshalb sein Werk in Hisarlik offenbar für abgeschlossen. »Ich denke, daß ich meine mir gestellte Aufgabe gelöst habe, und werde in einer Woche die Grabungen in Troja für immer einstellen«, schrieb er am 25. Mai 1879. Dieser letzten Kampagne folgte sein Buch *Ilios*, das mit Recht als sein Meisterstück bezeichnet wird. Es ist nicht nur wegen der Beschreibung der Funde und der gründlichen Darlegung der schriftlichen Quellen bemerkenswert, sondern auch wegen des wissenschaftlichen Anhangs aus der Feder seiner Freunde und Mitarbeiter. Mit den Maßstäben seiner Zeit gemessen, war dies eine ganz beträchtliche Leistung für einen Mann, der nach seinem eigenen Eingeständnis als Amateur angefangen hatte. So hat denn Rudolf Virchow in seinem Vorwort geschrieben: »Aus dem Schatzgräber ist ein Gelehrter geworden.«

Mit seinem typischen Elan schrieb Schliemann an seinen amerikanischen Verleger. »Es gibt kein anderes Troja auszugraben ... die Nachfrage nach meinem vorliegenden Werk wird anhalten, solange es in der Welt Bewunderer Homers gibt – nein, solange diese Erde von Menschen bewohnt sein wird.« Aber insgeheim bestanden seine Zweifel weiter. Hatte er wirklich den Palast des Priamos gefunden? Wo waren die Verbindungen, wenn Mykene und Troja wirklich gleichzeitig bestanden hatten? Jetzt, nachdem er eine Grablege mykenischer Könige auf dem griechischen Festland ausgegraben hatte und wußte, wie deren Kultur aussah, erschien ihm die kulturelle Isolierung und Rückständigkeit seines Troja um so seltsamer. Obwohl also sein Buch Anspruch darauf erhob, daß letzte Wort zu sein – so wollten es die Verleger, und so entsprach es auch Schliemanns Wesensart –, konnte er doch seine innere Unruhe nicht verbergen. Die Fakten paßten einfach nicht zusammen. Es gab keine andere Erklärung, als daß Homer so lange nach den Ereignissen gelebt hatte, daß er einen winzigen Kern Wirklichkeit zu einer großen Legende ausweitete:

Die Sänger ließen ihrer Phantasie freien Lauf; das kleine Ilion wurde in ihren Gesängen groß... Ich wünschte, ich könnte beweisen, daß Homer ein Augenzeuge des Trojanischen Krieges war! Aber ach, es ist mir nicht möglich! ... Meine Ausgrabungen haben das homerische Ilion auf seine wirklichen Abmessungen zurückgeführt.

Im November 1879 schrieb Schliemann an seinen deutschen Verleger: »Jetzt ist die einzige Frage, ob Troja *nur in der Phantasie des Dichters existiert* hat, oder Wirklichkeit war. Nimmt man das letztere an, so muß und wird überall anerkannt werden, daß Hisarlik seine Lage bezeichnet...« (Hervorhebung des Autors) Zugegeben, daß der krasse Widerspruch zwischen Homer und den archäologischen Fakten das Produkt dichterischer Phantasie sei, war nicht mehr allzu weit von einem Eingeständnis entfernt, daß die ganze Geschichte nur erfunden sei. Drei Jahre nach der Ausgrabung 1878–9 schrieb Schliemann:

Ich dachte, ich hätte die trojanische Frage endgültig geklärt... Aber meine Zweifel wuchsen mit der Zeit... Wäre Troja nur ein kleiner befestigter Burgflecken gewesen, dann hätten ein paar hundert Mann es in wenigen Tagen eingenommen, und der ganze Trojanische Krieg wäre reine Erfindung oder hätte nur eine dürftige Grundlage.

In seinem tiefsten Innern quälte ihn der Gedanke, daß entweder Hisarlik seine Geheimnisse nicht preisgeben wolle oder er sich den falschen Ort ausgesucht habe.

Noch immer verwirrt durch die rätselhafte Tatsache, daß er keine offensichtliche Verbindung zwischen der mykenischen Welt und Troja gefunden hatte, reiste Schliemann im Mai 1881 in die Türkei zurück und verbrachte vierzehn Tage damit, zu Pferde und nur von einheimischen Führern begleitet, in der Troas umherzustreifen und alle nur möglichen Stätten erneut zu untersuchen. Sollte er nach anderen denkbaren Lokalitäten für Troja Ausschau gehalten haben, so behielt er das für sich – doch fand er auch nichts. 1882 kam er jedoch zu einer neuen Ausgrabungskampagne wieder hierher. Diesmal war es ihm gelungen, Wilhelm Dörpfeld von seinem Team in Olympia fortzulocken, und der scharfe Blick dieses jungen Mannes für architektonische Einzelheiten klärte bald das Chaos, das Schliemanns frühere Grabungen zurückgelassen hatten. »Ich bedauere jetzt, nicht von Anfang an solche Architekten bei mir gehabt zu haben«, schrieb Schliemann, »aber auch jetzt ist es noch nicht zu spät.«

Unter Hinweis auf seine vorausgegangene Grabung glaubte Schliemann jetzt, daß Troja II – die durch Feuer zerstörte Stadt – letztendlich doch »völlig identisch mit Homers Troja« sei. Dörpfeld war es gelungen, die Umfassungsmauer von Troja II ausfindig zu machen, zwei ihrer Tore zu identifizieren und zu zeigen, daß es sich um einen vorgeschichtlichen befestigten Palastkomplex mit megaronähnlichen Gebäuden und gewaltigen Verteidigungswerken handle, von denen noch heute Teile zu sehen sind. Schliemann griff dies begierig auf und verkündete Ende 1882:

Ich habe bewiesen, daß im fernen Altertum in der Ebene von Troja eine große Stadt war, die schon in alter Zeit durch eine furchtbare Katastrophe zerstört wurde... Diese Stadt entspricht völlig der Beschreibung Homers von der Örtlichkeit der Heiligen Ilios... Meine Arbeit in Troja ist nun für immer abgeschlossen ... Wie sie durchgeführt wurde, überlasse ich nun endgültig dem Urteil unvoreingenommener Leser und redlicher Forscher...

Zehn Jahre waren vergangen, seit Schliemanns Belagerung von Troja ernsthaft begonnen hatte.

1890: Schliemanns letzte Grabungskampagne. Der alte und inzwischen kranke Mann sitzt in der Mitte, mit Dörpfelds Hand auf seiner Schulter; rechts neben Dörpfeld steht Frank Calvert, Anfang siebzig, bärtig und würdig, dem Schliemann viel von seinem Ruhm verdankt.

Schliemann im hohen Alter. »Es kann sein, daß seine Hypothesen zu kühn, nein, zu willkürlich waren; daß das verführerische Bild Homers unsterblicher Dichtung sich als Fallstrick für seine Phantasie erwies. Und doch war diese ... Einbildungskraft das eigentliche Geheimnis seines Erfolgs... (Troja) läge noch immer in der Erde verborgen, wenn diese Einbildungskraft ihm nicht den Spaten geführt hätte.« (Rudolf Virchow)

In Wahrheit waren Schliemanns Arbeiten in Troja so wenig abgeschlossen wie bei früheren Gelegenheiten. Diesmal waren es seine Kritiker, die ihn zur Rückkehr veranlaßten. Seit 1883 hatte ein Hauptmann namens Ernst Bötticher Pamphlete verfaßt, in denen er behauptete, Hisarlik sei keine Stadt, sondern eine Nekropole, eine Totenstadt. Schlimmer noch, Schliemann und Dörpfeld hätten die Öffentlichkeit irregeführt, indem sie Beweismaterial unterschlügen und fälschten. Der Vorwurf war natürlich absurd (wenn es auch interessant ist, daß solche Behauptungen erneut aufgestellt werden), aber Schliemann hatte das Gefühl, er sollte sich von diesem Verdacht befreien, indem er in Gegenwart unabhängiger Zeugen einen weiteren Sektor von Hisarlik ausgrübe. Bereits im Januar 1887 schrieb er an Calvert wegen der Vorbereitungen für seine letzte große Grabungskampagne, die vom Herbst 1889 bis zum August 1890 dauerte. Dabei erhielt Schliemann, nun krank und müde, die Genugtuung, daß die entscheidende Entdeckung gemacht wurde.

Nahe dem westlichen Rand des Hügels, 25 Meter *außerhalb* der großen Rampe von Troja II, legten die Ausgraber ein großes Gebäude frei, das der Königshalle (Megaron) von Tiryns außerordentlich ähnlich sah. Hier fand Dörpfelds Assistent Brückner die eigenartige Graue Minyische Tonware der mysteriösen sechsten Stadt, die Schliemann nie mit Sicherheit hatte einordnen können; hier gab es aber auch Töpferware mit den unverkennbaren mykenischen Formen und Verzierungen, die ihnen allen von Mykene und Tiryns so vertraut waren, besonders die inzwischen wohl bekannten Steigbügelgefäße. Rückblickend kann man sagen, daß diese Entdeckung wahrhaft sensationell und epochemachend war. Ja, man konnte (sofern man glaubte, daß das Ereignis sich überhaupt zugetragen hatte) darin den lang erwarteten Hinweis erblicken, daß Hisarlik tatsächlich Troja war. Für Schliemann muß die Entdeckung ungeheuer aufregend gewesen sein,

allerdings auch ein großer Schock, denn sie zwang ihn, alles neu zu überdenken, was er bisher über die homerische Stadt geglaubt und veröffentlicht hatte; ja, sie stellte die Gültigkeit aller Schlußfolgerungen infrage, die er hinsichtlich der Chronologie der sieben Städte gezogen hatte, und damit natürlich auch hinsichtlich der Identität von Priamos' Troja. Schliemanns vermeintliche »lydische« Stadt hatte mit dem mykenischen Griechenland Kontakt gehabt; das durch Feuer zerstörte Troja II, sein Troja des Priamos, hatte nicht nur etwas früher, sondern tausend Jahre früher bestanden!

Für einen kranken Mann muß es ein harter Schlag gewesen sein, den Zusammenbruch des ganzen Ideengebäudes zu erleben, das er unter soviel Strapazen, Unbequemlichkeiten und finanziellen Aufwendungen in »dieser pestilenzialischen Ebene« errichtet hatte. Aber Schliemann trug es mit Fassung und beschloß, typisch für ihn, die Ausgrabungen 1891 in einem noch viel anspruchsvolleren Maßstab wieder aufzunehmen, um die Wahrheit herauszufinden. Bei einem Plädoyer für eine ausgewogenere Würdigung Schliemanns spricht es zweifellos sehr zu seinen Gunsten, daß er zwanzig Jahre lang ohne Unterbrechung mit den Problemen dieses »vielschichtigen« Komplexes rang und oft unter großer körperlicher Mühsal versuchte, sie durch Ausgrabungen zu lösen; dem Streben nach Ruhm und Anerkennung war längst Genüge getan. Nun sollte 1891 der letzte Vorstoß unternommen werden. Doch Schliemann erlebte die Verwirklichung seiner Pläne nicht mehr. Weihnachten 1890, während Dörpfeld an seinem Schreibtisch saß und die letzten Zeilen ihres gemeinsamen Berichtes über die neuesten Entdeckungen zu Papier brachte, starb er jämmerlich in Neapel: Von einem Schlag getroffen und unfähig zu sprechen, brach er auf der Straße zusammen und wurde, scheinbar ohne einen Pfennig Geld, in die Halle eines Hotels an der Piazza Umberto getragen. Dank einer der seltsamen Zufälle der Geschichte beobachtete dort der polnische Romancier Sienkiewicz eine Szene, die, hätte Schliemann sie selbst erzählt, sicher als von ihm frei erfunden betrachtet worden wäre. Homers Troja – und mit ihm der Trojanische Krieg – versagten sich seinem verstörten Geist bis zum Schluß.

Heute abend wurde ein sterbender Mensch in das Hotel gebracht. Sein Kopf war auf seine Brust gebeugt, die Augen waren geschlossen, seine Arme hingen schlaff herab, sein Gesicht aschfahl, er wurde von vier Leuten getragen ... Der Hoteldirektor trat auf mich zu und fragte: »Mein Herr, wissen Sie, wer dieser kranke Mann ist?« »Nein.« »Das ist der große Schliemann!« Armer »großer Schliemann«! Er hatte Troja und Mykene ausgegraben und sich Unsterblichkeit erworben, und – lag im Sterben...

Briefe aus Afrika (1901)

Wilhelm Dörpfeld: Ist Homers Troja gefunden?

Etwas mehr als zwei Jahre nach Schliemanns Tod, im Frühjahr 1893, kehrte Wilhelm Dörpfeld nach Troja zurück; er leitete nun die Ausgrabungen, die von Sophie Schliemann und vom Kaiser finanziert wurden. Die Grabungen der Jahre 1893–4 sind einer der Marksteine der Archäologie. Dörpfeld, der

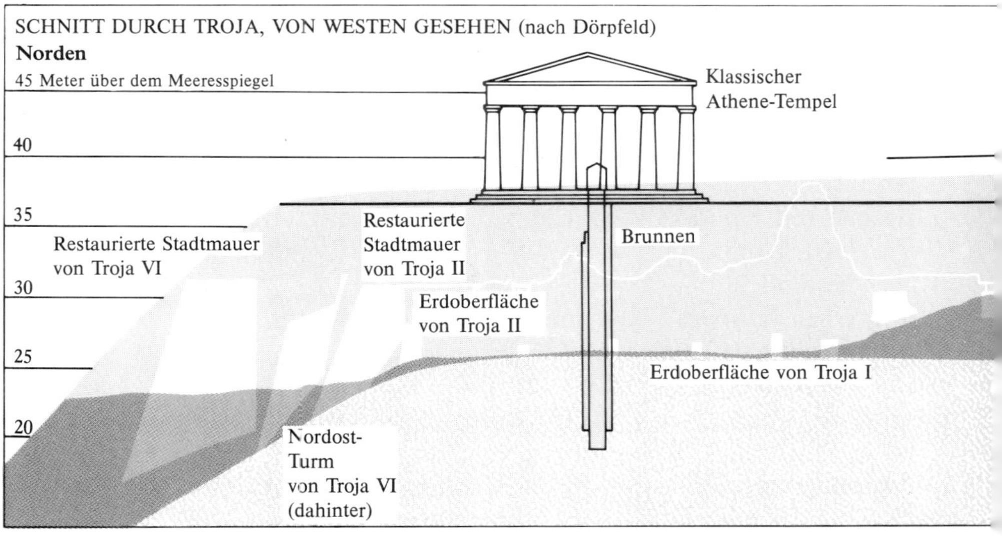

Die große Ost-Bastion von Troja VI, an ihrer Basis Dörpfeld. »Wir können nunmehr sicher sein«, schrieb er, »daß die imponierenden Überreste der wirklichen Stadt des Priamos und Hektor wiederum das Tageslicht erblickt haben.« Im Grunde seines Herzens war Dörpfeld nicht weniger ein Romantiker als Schliemann.

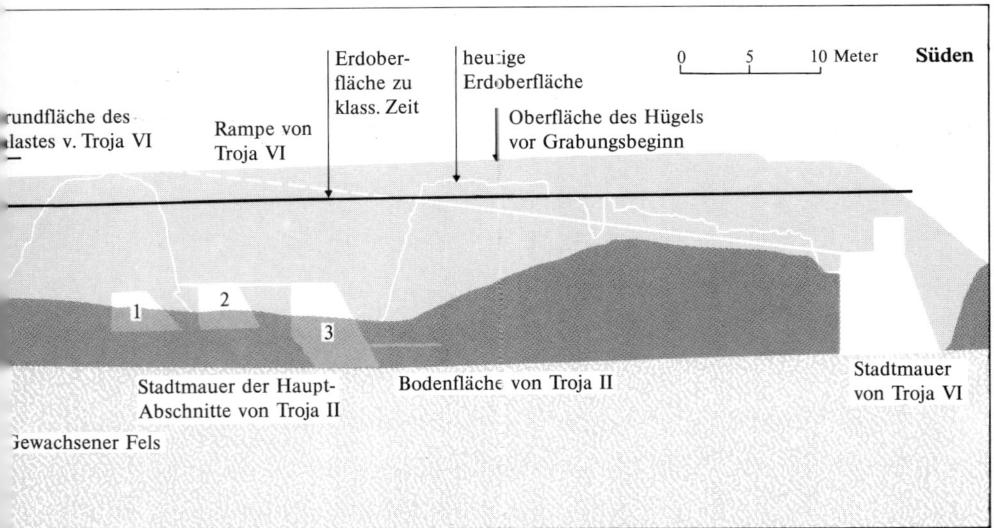

von der Annahme ausging, daß das 1890 gefundene Haus innerhalb der bronzezeitlichen Stadt liege, die sich ihrerseits weit außerhalb von Schliemanns Stadt befand, legte nun die Südseite von Hisarlik in einem großen, dem Hügel folgenden Bogen frei und stieß sogleich auf Mauern, die viel großartiger waren als alles, was Schliemann gefunden hatte. Während der zwei Kampagnen legte er fast 300 Meter der Stadtmauer frei, die stellenweise unter bis zu 15 Metern Erde und Trümmerschutt begraben und von den Ruinen späterer Städte überlagert war. In der Nordostecke stand ein riesiger eckiger Wachtturm, der sich noch immer siebeneinhalb Meter über den gewachsenen Fels erhob; ursprünglich war er mindestens neun Meter hoch gewesen und hatte einen senkrechten Aufbau aus Ziegeln oder Stein von nochmals gleicher Höhe getragen. Er ragte ähnlich dem Vorderkastell eines alten Kriegsschiffes auf und muß die Ebene des Dumrek Su weithin beherrscht haben. Mit ihren sauber behauenen Blöcken aus Kalkstein glich die Bastion in überraschender Weise späterem klassischem Mauerwerk, was teilweise erklären mag, warum Schliemann ähnliche Mauerbauten an der Nordseite zerstörte. Die Stadtmauer selbst war sehr schön in einzelne Abschnitte gegliedert, die jeweils in deutlichen Absätzen endeten und eine ausgeprägte Schräge aufwiesen. Vielleicht war dies, wie Dörpfeld meinte, die »Schräge« oder der »Winkel«, den Homer erwähnt, als Patroklos versucht, an der Außenseite der Mauer nach oben zu gelangen. Am Ostende befand sich ein Tor, das durch eine lang vorgezogene Mauer geschützt war; unweit von hier lag das Fundament eines großen viereckigen Turms, der aus prächtig gefügten Kalksteinblöcken erbaut war. Im Süden stieß man auf eine bedeutende Toranlage mit einem weiteren mächtigen Turm, dem Steinsockel vorgesetzt waren – vermutlich für die Aufstellung von Götterbildern bestimmt. An der Westseite, unmittelbar unterhalb des 1890 entdeckten Hauses, fand Dörpfeld, daß ein untergeordneter Abschnitt der vorausgehenden Umfassungsmauer von den Erbauern der Stadt nicht ersetzt worden war. Selbst der bissigste Kritiker dürfte nichts dagegen

Die großen Mauern von Troja VI mit ihrer charakteristischen Neigung, im Mittelgrund Dörpfeld. »Seine Lösung des Rätsels (um das homerische Troja) steht auf einer Stufe mit den größten Leistungen wissenschaftlicher Voraussage«, schrieb Walter Leaf.

einzuwenden haben, wenn Dörpfeld daran erinnert, daß Homer einen Abschnitt der Mauer als besonders schwach bezeichnet, »wo die Stadt am leichtesten angreifbar ist«.

Innerhalb der Stadt fand Dörpfeld die Überreste von fünf großen, vornehmen Häusern, deren Grundrisse rekonstruiert werden konnten, und andere, die viel stärker zerstört waren. Aus diesen Resten zog er den Schluß, daß die Stadt in konzentrischen Terrassen aufgeführt war, wobei die Vorderseiten der Häuser ein wenig breiter als die Rückseiten waren, als solle der perspektivische Eindruck erzielt werden, der Gesamtumriß würde nach oben schmäler. Dieser Eindruck wurde noch durch ein besonders schönes Haus verstärkt, an dessen Außenseite sich die Absätze der Stadtmauer wiederholten. Sicherlich hat ein meisterhafter Architekt die Stadtanlage geplant, dachte Dörpfeld, und sein Grundschema ist weiter verfolgt worden, indem fast die gesamte Ummauerung allmählich ersetzt wurde. Die letzten Ergänzungen zu den prächtigen Mauern waren die große Bastion im Nordosten und die Türme im Süden und im Südosten, deren Mauerwerk von allerbester Qualität ist. Überall fand Dörpfeld mykenische Töpferware: In ihrer letzten Phase hatte diese Stadt, Troja VI, offensichtlich enge Beziehungen zur mykenischen Welt. Sie hatte, so glaubte Dörpfeld, in ausreichender Übereinstimmung mit dem herkömmlichen zeitlichen Ansatz für den Trojanischen Krieg im 12. Jahrhundert v. Chr. von etwa 1500 bis 1000 v. Chr. bestanden und ein gewaltsames Ende gefunden. An vielen Stellen waren Trümmer aufgehäuft. Wände waren eingestürzt, und ein

»großes Feuer« hatte gewütet. Zweifellos war dies die Stadt, die das Epos widerspiegelte – eine »wohlgebaute« Stadt mit breiten Straßen, prächtigen Mauern und großen Toren, ganz wie die *Ilias* berichtet. Selbst der schwache Mauerabschnitt und die »Schräge« paßten. Diese Stadt mußte nun endlich das Troja des Trojanischen Krieges sein.

Unser Meister Schliemann hätte nie geglaubt oder gar zu hoffen gewagt, daß die Mauern der Heiligen Ilios, von denen Homer sang, und die Wohnungen des Priamos und seiner Gefährten in einem so großen Umfang erhalten wären, wie dies tatsächlich der Fall ist... Die lange Auseinandersetzung über die Existenz von Troja und über seine Lage ist beendet. Die Trojaner haben gesiegt... Schliemann ist gerechtfertigt... Die ungezählten Bücher, die in alter wie in neuer Zeit gegen Troja veröffentlicht worden sind, sind bedeutungslos geworden. Das Aussehen der Zitadelle muß den Sängern der *Ilias* bekannt gewesen sein, wenn auch vielleicht nur die Sänger der älteren Fassungen der *Ilias* die Zitadelle von Troja wirklich gesehen haben.

Troja und *Ilion*, 1902

Die akademische Welt war voller leidenschaftlicher Philhellenen und Homer-Verehrer, die nur zu bereit waren, beizupflichten. Der englische Homer-Fachmann Walter Leaf schrieb in seinem *Homer and History*:

Eine Festung ist gefunden, die genau an der Stelle stand, wo die homerische Überlieferung sie plaziert hatte, eine Festung, die von Feinden gebrandschatzt und fast dem Erdboden gleichgemacht worden war... Hieraus folgt die historische Wahrheit des Trojanischen Krieges... Ausgehend von der Tatsache, daß der Trojanische Krieg ein wirklicher Krieg war, der an dieser Stelle und zumindest generell in der von Homer geschilderten Weise ausgetragen wurde, zögern wir nicht, den weiteren Schluß zu ziehen, daß zumindest einige der Helden, die

Hisarlik von Norden, aufgenommen 1894. Dörpfelds Grabung hat die Ostbastion freigelegt (links von der Mitte). Wir können uns aufgrund dieser Aufnahme sowohl ein Bild von der ursprünglichen Höhe des Hügels machen (markiert durch die menschliche Gestalt rechts von der Mitte) als auch von seiner ursprünglichen Ausdehnung nach rechts. An der Vorderseite sind Schliemanns und Dörpfelds Schutthalden, die die frühere Form des Hügels verdecken.

Homer als hervorragende Mitstreiter in diesem Kriege namentlich aufführt, wirkliche Personen waren, die die homerichen Namen trugen und tatsächlich in diesem Kriege kämpften.

Freilich waren die von der Archäologie gelieferten »Beweise« in Wirklichkeit sehr viel bescheidener, als Leafs Beteuerungen uns glauben machen möchten; solche Schlüsse »ergaben« sich keineswegs aus Dörpfelds Entdeckungen und konnten auch nicht daraus gezogen werden, aber selbstverständlich riefen sie damals eine Sensation hervor. Leaf verlieh lediglich der allgemeinen Aufassung Ausdruck, wenn er erklärte, dies sei der lang erwartete Beweis, daß Hisarlik mit Troja gleichzusetzen sei. »Die Entdeckung des mykenischen Troja war ... der endgültige Wendepunkt in der Geschichte des Homer-Problems.« Und was immer daran wahr sein mag (es gab auch Zweifler): eine Revolution war in sehr kurzer Zeit über die Geschichte der bronzezeitlichen Ägäis hinweggegangen. Georg Grotes *History of Greece* (1846–56), vielleicht noch immer das bedeutendste Werk seiner Art, konnte keinen Beleg für eine Bronzezeit und ein »Heroisches Zeitalter« in Griechenland vorbringen; die Mythen befanden sich in einem durch keinerlei Aufzeichnungen ausgefüllten luftleeren Raum, der dem Historiker keine Anhaltspunkte bot. Doch 1884 konnte der englische Forscher Sayce schreiben, daß »kaum zehn Jahre vergangen sind, seit es so ausgesehen hat, als sei der Schleier eines undurchdringlichen Geheimnisses über die Anfänge griechischer Geschichte gebreitet«. Aber jetzt, dank Schliemanns Energie und Ausdauer, dank Troja, Mykene und Orchomenos, begann die verlorengeglaubte Vergangenheit wiederzuerstehen.

Die Helden der *Ilias* und der *Odyssee* sind für uns Helden aus Fleisch und Blut geworden ... Es kann kaum überraschen, wenn ein so wunderbares Wiedererstehen der Vergangenheit, *an das zu glauben wir aufgegeben hatten*, zahlreiche Kontroversen ausgelöst und eine stille Revolution in unseren Vorstellungen von der griechischen Geschichte bewirkt hat. (Hervorhebung des Autors)

Im Hinblick auf die »Kontroversen« und Schliemanns zahlreiche Kritiker fuhr Sayce fort:

Es ist kaum verwunderlich, daß der Entdecker, der die liebgewonnenen Vorurteile der Historiker so unsanft umgestoßen hatte, zunächst einen Sturm entrüsteter Gegnerschaft oder versteckter Angriffe auslöste ... (aber) heute bezweifelt kein geschulter Archäologe in Griechenland oder in Westeuropa die Hauptfakten, die Dr. Schliemanns Ausgrabungen erbracht haben; wir werden nie wieder zu den Vorstellungen von vor zehn Jahren zurückkehren können.

Auch für Walter Leaf waren Schliemanns Arbeiten auf diesem Forschungsgebiet epochemachend:

... epochemachenden Männern ist es nicht gegeben, Abrundung und Vollendung ihrer Aufgabe zu erleben. Das muß die mühevolle Arbeit mindestens einer weiteren Generation sein. Ein Mann, der der Welt ein völlig neues Problem präsentieren kann, muß sich damit zufrieden geben, die endgültige Lösung denen zu überlassen, die nach ihm kommen.

Tatsächlich ist das Werk, das Schliemann in Angriff genommen hat, noch nirgends auch nur näherungsweise abgeschlossen, wenngleich sich ein zusammenhängendes Bild herausgeschält hat.

Wie befriedigend es sein mag, Schliemanns wahre Verdienste auch 100 Jahre später anzuerkennen, während er erneut einem Sturm gegnerischer Anklagen als Scharlatan und Fälscher ausgesetzt ist, so bleibt doch festzustellen, daß 1894 entgegen der Meinung Dörpfelds die *»Trojanische Frage«* nicht erledigt war. Noch bevor nämlich Dörpfelds Funde in Hisarlik veröffentlicht worden waren, wurden sie von sensationellen Entdeckungen an jener Fundstätte ausgestochen, die Schliemann schon so lange im Blickfeld gehabt hatte: *Knossos.*

3. Die Ankunft der Griechen

Kreta ist ein Land im dunkelwogenden Meere,
Fruchtbar und anmutsvoll und rings umflossen. Es wohnen
Dort unzählige Menschen, und ihrer Städte sind neunzig:
... Ihrer Könige Stadt ist Knossos, wo Minos geherrscht hat,
Der neunjährig mit Zeus, dem großen Gotte, geredet.
Homer, *Odyssee* XIX 172–179 (Übers. J.H. Voss)

Kreta: Das »Unternehmen Knossos«

Kreta ist seit eh und je als Zwischenstation auf dem Seeweg zwischen Europa, Kleinasien und Afrika von überragender Bedeutung gewesen. Es ist Glied einer Kette von Inseln, die sich in östlicher Richtung über Karpathos und Rhodos bis an die Südwestecke Anatoliens erstreckt. (Die Minoer sprachen offenbar dieselbe Sprache wie die Bewohner dieses Gebietes.) Nach Nordwesten hatte Kreta über Kythera ebenfalls jahrtausendelang mit dem Süden der Peloponnes in Verbindung gestanden. (Kreta war zum erstenmal um 1400 v. Chr. von griechisch sprechenden Menschen besiedelt worden und ist noch heute griechisch.) Nach Süden wiederum ist Kreta nur 300 Kilometer von der Küste Afrikas entfernt, und Schwammfischer von Kommos fahren noch heute dorthin, um ihrem Metier nachzugehen. Obwohl Kreta zu Europa gehört, liegt es auf derselben Breite wie Kairouan in Zentral-Tunesien oder Dschebele im Libanon. Die Geschichte Kretas hat immer seine geographische Lage widergespiegelt: Der Reihe nach von neolithischen Völkern, Minoern, achäischen Griechen, Dorern, Römern, Arabern, Byzantinern, Venezianern und Türken besetzt, war es in der Jüngeren Bronzezeit ein Treffpunkt von Festlandsbewohnern, Minoern, Anatoliern und Ägyptern.

Die rund 260 Kilometer lange Insel wird beherrscht von dem rückgratähnlichen Gebirgszug der Weißen Berge, dem Ida und dem Dikti, deren höchster auf fast 2500 Meter ansteigt und die oft noch im Frühsommer mit Schnee bedeckt sind. Auf diesen unzugänglichen Bergeshöhen gab es schon seit neolithischer Zeit Heiligtümer, aus denen minoische und frühgriechische Götterkulte von eigentümlicher Zählebigkeit und Urtümlichkeit hervorgingen. Hier wurden jahrtausendelang heilige Höhlen verehrt, und in einer, auf dem Berge Dikti, soll Zeus geboren sein. Des weiteren gab es hier eine Form »dionysischer« schwärmerischer Religion, die in jüngster Zeit (1982) mit neuen Beweisen für Menschenopfer und rituellem Kannibalismus noch im 15. Jahrhundert v. Chr. greifbar geworden ist. Alle diese Vorstellungen überlebten höchst lebendig in späteren klassischen Sagen.

Kreta war auch in klassischer Zeit ein Hort eher »historischer« Sagen. Vor allem von einer, der Sage von dem Gesetzgeber Minos, glaubte man, daß sie wahre Begebenheiten widerspiegele. Homer erwähnt Minos und seine gerechte Regierung in Kreta; später erinnerte man sich seiner als eines der großen Gesetzgeber im Hades. Die im fünften Jahrhundert v. Chr. von dem Geschichtsschreiber Thukydides festgehaltene Überlieferung besagt,

daß Minos der erste war, der eine Flotte bauen ließ, daß er die Ägäis beherrschte und die Kykladen unterwarf,

indem er in die meisten von ihnen erste Ansiedler entsandte, die die Karer vertrieben, und seine eigenen Söhne als Statthalter einsetzte, womit er sein bestes tat, die Seeräuberei in diesen Gewässern zu unterdrücken, eine notwendige Maßnahme, um die Einkünfte für seine eigenen Zwecke zu sichern... Sobald Minos seine Flotte gebaut hatte, wurde der Schiffsverkehr erleichtert, und er kolonisierte die meisten Inseln.

Mit eben dieser Periode verbindet Thukydides den Bau der ersten mauergeschützten Stadt im ägäischen Raum und auch, in einer etwas späteren Phase, den Kriegszug gegen Troja. Sein scharfsinniger Bericht stellt eine Interpretation der zahlreichen Sagen über Minos und seine Herrschaft in Knossos durch einen typischen rational denkenden Griechen der klassischen Zeit dar (eine Regierung, für die interessanterweise immer mehr Parallelen aus minoischen »Kolonien« auf den Kykladen und an der kleinasiatischen Küste belegbar sind). Homer zufolge war es Minos' Enkel Idomeneos, der im Gefolge Agamemnons von Mykene achtzig Schiffe gegen Troja führte. Doch sollten wir diese genealogische Verbindung vielleicht nur symbolisch auffassen. Im Altertum unterschied man zwei Könige namens Minos, einen im 15. und einen im 13. Jahrhundert v. Chr. Wenn wir den Bericht des Thukydides wirklich ernst nehmen wollen, müssen wir ihn so verstehen, daß er damit einen Minos meinte, der im 15. Jahrhundert ein kretisches (»minoisches«) Reich in der Ägäis regierte, und einen König von Knossos im 13., der sich vielleicht als einen Nachfahren des Minos darstellte und der mykenischen Welt zur Zeit des Trojanischen Krieges angehörte.

Von den vielen anderen kretischen Sagen, in denen Minos eine Rolle spielt, braucht uns hier nur eine zu beschäftigen; es ist die berühmteste von allen, die durch Mary Renaults Roman *Der König muß sterben* weiten Kreisen nähergebracht wurde. Dieser Sage zufolge war Minos so mächtig, daß sogar vom Festland Tribut an ihn entrichtet wurde: Jedes Jahr sandten ihm die Athener sieben junge Edelleute und sieben Jungfrauen als Tribut für den Minotauros (wörtlich »Stier des Minos«), einer Mißgestalt halb Mensch, halb Stier, die in einem Labyrinth unter dem Palast in Knossos eingesperrt war. Die Geschichte, wie der junge Theseus den Minotauros tötete und durch seine Liebe zu des Minos' Tochter Ariadne (und durch ihren Faden) gerettet wurde, braucht hier nicht noch einmal erzählt zu werden. Das Labyrinth (ein nichtgriechisches Wort, gebildet aus der Wurzel *labrys* = Doppelaxt) war eines der am häufigsten wiederkehrenden Elemente der Knossos-Sage in späteren Jahrhunderten. Es erscheint in klassischer Zeit auf den Münzen der Stadt und zog die Reisenden besonders an, die in Kreta an Land gingen. Ja, es scheint, daß die heutige irrige Sinnausweitung des Wortes Labyrinth in Knossos selbst entstanden ist.

Kreta blieb eine berühmte Insel selbst für angelsächsische Seereisende, die es als Zwischenstation auf dem Wege nach Osten benützten. (Kreta war nur ein Jahrhundert lang von den Arabern besetzt und wurde 962 von den

Byzantinern zurückerobert.) Sie kannten, wie es in Orosius' *History* heißt, die Lage von *Creto thaet igland* (=Kreta, dieser Insel) auf halbem Wege nach Afrika und seine Ausdehnung (*hit is an hun mila long*=es ist hundert Meilen lang). Alle Reisenden der Vergangenheit waren von der Erinnerung an König Minos und das Labyrinth fasziniert. Doch die Meinungen über die Stelle, wo es gewesen war, gingen auseinander. Die erste gründliche Erkundung der Insel, die 1415 von dem fast elf Wochen dort umherreisenden Cristoforo Buondelmonti durchgeführt wurde, hielt alte Bergwerksanlagen in den Bergen hinter Gortys für den Ort des Labyrinths. Auf diese Geschichte stoßen wir bis zum 19. Jahrhundert immer wieder, so bei Lord Elgins Partner Charles Cockerell. Dagegen gibt uns der aufmerksame spanische Reisende Pero Tafur, der uns schon in Troja begegnete, eine fesselnde Kurzbeschreibung von Kreta aus dem Jahre 1435, in der er Knossos, außerhalb der Stadt Kandia, »zusammen mit vielen anderen Altertümern« als den Ort des von Dädalos erbauten Labyrinths angibt. Urteilsfähige Reisende, die ihre Klassiker kannten, pflichteten ihm bei. Richard Pococke veröffentlichte seinen Bericht in *A Description of the East* (1745) und erwähnte eine »Erhebung im Süden« der Ruinen des klassischen Knossos, die sehr wohl der Hügel von Kefala sein könnte, wo sich der Palast erhebt. Es blieb zwei englischen Reisenden des 19. Jahrhunderts vorbehalten, die Landkarte des frühzeitlichen Kreta auf eine feste Grundlage zu stellen, wobei sie die meisten wichtigen vorgeschichtlichen Stätten mit einer Genauigkeit identifizierten, die bis heute nicht infrage gestellt ist. Der erste war Richard Pashley, der 1834 im Alter von noch nicht 20 Jahren sieben Monate lang mühsam in den kretischen Bergen umherkletterte und einen bebilderten Bericht seiner Reisen veröffentlichte. Als er Knossos erreichte und ausfindig machte, meinte er, daß das Gewirr von Ruinen in der Nachbarschaft »an die wohlbekannte alte Sage bezüglich des kretischen Labyrinths erinnert... Es gibt jedoch keinen ausreichenden Grund, zu glauben, daß das kretische Labyrinth einen realeren Hintergrund habe als sein sagenhafter Gefangener.« Der zweite Beobachter war der Marine-Vermessungsfachmann Thomas Spratt. Im Jahre 1865 veröffentlichte er *Travels in Crete* (Reisen in Kreta), das noch heute brauchbar und nützlich ist. Spratt besuchte Knossos und kam zu Recht zu dem Schluß, daß der legendäre vorgeschichtliche Palast an derselben Stelle am Fluß Kairatos liege. Um diese Zeit war das Gebiet schon in größtem Umfang als Steinbruch für Baumaterial für Heraklion ausgebeutet worden und wurde auch weiterhin ausgeplündert.

Die Erinnerung an den Standort von Knossos war also erhalten geblieben, und die Zeit sollte bald reif sein, um feststellen zu können, ob die Sagen über König Minos einen Kern von Wahrheit enthielten. Schliemanns Grabungen in Troja und später in Mykene zu Anfang und Mitte der vorigen 70er Jahre hatten die Ansichten über die Vorgeschichte der Ägäis revolutioniert – ja, einen Einblick in eine Welt eröffnet, an deren Existenz niemand geglaubt hatte. Sie veranlaßten auch viele Griechen, sich mit ihrer Vorgeschichte zu befassen.

Die Vorratslager auf der Westseite des Palasts von Knossos (1909) mit *pithoi*, die noch heute Getreide und Bohnen enthalten; dies hatte Minos Kalokairinos 1878 an dem dritten Vorratsraum gesehen.

Vorspiel zu Knossos

Heute ist Knossos eine der bekanntesten Touristenattraktionen in der Ägäis. Mit seinen wiederaufgebauten Sälen und Gemächern, seinen Höfen und Treppen ist es ein Anziehungspunkt für alle Besucher Kretas, ein Ort, wo – dank Sir Arthur Evans' Rekonstruktionen – Bildungsreisende und anspruchslose Neugierige sich plötzlich in eine verlorene Welt versetzt sehen, die Unbefangenheit und Raffinement zu vereinen scheint. Evans ist die zentrale Figur des zweiten Aktes unserer Suche, und das »Unternehmen Kreta« ist, wie Schliemanns »Unternehmen Troja«, unlösbar verknüpft mit Evans' eigenem »Mythos«.

Evans war genausowenig der »Entdecker« von Knossos, wie Schliemann der von Troja gewesen war; er war nicht einmal der erste Ausgräber. Die genaue Stelle war vielmehr spätestens in den 60er Jahren des 19. Jahrhunderts bekannt. Bereits im Dezember 1878 hatte Minos Kalokairinos, der Kaufmann aus Heraklion, Versuchsgrabungen unternommen. Von ihm stammten die Funde, die wir bereits im zweiten Kapitel im Zusammenhang mit Schliemann und Dörpfeld erwähnten und die damals ausgiebig diskutiert wurden – »die bedeutendsten von allen Grabungen, die in Kreta gemacht wurden«, wie der hervorragende deutsche Gelehrte Fabricius vor Evans' ersten Ausgrabungen schrieb. Der 1843 geborene Kalokairinos kam aus einer wohlhabenden kretischen Familie. Wie er sagte, hatte er bereits 1864 in Knossos graben wollen, doch hatte ihn der

Aufstand gegen die Türken daran gehindert. (Im Gegensatz zu Griechenland war Kreta damals noch unter türkischer Herrschaft.) Seine Chance kam 1878, als er, wahrscheinlich durch Schliemanns Erfolg in Mykene zwei Jahre zuvor und durch die große Ähnlichkeit der in Knossos ausgegrabenen Gefäße mit denen von Mykene beeindruckt, zu einem neuerlichen Versuch ermutigt wurde. Solche Töpferware war bereits bekannt, konnte in Heraklion ohne weiteres gekauft werden und hatte längst ihren Weg in Athener Sammlungen gefunden; es war kein Geheimnis, daß sie von dem Kefala-Hügel in Knossos stammte.

Kalokairinos ließ zwölf Gräben in dem Hügel ausheben, jeder etwa zwei Meter tief, und stieß sofort auf massive Gebäude. Er erkannte, daß es sich um einen Palastkomplex von etwa 40 × 55 Meter handelte – tatsächlich wissen wir heute, daß dies lediglich der Westflügel des Palastes mit Thronsaal und den dazugehörigen Gemächern war. Er stieß auf die abgerundete Ecke des Vorraums zum Thronsaal, wobei rotbemalte Wände sichtbar wurden; er legte einen Teil der Westfront frei, die sich heute als erstes den Blicken der Besucher bietet, wenn sie den Eingangskiosk passiert haben, und an der noch Spuren des Brandes zu sehen sind, der den Palast zum Schluß zerstörte. Kalokairinos entfernte auch die zwölf Pithoi (tönerne Vorratsbehälter) aus dem dritten Vorratsraum, die noch immer Erbsen, Gerste und Saubohnen enthielten. Im Trümmerschutt des davorgelegenen Korridors hat er vielleicht die Linear-B-Tafel gefunden, die Evans 1894 in Heraklion sah, die erste, die in neuerer Zeit bekannt wurde. Kalokairinos machte also eine recht ausgedehnte Versuchsgrabung, wobei er im gesamten Westflügel des Palastes Mustergefäße sammelte; dazu gehörten Steigbügelgefäße, Amphoren und Krüge, die möglicherweise aus dem 13. Jahrhundert v. Chr. stammen, sowie auch sogenannte »Sektgläser« (Kylices) und verzierte einhenklige Trinkschalen, die zweifellos in das 13. Jahrhundert zu datieren sind, also in dieselbe Periode wie Schliemanns Funde in Tiryns.

Der Erfolg seiner Versuchsgrabung sollte sich in unerwarteter Weise gegen Kalokairinos wenden. Im Februar 1879 verweigerte ihm das einheimische Parlament die Genehmigung zum Weitergraben, aus Furcht, die Funde könnten von den Türken in das Kaiserliche Museum in Istambul abtransportiert werden. Immerhin wurden die Funde weithin bekannt und fanden in der Gelehrtenwelt große Beachtung. In der Hoffnung, Archäologen und Institutionen für die Grabungen interessieren zu können, schickte Kalokairinos Pithoi nach London, Paris und Rom (der dem Britischen Museum überlassene Pithos ist noch heute in dem Korridor zum Mykene-Ausstellungsraum zu sehen). Zu denen, die er durch die Grabungsstätte führte, gehörten auch Schliemann und Dörpfeld, der amerikanische Konsul Stillman und der Engländer Arthur Evans, auf den Schliemanns Funde auf dem Festland eine große Faszination ausgeübt hatten. Alle stimmten überein, daß es sich hier um einen Palast von bemerkenswerter Ähnlichkeit mit dem von Tiryns handle. Der Franzose Haussoullier erklärte, daß die Töpferware »den Funden in Mykene, Rhodos und Spáta (Attika) so ähnlich« sei.

Als Evans im März 1894 die Sammlung in Kalokairinos Haus besichtigte, begann er sofort, Pläne für die Ausgrabung des Palastes zu schmieden. Er sagte, er hoffe ein bevorzugter Kandidat für eine Grabungsgenehmigung zu sein, und kaufte noch im selben Jahr ein Viertel des Areals – »wo der von mir gefundene Palast des Minos steht«, wie Kalokairinos in seinem Tagebuch vermerkte. 1898 kehrte Evans zurück, nur wenige Tage vor den Kämpfen und Ausschreitungen in Heraklion, die der Befreiung vorausgingen. Sie besichtigten gemeinsam die Ruinenstätte, wo »ich ihm die in Steine eingemeißelten Doppeläxte und die Äxte im oberen Teil des Labyrinths zeigte«. Unglücklicherweise wurde Kalokairinos' Sammlung zusammen mit allen seinen Notizen zerstört, als sein Haus im Zuge der Kämpfe gegen die Türken niederbrannte. (Es wurde 1903 an der ursprünglichen Stelle nahe dem alten Hafen wieder aufgebaut und beherbergt heute das Kretische Museum für einheimische Geschichte.) Nach der Befreiung gelang es Evans, den Rest des Geländes in Knossos zu kaufen. Dort begann er 1900 zu graben. Evans' dramatische Funde machten Kalokairinos als einem aufrechten Kreter große Freude, und er schrieb: »Diese neuen Entdeckungen werden das Museum in Heraklion reicher und bewundernswerter machen: Leute aus ganz Europa und Amerika kommen herbei, um den Palast zu besuchen und die Fundgegenstände zu besichtigen.«

Wir sollten dankbar sein, daß es Evans und nicht Kalokairinos gelang, die Anlage auszugraben, denn der Kreter war kein Fachmann auf diesem Gebiet. Glaubte man Evans, so war seine Grabung ziemlich unordentlich. (So Evans in einer seiner mißgünstigen Bemerkungen über seinen Vorgänger in seinem Buch *The Palace of Minos*.) Aber es ist eine erfreuliche Vorstellung, daß ein Kreter bei dieser Suche eine Rolle spielte. Die Geschichte hatte für ihn sogar ein versöhnliches Nachspiel. Im Jahre 1902, als Evans bereits in der ganzen Welt berühmt war, war Kalokairinos 59 Jahre alt. Er hatte sein Geschäft aufgeben müssen und wandte sich erneut der Juristerei zu, in der er als junger Mann einen akademischen Grad erworben hatte. Der Titel seiner Promotionsarbeit lautete: »Das Rechtssystem des König Minos und sein Einfluß auf römische Gesetzgeber.«

Die verhältnismäßig mageren Berichte über Kalokairinos Ausgrabungen erweisen sich als unerwartet wertvoll für Historiker, die sich ein Bild des Palastes zu dem Zeitpunkt machen wollen, als Evans ihn zum erstenmal sah. Der Grund dafür ist, daß Evans, was immer man davon halten mag, die ganze Ruinenstätte nachhaltig und in nicht wiedergutzumachender Weise veränderte. Dies geht so weit, daß es kaum mehr möglich sein dürfte, sich über die Natur des jüngsten Palastes einig zu werden, von dem aus, wenn Homers Schiffsliste richtig ist, König Idomeneos mit achtzig Schiffen in See stach, um Agamemnon von Mykene bei der Eroberung Trojas zu helfen.

Evans auf einem Gemälde von Sir William Richmond, das dem Ashmolean Museum 1907 überreicht worden war.

Arthur Evans

Evans wurde 1851 geboren. Zu dieser Zeit war Schliemann gerade dabei, in Kalifornien zum erstenmal ein Vermögen zu machen, indem er Goldsu-

Das sechste Vorratslager in Knossos, wie es 1900 mit noch verputzten Wänden aussah.

chern ihren Goldstaub abkaufte. Die Herkunft der beiden Männer hätte kaum verschiedener sein können. Evans hatte in Oxford studiert, sein Vater John war ein bekannter Antiquar und Sammler, Schatzmeister der Royal Society, und außerdem einer aus der Gruppe von Männern, die uns bereits begegnet sind und zu denen auch Sir John Lubbock gehörte, der das neue Forschungsgebiet der Anthropologie und der Vorgeschichte in England auf eine wissenschaftliche Basis stellte. Evans wuchs von Altertümern umgeben auf und besaß ein scharfes Auge für die kleinsten Einzelheiten. Zäh, hartnäckig und unnachgiebig bis zur Rechthaberei, war Evans – in dieser Hinsicht wie Schliemann – auch ein ungewöhnlich guter »praktischer Forscher«, der Reisen besonders unter primitiven Verhältnissen herrlich fand und seit seinen späten Jugendjahren bis in sein reifes Alter gern lange Touren zu Fuß oder zu Pferd in schwieriges und unwirtliches Gelände unternahm. Seine sorgfältigen Untersuchungen der örtlichen Gegebenheiten in Ost- und Zentralkreta bilden noch heute die Grundlage jeder topographischen Forschung.

Nach einem Ferienaufenthalt auf dem Balkan im Alter von zwanzig Jahren begann Evans sich besonders für Bosnien zu interessieren, das damals noch unter türkischer Herrschaft stand und heute einen Teil Jugoslawiens bildet. Während des Aufstandes 1875 war er in Sarajewo und schrieb ein Buch über die von den Türken begangenen Greuel, das

Der Thronraum nach seiner Freilegung gegen Ende April 1900; man beachte den bemalten Verputz an den Wänden. Evans steht vor dem Eingang des Zeltes.

Gladstone im Parlament zitierte. 1877 wurde Evans vom Herausgeber des *Manchester Guardian*, C.P. Scott, zum Sonderkorrespondenten ernannt und führte in den nächsten Jahren ein abenteuerliches, gefahrvolles und an einen Räuberroman erinnerndes Leben, das den meisten Menschen bis zum Ende ihrer Tage »gereicht« hätte. (Seine Berichte wurden später unter dem Titel *Briefe an den Manchester Guardian* veröffentlicht.)

Neben all dem bewahrte sich Evans jedoch sein Interesse an der Archäologie und an Altertümern. So brachte er es beispielsweise fertig, 1878 nach England zu kommen, um die Ausstellung von Schliemanns Schätzen aus Troja in Kensington zu besichtigen. Er war von dem Gesehenen wie elektrisiert. Im Jahre 1883, kurz bevor er Direktor des Ashmolean Museums in Oxford wurde, reiste er nach Griechenland, besichtigte Mykene und Tiryns und besuchte Schliemann in Athen, wo er einige Stunden verbrachte, um sich den Schatz von Mykene genauer anzusehen. Leider ist über die Unterhaltung zwischen den beiden nichts bekannt. Es ist unwahrscheinlich, daß Evans damals schon der Meinung gewesen wäre, die mykenische Kultur sei in Kreta entstanden. Doch die Idee war keineswegs neu; Schliemann war bereits in Kreta gewesen, und Virchow und Müller sollten, wie wir gesehen haben, Schliemann in Bälde drängen, den Blick auf Kreta als Ursprungsland der Schachtgräber-Kultur zu richten. *Ex oriente lux* war lange die Devise kontinentaleuropäischer Forschung gewesen; mit anderen

Worten: die wesentlichen Merkmale westlicher und griechischer Kultur kamen als »Licht aus dem Osten«, aus Ägypten und Mesopotamien, unvergleichlich älteren und reicheren Kulturen. Schliemann und seine Anhänger folgten diesem Leitgedanken, indem sie annahmen, daß Mykene und Tiryns von den Phöniziern erbaut wurden und die Griechen im »Dunklen Zeitalter« erst nach dem Zusammenbruch der mykenischen Welt erschienen seien. Es gab jedoch eine zunehmende Reaktion gegen diesen Standpunkt, die geltend machte, daß der Westen immer ein gewisses Maß eigener Kreativität und Originalität gezeigt habe. (Reinachs einschlägiges, 1893 erschienenes Buch *The Oriental Mirage* – etwa: Die orientalische Fata Morgana – machte auf Evans einen besonders starken Eindruck.)

Der entscheidende Augenblick kam 1893. (Es war ein tragisches Jahr für Evans, da seine Frau starb.) Als Evans im Frühjahr jenen Jahres auf den Ständen der Antiquitätenhändler auf dem Athener Flohmarkt herumstöberte, stieß er auf eine Anzahl kleiner, dreieckiger und viereckiger Steine, auf denen Zeichen eingeritzt waren, die wie eine bisher unbekannte Schrift aussahen. Evans hatte solche Steine bereits in Oxford gesehen. Nun erfuhr er, daß sie aus Kreta kämen. Zur damaligen Zeit schien die Vorstellung, daß es in irgendeinem Teil des vorgeschichtlichen Europa eine Hieroglyphenschrift gegeben habe, weit hergeholt. Doch offenbar veranlaßte eben dies Evans dazu, im Frühjahr 1894 nach Kreta zu reisen. Dort traf er Kalokairinos, besichtigte die Ruinenstätte von Knossos und bekam die einzelne Linear-B-Tafel zu sehen, die im Trümmerschutt der Vorratsmagazine erhalten geblieben war. Das war für ihn bestimmend. »Die große Zeit Kretas war die, von der wir noch immer einen Abglanz in den Dichtungen Homers finden – jene Periode der mykenischen Kultur, der wir zumindest hier gerne die Bezeichnung ›minoisch‹ anheften möchten«, schrieb Evans, noch bevor er den ersten Spatenstich in Knossos getan hatte. »Das Goldene Zeitalter Kretas liegt zeitlich weit vor der Grenze der geschichtlichen Epoche [das heißt Griechenland und Rom]; seine Kultur . . . ist praktisch identisch mit der der Peloponnes und eines großen Teils der Ägäischen Welt.«

Am 23. März 1900 begann die Ausgrabung, und zwar an der Stelle, wo Kalokairinos zwanzig Jahre zuvor gegraben hatte. Durch einen ungewöhnlichen Zufall war das Gebäude seit dem Tage vor dreitausend Jahren, als es durch Feuer zerstört wurde, praktisch unberührt geblieben – nur ein paar Zoll unter dem Gras kamen Teile von Mauern zum Vorschein, auf denen noch Fresken erkennbar waren. Nachdem der dazugehörende Raum freigelegt war, zeigte sich, daß die Wände bis zu einer Höhe von zwei Metern rot gestrichen waren; auf einer Seite liefen Sitzbänke aus Gips mit einer Art eingelassenem Wasserbehälter entlang, während auf der anderen Seite – kaum glaublich – ein Thron aus Gips stand, noch an seinem alten Platz und unbeschädigt, aber auf dem Rücken mit den Spuren des Feuers, das den Palast endgültig zerstört hatte. Auf dem Boden zerstreut waren herrliche Kultgefäße aus Alabaster, deren sich nach den Vorstellungen Evans' der letzte König von Knossos bei dem verzweifelten Versuch bedient hatte, die

Götter gnädig zu stimmen, bevor alles zu Ende war. Die Funde waren an sich schon sensationell genug. Doch es war ihr großes Alter, das Kreta unverzüglich zum Brennpunkt der Archäologie des ägäischen Raumes machte, handelte es sich hier doch offenbar um eine Hochkultur, die bis in das vierte Jahrtausend v. Chr. zurückreichte, weiter zurück als alles, was vom Festland bekannt war. Bereits am 27. März 1900 konnte Evens in sein Tagebuch schreiben:

Das außergewöhnliche Phänomen – nichts Griechisches, nichts Römisches –, vielleicht ein vereinzeltes Bruchstück jüngerer schwarzer Keramik unter zehntausend (anderen). Selbst geometrische Keramik [7. Jahrhundert v. Chr.] läßt uns im Stich – obwohl ... ein blühendes Knossos weiter unten [im Tal] existierte ... Ja, seine große Zeit geht weit in die vormykenische Periode zurück.

Evans hatte in der Tat eine bisher unbekannte Kultur entdeckt.

Es lohnt sich, etwas länger bei Evans' Ausgrabung in Knossos zu verweilen, denn es war eine der berühmtesten und bemerkenswertesten in der Geschichte der Archäologie; auf sie stützt sich noch heute unsere ganze Auffassung vom Gefüge und der Chronologie der ägäischen Bronzezeit. Es lohnt sich außerdem, weil jedes Jahr Hunderttausende von Touristen die

Der Thronraum in seinem heutigen Zustand. Die berühmten Greifen waren in Wirklichkeit nur auf der linken Wand gefunden worden; hinter dem Thron befand sich statt dessen ein breites Landschaftsbild mit einem fließenden Gewässer, Riedgras und Binsen mit roten Blumen sowie ein Hintergrund mit Hügeln. Der Thron war von einer großen Palme umrahmt. Evans glaubte hier Einflüsse ägyptischer Kunst zu erkennen, doch ist inzwischen von Thera ein ähnliches Motiv bekannt.

Stätte besuchen, die nach meiner Erfahrung weder mit den einheimischen Führern noch den ihnen zur Verfügung stehenden Büchern gut bedient sind. Zusätzliche Schwierigkeiten ergeben sich aus Evans' Rekonstruktionen, die viele wesentliche Merkmale überdeckt oder zerstört haben. Man muß ihm fairer Weise zubilligen, daß er sich von Anfang an vor Konservierungsprobleme gestellt sah. Wie auf dem 1900 aufgenommenen Foto zu sehen, war der Thronsaal mit seinen beschädigten Fresken viel zu empfindlich, um ihn ungeschützt zu lassen; er erlitt in jenem ersten Winter Regenschäden, so daß Evans ihn im nächsten Jahr überdachen ließ. Ebenso war es durchaus zu rechtfertigen, das mehrstöckige große Treppenhaus zu stützen und wiederherzustellen, dessen gesamte Bauelemente man verbrannt und in sich zusammengestürzt unter dem umgebenden Niveau vorfand. Zweifellos wird jeder, der das eindrucksvolle Erlebnis hatte, diese Stufen in die wahrhaft labyrinthischen unteren Korridore des Palastes hinabzusteigen, Evans dankbar sein, daß er dies möglich gemacht hat. Ebenso kann die grundsätzliche Richtigkeit der Restaurierung bezweifelt werden; das Große Treppenhaus hatte immerhin eindeutig hier gestanden. Aber Evans ging weit darüber hinaus. Obwohl der Palast nirgends mehr als kopfhoch, gemessen vom Fußboden des großen Innenhofs, erhalten geblieben war, entstand bei ihm allmählich der Wunsch, manche Teile des Palastes wiedererstehen zu lassen, um zu zeigen, wie er ausgesehen haben könnte. Diese Arbeiten wurden großenteils zwischen 1922 und 1930 durchgeführt, wobei auch der Thronsaal-Komplex in seinen heutigen Zustand versetzt wurde.

Als erster Punkt ist festzuhalten, daß Evans bei der Grabung im Jahre 1900, als er den Hauptteil des Westflügels dort freilegte, wo Kalokairinos gegraben hatte, neun Wochen anwesend war und je nach den Umständen zwischen 50 und 180 Arbeiter beschäftigte. In dieser Zeit wurden etwas mehr als drei Morgen freigelegt. Man darf wohl sagen, daß die Ausgrabung einer so komplexen Fundstätte heute Jahre erfordern würde, was nichts anderes bedeutet, als daß Evans' Methoden bei all seiner unbestrittenen Fähigkeit und seinem bemerkenswerten Blick für Einzelheiten mehr denen Schliemanns ähnelten als denen von heute. Hinzu kommt, daß sich Evans zwar seit seiner Jugend für Archäologie interessierte, dies aber – im Alter von immerhin 49 Jahren! – seine erste wirkliche Ausgrabung war und er niemals eine solche auf dem Festland durchgeführt hatte. Die Hauptarbeit spielte sich während der ersten vier Kampagnen ab, so daß festgehalten werden sollte, was Evans damals gefunden zu haben glaubte. Wie in der Archäologie üblich, wurde nämlich der größte Teil der Millionen in Knossos gefundenen Scherben weggeworfen und nur eine Probeauswahl von etwa ein Prozent aufbewahrt (auch das noch viele Dutzend Körbe voll!).

Glücklicherweise wurden die wichtigsten Punkte an Ort und Stelle in den Tagebüchern seines Assistenten Mackenzie festgehalten. Diese Tagebücher befinden sich heute zusammen mit Evans' Aufzeichnungen, seinen Fotos (von denen einige in diesem Buch wiedergegeben werden) und Architekten-

Evans in Knossos um 1900. Hinter ihm stehen Steigbügelvasen mykenischen Stils, von denen viele unbeschädigt gefunden wurden.

Skizzen im Ashmolean Museum in Oxford, wo der interessierte Leser, der nicht nach Knossos reisen kann, die beste Kreta-Sammlung außerhalb Griechenlands findet. Aus diesem Rohmaterial formte Evans die jährlichen Berichte, die von 1900 an von der Englischen Schule in Athen veröffentlicht wurden. Die Aufzeichnungen wurden in dem Buch *Palace of Minos* zusammengefaßt. Evans war jedoch ein alter Mann, als er die späteren Bände dieses großen Werkes schrieb, so daß man am besten auf die jährlichen Berichte zurückgreift, wenn man nachprüfen will, wie sich die Dinge damals darstellten.

Evans' Bericht für 1900 zeigt, daß er mit Schliemann und Dörpfeld hinsichtlich Knossos übereinstimmte. Sein erster Eindruck ist der eines »mykenischen« Palastes wie in Tiryns, zu dem er mehrere stilistische Parallelen zieht. So sah beispielsweise der Baderaum, der an das »Zentrale Ton-Areal« im Westflügel angrenzte, ganz wie der in Tiryns aus. Die braunen und grünen Rosetten-Reliefs des Südeingangs verglich er mit den von Elgin und Schliemann in Mykene gefundenen Marmorverzierungen. Die letzten Veränderungen an der Gesamtanlage schrieb er den Eingriffen mykenischer Oberherren zu, denn diese Endphase war gekennzeichnet durch eine Fülle von »Töpferware der reifen mykenischen Art, analog zu

Evans beim Wiederaufbau des Großen Treppenhauses in Knossos (ca. 1905).

der in Mykene, Ialysos [Rhodos] und Tell el Amarna [Ägypten] gefundenen«. Die ägyptischen Parallelen, zu denen kleine runde emaillierte Platten gehörten, die an der Decke des Thronsaals befestigt gewesen waren, ließen Evans für den Thronsaal, der aus der »letzten Phase des Palastes« stammte, an ein Datum um das 13. Jahrhundert denken. Evans glaubte, daß bis zu diesem Zeitpunkt »die mykenischen Oberherren von Knossos die Eroberung der ursprünglichen kretische Bevölkerung abgeschlossen hatten«. Alles in allem, so argumentierte er, »fällt es schwer, die Zeit der Zerstörung des Palastes später als in das 13. Jahrhundert v. Chr. hinunterzusetzen.«

Die Auslegung könnte somit kaum deutlicher sein. Evans glaubte, daß er eine große und alte minoische Kultur gefunden habe, die in der letzten Phase ihres Bestehens, im 14. bis 13. Jahrhundert v. Chr., von Festlands-Mykenern erobert und besetzt worden sei. Diese hätten den Palast neu hergerichtet, indem sie ihn im Geschmack des festländischen Palaststils ausschmückten, mit mykenischer Töpferware ausstatteten und sogar einen mykenischen Thronsaal darin einrichteten. Ja, es hatte anscheinend ein Megaron wie auf dem Festland gegeben, das Evans anfänglich als »pelasgisches Megaron« bezeichnete, später jedoch (sicherlich zu Unrecht) als ein klassisches »Einsprengsel« ansah – mit dem Erfolg, daß seine Grundmauern anschließend zerstört und zu einer von Evans' eher fantasievollen Rekonstruktionen verwendet wurden. Evans' Deutung war somit völlig im Einklang mit der Analyse der von Kalokairinos gefundenen Töpferware, die von Fabricius, Haussoullier, Furtwängler und Löschke untersucht und beschrieben und außerdem von Schliemann und Dörpfeld kommentiert worden war. Alle Experten waren sich über den Stil sowie die ungefähre Datierung der Töpferware einig. Seit Abbildungen davon veröffentlicht wurden, können wir sicher sein, daß diese Experten (und

Knossos im Jahr 1901 mit dem bereits überdachten Thronraum; dies war die »niedrige Erhebung«, die bereits von früheren Reisenden vermerkt worden war.

Evans) recht hatten: Der Palast war im 13. Jahrhundert v. Chr. tatsächlich von einem griechischen Herrscher bewohnt worden, genau wie die homerische Überlieferung es besagte. Der Achäer Idomeneos konnte in der Tat ungefähr zu dem überlieferten Zeitpunkt von seinem Palast aus ein Heer in den Trojanischen Krieg geführt haben.

Evans wich jedoch bald von seinen ersten Eindrücken ab. Bereits in seinem Jahresbericht von 1901 verkündete er eine neue Theorie über das Verhältnis zwischen Kreta und dem Festland. (Die Hauptarbeit am Palast war 1905 beendet, wenngleich bis zum Ersten Weltkrieg und dann Anfang der 20er Jahre weitere Untersuchungen vorgenommen wurden. Das letzte Jahr größerer Arbeiten in Knossos war 1930.)

Die von Evans damals neu entwickelte Theorie erscheint ausführlich in seinem *Palace of Minos*, einem Buch, das zwischen 1921 und 1936 in vier umfangreichen Bänden veröffentlicht wurde und eines der großartigsten Werke archäologischer Gelehrsamkeit darstellt, das je geschrieben wurde. In der Weite des Horizonts und des Erfassens paralleler Erscheinungen in anderen Kulturen ist es bis heute unerreicht. Wenn meine Darstellung gegenüber Evans allzu kritisch zu sein scheint, so liegt dies lediglich daran, daß gerade auf dem Gebiet seiner Arbeit, die für unsere Nachforschung wesentlich ist – das Problem des letzten Palastes von Knossos – ein immer dicker werdendes Bündel von Belegen darauf hindeutet, daß Evans es in seiner letzten Version völlig falsch gesehen hat. Dennoch sei darauf hingewiesen, daß viele Experten noch immer mit großen Teilen seiner Analyse übereinstimmen, weshalb dem interessierten Leser, der in diese faszinierende, aber mit Fußangeln gespickte Materie tiefer einzudringen wünscht, empfohlen wird, den entsprechenden Teil der Bibliographie auf Seite 258 zurate zu ziehen.

Evans stellte fest, daß der Hügel von Knossos schon seit der Jüngeren Steinzeit besiedelt gewesen war und daß von 1900 oder 1800 v. Chr. an eine

Das Badezimmer im »Megaron der Königin« in Knossos während der Ausgrabungen 1902; eingebettet in den Schutt, erkennt man die für das 13. Jahrhundert kennzeichnenden Steigbügelkrüge, die »aller typischste mykenische Vasenform«, wie Evans in seinem Tagebuch notierte.

raffinierte Palastkultur bestanden hatte, die nicht nur eine, sondern zwei bisher unbekannte Schriftformen besaß. Die Träger dieser Kultur beherrschten offensichtlich die Kykladen und einen großen Teil der übrigen Ägäis bis zur Zerstörung von Knossos, die Evans auf etwa 1420 v. Chr. datierte. Dieses »minoische« Reich muß eine mächtige Flotte sowohl aus Kriegs- wie aus Handelsschiffen besessen haben, denn Knossos unterschied sich dadurch auffällig von den uns bekannten Festlandszentren, daß es keinerlei Befestigungen hatte. Für Evans war es nun ganz klar, daß es eine Art von *Pax Minoica* gegeben hatte, die der ganzen Region friedliche Verhältnisse sicherte. Der archäologische Befund schien daher den Bericht des Thukydides über die griechische Vorgeschichte, den wir schon im Zusammenhang mit Troja kennengelernt haben, zumindest in seinen Umrissen zu bestätigen:

Die erste Person, von der wir aus der Überlieferung wissen, daß sie eine Flotte bauen ließ, ist Minos. Er machte sich zum Gebieter alles dessen, was wir heute das hellenische Meer nennen, und herrschte über die Kykladen, auf die er die ersten Kolonisten entsandte... Auch tat er sein bestes, die Seeräuberei in diesen Gewässern zu unterdrücken, ein notwendiger Schritt, um die Einkünfte für seine eigenen Zwecke zu sichern.

Die Sagen von Minos machten zwangsläufig einen großen Eindruck auf Evans. So trat er bald mit der Behauptung hervor, daß die von Schliemann in Mykene und Tiryns gefundene mykenische Kultur lediglich ein barbarischer Ableger gewesen sei, der von Minoern kolonisiert und »zivilisiert« war und sich minoischer Künstler und Handwerker bediente, die beispielsweise die großartigen Grabbeigaben der Schachtgräber und die Friese im Schatzhaus des Atreus geschaffen hatten. In seiner Ansprache als Präsident der Hellenischen Gesellschaft brachte Evans 1912 die Gewißheit zum

Ausdruck, daß zwischen der minoischen und der mykenischen Kultur ein absoluter ganzheitlicher Zusammenhang bestehe, eine Einheit, die auf dem Festland und in Kreta »zu dem Schluß zwingt, daß es sich auch um eine einheitliche Rasse handelte«. Ebenso sicher war er, daß diese Welt nicht griechisch war, wenngleich er einzuräumen bereit war, daß griechisch sprechende Bewohner vielleicht schon vor der Dorischen Einwanderung als eine Art verdeckter Unterschicht am Ende der Bronzezeit in Griechenland anwesend waren. Homers Heroisches Zeitalter hielt er für eindeutig nachmykenisch. »Obwohl Homer angeblich die Taten achäischer Helden besang, vermochte er doch, sie in einer Umgebung darzustellen, die wir angesichts des *absolut geschlossenen Zusammenhangs* zwischen minoischer und mykenischer Geschichte *endgültig als nichthellenisch betrachten* können.« (Hervorhebung des Autors) Mit anderen Worten, die Epen Homers waren zwar auf Griechisch geschrieben, jedoch nach Evans' Auffassung lediglich ein schwacher Abglanz der großen nichtgriechischen minoisch-mykenischen Kultur. Der Trojyanische Krieg war nichts anderes als eine wiederaufgefrischte kretische Sage. Es ist bemerkenswert, daß Evans in dieser Sache noch so rechthaberisch war, als er bereits 2000 Linear-B-Tafeln in seinem Besitz hatte – allerdings unübersetzt. »Wenn die Bewohner der letzten Palastbaulichkeiten als ›Achäer‹ angesehen werden sollen, dann muß diesem Bild zufolge die griechische Besetzung Kretas bis auf die Jungsteinzeit zurückdatiert werden.« Man stelle sich so etwas einmal vor! Evans behauptet, daß es in den ganzen archäologischen Befunden von Knossos kein Anzeichen für die Ankunft eines neuen Volkes wie der Mykener gebe, ungeachtet seines eigenen ursprünglichen Eindrucks genau in diesem letzteren Sinne! Es ist kennzeichnend für seinen Einfluß und sein seigneurales Auftreten, mit dem er bis zu seinem Tode 1941 die Interpretation der Funde von Knossos bestimmte (die ihm schließlich selbst gehörten!), daß er in der Lage war, Vorstellungen durchzusetzen, die viele kompetente Autoritäten für mehr als fragwürdig hielten. Die Grundthese von einem gesamtheitlichen Zusammenhang von Rasse und Kultur war besonders zweifelhaft: »Ich maße mir nicht an, (diese These) in Zweifel zu ziehen«, schrieb Walter Leaf 1915, aber »viele gute Autoritäten glauben, daß sie einen völlig neuen Einfluß erkennen können, der mit S. Min. III (das heißt nach 1400 v. Chr., s. Seite 125) auftrat.« Und natürlich hatten sie recht; wie Evans ursprünglich selbst gemeint hatte, bezeichnete die Zerstörung kurz vor 1400 v. Chr. die Ankunft von Eroberern vom griechischen Festland, die die Gesellschaft des minoischen Kreta zerschlugen und auf den Trümmern ihre eigene militaristische Bürokratie errichteten (s. Kapitel 5). Diese Interpretation hat heute allgemein Gültigkeit. Eine noch viel umwälzendere Neufassung von Evans' These brächte uns auf den Stand der Dinge zurück, wie er ihn im Jahre 1900 sah: Griechische Herrschaft in Knossos, die bis zur endgültigen Zerstörung um 1200 v. Chr. oder ein wenig später währte. Der letzte Palast in Knossos war eben doch griechisch und seine Kunst und sein Linear-B-Archiv charakteristisch für die mykenische Welt des 13. Jahrhunderts v. Chr.

Warum kam Evans zu seinen Schlußfolgerungen?

In der Entwicklung unserer heutigen Auffassung über die ägäische Bronzezeit hat es zwei kritische Stadien gegeben. Die Pionierarbeit Schliemanns, hinter der sein leidenschaftlicher Glaube an die Geschichtlichkeit der homerischen Epen stand, brachte eine Geisteshaltung hervor, die geneigt war, alle Überbleibsel dieser mykenischen Kultur als Abbilder der homerischen Dichtung zu betrachten und Homer selbst als Künder einer wirklichen heroischen Welt. Arthur Evans' epochemachende Entdeckungen in Knossos und die Rekonstruktion der früheren minoischen Kultur rückten Schliemanns Funde in ein völlig neues Licht. Die Geisteshaltung, die aus der gewaltigen (um nicht zu sagen, eigensinnigen) Beherrschung des Themas erwuchs, mit der Evans seine Funde veröffentlichte, hatte keine geringere Durchschlagskraft. Sie führte zu der unbeirrbaren Überzeugung, daß jede kulturelle Äußerung auf dem Festland von Minoern eingeführt, wenn nicht sogar geschaffen worden sei, die Griechenland erobert und ihm ihre Kultur aufgeprägt hätten. Kurzum, Evans ging es um die Behauptung, daß die Welt Homers nie anders als ein ferner Abglanz einer minoischen Welt existiert habe. Diese beiden Auffassungen, die Schliemannsche und die Evans'sche Schule, haben die Forschung weithin beherrscht, auch wenn nachgewiesen werden konnte, daß beide teilweise auf dem falschen Wege waren.

Eine Linear-B-Tafel mit Angaben über Vieh. Evans fand die erste derartige Tafel am 31. März 1900. »Sie erinnerte mich sofort an eine Tontafel, ebenfalls aus Knossos, die ich (1895) in Candia kopiert hatte.« Erstaunlicherweise meinte Evans 1900, Linear-B »könnte sehr gut eine primitive Form von Griechisch sein«.

Evans war beim Einschlagen seines Weges durch die Entdeckung einer Schrift entscheidend beeinflußt worden – es war genau das, was er die ganze Zeit zu finden gehofft hatte. Unmengen von Linear-B-Tafeln kamen ans Licht, zuerst in den Vorratsmagazinen, wo Kalokairinos gegraben hatte, und dann auf dem ganzen Gelände. Die Bronzezeit hatte also bereits eine Schrift besessen. Sofort erhob sich ein Problem: Die Schrift tauchte in der letzten Phase der Geschichte des Palastes auf, der Phase, der Evans anfänglich auch den Thronsaal und die meisten der Freskenmalereien, dieser sogenannten Meisterwerke minoischer Kunst, zugeordnet hatte. Es ist die Phase, die er später der Inbesitznahme durch »Hausbesetzer« zuschrieb. Als er dann seine Vorstellung über die Grundstruktur der Bronzezeit entwickelte, erwies sich dies als ein kaum lösbares Problem, so daß er seine Meinung, die Tafeln stammten aus einer Periode der Wiederbesetzung, änderte und statt dessen behauptete, diese letzte sei wieder ohne Schrift gewesen. Wie hätte denn auch eine so raffinierte Kultur keine Schrift gekannt haben, wohl aber die »Palastbesetzer«? So etwas lief

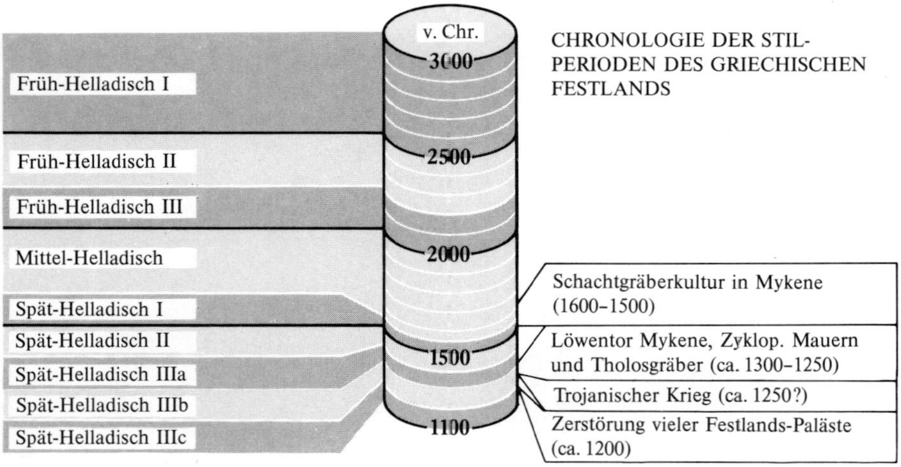

CHRONOLOGIE DER STILPERIODEN DES GRIECHISCHEN FESTLANDS

allen damaligen Vorstellungen von geschichtlichem Fortschritt zuwider. Deshalb entwickelte Evans seine Theorie von der chronologischen Gliederung der Bronzezeit: Frühe, Mittlere und Späte Bronzezeit und deren weitere Unterabteilungen (was Fachleute mit Früh-, Mittel- und Spätminoisch für Kreta, Helladisch für das Festland und Kykladisch für die Inseln mit entsprechenden Unterteilungen beispielsweise in F. Min. II, S. Hell. III B bezeichnen).*

Der Grundgedanke der Evans'schen Chronologie basiert auf einem Vergleich mit dem Alten, Mittleren und Neuen Reich des alten Ägypten. Dahinter steckte wahrscheinlich die nicht minder wichtige Analogie mit den Vorstellungen des ausgehenden 19. Jahrhunderts über Kunst und Kultur. Diese gingen von der Annahme aus, daß alle Kulturen eine Anfangsperiode, eine Blütezeit und eine Periode des Niedergangs erlebten, und standen zweifellos hinter Evans' Bild der kretischen Kultur. Selbst noch im Jahre 1935, nachdem erneute Ausgrabungen in Mykene und Tiryns Zweifel an seiner Interpretation der späteren (Jüngeren) Bronzezeit hatten aufkommen lassen, griff der 84jährige Evans Alan Wace mit seiner (wie wir heute wissen) richtigen Datierung des Schatzhauses des Atreus in das 13. Jahrhundert v. Chr. (S. Hell. III B) an. Wie, so fragte er, konnte Wace dieses großartigste Beispiel mykenischer Architektur in »das letzte Zeitalter des Niedergangs« einordnen? Ein großer Teil von Evans' Lebenswerk hat die Bewährungsprobe der Zeit glorios bestanden, und seine bedeutende Rolle in den Annalen der Archäologie ist nicht zu leugnen. Doch hinsichtlich der Geschichte der Beziehungen zwischen Kreta und dem griechischen Festland befand er sich, wie es heute scheint, im Irrtum. Die Frage lohnt sich, wie Evans zu seiner Theorie kam.

Wir sollten versuchen, uns an Evans' Stelle zu versetzen, wie wir das schon bei Schliemann taten. Hierzu müssen wir etwas über das geistige Klima zu der Zeit wissen, als Evans 1904 vor der anthropologischen Abteilung der British Association zum erstenmal seine Theorie von der

* Die englischen Bezeichnungen EM, MM und LM usw., für Early Middle und Late Minoan usw., finden sich mitunter auch in der deutschen Fachliteratur.

Die Pitt-Rivers-Sammlung, die in demselben Jahr nach Oxford kam, als Evans das Ashmolean-Museum übernahm. Gefördert durch Persönlichkeiten wie Evans' Vater, John Evans, umfaßte die prähistorische Forschung auch vergleichende Völkerkunde zwischen »primitiven« Kulturen der Welt.

dreistufigen Chronologie vortrug. Wie bereits erwähnt, wurde Evans 1851 geboren. Sein Vater war ein bekannter Antiquar, der erste englische Gelehrte, der sich Darwins Ideen zu eigen machte und sie auf die Erforschung der Vorgeschichte anwandte. Darwins Theorien über die menschliche Entwicklung beeinflußten alle den Menschen betreffenden Wissensgebiete außerordentlich, ganz besonders aber die Vorgeschichte und die Archäologie des ausgehenden 19. Jahrhunderts. Als ein ausgesprochener Gelehrter hätte Evans hinsichtlich seines ganzen Wesens und seines Verstandes kaum besser dazu berufen sein können (viel besser als Schliemann), ein Klassifizierungssystem für die Vorgeschichte des ägäischen Raums zu entwickeln, und dies tat er denn auch. Modelle allgemeinerer Art gab es bereits, so in Gestalt der von Lubbock geprägten Bezeichnungen Paläolithikum und Néolithikum (s. Seite 57). In dem breiteren Zusammenhang kulturellen Wandels in Kunst und Gesittung übten deutsche Gelehrte den größten Einfluß aus. Besonders Winckelmanns berühmtes Diktum über die Stufen der antiken Kunst (das Notwendige, das Schöne und das Überflüssige oder Dekadente) war für die Geisteswelt des 19. Jahrhunderts – wie ja auch für einen Künstler und Denker wie Goethe – ein Grundmodell. Breit angelegte Theorien wie diese wurden in den 30er und 40er Jahren des

vorigen Jahrhunderts von Gelehrten wie Auguste Comte auf die Soziologie und Anthropologie angewandt. Erinnern wir uns des Zusammentreffens politischer und ideologischer Auseinandersetzungen in dieser Zeit, besonders in England. Evans' Vater hatte 1859 Darwins bedeutendes Buch außerordentlich begrüßt. Für viele Gelehrte war die Vorstellung, daß der Mensch von Tieren abstammt, in dem Maße unausweichlich geworden, wie sich in den 50er Jahren archäologisches Beweismaterial ansammelte – so hatte man zum Beispiel 1856 den affenähnlichen Schädel des Neanderthalers gefunden. Die Bedeutung solcher Ideen für die Geschichtsbetrachtung war offensichtlich. Tylors *Primitive Culture* (1871), ein Meilenstein der englischen »Kultur-Anthropologie«, unterteilte die Entwicklung der Kultur in drei große Etappen, vom primitiven »Animismus« (ein von Tylor geprägtes Wort) über die höheren monotheistischen Religionen bis zum schließlichen Triumph wissenschaftlichen Denkens, von dem die Intellektuellen des ausgehenden 19. Jahrhunderts annahmen, daß es immer breitere Gebiete menschlicher Erfahrung ohne Bezugnahme auf metaphysische Vorstellungen zu erklären vermochte. Diese Tendenz führte dann ganz natürlich zu der Meinung, daß aus der Geschichte eine »innere Gesetzmäßigkeit« herausdestilliert werden könne.

Evans mit seinem Spazierstock »Podger« (1922).

Solche Theorien ließen Evans zu der Überzeugung gelangen, daß es einen engen Zusammenhang zwischen Kunst und Archäologie gebe. »Beide lassen dasselbe Ziel erkennen – die Anwendung der Gesetze der Evolution auf die menschlichen Künste zu illustrieren «, wie er bereits 1884 schrieb. Wenn wir auch, ganz wie im Falle Schliemanns, noch immer keine abschließende Biographie von Evans besitzen, geht man sicher nicht fehl, wenn man seine eigenen Vorstellungen über geschichtlichen Wandel, Fortschritt und Niedergang mit denen seiner Zeit in Zusammenhang bringt. Eine solche biologische Auffassung der menschlichen Entwicklung könnte beispielsweise Evans dazu verleitet haben, die Linear-B-Tafeln früher zu datieren, als dies nach unserem heutigen Kenntnisstand richtig ist. In seinen Augen mußte Linear B »ein beträchtlicher Fortschritt in der Kunst des Schreibens« sein, wie er 1909 erklärte. Später, 1921, bezeichnete er die Linear B als »die höchste Entwicklung des minoischen Schriftsystems« und weiterhin als den »graphischen Ausdruck der (Entwicklungs-) Tendenz, die den wunderbaren ›Palast-Stil‹ der Kunst hervorbrachte« Deshalb konnten die Tafeln kaum aus der letzten Periode des Palastes stammen, die Evans für eine Zeit des Niedergangs hielt. Dem entsprechend versuchte er, eine Datierung der Tafeln in das 15. Jahrhundert v. Chr. zu rechtfertigen, indem er die Fundumstände, wie sie in seinen Grabungsnotizen festgehalten waren, neu interpretierte. Auf diese Weise entstanden die beträchtlichen Diskrepanzen zwischen dem *Palace of Minos* und den ursprünglichen Tagebüchern und Berichten – Diskrepanzen, die zu bitteren Auseinandersetzungen unter Gelehrten und sogar zu Betrugsbezichtigungen in der Boulevardpresse geführt haben. Tatsächlich waren die Linear-B-Tafeln in der Sprache fremder – griechischer – Eroberer abgefaßt, und in keinem Fall kann die Lage der Tafeln mit Sicherheit oder auch nur

überzeugend auf die Zeit vor der letzten Phase der Palastkultur datiert werden – jene Phase, die ca. 1200 v. Chr. in der großen Feuersbrunst unterging, deren Spuren Evans bereits während der ersten Tage seiner Grabung im Jahre 1900 fand.

Freilich hatte Evans es mit einer höchst komplexen Ruinenstätte zu tun, deren Vergangenheit bis in die Jungsteinzeit zurückreichte. Wie Schliemann war er ein Pionier, und es ist unvermeidlich, daß Pioniere Fehler machen. Der Großteil seines Werkes, einschließlich seiner vergleichenden Chronologie der ägäischen Bronzezeit, hat sich überzeugend bewährt und durchgesetzt. Von unseren heutigen Kenntnissen ausgehend, ist es interessant zu sehen, wie Evans sein Fundmaterial deutete, als es im Frühjahr 1900 aus dem Boden kam, und wie ihn später sein Bestreben, es in ein umfassendes System einzuzwängen, dazu veranlaßte, seine Vorstellungen zu modifizieren – mit dramatischen Auswirkungen auf nachfolgende Vorstellungen von der Jüngeren (späteren) Bronzezeit Kretas.

Die Leute vom Festland

Warum waren wir vor zehn Jahren in Mykene so ängstlich, als es galt, aus Ihren Entdeckungen in den Bienenkorbgräbern Schlüsse zu ziehen? Es kommt mir so vor, als seien wir durch das, was wir fanden, viel zu eingeschüchtert gewesen, und als hätten wir (das Schatzhaus des) Atreus erheblich fehldatiert. Wissen Sie, diese alte herkömmliche Ansicht, die wir alle ohne zu fragen geschluckt haben und die die »Kreter« immerzu verkünden, ist sicherlich völlig verkehrt – ich meine die Ansicht, daß Spät-Helladisch III [1400–1200] eine Zeit des Verfalls gewesen sei . . . [es] war der Höhepunkt mykenischer Größe hinsichtlich Reichtum, Macht und Glanz; und der höchste Gipfel wurde im 13. Jahrhundert erreicht.

Carl Blegen in einem Brief vom 20. März 1931 an Alan Wace

Evans' Ansicht beherrschte ein halbes Jahrhundert lang die Szene, zumal er es unterließ, die Linear-B-Tafeln in vollem Umfang zu veröffentlichen. Natürlich wurden seit Schliemanns Tagen im ganzen ägäischen Raum wichtige Arbeiten durchgeführt, aus denen sich allmählich ein zusammenhängendes Bild der mykenischen Kultur formte. Überall gab es Gelehrte, die spürten, daß Evans' Bild der Bronzezeit falsch und die mykenische Kultur griechisch war. Bereits in den damaligen 90er Jahren trug der griechische Archäologe Tsountas, der Nachfolger Schliemanns in Mykene, diese Ansicht vor; sie wurde unter anderen auch von dem englischen Homerforscher Walter Leaf geteilt. In der Zeit zwischen den Ausgrabungen in Knossos und dem Beginn des Zweiten Weltkriegs wurden an einer Reihe wichtiger Festlandsplätze – Orchomenos, Tiryns, Gla, Theben, Asine, Midea und Athen, um nur die wichtigsten zu nennen – weitere Arbeiten durchgeführt, wobei stellenweise bruchstückhafte Linear-B-Inschriften gefunden wurden, die den Gedanken nahelegten, daß die Sprache nicht unbedingt Kretisch sein müsse. Während dieser Zeit wurde durch sorgfältige Beachtung der Schichtenfolge und der Keramikstile eine Chronologie für das Festland aufgestellt. Meilensteine waren die Grabungen des britischen Archäologen Alan Wace 1922–23 in Mykene und des Amerikaners Carl Blegen in Korakou, Zygouries und Prosymna.

Wace und Blegen spielen in unserer Geschichte eine wichtige Rolle. Beide glaubten von Anfang an, daß die mykenische Kultur griechisch sei. Ihre archäologischen Betrachtungen konnten keinen kulturellen Bruch, kein Eindringen neuer Völker zwischen der Mittleren Bronzezeit und dem Dunklen Zeitalter der griechischen Welt nachweisen; daher mußten die Griechen mindestens in so ferner Vergangenheit wie dem frühen zweiten Jahrtausend v. Chr. bereits ansässig gewesen sein. Diese Vorstellungen wurden durch weitere Entdeckungen gestützt. Sprachwissenschafter, die sich mit der Struktur, der Entstehung und den verwandtschaftlichen Beziehungen der indogermanischen Sprachen befaßten, kamen zu einem weitgehend gleichen Datum für die Ankunft der Griechen. Nilssons Untersuchungen auf dem Gebiet der griechischen Mythologie und Religion zeigten beispielsweise, daß alle bedeutenden griechischen Mythen der klassischen Zeit mit mykenischen Zentren verknüpft waren: die Atriden mit Mykene, Ödipus mit Theben, Jason mit Iolkos, Herakles mit Tiryns und viele andere, einschließlich solcher unbedeutenden Orte wie Lerna, Nemea, Troizen, Sikyon, Midea usw. Wenn die griechische Mythologie so fest in prähistorischer Zeit verankert war, mußte diese Zeit dann nicht griechisch gewesen sein? Diese Meinung wurde von Archäologen wie Wace und Blegen (die im Gegensatz zu Evans Experten für Fundorte auf dem Festland waren) mit solcher Überzeugung vertreten, daß sie in den 20er Jahren die Ankunft der Griechen in Griechenland vertrauensvoll auf etwa 1900 v. Chr. datierten. Die These wurde noch unterstrichen durch einen Artikel, der von beiden unterzeichnet war und 1939 vor Blegens sensationellen Funden in Pylos veröffentlicht wurde. Die Art und Weise, wie darin alles erreichbare Beweismaterial zusammengefaßt wurde, stellt eine Glanzleistung dar; in der ganzen ägäischen Welt des 14. und 13. Jahrhunderts v. Chr. wurden mykenische Einflüsse aufgespürt und die These von der mykenischen Eroberung Kretas mit Nachdruck vertreten. Dieser epochemachende Aufsatz wurde jedoch diskret in einer deutschen Zeitschrift versteckt – so groß war Evans' Einfluß auf das englische Zeitschriftenwesen. Tatsächlich gibt es in dem akademischen Establishment Englands noch heute Kreise, die Wace und Blegens Schlußfolgerungen ablehnen.

Carl Blegen (1887–1971) in seinen jungen Jahren. Er kam 1910 nach Griechenland und widmete sein ganzes Leben der archäologischen Erforschung der mykenischen Kultur. Er glaubte fest an den historischen Hintergrund der griechischen Sagen.

Auf diese Weise wurden eine breitangelegte Übersicht über die Chronologie und ein Modell für die mykenische Gesellschaft entwickelt, beides speziell auf das Festland bezogen und ohne auf das umstrittene Belegmaterial aus Kreta zurückgreifen zu müssen. Für Blegen war es nach seinen Erfolgen an Fundorten des Festlands der natürliche Schritt, an die Stätte zurückzukehren, die die ganze Suche ausgelöst hatte: Troja. So viele Fragen warteten auf Antwort; soviel war von Schliemann zerstört oder unzulänglich beschrieben worden, daß er fast soviel Rätsel wie Fakten zurückließ. Dörpfeld hatte sich in bewundernswerter Weise der Aufgabe gewidmet, die bauliche Aufeinanderfolge innerhalb des Trümmerberges zu entwirren. Doch das Studium der mykenischen Töpferware befand sich damals noch in seinem Anfangsstadium, und Dörpfeld war nicht in der Lage gewesen, die spätbronzezeitlichen Schichtenfolgen präzise zu datieren. Man hatte näm-

Dörpfelds Ostbastion, wie Blegen sie sah, 1932 noch immer intakt.

lich die Keramikfunde der gesamten Jüngeren Bronzezeit (was wir als Troja VI, VII a und VII b bezeichnen) zum Zweck der Klassifizierung auf einen Haufen gelegt – in den damaligen 90er Jahren war eine genauere Unterscheidung noch nicht möglich. Dörpfeld hatte es dabei bewenden lassen, das ungefähre Ende des bronzezeitlichen Troja mit ca. 1000 v. Chr. anzugeben. Nun war Blegen entschlossen, nach Troja zurückzukehren, um eine nüchtern-sachliche und wissenschaftliche Nachuntersuchung von Teilen der Fundstätte vorzunehmen, einschließlich einiger Abschnitte, die von Schliemann und Dörpfeld unberührt gelassen waren. Aber so nüchtern und wissenschaftlich er zweifellos war, ihn bewegte im tiefsten Innern eindeutig eine andere Frage. Sollte es mit soviel raffinierteren schichtenanalytischen Techniken, die ihm im Vergleich zu Schliemann und Dörpfeld zur Verfügung standen, nicht möglich sein zu bestimmen, in welcher Schicht von Hisarlik sich das homerische Troja befunden hatte? Der Leser dürfte wohl nicht allzu überrascht sein, wenn er nicht zum erstenmal bei der Fahndung nach Troja hört, daß die Archäologen schließlich fanden, was sie zu finden hofften.

Blegens Ausgrabungen in Troja umfaßten sieben Kampagnen, von 1932 bis 1938. Es war eine der sachgerechtesten Grabungen, die bis dahin irgendwo in der Welt durchgeführt worden waren, und bleibt ein Meilenstein der Archäologie. Auf diese Weise wurde Hisarlik zum drittenmal zu einem Erprobungsgelände für neue Grabungstechniken. Sie sind dokumentiert in der Veröffentlichung *Troy*, Band I–IV, sowie einer umfassenden Fotosammlung, die heute – zusammen mit Hunderten von Metern Filmauf-

Die östlichen Verteidigungswerke von Troja VI, von Blegen 1938 vom Schutt befreit.

nahmen – in der Universität von Cincinnati aufbewahrt wird. Es dürfte wohl das erstemal gewesen sein, daß die Ausgrabung einer bronzezeitlichen Fundstätte im ägäischen Raum auf diese Weise festgehalten wurde. (Eine Rolle verewigt Dörpfelds Besuch im Jahre 1935.) Die Bedeutung der Grabung für die Wissenschaftsgeschichte hat natürlich nichts mit dem Trojanischen Krieg zu tun, wohl aber mit der Vermehrung unseres Wissens von der kulturellen Entwicklung in Nordwestanatolien während der Bronzezeit. Von besonderer Bedeutung waren die älteren Schichten, Troja I und II. Es gelang Blegen, innerhalb der neun größeren, in Hisarlik aufeinandergeschichteten »Städte« etwa fünfzig individuelle Schichten zu identifizieren, womit die Geschichte der Besiedlung des Ortes bis in das vierte Jahrtausend v. Chr. zurück verlängert wurde. (Wir würden heute die Gründung von Troja I auf ca. 3600 v. Chr. datieren.) Notwendiger Weise aber war die Neugier der Archäologen besonders angespannt, als sie erneut die Schichten von Troja VI untersuchten, das Dörpfeld als das homerische Troja bezeichnet hatte. Blegen gelangte bald zu der Überzeugung, daß die Zerstörungen, die hier am Werk gewesen waren, nicht von Menschenhand verursacht sein konnten, wie Dörpfeld angenommen hatte. An einer Stelle waren die Mauerfundamente deutlich verschoben, an anderen waren ganze Innenwände umgestürzt und lagen noch immer im Haufen übereinander, zugedeckt von späteren Schuttschichten. Es gab keine andere Erklärung – selbst Dörpfeld mußte beipflichten, als er den aufgetürmten Trümmerschutt sah: Troja VI, die Stadt der großen Mauern, war nicht durch Agamemnons Heer, sondern durch ein Erdbeben zerstört worden. An anderen Stellen

Das nördliche Gemach des Hauses VI G mit den im Boden eingelassenen Vorratsbehältern von Troja VII a, von denen Blegen annahm, sie seien wegen der homerischen Belagerung angelegt worden.

jedoch, wo er unberührte Schichten über den Ruinen von Troja VI untersuchen konnte, machte Blegen eine wirklich dramatische Entdeckung.

Der Belagerung Trojas auf der Spur?

Wir glauben, daß Troja echte Beweise geliefert hat, die zeigen, daß die Stadt Opfer einer Belagerung, der Eroberung und der Zerstörung durch feindliche Kräfte wurde, irgendwann in dem zeitlichen Rahmen, den die griechische Überlieferung dem Trojanischen Krieg zuweist, und daß es ohne Bedenken als das Troja Homers und des Priamos identifiziert werden kann.

Carl Blegen, *Troy*, Bd. IV, 1958

Blegens Aufmerksamkeit konzentrierte sich auf die Nachfolgerin von Troja VI, die er VII a nannte. Nach dem Erdbeben hatten die Bewohner die Stadt wieder zurechtgeflickt – es waren dieselben Menschen, in der Bevölkerung hatte kein Wechsel stattgefunden. Die Mauer als Ganzes stand noch, auch wenn die Aufbauten Schaden gelitten hatten. Dennoch war eine dramatische Veränderung eingetreten. Die breiten Straßen beherbergten nun ein Gewirr von eng zusammengepferchten Hütten mit in den Boden eingelassenen tönernen Vorratsbehältern, in manchen Fällen zwanzig oder dreißig dicht an dicht auf einer Fläche von wenigen Quadratmetern. Wo vorher vornehme, freistehende Gebäude das Bild beherrschten, nicht mehr als ein paar Dutzend in der ganzen Zitadelle, drängten sich jetzt trübselige flache Behausungen, abgeteilte, einräumige, kaum eingerichtete Mehrfachunterkünfte, die dort an die Mauern gepreßt waren, wo sich früher geräumige runde Terrassen und breite Wege befunden hatten. Die Bedeutung dieser

Tatsache für das Verständnis der damaligen Lebensweise und Mentalität wurde von Blegen nicht weiter untersucht. Er begnügte sich mit der einfachen Feststellung, daß eine viel zahlreichere Bevölkerung innerhalb der Mauern der Stadt zeitweilig untergebracht werden mußte. Üblicherweise zurückhaltende Archäologen zögerten dagegen nicht, von einer Atmosphäre des Sich-Einschränkens und der Angst, ja – wenn man so sagen darf – einer Belagerungsstimmung zu sprechen. Einige Funde erweckten unwillkürlich Erinnerungen an die eigene jüngere Vergangenheit. Unmittelbar innerhalb des Haupttores fand Blegen etwas, worin er eine Bäckerei mit angeschlossenem Verkaufs- oder Schankraum zu sehen glaubte und was er als »Snack-Bar« bezeichnete. Er stellte sich vor, daß hier Brot und Wein an die erschöpften homerischen Helden ausgegeben wurden, wenn sie, noch vom Kampfgeschehen gezeichnet, von der Front zurückkamen. Er schloß auf eine Art Verpflegungseinrichtung wie die Londoner Suppenküchen zur Zeit des »Blitz«, an die er sich selbst noch erinnerte. Andere Zeichen deuteten auf zunehmende Isolierung hin, als sei die Stadt von ihrer Umgebung abgeschnitten gewesen. Es gab keine importierten Luxusartikel mehr und (wenn überhaupt) nur noch wenige Scherben von eingeführten Töpfen – statt dessen armselige »hausgemachte« Imitationen von mykenischer Keramik.

Das, wovor die Stadtbewohner sich fürchteten, scheint auch ihr Ende herbeigeführt zu haben – so jedenfalls deutete es Blegen. Überall war ihre Stadt gezeichnet vom Wüten des Feuers, begraben unter Massen brandgehärteter Lehmziegel, verkohlter Balken und Trümmerschutt. »Es ist ein Eindruck trostlosester Verwüstung«, schildert Blegen. Es konnten kaum Zweifel bestehen, daß diese Verwüstung von Menschenhand angerichtet worden war. Im Eingang eines Hauses fand man Teile eines menschlichen Skeletts, bedeckt von verbrannten Balken, Steinen und Trümmern eingestürzter Häuser. Stellenweise lagen die Trümmer- und Aschenhaufen anderthalb Meter hoch. In der Straße vor der »Snack-Bar« lag der Teil eines Schädels; Reste eines anderen fanden sich etwas weiter westlich. Im Brandschutt eines Hauses außerhalb der Ostflanke der Zitadelle fand sich ein Unterkiefer, der Rest des dazugehörigen Schädels war von einem Stein zerschmettert. Eine westlich der Hauptstraße gefundene Pfeilspitze könnte, wie Blegen meinte, »von einem eindringenden Achäer« stammen.

Ein Skelett aus Troja VII a; der Schädel ist durch einen Gesteinsbrocken zerschmettert.

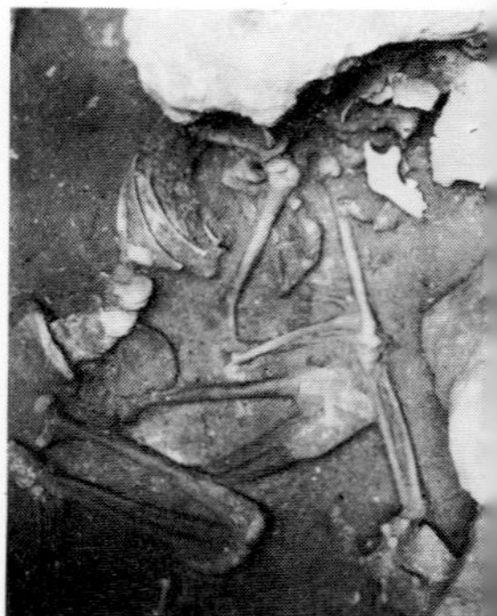

Die Zerstörung durch Feuer, die Überreste von Menschen, die Pfeilspitze, das alles in Verbindung mit der räumlichen Überfüllung, den Suppenküchen und den Vorratsbehältern, schienen eine deutliche Sprache zu sprechen: eine bedrohte Einwohnerschaft, die verzweifelt Vorräte anlegt, um einer Belagerung standzuhalten, und dann die Spuren ihres tragischen Endes. War dies der so lange gesuchte archäologische Beweis, daß der Trojanische Krieg wirklich stattgefunden hatte? Alles hing jetzt vom Zeitpunkt ab. Es konnte keinen Zweifel geben, daß das Datum ungefähr stimmte. Aber war das Ende vor oder nach dem Fall der großen Paläste auf dem Festland um 1200 v. Chr. eingetreten? Selbstverständlich hätte Agamemnon nicht erst lossegeln können, um Troja zu erobern, nachdem

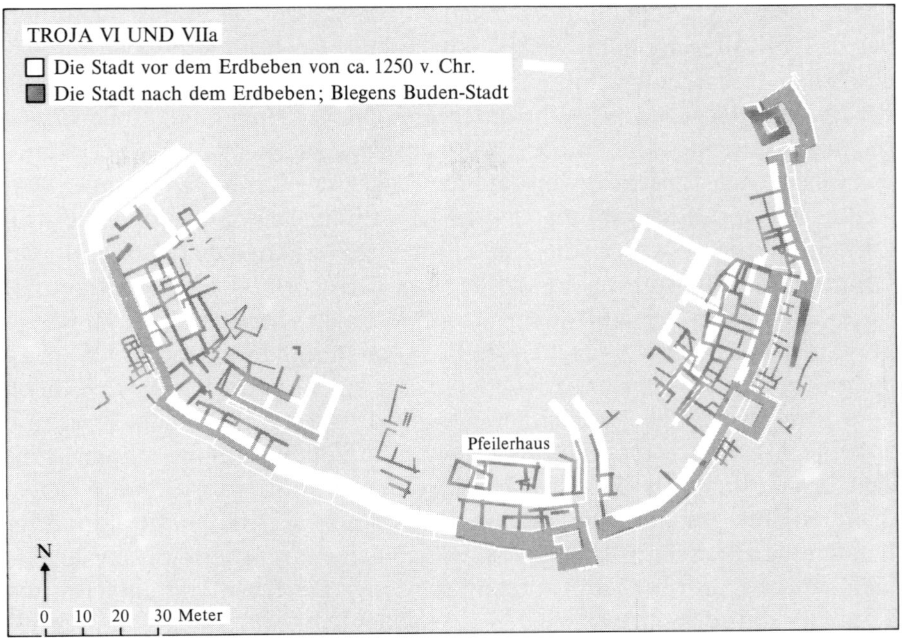

Mykene eingenommen worden war und sein Abstieg begonnen hatte. Insbesondere – und das hatten die Gelehrten oft übersehen – mußte Troja VIIa vor dem Fall von Pylos zerstört worden sein, das Blegen 1939 auszugraben begann – nach der Grabung in Troja, aber vor deren Veröffentlichung. Auch der alte König Nestor hätte wohl kaum von einem Palast nach Troja aufbrechen können, der bereits in Schutt und Asche lag und der, wie die Archäologen 1939 sofort erkannt hatten, nie wieder bewohnt worden war. Blegen muß dies bewußt oder unbewußt bedacht haben, als er versuchte, den Nachweis der Geschichtlichkeit des Trojanischen Krieges mit Hilfe der Archäologie zu erbringen.

Aus der in den Ruinen von Troja VI und VIIa vorgefundenen mykenischen Töpferware schloß Blegen, daß die Stadt sehr bald nach dem Erdbeben, das nach seiner Meinung Troja VI beschädigt hatte, erobert und geplündert wurde: »Nicht mehr als ein halbes Jahrhundert oder gar vielleicht nur eine Generation«, schrieb er in seinem Abschlußbericht, und in »der Mitte eher als in einer späteren Phase des [13.] Jahrhunderts«. Später sah er sich versucht, ein Datum nicht später als 1240 v. Chr. vorzuschlagen oder es gar noch näher an 1270 heranzuschieben, nahe genug an das herkömmliche Datum für den Trojanischen Krieg und genau in »die Periode, in der die mykenischen Paläste auf dem griechischen Festland anscheinend äußerst reich und wohlhabend und somit besonders geneigt und in der Lage waren, sich zu einer ehrgeizigen militärischen Unternehmung jenseits des Meeres zusammenzutun«. Alles schien bestens zu passen.

Hier also, in der äußersten Nordwestecke Kleinasiens – genau an der Stelle, die die griechische Überlieferung, die Fama des einfachen Volkes und die epische Dichtung als den Standort von

Die Feuerstelle im Megaron von Pylos, der Mittelpunkt der vornehmen Gesellschaft des »Heroischen Zeitalters«, ca. 1200 v. Chr.

Ilios angibt –, finden wir die physischen Überreste einer wehrhaften Festung, offensichtlich des Hauptortes einer Region. Wie beredte archäologische Zeugnisse bekunden, wurde sie von Feinden belagert und erobert und durch Feuer zerstört, zweifellos, nachdem sie gründlich geplündert worden war, ganz wie die hellenische Dichtung und Volkssage den Untergang von König Priamos' Stadt beschrieben... Es ist somit die Anlage VII a, in der wir *das wirkliche Troja*, die Unglücksstadt wiederzuerkennen haben, deren Belagerung und Eroberung die Fantasie und Begeisterungsfähigkeit zeitgenössischer Troubadoure und Barden weckte, die dann die Gesänge von den Helden, die in dem Kriege mitkämpften, an ihre Nachfolger mündlich weitergaben... Wenn man den heutigen Stand unserer Erkenntnisse überblickt, kann kein Zweifel mehr bestehen, daß es tatsächlich einen *richtigen historischen Trojanischen Krieg* gegeben hat, in dem ein Zusammenschluß von Achäern – oder Mykenern – unter einem König, dessen Oberherrschaft anerkannt wurde, gegen das Volk von Troja und seine Verbündeten kämpfte. (Hervorhebung des Autors)

Troy and the Trojans (1963)

Natürlich läuft alles letzten Endes auf die Frage hinaus, was die Archäologie beweisen kann und was nicht. Blegens Argumente unterscheiden sich nicht wesentlich von denen, die Dörpfeld und Leaf gebrauchten (s. Seite 91), und wie diese ging Blegen so weit, zu behaupten, seine Funde hätten gezeigt, daß »seine ganze Anzahl einzelner Heldengestalten, die in den Gedichten vorkommen, richtige Personen zum Vorbild haben«. Wie es nicht anders sein konnte, war die Reaktion auf Blegens These seitens der Mehrzahl der Gelehrten dankbare, ja freudige Zustimmung. Einer formulierte es so: »Die Brandschatzung Trojas ist eine historische Tatsache, die Belagerung ist eine Wahrscheinlichkeit.« Tatsächlich lagen hier nun endlich klare Beweise für eine Brandschatzung vor. Die wenigen, die anderer Meinung waren, wurden als Miesmacher hingestellt, wenn sie etwa bemerkten, daß eine einzelne Pfeilspitze noch kein Beweis für einen Krieg sei (es war möglicher-

Blegen etwa 1963: »Ein stiller, ruhiger Mensch... Er spricht mit fester, aber freundlicher Stimme und überlegt, bevor er auf eine Frage antwortet. Er ist vorsichtig, wo Schliemann unbekümmert war; er ist zurückhaltend, wo Schliemann flatterhaft war.« (Leonard Cottrell)

weise noch nicht einmal eine griechische); daß in den Boden eingelassene Pithoi in allen mittel- und spätbronzezeitlichen Schichten in Hisarlik gefunden würden (man sieht sie in Anatolien noch heute); daß »Snack-Bars« an den Toren anderer Städte des Altertums zu finden seien (z. B. in Pompeji); und daß Blegens Datierung der Töpferwaren fragwürdig bleibe. Eine noch viel kritischere Frage wurde überhaupt nicht gestellt, als Blegen bei VIIa nachschaute und Homer fand: War der Untergang von Troja VI wirklich die Folge eines Erdbebens? Für den Augenblick schien es angesichts der Entschiedenheit von Blegens Bericht und des Fehlens weiterer, noch zu untersuchender größerer Areale in Hisarlik unwahrscheinlich zu sein, daß irgendwann zusätzliche Informationen zu erwarten wären.

Der Palast des Nestor in Pylos

Und die Schiffenden kamen zur wohlgebauten Pylos, Neleos' Stadt. Dort brachten am Meeresgestade die Männer schwarze Stiere zum Opfer dem bläulich gelockten Poseidon.

Homer, *Odyssee*, III. Gesang (nach Voss)

Trotz der Publizität, die Blegens »Auffindung« des Trojanischen Krieges erfuhr, war seine Grabung in Troja für die anatolischen Archäologen von größerer Bedeutung als für die Erforschung der ägäischen Welt. Auch wenn es so aussah, als habe sie die Richtigkeit der homerischen Schilderung bestätigt, so konnte sie doch die wirklich wichtigen Fragen ägäischer Archäologie nicht beantworten, die noch immer ungelöst waren: Wie hatte sich die Festlandskultur entwickelt? Wie waren die Beziehungen zwischen der minoischen und der mykenischen Kultur? Und die wichtigste von allen: Wann waren die Griechen zum erstenmal auf dem Balkan aufgetaucht? Waren die Mykener Griechen, wie Wace und Blegen vermutet und Schliemann schon vorher geglaubt hatte? Der Gelehrtenstreit zwischen den Anhängern und den Gegnern von Evans' Theorien über die Minoer war so erbittert, daß es ohne einen soliden und brauchbaren Fundus an neuem Material, das über alle Zweifel erhaben war, keine Aussicht auf Einigung gab.

Dementsprechend entschied Blegen, daß nunmehr ein unberührter bronzezeitlicher Palast auf dem Festland gefunden werden müsse, der unter Einsatz modernster Techniken ausgegraben werden solle. Wie bei Schliemann, so war auch hier Homer der Führer. Doch welcher homerische Palast bot die besten Aussichten? Tiryns war ausgegraben worden, bevor wissenschaftliche archäologische Techniken entwickelt worden waren. Der Palast von Mykene war weitgehend zerstört, wenngleich das, was übriggeblieben war, von Tsountas und Wace ausgewertet werden konnte. Die Fundstätte auf dem Menelaion hatte keine großen Hoffnungen auf den Palast von Helena und Menelaos geweckt. Alle Spuren der Paläste von Orchomenos und Argos schienen durch spätere Überbauung zerstört worden zu sein. Iolkos lag unter einer modernen Stadt begraben. Nur einer der großen homerischen Paläste auf dem Festland bot sich an: der Palast des alten

Königs Nestor in dem »sandigen Pylos«, der Sitz eines Hauptverbündeten Agamemnons, der »achtzig schwarze Schiffe« gen Troja geführt hatte. Pylos stellte jedoch ein größeres Problem dar, vor dem alle früheren Forscher hatten kapitulieren müssen: Niemand wußte genau, wo das bronzezeitliche Pylos gelegen hatte. Es war nur bekannt, daß es irgendwo in Messenien in der südwestlichen Peloponnes zu suchen war. Im Gegensatz zu Mykene oder Knossos war die eigentliche Örtlichkeit unbekannt. Unerklärlicherweise hatte die Überlieferung alle Spuren von Nestors großem Palast verloren, wenn er überhaupt existiert hatte. Das ging so weit, daß es schon im Altertum ein vielzitiertes Rätsel war und in einem Sprichwort Ausdruck fand: »Es gab schon vor Pylos ein Pylos, und ein anderes vor diesem.« In der Tat hatte es viele Orte dieses Namens gegeben, und niemand war sich sicher, ob das heutige Pylos an dem herrlichen natürlichen Hafen von Navarino, wo 1823 die Türken von einem alliierten Flottenverband besiegt worden waren, auch nur annähernd das richtige war. Schliemanns Mitarbeiter Wilhelm Dörpfeld hatte sich mit dem beachtlichen Gewicht seines Namens für eine viel nördlichere Lage eingesetzt. Blegen war jedoch nicht überzeugt und besaß Anhaltspunkte, die ihn in der Hoffnung bestärkten, dort die unberührten Reste eines mykenischen Palastes zu finden. 1912 und 1926 hatte der griechische Archäologe Kourouniotis in dem hügeligen Gelände nördlich von Navarino zwei Tholosgräber entdeckt, die zwar schon im Altertum ausgeraubt worden waren, aber immerhin noch mykenische Töpferware enthielten. In der Nachbarschaft gab es Hinweise auf weitere Gräber. Blegen, der das Gebiet in den 20er Jahren zum erstenmal durchforscht hatte, glaubte, daß es sich um Königsgräber handle und daß in der Nähe ein Palast gestanden haben mußte, in dem die Könige dieses Gebiets gelebt hatten.

1939 durchkämmten er und Kourouniotis das Gebiet nordöstlich der Bucht, unterstützt von Einheimischen, die wußten, wo es alte Überreste gab oder noch zu Menschengedenken gegeben hatte. Im Laufe von zehn Tagen wurden acht Örtlichkeiten entdeckt, die in Anbetracht der umherliegenden Scherben mykenisch zu sein schienen. Als entscheidend erwies sich die vielleicht am meisten ins Auge springende Stätte, an der, wie Blegen später sagte, »jeder, wenn er ein mykenischer König wäre, seinen Palast errichtet hätte«. Die Stelle liegt zehn Kilometer von den Sandstränden der Bucht von Navarino entfernt, bietet jedoch eine großartige Aussicht auf die gesamte Bucht mit den sie umgebenden Hügelketten und einen spektakulären Blick auf den langgestreckten Rücken der Aigaleosberge im Norden und Nordosten. An einem alles beherrschenden Punkt, einem Hügel namens Ano Englianos, waren bereits in den 90er Jahren alte Überreste bloßgelegt worden, als die Straße nach Chora gebaut wurde. In einem Olivenhain auf dem steil abfallenden Hügel ragten überraschend zwei mauerförmige Gebilde aus harten, betonähnlichen Brocken aus dem Boden, die jenen genau glichen, die Kalokairinos in Knossos gefunden hatte: kalzinierte Mauerstümpfe, die durch die Einwirkung des Regenwassers auf von Feuer zerbröseltem Gips zusammenzementiert waren.

So begann Blegen in jenem Frühjahr, als die Welt sich anschickte, in den Krieg zu ziehen, unter den Olivenbäumen auf dem Ano Englianos zu graben. Er schrieb:

Der erste Graben wurde frühmorgens am 4. April angelegt, und am Vormittag waren unsere kühnsten Erwartungen bereits übertroffen. Massive Steinmauern von mehr als ein Meter Dicke traten frei zutage; Bruchstücke von Putz, die noch die Spuren bunter Bemalung trugen, waren geborgen; ein zementartiger Kalk-Estrich war erreicht worden – und fünf Tontäfelchen mit Linear-B-Schriftzeichen hatten praktisch unbeschädigt, wenn auch mit Kalk überzogen, im Boden gesteckt, die ersten ihrer Art, die auf dem griechischen Festland gefunden wurden. Es war auf den ersten Blick klar, daß der Hügel von einem palastartigen Gebäude eingenommen wurde.

In einem Raum am Ende dieses ersten Grabens stieß Blegen auf das Archiv mit 600 Tafeln und Tafelfragmenten in derselben Sprache wie jene, die Evans in Knossos gefunden hatte. Im darauffolgenden Monat (die Grabung endete am 10. Mai) zeigten weitere Sondierungen, daß der Palast auf dem Ano Englianos hinsichtlich seiner Größe den bekannten Palästen des Festlands vergleichbar war, während das Vorhandensein eines Archivs einen deutlichen Hinweis darauf bot, daß es sich um den Mittelpunkt einer Region, höchstwahrscheinlich um den Mittelpunkt eines Königreiches Messenien handelte. Blegen selbst hatte keinen Zweifel, als er seine Funde unter dem Titel *The Palace of King Nestor at Pylos* veröffentlichte (auch wenn er später versicherte, er sei nach Messenien gegangen ohne »irgendeine vorgefaßte Meinung, wessen Palast es schließlich sein werde, wenn er ihn wirklich fände«).

Hinsichtlich seines Aufbaus ähnelte der Palast in jeder Weise dem von Mykene und Tiryns sowie dem jüngsten Palast von Knossos. Da war das gleiche Megaron (Königshalle) wie in Tiryns und Mykene mit dem runden, farbig bemalten Herdstein unverrückt in der Mitte des Raums; da waren die gleichen Vorratsräume, gefüllt mit dem Steingutgeschirr, das man in einem Palast der Bronzezeit benötigte: Tausende von Trinkbechern, Krügen und Behältern sowie Magazine, die die reichen Vorräte an Öl, Wein und Getreide bargen. Da waren die bunten Fresken mit Schlachtenszenen, mit Streitwagen und Kriegern mit Eberzahnhelmen, die mit rauh gekleideten Bergbewohnern kämpften. In den königlichen Gemächern waren Greifen dargestellt, genau wie in Knossos; da war sogar das Bild eines Barden, der zur Leier singt. In jeder Hinsicht schienen die Paläste derselben Welt anzugehören, und die Linear-B-Täfelchen bewiesen, daß dies der Fall war, auch wenn es noch bis nach dem Zweiten Weltkrieg dauerte, daß man solche Tafeln in Mykene fand, und bis in die 80er Jahre im Falle von Tiryns. Im Jahre 1939 erhob sich sofort die Frage: War Pylos eine kretische Kolonie, die im Sinne von Evans' Theorie von einer zugezogenen minoischen Aristokratie regiert wurde – also von fremden Statthaltern, die für ihre Verwaltungsbürokratie die kretische Linear-B-Schrift verwendeten, etwa im Stil der britischen Verwaltung in Indien? Beschäftigten die Bewohner von Pylos kretische Schreiber? Oder war Pylos typisch für eine Festlandskultur, die die Sprache des Festlandes sprach, so daß Kreta in seinem letzten

Stadium vom Festland regiert wurde? Solche Vorstellungen waren, wie wir sahen, bereits in den 20er und 30er Jahren im Umlauf, und Pylos sollte den entscheidenden Gegenbeweis für Evans' Ansichten erbringen. Anders als in Knossos, konnte es hier keinen Streit hinsichtlich der zeitlichen Einordnung geben: Dank der verbesserten Kenntnis der Keramikstile konnte nachgewiesen werden, daß Pylos um 1200 v. Chr. oder ein paar Jahre später zerstört worden war – 200 Jahre nach Evans' Datum für die Zerstörung von Knossos. Damit waren kaum mehr Zweifel möglich, daß Knossos schließlich doch ein Teil der mykenischen Welt gewesen war, zumal die neuere Forschung gezeigt hat, daß das Archiv von Knossos im Gegensatz zu Evans' Meinung, möglicherweise ebenfalls aus der Zeit um 1200 v. Chr. stammt. Diese Probleme wurden einer Klärung erheblich nähergebracht, als 1952 die Linear-B-Schrift entziffert werden konnte, ein Ereignis, das mit einer gewissen Übertreibung als der »Mount Everest der Archäologie« bezeichnet wurde.

Bevor wir uns jedoch dieser Entzifferung zuwenden, bleibt noch ein Aspekt der Datierung des Untergangs von Pylos, der für unser Troja-Problem von entscheidender Bedeutung ist. Dabei ist es angebracht, nochmals daran zu erinnern, daß sich die gesamte Datierung im ägäischen Raum auf Keramikstile stützt. Als Blegen darüber schrieb, glaubte man, daß der Übergang von der S. Hell. III B- zur III C-Keramik um 1200 v. Chr. oder ein wenig früher stattgefunden habe. Da er in den Trümmern von Pylos keine III C-Keramik gefunden hatte, zog Blegen den Schluß, daß der Palast um 1200 v. Chr. zerstört worden sei. Aber Blegen mußte natürlich auch an Troja denken, und der Leser wird sich erinnern, daß Troja VII a – sein homerisches Troja – seiner Meinung nach ebenfalls zerstört worden war, bevor III C-Keramik auftauchte. War Troja VII a wirklich vor Pylos zerstört worden? Wenn nein, ergab sich hier offensichtlich eine erhebliche Schwierigkeit, die homerische Schilderung als Tatsache hinzunehmen, denn dann hätte der Trojanische Krieg zu einem Zeitpunkt stattgefunden, als das Pylos des alten Königs Nestor bereits in Trümmern lag! Als sich in der Nachkriegszeit weitere Kenntnisse über Keramikstile ansammelten, begannen Zweifel aufzutauchen, ob es nicht am Ende doch III C-Keramik in Troja VII a gegeben und sein Fall nach der Zerstörung einiger Paläste auf dem griechischen Festland um 1200 v. Chr. stattgefunden habe. Es dauerte jedoch lange, bis diese Zweifel feste Gestalt annahmen. Troja VII a galt bis in die späten 70er Jahre allgemein als das homerische Troja, und selbst heute ist diese Meinung noch weit verbreitet.

Inzwischen bereitete sich die wichtigste aller Entdeckungen auf dem Gebiet der ägäischen Archäologen vor – die Entzifferung der Linear B. Die Existenz dieser Schrift war bekannt, seit Minos Kalokairinos 1878 in Knossos gegraben hatte. Seit Evans' Grabungen 1900–1910 standen größere Mengen von Schrifttafeln zu Verfügung, und nunmehr war die Schrift auch von Inschriften in Theben, Eleusis, Tiryns, Orchomenos und Pylos bekannt. Weniger als vier Monate, nachdem Blegen seine erste Kampagne in Pylos abgeschlossen hatte, brach der Zweite Weltkrieg aus,

der in Griechenland durch ein noch viel schrecklicheres Nachspiel verlängert wurde. Ein erbitterter Bürgerkrieg fand statt, bei dem 400 000 Griechen umkamen und in dem schließlich britische Streitkräfte auf griechischem Boden Seite an Seite mit Griechen gegen Griechen kämpften. Erst 1952 konnte die archäologische Arbeit in Pylos wieder aufgenommen werden. Inzwischen hatte sich die Welt verändert. Im selben Jahr wurde Evans' geliebtes Knossos der griechischen Regierung übergeben. (Evans selbst war 1941 gestorben.) Der Krieg hatte die Veröffentlichung der Tafeln aus Pylos verzögert, der größte Teil der Tafeln aus Knossos war ebenfalls noch nicht veröffentlicht. Doch sobald sie 1951 zur Verfügung standen, wurden die Bemühungen der Entzifferer von Erfolg gekrönt.

Die Entzifferung der Linear B

Während der letzten paar Wochen bin ich zu dem Schluß gelangt, daß die Tafeln aus Knossos und Pylos schließlich doch in Griechisch geschrieben sein müssen – einem schwierigen und archaischen Griechisch angesichts der Tatsache, daß es 500 Jahre älter ist als Homer und in einer ziemlich abgekürzten Form verfaßt wurde, aber nichtsdestoweniger in Griechisch.

Michael Ventris im 3. Programm der BBC, abgedruckt im *Listener* vom 10. Juli 1952

Michael Ventris, der junge Mann, der den Linear-B-»Code« knackte, war ein Amateur auf dem Gebiet der berufsmäßigen Gräzistik, ein Architekt, der vom Geheimnis der Linear B fasziniert war, seit er 1936 als vierzehnjähriger Schüler einen Vortrag von Sir Arthur Evans im Burlington-Haus gehört hatte. Er war noch nicht dreißig, als er seinen berühmten Rundfunkvortrag hielt, und vierunddreißig, als er 1956 bei einem Autounfall unweit Londons ums Leben kam. Wir brauchen uns hier nicht weiter damit zu beschäftigen, wie die Entzifferung gelang: Diese dramatische Geschichte ist in der anerkennenden und warmherzigen Würdigung seitens seines späteren Partners, des Cambridger Gräzisten John Chadwick, unter dem Titel *The Decipherment of Linear B* sowie in dem großen gemeinsamen Werk *Documents in Mycenaean Greek* nachzulesen.

Daß Linear B griechisch war, lief der bis dahin von den meisten Sprachforschern vertretenen Meinung zuwider, und obwohl einige Archäologen bereits die Vorstellung geäußert hatten, daß griechisch sprechende Gruppen schon um 1900 v. Chr. nach Griechenland gekommen seien, war Evans' Minoer-Theorie so übermächtig, daß selbst Ventris die Vorstellung »angesichts einer bewußten Mißachtung historischer Wahrscheinlichkeit« für unangebracht hielt. Und nun lag der Beweis für die Richtigkeit der von Schliemann vor achtzig Jahren geäußerten Vermutung vor: die Welt der bronzezeitlichen Paläste war griechisch. Das vielleicht überraschendste an den Schrifttafeln war jedoch, daß die Welt, die sie enthüllten, alles andere als »heroisch«, sondern im höchsten Maße bürokratisch war. Da gab es Listen von Herden bis zum letzten Bock und Schaf, die Namen einzelner Schäfer und Steuerprüfer, genaueste Aufzählungen von Waffen und Gerät, einzelne Throne und Streitwagen samt Zubehör und Mängeln, unter Einschluß sogar zerbrochener oder unbrauchbarer Einzelteile wie Wagenkästen oder

Räder mit Vermerken wie »nicht verwendbar« oder »an einem Ende angebrannt«. Ja, selbst einzelne Rinder waren namentlich aufgeführt: »der Schwarze« oder »der Gefleckte«. Es zeigte sich aber auch allem Anschein nach eine feudale Gesellschaftsordnung, an deren Spitze nach übereinstimmender Meinung der meisten Forscher ein König stand – der *Wanax*, dasselbe Wort, das Homer für Agamemnon verwendet: der »König der Männer«; hier waren die Unterführer, die Krieger mit ihrem vielteiligen Rüstzeug, ihrem Harnisch, ihren Beinschienen, Schilden, Helmen, Speeren, Schwertern, Pfeilen und Bogen; hier waren Listen einzelner Verbände, die mehr als eine oberflächliche Ähnlichkeit mit Homers Verzeichnis der Schiffe aufwiesen, die die Griechen nach Troja mitführten. Hier präsentierte sich, alles in allem, eine aristokratische, hierarchische und militaristische Klasse, die bis an die Zähne bewaffnet war und einen gewaltigen Aufwand für kriegerische Ausrüstung und bauliche Prachtentfaltung betrieb. Die Tafeln boten auch ausführliche Einblicke (die jetzt noch von Wirtschafts- und Sprachexperten analysiert werden) in die Warenvorräte, von denen die Paläste lebten, wie Weizen, Wein, Oliven, Flachs und Bauholz, und die von den Palastschreibern sorgsam bis auf den letzten Liter oder Ballen erfaßt wurden. Zuletzt, am anderen Ende der sozialen Leiter, kamen die Hunderte von Sklavenfrauen mit ihren Kindern, die auf den Besitzungen arbeiteten und die, wiederum wie bei Homer, mit Bezeichnungen wie »Gefangene« geführt wurden.

Die Möglichkeiten, die sich aus der Entzifferung ergaben, waren gewaltig. Sie werden noch immer weiter ausgewertet. Klare Hinweise auf die gesellschaftliche Ordnung und die religiösen Vorstellungen fehlten zwar, da vieles in diesen knappen Vermerken naturgemäß nur andeutungsweise enthalten sein konnte. Die Aufschlüsse über Wirtschaftsweise und Organisation dieser bronzezeitlichen »Königreiche« waren jedoch reichhaltig, und zweifellos wird in dem Maße, wie weitere Anlagen identifiziert werden, weiteres Material hinzukommen. Einige allgemeine Schlußfolgerungen hinsichtlich der Tafeln wie der mykenischen Königreiche insgesamt werden im fünften Kapitel vorgelegt. Zunächst aber sehen wir uns den dramatischen Auswirkungen gegenüber, die die Entzifferung für die Homer-Forschung hatte. Nun endlich wußte man, daß die Bewohner der bronzezeitlichen Paläste zur Zeit des Trojanischen Krieges tatsächlich Griechisch sprachen, die Sprache Homers. Hier fanden sich in einigen Fällen dieselben Wörter, dieselben grammatikalischen Konstruktionen (so die archaische Endung *oio*), Nachweise für verlorengegangene Eigenheiten des Frühgriechischen, die Fachwissenschaftler bereits theoretisch rekonstruiert hatten (beispielsweise den Verlust des *W*, des Digamma, wie in *W*ilios = Ilios für Troja). Damit verlängerten die Linear-B-Tafeln die Geschichte der griechischen Sprache um mindestens 500 Jahre in die Vergangenheit und eröffneten zugleich eine völlig neue Betrachtungsweise für Homer. Konnten die bronzezeitlichen Elemente bei Homer – die Beschreibungen von Gegenständen wie beispielsweise den Eberzahnhelmen – nunmehr durch sprachliche Belege ergänzt werden, um zu beweisen, daß die homerische

Schilderung im wesentlichen auf die Bronzezeit zurückging? War des Ajax mannshoher Schild ein Stück Überlieferung aus mykenischen Epen? Sollten die »silberbeschlagenen Schwerter« Homers eine Parallele finden in den beiden Schwertern »mit goldenen Beschlägen auf beiden Seiten des Griffes«, wie sie auf den Tafeln aus Pylos aufgeführt waren? Wie konnten die Forscher das Auftreten so vieler homerischer Personennamen – einschließlich Hektor und Achilles – als Namen ganz einfacher Leute in den Schrifttafeln erklären? Konnte Homers Schiffskatalog unmittelbar von einer wirklichen bronzezeitlichen Aufzählung gleich solchen auf den Pylos-Tafeln abgeleitet werden oder zumindest von einem mykenischen Epos über das Unternehmen gegen Troja? Kurzum – war es möglich, daß die Geschichte von Troja schon von mykenischen Barden in den Königshallen von Pylos, Mykene und Tiryns gesungen wurde, von Barden wie dem Leierspieler auf dem Fresko in Pylos? Wer oder was war »Homer«, und woher stammte seine Geschichte von Troja? Wir werden diese Fragen im nächsten Kapitel untersuchen.

4. Homer: Der Sänger vergangener Zeiten

Wie konnte Homer von diesen Dingen gewußt haben? Als sich dies alles zutrug, war er ein Kamel in Baktrien!

Lukian, *Der Traum*

Die (die Griechen) lernten das Alphabet erst spät und unter Schwierigkeiten... Es ist eine viel diskutierte und höchst umstrittene Frage, ob wenigstens die, die am Trojanischen Krieg teilnahmen, vom Schreiben Gebrauch machten. Die vorherrschende und zutreffende Antwort dürfte eher die sein, daß sie der heutigen Form zu schreiben unkundig waren. Im gesamten Bereich der griechischen Literatur findet sich kein diskutiertes Werk, das älter wäre als die Dichtung Homers. Seine Zeit ist jedoch eindeutig später als der Trojanische Krieg, und wie es heißt, hinterließ nicht einmal er seine Gedichte schriftlich. Nachdem die verstreuten Gesänge anfangs nur nach dem Gedächtnis weitergegeben wurden, faßte man sie später zusammen, ein Umstand, auf den die vielen Widersprüchlichkeiten des Werkes zurückzuführen sind.

Josephus, *Gegen Apion*

Nach übereinstimmender Auffassung stellen die *Ilias* und die *Odyssee* die Anfänge europäischer Literatur dar. Es ist ein verblüffendes – und in der Kulturgeschichte einmaliges – Paradox, daß diese Erstlinge zugleich unübertroffene Meisterstücke sind – nicht erste Gehversuche und entsprechend »primitiv«, sondern großartige dichterische Werke von ungewöhnlicher Länge und Kunstfertigkeit. Wir können mit Sicherheit davon ausgehen, daß es vor Homer eine urtümlichere und unbeholfenere epische Dichtung in Griechenland gegeben hat, doch wissen wir nichts darüber. Statt dessen haben wir es hier mit Darstellungen zu tun, die – gleichsam »dem Haupte des Zeus in voller Rüstung entspringend« – so lebendig und ausdrucksvoll vorgetragen werden, daß ihre Zuhörer von Anfang an nicht dem Eindruck widerstehen konnten, sie seien auf irgendeine Weise »wahr«. In der Welt des klassischen Altertums war allgemein die Auffassung verbreitet, daß ihr Autor ein genialer Dichter namens Homer sei, von dem praktisch nichts bekannt war. Selbst der Name läßt an ein Pseudonym denken (*homeros* = Geisel). Desgleichen war man im Altertum überzeugt, daß Homer ohne Zuhilfenahme der Schrift dichtete und seine Kunst ganz auf mündlichen Vortrag und mündliche Verbreitung und Weitergabe gegründet war.

In jüngerer Zeit sind in verschiedenen Teilen der Welt ins einzelne gehende Untersuchungen über mündliche Ependichtung angestellt worden: in Serbien, wo sie in verflachter Form noch bis vor kurzem weiterbestand; in Irland, wo der letzte Prosadichter und -sänger in den 40er Jahren lebte und seine Kunst gerade noch aufgezeichnet werden konnte; in Albanien und Armenien, wo es noch Reste der Bardentradition gibt; und in Zaire, wo man bis in jüngste Zeit das Phänomen in seiner unverfälschten Form erleben konnte. Die Untersuchungen haben uns eine Menge darüber gelehrt, wie große – und äußerst lange – Dichtungen ohne Hilfe der Schrift geschaffen

Kampfszene vor den Mauern Trojas; eine Illustration aus der (fragmentarischen) *Ambrosianischen Ilias* (2. Jahrhundert n. Chr.), die sich heute in Mailand befindet.

und weitergegeben werden können. Die besonderen Eigenschaften solcher Werke – insbesondere die sogenannten Formeln oder immer wiederkehrenden Wendungen – zeigen, daß die homerischen Epen, wie Josephus und die Alten es glaubten, ganz typische mündliche Dichtungen waren. Auf welche Weise wurden sie geschaffen? Gab es einen einzigen zusammenhängenden Akt der »Komposition« oder eine allmähliche Ansammlung und Verknüpfung dichterischer Überlieferungen? Hat es Homer überhaupt gegeben? Wann wurde die Dichtung niedergeschrieben, und wie verhält sich der uns heute vorliegende Text zu der ersten schriftlichen Fassung, ganz zu schweigen von den mündlich geschaffenen Dichtungen, die ihr möglicherweise vorausgegangen sind? Dieses sind die Probleme, die in den letzten zwei Jahrhunderten im Mittelpunkt der – wie die Gelehrten sie nennen – »Homer-Frage« gestanden haben.

Obwohl wir vermuten, daß die *Ilias* und die *Odyssee* mündlich geschaffen wurden, kennen wir die beiden Epen nur aufgrund schriftlicher Texte. Im vorigen Jahrhundert wurden unsere Kenntnisse über diese Texte durch die Entdeckung von über 600 Papyrusfragmenten aus Ägypten erweitert, in denen ein Teil des homerischen Textes erhalten ist. Doch haben sie zu keinen wesentlichen Änderungen an »unserem Homer« geführt. Im Falle der *Ilias* bedeutet dies eine handschriftliche Überlieferung, die im 10. Jahrhundert

v. Chr. in Konstantinopel ihren Ausgang nimmt; damals wurden unsere beiden besten und ältesten Manuskripte angefertigt (die große Mehrzahl der 200 erhaltenen Manuskripte »des Homer« stammt aus dem 14. und 15. Jahrhundert).

Obwohl die Beschäftigung mit dem Griechischen während des frühen Mittelalters im lateinischen Westen weitgehend eingestellt worden war, wurde »der Homer« in Byzanz auch weiterhin studiert, wo er trotz seiner heidnischen Moral Teil des Lehrplans an den Schulen blieb. In der kulturellen Blütezeit der 60er Jahre des neunten Jahrhunderts n. Chr. wurde von byzantinischen Gelehrten der soeben neugegründeten Universität eine überarbeitete Ausgabe Homers geschaffen. Anschließende Arbeiten über die handschriftlichen Überlieferungen führten zu dem berühmten, heute in San Marco in Venedig aufbewahrten und unter dem Namen *Venetus A* bekannten Werk, der maßgeblichsten Ausgabe der *Ilias*. Wie so oft, ging der Großteil der frühen und seltenen Texte durch Kriegseinwirkung verloren. In dieser Hinsicht muß die Plünderung Konstantinopels im Jahre 1204 ein großes Unglück gewesen sein, wenn auch nicht zu vergleichen mit der Zerstörung der Bibliothek von Alexandria durch einen Brand im ersten Jahrhundert v. Chr. Noch vor der Eroberung Konstantinopels durch die Türken im Jahre 1453 wurde das klassische Kulturerbe von den italienischen Humanisten übernommen, die eine große Anzahl von Manuskripten im letzten Jahrhundert seiner Existenz aus dem Oströmischen Reich nach Hause brachten. Nach 1453 wurden weitere Manuskripte aus überlebenden griechischen Klosterbibliotheken geholt, so daß sich hier heutzutage buchstäblich keine klassischen Texte mehr befinden. Diesen Plünderungen ist jedoch die Erhaltung der griechischen Schriften zu verdanken.

Wie wir bereits gesehen haben, war das Interesse an der Geschichte vom Trojanischen Krieg nie erloschen, da sie längst zum geistigen Allgemeingut des lateinischen Westens geworden war. Homers Epen begannen in der Mitte des 14. Jahrhunderts die Aufmerksamkeit auf sich zu lenken, als der italienische Dichter Petrarca sich Unterricht im Griechischen erteilen ließ. Allerdings reichten seine Kenntnisse nicht zum Lesen einer Abschrift des Homer, die ihm ein byzantinischer Botschafter geschenkt hatte. In den 60er Jahren des 14. Jahrhunderts bemühte sich der italienische Gelehrte Pliato, ein Freund Boccaccios, einen Teil des Homer ins Lateinische zu übersetzen, und gegen Ende des Jahrhunderts konnte man in Italien Vorlesungen über Homer hören.

Der Gedanke, einen Text wissenschaftlich festzulegen, brauchte zu seiner Verwirklichung länger. Erst als die neue Kunst des Buchdrucks praktisch in Gebrauch kam, also in den letzten Jahrzehnten des 15. Jahrhunderts, stoßen wir auf eine Flut von Ausgaben zuerst lateinischer und dann griechischer Klassiker. Diese leisteten einen entscheidenden Beitrag zur Wiederentdeckung Griechenlands im Westen, die wir an früherer Stelle aus dem Blickwinkel der Reisenden im Sinne einer materiellen Begegnung betrachteten. Die erste gedruckte Textwiedergabe des Homer erschien 1488 in Florenz; der Herausgeber war ein Grieche. Es war jedoch in Venedig – das

nicht nur ein Zentrum des Druckgewerbes ganz allgemein, sondern während dreier Jahrhunderte speziell des griechischen Verlagshandels werden sollte –, wo 1504 die große Homer-Ausgabe von der Druckanstalt Aldine herausgebracht wurde, die von Aldus Manutius mit der ausdrücklichen Absicht gegründet worden war, griechische Texte zu veröffentlichen; die redaktionelle Arbeit war ebenfalls einem Griechen übertragen, dem kretischen Gelehrten Musurus. Die Verbreitung des gedruckten Textes (während des 16. Jahrhunderts wurden sieben größere europäische Ausgaben herausgebracht) leitete die kritische Diskussion des Textes im modernen Sinne ein. Als die Gelehrten nun Homer mit anderen literarischen Erzeugnissen des alten Griechenlands verglichen, wurde sofort deutlich, daß beide nicht auf derselben Grundlage analysiert werden konnten. Homer war offensichtlich kein Schriftsteller, sondern ein Schöpfer mündlicher Dichtungen, und es gab schon im Altertum genügend Autoritäten, diese Auffassung zu stützen.

Die obenzitierte Textstelle aus Josephus wurde von Gelehrten der beginnenden Neuzeit benutzt, die zu dem Schluß kamen, daß es – gleichgültig, wie alt die Handschriften wären – aussichtslos sei, einen zuverlässigen Text von einem Autor zu erwarten, dessen mündliche Dichtung Jahrhunderte früher geschaffen worden sein mochte, bevor sie schließlich »gesammelt« und schriftlich niedergelegt wurde. Frühere Gelehrte übernahmen im allgemeinen die Version, die sich erstmals bei dem römischen Schriftsteller Cicero findet, wonach die homerischen Epen ca. 550 v. Chr. auf Geheiß des athenischen Tyrannen Pisistratos niedergeschrieben worden seien. Der erste moderne Versuch, Homer in seinen kulturellen Rahmen zu rücken, stammt von dem Philosophen Vico, der die Meinung vertrat, daß Homer in Wirklichkeit ein Sammelname für das Werk aufeinanderfolgender Generationen von Dichtern sei, die die Bausteine dieser mündlichen Komposition lieferten. Demzufolge wäre die *Ilias* ein »kollektives« Werk, das erst im sechsten Jahrhundert dank der Pisistratiden in Schriftform gebracht wurde. Vicos brillante Theorie nahm viele moderne Forschungsergebnisse vorweg, übte aber zu seiner Zeit keinerlei Einfluß aus. Statt dessen war es der anglo-irische Reisende Robert Wood, den wir auf der Suche nach Troja trafen, der in seinem *Essay on the Original Genius of Homer* von 1769 kritisch für die mündliche Form der homerischen Dichtung plädierte. Woods Buch wurde auch ins Deutsche übersetzt, und in Deutschland übte es seinen stärksten Einfluß aus. Es spielte eine entscheidende Rolle und veranlaßte Friedrich August Wolf zu seinen *Prolegomena ad Homerum*, die weiterhin als das bedeutendste Werk über Homer gelten. Da sie 1795 (auf lateinisch; 1908 auf deutsch) erschienen, hatte Wolf von der erst kürzlich (1788) erfolgten Veröffentlichung jener größten aller Handschriften der *Ilias*, dem Venetus A, profitieren können. Dabei handelte es sich um eine Abschrift aus dem zehnten Jahrhundert, die mit den Scholia (Randbemerkungen) von Generationen von Gelehrten und Kommentatoren bis zurück zu den alexandrinischen Kritikern des dritten vorchristlichen Jahrhunderts versehen war. Wolf war überzeugt, daß Homer des Schreibens

unkundig war, daß seine Gedichte um 950 v. Chr. entstanden und allein aus dem Gedächtnis weitergegeben wurden, bis man sie um 550 v. Chr. auf Veranlassung des Pisistratos niederschrieb. Er war jedoch auch bereit, an einen wirklichen Homer zu glauben, einen einzelnen genialen Dichter, der »mit dem Weben des Stoffes begann« und der, wie Wolf in seinem *Vorwort zur Ilias* schrieb,

> die Fäden bis zu einem gewissen Punkt weiterführte... Vermutlich wird es nie möglich sein, auch nur mit einer gewissen Wahrscheinlichkeit die Stellen anzugeben, an denen neue Fäden in dem Gewebe beginnen; aber wenn ich mich nicht irre, können wir sagen, daß Homer für den größten Teil der Gesänge verantwortlich war, für das übrige die Homeriden, die den von ihm festgelegten Linien folgten.

Nach Wolf gab es eine gewisse Tendenz, den homerischen Text in eine Unzahl von Einschiebseln und kürzere mündliche Gedichte zu »zerlegen«, die von späteren Dichtern und Bearbeitern auf eine primitive »ursprüngliche *Ilias*« aufgepfropft worden wären. Einige Gelehrte vertraten jedoch nach wie vor die Vorstellung von dem »alleinigen« Dichter; so schrieb beispielsweise Goethe eine kurze Abhandlung über die Einheitlichkeit der homerischen Dichtung, übrigens eine Auffassung, die gegenwärtig stark vertreten wird. Wolf führte jedoch alle Probleme mit einem Freimut und einem Takt auf, der bis heute nicht übertroffen ist, und es wäre irreführend, die Dinge so darzustellen, als ob bereits eine Antwort gefunden sei.

In den seit Wolf vergangenen zwei Jahrhunderten sind drei größere Entdeckungen gemacht worden, die einen wesentlichen Einfluß auf die Homer-Frage gehabt haben. Zwei haben wir bereits genannt: die erste war das Aufkommen einer wissenschaftlichen Archäologie und die durch sie geschaffene Möglichkeit, hinter den homerischen Gedichten eine »wirkliche« Bronzezeit zu entdecken. Diese haben wir bereits als die treibende Kraft hinter Schliemanns Troja- und Homerbesessenheit kennengelernt. Tatsächlich trug sie sehr schnell Früchte und führte zu der Entdeckung, daß Homer wirklich bronzezeitliche Gegenstände beschrieb: In Mykene sollte Schliemann bald mit eigenen Augen Darstellungen von Eberzahnhelmen und mannshohen Schilden sehen und silberbeschlagene Schwerter in Händen halten. Eine »wirkliche« Verbindung schien nachgewiesen. Es dauerte nicht mehr lange, bis Schliemann in Tiryns das Bild einer bronzezeitlichen Königshalle vorfand, das wiederum deutliche Übereinstimmungen mit dem homerischen Megaron aufwies (s. Seite 91). Die archäologischen Befunde ließen vermuten, daß die Orte, die Homer als in der Bronzezeit bedeutend zitierte, dies in der Tat waren, auch wenn sie später zur Bedeutungslosigkeit herabsanken. Die entscheidende Entdeckung war die Ausgrabung der in die mykenische Periode einzuordnenden Zitadelle von Hisarlik durch Dörpfeld, da hiermit zum erstenmal ein Hinweis vorlag, daß die im Mittelpunkt der *Ilias* stehende Geschichte tatsächlich einen wirklichen bronzezeitlichen Schauplatz und wirkliche Ereignisse zum Gegenstand hatte. Die Archäologie hat während der letzten achtzig Jahre weiterhin auf diesen Eindrücken aufgebaut, die teils in

geradezu herausfordernder Weise an Homer erinnerten, teils in völlig andere Richtung wiesen. Die Vorstellung von einem engen Zusammenhang besteht jedoch weiter und scheint *cum grano salis* auch gerechtfertigt.

Die zweite Entdeckung verdanken wir großenteils Milman Parry und seinem Nachfolger Albert Lord, die beide die mündliche Konzipierung des homerischen Textes nachzuweisen vermochten und damit den Eindruck des Josephus wie auch von Gelehrten bis hin zu Wolf bestätigten, daß dieser Text ohne schriftliche Fassung entstanden war. Die Methoden, deren sich solche »mündlichen« Dichter bedienen – das Wesen formelhafter Versbildung – ist in vielen Kulturkreisen untersucht worden. Man hat vergleichbares Material in einer Anzahl von Ländern an Ort und Stelle gesammelt, wie bereits am Anfang dieses Kapitels erwähnt. Dieser Aspekt ist in seinen Grundzügen klar. Einige der wichtigsten Publikationen sind in der Bibliographie aufgeführt.

Die dritte und jüngste Umwälzung in der Homer-Forschung war die Entdeckung, daß die Sprache der Linear-B-Tafeln griechisch war und es daher zwischen Homer und der Bronzezeit eine kulturelle und sprachliche Kontinuität gab. Parrys Erkenntnisse hinsichtlich mündlicher Kompositionstechniken konnten nunmehr auf die Weitergabe der homerischen Epen durch das Dunkle Zeitalter bis zu der Zeit angewandt werden, in der die Kunst des Schreibens erneut in Griechenland auflebte. (Die ersten Denkmalsinschriften erscheinen kurz vor 700 v. Chr.) Außerdem war es jetzt möglich, die sprachliche Kontinuität im einzelnen zu verfolgen, Dialektveränderungen zu studieren und beispielsweise zu untersuchen, wieviel der von Homer gebrauchten Wörter im Griechischen der Linear-B-Tafeln auftauchen, in wieviel Fällen Homer bronzezeitliche Gegenstände mit mykenischen Wörtern bezeichnet und wo ein Gegenstand zutreffend bekannt ist, obwohl die ältere Sprache verlorengegangen ist. Hier bleibt noch viel zu tun. So ist beispielsweise noch nichts unternommen worden, diejenigen mykenisch-griechischen Wörter zu erfassen, die sich in untergeordneten homerischen Texten erhalten haben, aber aus der gängigen Fassung durch spätere Bearbeiter entfernt wurden, obwohl sie möglicherweise größere Berechtigung und Aussagekraft haben. Die Entzifferung der Linear B hat für die Homer-Forschung Möglichkeiten eröffnet, die man eben erst zu nutzen beginnt.

Wann wurde die Ilias geschaffen?

Die allgemeine Auffassung über die *Ilias* (und auch über die *Odyssee*) geht heute dahin, daß sie nicht in mündlicher Form entstand, sondern von einem Dichter niedergeschrieben wurde, der jedoch auf eine mündliche Überlieferung zurückgreifen konnte. In den Augen vieler Gelehrter war die Einführung der Schrift in Griechenland in gewisser Weise mit Homers dichterischem Genius verknüpft. Man hat sogar die Vermutung geäußert, daß das griechische Alphabet um 700 v. Chr. ersonnen worden sei, um die Dichtungen Homers aufzuschreiben. Es gibt jedoch eine ganze Anzahl

naheliegender Einwände gegen diese Vorstellung. Erstens widerspricht die Niederschrift dieser beiden äußerst umfangreichen Epen inmitten einer vorherrschend mündlich geprägten Kultur ausgerechnet im Augenblick der Einführung der Schrift allem, was wir über solche Vorgänge in der Geschichte wissen. Dies ist nicht die Art und Weise, wie sich die Einführung einer »Kommunikationstechnologie« gegenüber schöpferischem Kunstschaffen abspielt, sei es hinsichtlich des Übergangs von einer schriftlosen zu einer schriftkundigen Kultur, von dieser zu einer von der Kunst des Buchdrucks geprägten Kultur und schließlich (um auf unsere eigene Zeit zu verweisen) vom Druck zu elektronischen Kommunikationssystemen. Es ist, rundheraus gesagt, unvorstellbar, daß ein derart gigantisches und aufwendiges Unterfangen wie die Niederschrift (auf Papyrus oder Pergament?) so umfangreicher dichterischer Kompositionen genau in dem Augenblick realisiert worden wäre, in dem die Gesellschaft – und, was wichtiger ist – die Zuhörerschaft des Dichters in jeder Hinsicht Analphabeten waren. Eine solche Vorstellung geht von der nicht überzeugenden Annahme aus, daß Homers schöpferischer Genius so weit gegangen wäre, daß er die Bedeutung des Schreibens vorausgesehen hätte. Vielmehr deuten Sprache und Stil der Epen, wie wir gesehen haben, auf eine mündliche Komposition hin. In keinem der beiden Gedichte, wie lang, brillant und elegant sie auch sein mögen, findet sich etwas, das mit unseren Kenntnissen von mündlicher Dichtung unvereinbar wäre. Homer wird also seine Epen mündlich verfaßt haben; doch dürften sie erheblich später schriftlich aufgezeichnet worden sein.

Nach dieser Modellvorstellung läge der früheste Zeitpunkt für eine Aufzeichnung etwa um 650 v. Chr., als sich die Kunst des Schreibens in Griechenland entwickelte. Aber die mündliche Epen-Überlieferung war auch noch im fünften Jahrhundert v. Chr. lebendig, so daß eine mündliche Komposition der *Ilias* und der *Odyssee* erst im sechsten Jahrhundert v. Chr. durchaus denkbar ist. Ja, es gab im Altertum – wie wir bereits sahen – eine Überlieferung, wonach die homerischen Dichtungen im sechsten Jahrhundert unter Pisistratos, einem der letzten Athener Tyrannen, gesammelt und in ihre endgültige Form gebracht worden seien. Die Geschichte der Texte könnte somit etwa folgendermaßen aussehen:

Es war einmal ein berühmter Dichter-Sänger namens Homer. Er kam aus der Welt der jonisch-griechischen »Kolonien« auf Chios oder in Smyrna. Man stellt sich vor, daß er seine Dichtungen um 730 v. Chr. schuf. Vielleicht, weil er der hervorragendste war, wurde er mit der Zeit als die Verkörperung der mündlichen Ependichtung angesehen, und die berühmteste Gruppe späterer Epensänger betrachtete sich als von ihm abstammend. Dies waren die sogenannten Homeriden, die »Söhne Homers« von der Insel Chios. Homer dürfte etwa im achten Jahrhundert v. Chr. gelebt haben, einer Zeit, zu der die Geschichte vom Trojanischen Krieg offenbar allenthalben an den Höfen der Ägäis erzählt wurde, denn wir finden Persönlichkeiten, die sich nach seinen Helden benannten: Hektor von Chios, Agamemnon von Kyme. Vielleicht fand Homer an ihren Höfen seine Gönner und trug hier auf den

regelmäßigen Festen der jonischen Städte, besonders dem Panionium in Mykale seine Dichtung vor. Der Eindruck, den Homer hinterließ, war so stark, daß spätere Generationen einen großen Teil der frühen epischen Dichtung als seine Schöpfung ansahen, so daß womöglich in vielen Fällen besonders darauf geachtet wurde, die Worte so zu bewahren, »wie Homer sie vorgetragen hat«. Als dann Bedeutung und Einfluß Athens im sechsten Jahrhundert wuchsen, verspürte ein Tyrann mit politischen Ambitionen den Wunsch, den örtlichen Feiern für die Göttin Athene eine weitere »nationale« Gewandung zu geben. Auf der Akropolis wurde der Athene ein großartiger Tempel errichtet (der Vorläufer des erhalten gebliebenen Parthenon). Die öffentlichen Festlichkeiten wurden gefördert, und neben anderen Veranstaltungen fanden Vorträge epischer und historischer Dichtungen statt, um das athenische Staatswesen zu glorifizieren. Zu der Zeit, als er die Führerschaft Griechenlands für Athen zu gewinnen suchte, kam der Tyrann auf die Idee, für Athen zu sichern, was nach einstimmigem Urteil als das großartigste der überlieferten griechischen Epen galt. Das war vor allem die *Ilias*, die von der ersten großen Unternehmung eines geeinten Hellas berichtete. Er engagierte daher den besten der Homeriden, damit er einem athenischen Schreiber Homer so »wortgetreu«, so vollständig und so schön wie möglich diktiere.

Der Ilias-Text, der sich hinter der uns bekannten Fassung verbirgt, könnte demnach sehr wohl noch zu einem so späten Zeitpunkt von einem Barden festgehalten worden sein. Aber selbst wenn diese spezielle Modellvorstellung verworfen werden sollte, müßten wir uns wahrscheinlich nach 650 v. Chr. weiter umsehen. Ein solches Sammeln und Niederschreiben alter Gesänge und Dichtungen bedarf in der Regel eines Anstoßes von außen und erfolgt erst zu einem Zeitpunkt, in dem die Schrift in einem weiteren Kreis Verwendung zu finden beginnt. Als augenfällige Parallele bietet sich die Sammlung und Aufzeichnung alter volkssprachlicher, mündlich überlieferter Epen fränkischer und anderer germanischer Völker durch Karl den Großen im Anschluß an seine Maßnahmen zur Verbreitung des Lesens und Schreibens im Europa des achten Jahrhunderts an. Heute, wo in den industrialisierten Ländern des ausgehenden 20. Jahrhunderts mündliche Überlieferungen nahezu ausgestorben sind, bemühen wir uns, ähnliches zu tun. Wir könnten uns demnach durchaus vorstellen, daß Homer, wenn auch lange nach seinem Tode, von einem »Sammler« aufgezeichnet wurde.

Wir gingen mit Josephus von der Prämisse aus, daß die Dichtungen zu einer Zeit geschaffen wurden, als das Schreiben in Griechenland unbekannt war. Als die neuere Homerforschung einsetzte, stimmten Robert Wood und F. A. Wolf überein (wir berichteten bereits darüber), daß auch Homer nicht schreiben konnte. Wolf schloß daraus, daß Homers Originaltext unwiederbringlich verloren sei. Die aus Vergleichen mit heutigen jugoslawischen Wandersängern von Milman Parry und seiner Schule abgeleiteten Vorstellungen von der Verwendung formelhafter fester Wendungen in solchen Dichtungen bedeuten in vieler Hinsicht eine Rückkehr zu Wolfs Standpunkt. In den letzten Jahren sahen wir uns veranlaßt, die »mündliche«

Ansicht mit der Vorstellung zu kombinieren, daß es Homers schöpferischer Genius war, der den Weg sah, wie sein großes Werk durch die Schrift erhalten werden könne. Mit anderen Worten: daß Homer seine Epen gerade an dem entscheidenden kulturellen Wendepunkt verfaßte, als die Schrift in Griechenland eingeführt wurde. Auf diese Weise fand dann auch die Theorie von der schriftlichen Erschaffung durch einen »großen Mann« ihre Fürsprecher. Heute, in den 80er Jahren, kann unsere Deutung nur eine Synthese aller dieser Ansichten sein: Es handelt sich um Dichtungen, die vielleicht erst im siebenten oder sechsten Jahrhundert »komponiert« wurden – speziell unter dem Gesichtspunkt, schriftlich aufgezeichnet zu werden –, die jedoch sorgfältig ältere Formen bewahrten, die in den mündlichen dichterischen Traditionen Joniens weitergereicht worden waren. Wir können daher sagen, daß wir infolge der mündlichen Fassung der Epen die »Originale« ziemlich nahe vor uns haben – soll heißen, die Epen, die dann 650–550 v. Chr. aufgezeichnet wurden. In welchem Verhältnis sie zu Homer stehen – wenn er überhaupt existiert hat –, ist nicht mehr so leicht nachzuweisen. Doch liegt die Vermutung nahe, daß die Homeriden des sechsten Jahrhunderts v. Chr. in der Lage waren, bereits im achten Jahrhundert v. Chr. verfaßte Geschichten einigermaßen getreu wiederzugeben. Aber wie alle diese Dichter-Sänger wählten sie aus, ließen sie weg oder ergänzten sie, wie es dem jeweiligen Anlaß und dem jeweiligen Schirmherrn entsprach, bestrebt, ihre »Gesänge« in einer für die jeweilige Hörerschaft möglichst gefälligen Form vorzutragen. Spätere Bearbeiter hatten zweifellos ihre Hand im Spiel, indem sie nach dem sechsten Jahrhundert den Text immer wieder änderten. Dies gilt besonders für das dritte Jahrhundert v. Chr., als die Kritiker alexandrinischer Schule den Versuch unternahmen, eine endgültige Fassung festzulegen. Ein interessantes Beispiel ist die am Anfang des VI. Gesanges vorgenommene Änderung, wo eine Strophe »in den alten Büchern« über Kämpfe »zwischen dem Fluß Skamander und dem *stomalimne*« von Aristarchos in »zwischen den Wassern des Xanthos und des Simois« umgeändert wurde, weil sie nicht in die Topographie der Troas paßte. Viele Textstellen wurden lediglich wegen ihres »schlechten Tons« verworfen; andere Wörter wurden einfach weggelassen, weil sie nicht mehr verstanden wurden, obwohl dies lange vor dem Zeitpunkt erfolgt sein muß, zu dem die Dichtung schriftlich aufgezeichnet wurde.

Gab es eine mykenische Ependichtung?

Aus welcher dichterischen Tradition ist Homer letztlich herzuleiten? Gab es in mykenischer Zeit mündliche Epen, die, und sei es noch so verschwommen, in den homerischen Epen fortleben? Wurde die Geschichte Trojas bereits in den mykenischen Königshallen besungen, bevor deren Welt zugrunde ging? Zwar sind die Linear-B-Tafeln mit ihren bürokratischen Aufzeichnungen das genaue Gegenteil von Dichtkunst. Aber es gab sicherlich Dichter-Sänger, denn eines der Fresken aus Pylos zeigte einen

Eberzahnhelm aus Knossos.

Leierspieler oder Barden, und in einem Tholosgrab in Menidi wurden Reste einer Leier gefunden. Auf den ersten Blick erscheint es naheliegend, daß es eine wirkliche epische Dichtung gab, die die Taten der mykenischen Könige feierte und die durch Homer weitergereicht wurde. Dies wird heute von vielen Gelehrten angenommen. Allerdings finden sich Themen wie die der *Ilias* und anderer griechischer Sagen gemeinhin in der Dichtung vieler bronzezeitlicher Völker dieser Epoche, ganz besonders in Ugarit, der großen Handelsstadt im nördlichen Syrien, wo das Epos von *Krt* ebenfalls von der Entführung einer Dame königlichen Geblüts und der Belagerung einer Stadt berichtet.

Was ist von dem bronzezeitlichen Hintergrund bei Homer zu halten? Da sind einmal die Beschreibungen tatsächlicher mykenischer Gegenstände. Der mannshohe turmartige Schild, durch den in der Regel Ajax gekennzeichnet wird und der auf Fresken von der Insel Thera abgebildet ist, war bereits im 13. Jahrhundert v. Chr. nicht mehr gebräuchlich. Der achtförmige Schild erscheint auf Fresken des 13. Jahrhunderts in Mykene, Tiryns und wohl auch Knossos. Das »silberbeschlagene Schwert« ist von Funden aus dem 16. und 15. Jahrhundert bekannt. Die Beinschienen, auf die Homers Epitheton von den »wohlbeschienten Achäern« hinweist, sind ebenfalls in Gräbern der Bronzezeit und nicht der darauffolgenden Eisenzeit gefunden worden. Der Eberzahnhelm als das wohl berühmteste Ausrüstungsstück (ausführlich beschrieben in der *Ilias*, X, 261) ist nicht nur aus zahlreichen bildlichen Darstellungen bekannt, sondern von einem kompletten Exemplar aus Knossos. Homer beschreibt sogar, wie die Hauer in Reihen derart angeordnet sind, daß die Richtung der Krümmung von Reihe zu Reihe abwechselt. Nestors mit Tauben verzierter und zwei Henkeln versehener Trinkpokal (*Ilias*, XI, 632ff.) hört sich ganz nach dem Becher an, den Schliemann in dem Schachtgrab IV in Mykene gefunden hat. Die Technik metallener Einlegearbeiten, die bei der Herstellung von Achilles' Schild beschrieben wird, findet sich auf den Dolchen der Schachtgräber wieder (auf denen übrigens auch die Turmschilde deutlich zu sehen sind). Schließlich haben wir noch Homers Hinweise auf einen Brustharnisch, eine aus Bronzeplatten zusammengesetzte Rüstung. Ein solches Stück ist nunmehr in Dendra gefunden worden. Fügt man zu diesen Beispielen Homers Annahme hinzu, daß das Metall für Schwerter und Werkzeuge fast immer aus Bronze besteht, hat man eine eindrucksvolle Sammlung detaillierter Angaben aus dem Gebiet des Kriegshandwerks. Sie alle legen nahe, daß Homer Ereignisse lange vor seiner Zeit schildert, wobei allerdings unsere Kenntnis des dazwischenliegenden Dunklen Zeitalters zu unvollständig ist, um mit absoluter Sicherheit sagen zu können, ob nicht der eine oder andere dieser Gegenstände doch noch nach dem Zusammenbruch der mykenischen Welt in Gebrauch war. Der einzig sichere Weg, um aufzuzeigen, daß die homerische Überlieferung ihre Wurzeln in der heroischen Dichtung des mykenischen Zeitalters hat, wäre, Überreste spezifisch mykenischer Dichtersprache bei Homer nachzuweisen. Unglücklicherweise ist dies alles andere als einfach. Die Sprache Homers ist eine Mischung aus

vielen Dialekten und verschiedenen Zeiten. Der Herkunft nach ist sie überwiegend jonisch (ein Hinweis auf die Beziehungen Homers zum Gebiet von Smyrna und die seiner Nachfolger, der Homeriden, zu Chios?); sie enthält jedoch auch eine Anzahl von Wörtern aus dem älteren arkadisch-zypriotischen Dialekt, der in den isolierten Gebieten Arkadiens und Zyperns gesprochen wurde und auf die mykenische Zeit zurückgeht. Solche Wörter können daher auf ein Überleben älterer Formen hindeuten. Das gleiche gilt für die selteneren Linear-B-Wörter. Leider gibt es im gesamten Homer nur eine Wendung, die mit Sicherheit mykenisch aussieht, nämlich das *phasganon arguroelon*, das »silberbeschlagene Schwert«, und seine Variante, *ksiphos arguroelon. Phasganon* und *ksiphos* (»Schwert«) sind mykenische Wörter, ebenso wie *arguros* (»Silber«) und vielleicht auch *alos* (»Beschlagnagel«). Da solche Schwerter bisher nicht zwischen der späteren mykenischen Zeit und der Zeit um 700 v. Chr. gefunden wurden, ist zu vermuten, daß das Beiwort in der Bronzezeit mit Schwertern verknüpft wurde. Eine derart bescheidene Ausbeute läßt jedenfalls darauf schließen, daß solche Wortüberbleibsel nur in ganz seltenen Fällen ihren Weg in das Vokabular der jonischen Barden fanden.

Es sollte ebenfalls klar sein, daß es Gebiete gibt, wo Homer von dem, was wir über die Bronzezeit wissen, völlig abweicht. Ganz offensichtlich hatte Homer keine Vorstellung von der umständlichen Bürokratie des Palastbetriebs mit ihrer Buchhaltung und ihrem Zuteilungssystem, von der Pfennigfuchserei, mit der jedes einzelne Schaf erfaßt wurde. Diese Welt entschwand völlig dem Bewußtsein. Zurück blieb nur die wehmütige Erinnerung an ein »heroisches« Goldenes Zeitalter, das von der Immigrantengesellschaft im Jonien des achten Jahrhunderts rückblickend idealisiert wurde. Homers Vorstellungen von der Verwendung von Streitwagen werfen hierauf ein bezeichnendes Licht. In der Bronzezeit wurden sie zumindest bei den Hethitern und den Ägyptern zum Kämpfen eingesetzt, und sowohl Linear-B- wie hethitische Schrifttafeln deuten darauf hin, daß die Griechen sie auf dieselbe Weise verwendeten, wie wir noch sehen werden. In der *Ilias* werden diese zweirädrigen Wagen nur zur Beförderung benützt, abgesehen von einigen vereinzelten Bemerkungen, die auf eine verschwommene Erinnerung an den wahren Sachverhalt hindeuten, so, wenn Nestor seinen Kämpfern befiehlt, die Streitwagen und die Kavallerie in vorderster Linie und die Infanterie dahinter aufzustellen: »Wenn ein Mann von seinem eigenen Wagen auf die Wagen des Feindes trifft, möge er mit seinem Speer zustoßen... So handhabten es die Männer vor eurer Zeit, die Städte und Mauern zerstörten« (*Ilias*, IV, 308). Die dichterische Überlieferung erinnerte sich also nur vage an Einzelheiten der »heroischen« Kriegsführung, und offensichtlich fand aus mykenischer Dichtung nur sehr wenig über das Kriegshandwerk und das Leben in den Palästen Eingang in die spätere Epentradition.

Demzufolge ist es unwahrscheinlich, daß sich die Epentradition um bereits existierende mykenische Dichtungen über den Trojanischen Krieg herum entwickelt hätte, wie dies schon angenommen wurde – selbst wenn

dieses Thema von bronzezeitlichen Dichtern behandelt worden sein sollte. Erst in dem Dunklen Zeitalter, das auf die mykenische Zeit folgte, begann die schöpferische Phase der vorhomerischen Epentradition. Dies ist durch umfangreiche neuere Arbeiten über Homer bestätigt worden. Es waren volkstümliche Sänger des Dunklen Zeitalters, die ihre nostalgischen Geschichten über die große Zeit der mykenischen Vergangenheit woben, wobei wir auf ähnliche Entwicklungen in der epischen Tradition vieler Kulturen verweisen können, so der keltischen, der germanischen und der afrikanischen.

Derartige Schlußfolgerungen mögen für jene, die es gern gesehen hätten, wenn sich die mykenische Welt in den homerischen Schilderungen getreulich widerspiegelte, enttäuschend sein. Dennoch schließen sie die Vorstellung keineswegs aus, daß der Kern der Geschichte von der Belagerung Trojas – ja, sogar einiger Hauptpersonen – tatsächlich auf die Bronzezeit zurückgeht, denn die Epentradition kann durchaus Ereignisse wahrheitsgetreu bewahren, ohne sich deswegen der mykenischen Sprache bedienen zu müssen. Wie steht es dann mit dem Kern der Geschichte?

Der »Schiffskatalog«

Wie Schliemann als erster nachweisen konnte, waren die Orte, die Homer als die Hauptzentren seiner Geschichte erwähnt, tatsächlich auch die bedeutendsten Orte des mykenischen Griechenlands. Mykene war die größte und mächtigste dieser Königsburgen; Tiryns, Pylos und Orchomenos besaßen den gleichen Rang. Soweit Linear-B-Tafeln Namen nennen, bestätigen sie viele der homerischen Namen – Pylos, Knossos, Amnisos, Phästos und Kydonia, um nur die bekanntesten zu erwähnen; daß Mykene mit seinem homerischen und klassischen Namen bezeichnet wurde, ergibt sich aus einer ägyptischen Inschrift des 14. Jahrhunderts v. Chr. Dies war wohl nicht anders zu erwarten, besonders nachdem entdeckt worden war, daß Linear B eine griechische Sprache war und es demzufolge zwischen Homer und der Jüngeren Bronzezeit eine sprachliche Kontinuität gab. Im zweiten Gesang der *Ilias* befindet sich jedoch eine bemerkenswerte Liste von 164 Orten, die angeblich Kontingente nach Troja entsandten, der sogenannte Schiffskatalog:

> Dann die Argos bewohnt und die festummauerte Tiryns,
> Asinens samt Hermionens Port an besegelter Meerbucht.
> Troizen, Eionai auch und die Traubengestad' Epidauros',
> Auch die Ägina und Mases bewohnt, die jungen Achäer:
> Diesen gebot obwaltend der Rufer im Streit Diomedes.
>
> *Ilias*, II, 559–563 (nach J.H. Voss)

Der Katalog war ursprünglich unabhängig von der *Ilias* zusammengestellt worden; ja, es herrscht weitgehend Übereinstimmung, daß er älter als die *Ilias* ist und getrennt von dieser als eine Namensliste aufgestellt wurde, auch wenn er sprachlich genauso rein homerisch ist wie alles übrige. Diese Unabhängigkeit zeigt sich nicht nur in den Unterschieden und Wider-

sprüchlichkeiten zwischen ihm und der eigentlichen *Ilias*, sondern auch in seiner Einordnung; denn er war nicht dafür gedacht, einen Platz in der *Ilias* einzunehmen, da er sich ja als Bericht vom Aufmarsch der griechischen Kontingente zu Beginn des Krieges präsentiert. Die Frage, in welcher Phase er in die *Ilias* eingebaut wurde, ist lange ergebnislos diskutiert worden. Immerhin haben zahlreiche Kritiker darin eine Verkörperung mykenischer Überlieferung in reinerer Form als in der *Ilias* als Ganzem gesehen. Ja, manche sind soweit gegangen, sie als das zu betrachten, was sie hatte sein wollen: nämlich die tatsächliche Präsenzliste oder »Musterrolle« der griechischen Streitkräfte, die das historische Troja eroberten. Diese These findet in der Tat eine gewisse Stütze in einer Anzahl von Linear-B-Tafeln, die in Pylos gefunden wurden (s. Seite 122), auf denen militärische Vorkehrungen und Truppenstärken verzeichnet sind. Der verstorbene Denys Page hat in einer der anregendsten Studien zu diesem Thema den kühnen Schluß gezogen, daß der Katalog nicht nur im wesentlichen aus mykenischer Zeit stamme, sondern tatsächlich eine Schlachtordnung darstelle, so daß der Zusammenhang mit einer überseeischen Unternehmung »historisch wahr sein müsse«. Nach seiner Vorstellung wurde die Liste unabhängig von der dichterischen Überlieferung, die ihren abschließenden Höhepunkt in der *Ilias* fand, aufbewahrt und in einer späteren Phase eingefügt, da sie in einer Reihe sachlicher Punkte sehr stark von der *Ilias* abweicht. Schließlich fand Page die Aufzählung von Leuten und Lokalitäten »wenig verändert«, wenngleich die Zahlenangaben später erfunden sein könnten. Diese dramatische Schlußfolgerung muß trotz des verführerischen Reizes, wir hätten einen authentischen Bericht über das griechische Heer, das nach Troja zog, mit Vorsicht behandelt werden. Trifft es zu, daß diese Liste – selbst wenn sie aus der Bronzezeit stammt – ein Schlachtplan »sein muß«? Warum stellen primitive Gesellschaften derartige Listen auf? Was ist der Katalog wirklich?

Was stellt eine Liste dar?

Zunächst möchte ich eine allgemeine Feststellung treffen. Zwar dürfen wir mit Recht gegenüber der Vorstellung skeptisch sein, daß der Katalog auf eine schriftliche Liste auf Linear-B-Tafeln zurückgeht, doch gehört er nichtsdestoweniger zu der Art von Listen, die immer wieder auf solchen Tafeln auftauchen: Listen von Namen, Listen von Waren, Listen von militärischen Ausrüstungsgegenständen und Streitkräften. (Von Gelehrten ist sogar behauptet worden, sie hätten einen authentischen mykenischen »Schiffskatalog« unter den Tafeln aus Pylos gefunden.) Die Linear B war nicht flexibel genug für die griechische Sprache; sie war eine in hohem Maße schablonenhafte Silbenschrift, die für administrative Aufzeichnungen ausreichend war, nicht jedoch für ausführliche historische oder literarische Texte. Wir finden dasselbe Prinzip bei der Entwicklung der mesopotamischen Keilschrift: Dreiviertel aller erhaltenen Schriftzeugnisse (es sind insgesamt etwa 150000) sind verwaltungstechnische Aufzeichnungen – im wesentlichen also Listen. Selbst bei den Tafeln aus Ugarit (14. bis

13. Jahrhundert v. Chr.) handelt es sich – auch wenn sich literarische Texte darunter befinden –, überwiegend (zwei Drittel der insgesamt 500) um Listen, wozu auch Aufzählungen von Personen und geographischen Namen gehören. In ägyptischen Texten aus der Zeit der Paläste von Mykene und Ugarit finden wir sogar Anleitungen, wie so ziemlich alles, was es auf der Welt gibt, in riesige Listen aufgegliedert werden kann. Diese dienten zur Ausbildung von Schreibern. Dazu gehören beispielsweise die 96 Städte Ägyptens, Bezeichnungen für alle Arten von Menschen sowie die Namen fremder Völker und Örtlichkeiten, wobei »Keftiu-Namen sowie die Namen fremder Orte auf den Inseln« aufzuzählen sind. Schulkinder der XVIII. Dynastie sollten ebenfalls Namen und typische Erzeugnisse von Ländern angeben, wobei »möglichst viele fremde Wörter und Namen« zu verwenden sind. Wenn wir solche Listen komplett mit ergänzenden Beschreibungen vorliegen hätten, würden sie sicherlich ein Gegenstück zu den homerischen Katalogen bilden, wie ein Papyrus aus dem 13. Jahrhundert erwarten läßt, in dem es heißt: »Bist du in dem Land der Hethiter gewesen? Weißt du, wie Khedem aussieht? Bist du schon die Straße nach Meger mit ihren vielen Zypressen entlangmarschiert? Byblos, Beirut, Sidon ... Nezen am Fluß, Tyrus mit dem Hafen, reicher an Fischen als Sand.« Die ägyptischen Gesandten des 14. Jahrhunderts v. Chr., die mit phonetischer Genauigkeit Listen syrischer, nahöstlicher und ägäischer Städte einschließlich Amnisos, Knossos und Mykene aufschrieben (s. Seite 177), erledigten in bescheidenem Maßstab dasselbe, was gebildete Leute immer schon taten. (Die Gepflogenheit hörte übrigens nicht mit der Bronzezeit auf; bei Dorothy Sayers konnte Lord Peter Wimsey »so etwa eine Seite aus Homers Schiffskatalog mit ziemlicher Genauigkeit aufsagen«, wenn er etwas Feierliches und Eindrucksvolles deklamieren wollte, und mindestens ein älterer Beamter konnte ihn – der *Times* vom 12. November 1964 zufolge – als Mittel gegen Schlaflosigkeit zitieren!

Solche Listen gelten bei Anthropologen als charakteristisch für Gesellschaften, die gerade im Übergang von der Schriftlosigkeit zur Schriftkundigkeit begriffen sind (Homers Zeit), oder bei denen die Schriftkundigkeit von der Mehrzahl als zu umständlich und beschwerlich vernachlässigt wird und das Reservat einer Minderheit bleibt (wie dies in der spätmykenischen Bürokratie der Fall war). Ägyptische und andere Parallelen könnten vermuten lassen, daß Listen wie der Schiffskatalog mit größerer Wahrscheinlichkeit als »interessante Aufzählungen« studiert und auswendig gelernt wurden, und nicht ihr Dasein auf Tontäfelchen begannen, um dann zum Gegenstand mündlicher Überlieferung zu werden (wenn dergleichen überhaupt denkbar ist).

Leider wissen wir eben immer noch zu wenig über Stand und Ausmaß des Lesen- und Schreibenkönnens in mykenischen Königreichen und nahezu nichts über Form und Inhalt dessen, was die mykenischen Barden an den Königshöfen vortrugen. So können wir kaum erraten, wie und warum der Katalog ursprünglich entstand. Außerdem müssen wir uns vor der Tendenz einer Gesellschaft hüten, eine Überlieferung zu erfinden; die Tatsache, daß

sie ungefähr zeitgenössisch ist, braucht nicht unbedingt zu bedeuten, daß sie »wahr« ist. Diesen Vorbehalt vor Augen, wollen wir untersuchen, was die Liste uns zu sagen hat.

Eine Reihe von Anhaltspunkten deutet darauf hin, daß der Katalog ein mykenisches Griechenland widerspiegelt. Der wichtigste ist, daß mehrere Orte genannt werden und mit Sicherheit lokalisiert werden können, die in mykenischer Zeit bewohnt wurden, aber anschließend bis nach dem achten Jahrhundert, in dem der Katalog vermutlich seine heutige Form angenommen hat, verlassen waren. Das beste Beispiel dafür ist Eutresis in Böotien, das um 1200 v. Chr. von seinen Bewohnern aufgegeben und erst 600 Jahre später wieder besiedelt wurde; hierzu gehören weiterhin Krisa (mit seinem großartigen Blick über die Schlucht unterhalb Delphis), Pylos und Dorion (Malthi im Soulima-Tal) in Messenien und Hyrie (Dramesi) in Böotien. In diesem letzteren Ort entdeckte Blegen eine Schiffs-Stele, die er für ein Denkmal eines überseeischen Unternehmers wie das gegen Troja hielt. Daß der Katalog überhaupt solche Ortsnamen bewahrt, deutet darauf hin, daß er mindestens auf mykenische Überlieferungen des 12. Jahrhunderts v. Chr. zurückgeht. Vielleicht noch bedeutsamer ist die Tatsache, daß bei keinem der in dem Katalog erwähnten und identifizierbaren Orte nachgewiesen werden kann, daß er in mykenischer Zeit nicht bewohnt gewesen wäre. Von den achtzig oder neunzig Orten, die bisher lokalisiert worden sind, weisen Dreiviertel Anzeichen mykenischer Besiedlung auf. Außerdem haben alle, die bisher ausgegraben worden sind, erkennen lassen, daß sie von Mykenern bewohnt waren. Von diesen hat etwa ein Drittel keinerlei Spuren einer anschließenden eisenzeitlichen Besiedlung aufzuweisen. Man darf wohl sagen, daß diese Fakten die mykenische Herkunft mindestens eines Teils des Katalogs beweisen (wenn auch natürlich nicht unbedingt, daß er etwas mit dem Trojanischen Krieg zu tun hätte). Das einzige Argument dagegen wäre der Nachweis, daß einige in ihm aufgeführte Orte damals nicht existierten. Doch haben wir gesehen, daß dies nicht der Fall ist. Betrachten wir eines der Beispiele genauer.

»Enispens wehende Gipfel«

Es ist schwierig, diese Orte heute zu finden, und wenn es dir gelänge, wärest du doch nicht besser daran, weil niemand dort wohnt.

Strabon, *Geographie*

Dieses Beispiel aus dem Katalog habe ich gewählt, um eine wichtige Feststellung treffen zu können – daß nämlich viele der dort genannten Orte von den Griechen der klassischen Zeit nicht lokalisiert werden konnten. Homer mochte von Mykene und Tiryns aufgrund sichtbarer Überreste und örtlicher Sagen gewußt haben. Doch wie kam er dazu, zahlreiche andere Orte auszuwählen, nach denen die Geographen in historischer Zeit an allen Ecken gesucht hatten, bis sie schließlich verärgert aufgaben – »nirgends zu

finden«, »existiert nicht«, »verschwunden«? Woher wußte Homer, daß es solche Orte gegeben hatte? Woher kannte er ihre Namen? Woher wußte er, daß es in Messe Tauben gab oder daß Enispe windig war? Vor allem aber: woher wußte er etwas über Orte, die – wie wir gesehen haben – am Ende der mykenischen Zeit aufgegeben und nie wieder bewohnt wurden?

Nach übereinstimmender Meinung unter heutigen Katalogdeutern war der aller hoffnungsloseste Fall die Identifizierung eines Dreigestirns obskurer kleiner Orte in Arkadien: Ripe, Stratie und Enispe. Selbst Lazenby und Hope-Simpson, die alten Hasen der Homer-Suchtrupps, streckten kampflos die Waffen, ohne auch nur eine Ahnung zu haben, ob sie ihren legendären zerbeulten Morris in Richtung West- oder Zentralarkadien steuern sollten.

Ein griechischer Archäologe, C.T. Syriopoulos, der 1939 in einem Straßeneinschnitt ans Licht gebrachtes, aber bisher unveröffentlichtes Material auswertete, hat kürzlich eine prähistorische Fundstätte in der Nähe von Dimitra in Gortynia, einem Bezirk in Nordwestarkadien, lokalisiert, die seit der Jungsteinzeit bis zum 12. Jahrhundert v. Chr. intensiv besiedelt, dann aber für immer verlassen worden war. Der Fundort befindet sich auf einem felsigen Hügel am Südhang des Berges Aphrodision (zu erreichen von der Straße Tripolis-Olympia) und beherrscht einen der Übergänge über den Fluß Ladon. Der Ladon fließt in den Alpheios, dessen steiles, bewaldetes Tal eines der lieblichsten und unberührtesten Gebiete der Peloponnes ist. Westlich des bewohnten Areals auf dem beherrschenden Gipfel des Agios Elias, befinden sich Befestigungsmauern, die dem 13. Jahrhundert angehören dürften. Die Töpferware ist »provinziell«, wie es in dieser abgeschiedenen Lage kaum anders zu erwarten ist. Pausanias sagt, daß »manche Leute glauben, Enispe, Stratie und Ripe seien einst bewohnte Inseln im Ladon gewesen«, worauf er entgegnet, daß »jeder, der dies glaubt, begreifen muß, daß dies Unsinn ist. Der Ladon kann niemals eine Insel auch nur von der Größe eines Übersetznachens bilden!« Übersetzt man jedoch das Wort für Insel *(nesos)* als ein Stück Land zwischen einem Fluß und einem Nebenfluß (was durchaus zulässig ist), dann könnte Dimitra sehr wohl als eine Insel im Ladon, nämlich zwischen diesem und zwei Nebenflüssen bezeichnet werden. Akzeptiert man dies, könnte das benachbarte Stratie ebenfalls eine »Insel« im Ladon sein. Drei Stunden Weg von Dimitra entlang dem Lauf des Ladon befindet sich ein Ort namens Stavri, der sehr wohl dem Stratos des Historikers aus dem zweiten Jahrhundert v. Chr. entsprechen könnte. Was nun das »windige« Enispe anbetrifft, so könnte das Beiwort kaum treffender sein: Der Ort, wo Dimitra steht, ist heftigen Winden ausgesetzt, die aus dem Tal des Ladon und seines Nebenflusses Kako-Lagadi heraufwehen; der heutige Dreschplatz zuoberst der prähistorischen Fundstätte, der den ständigen Wind zum Wegblasen der Spreu ausnützt, macht diesen Punkt besonders deutlich. Und sollten die Befestigungen auf dem Agios Elias wirklich bronzezeitlich und der Zufluchtsort der Bewohner des Enispe des 13. bis 12. Jahrhunderts v. Chr. gewesen sein, dann paßt das mit dem Wind um so besser!

Wenn die Identifizierung dieser beiden Orte zutrifft und die Informanten des Pausanias zuverlässig waren, müßte Ripe, der dritte verlorene Ort, an der Einmündung eines weiteren Nebenflusses in den Ladon liegen. Und in der Tat gibt es einen Ort, von Stratie anderthalb Stunden zu Fuß am Ladon abwärts, wo sich an einer Agios Georgios genannten Stelle eine weitere »Insel« befindet, auf der angeblich Gräber aus spätmykenischer Zeit existieren.

Homers Bericht beschreibt demnach in einer einleuchtenden Reihenfolge die drei Hauptorte dieser nordwestarkadischen Gebirgsregion. Sie fügen sich auch in vernünftiger Weise in die Anordnung der arkadischen Orte in seiner Liste ein. Damit dürfte ein Rätsel, vor dem keine geringeren als Strabon und Pausanias kapitulieren mußten, gelöst sein.

Die zusammenfassenden Schlußfolgerungen neuerer archäologischer Erkenntnisse gehen also dahin, zu zeigen, daß der Katalog bei aller Seltsamkeit und ungeachtet späterer Hinzufügungen auf eine echte bronzezeitliche Aufzählung zurückgeht. Homer sagt, daß es in Messe und Thisbe Tauben gab, in Enispe Wind, vor Helos Küste (und in Troja, wenn wir schon dabei sind, Pferde und Wind), weil es tatsächlich so war. Wie wäre es sonst möglich, daß das seit etwa 1200 v. Chr. unbewohnte Eutresis auf der Liste erscheint?

Wenden wir uns allerdings der politischen Einordnung der Königreiche und der Gruppierung aller dieser obskuren Orte zu, wie sie Homer beschreibt, dann stoßen wir auf ernsthafte Schwierigkeiten, den Katalog mit dem, was wir über das Griechenland des 13. Jahrhunderts v. Chr. wissen, in Einklang zu bringen. Hier besteht die einzige Möglichkeit zur Nachprüfung in den Informationen aus den Palastarchiven. Die Linear-B-Tafeln enthalten detaillierte Angaben über zwei der im Katalog genannten mykenischen Königreiche, Knossos und Pylos, die mit Homers Angaben verglichen werden können. Hinsichtlich Knossos ist das Problem dornenvoll, wie wir schon gesehen haben. Akzeptieren wir jedoch die revidierte Datierung der Tafeln, stammt das Archiv aus der Zeit um 1200 v. Chr., ganz grob also aus der Zeit, aus der angeblich auch der Katalog stammt. Nun tauchen aber von Homers sieben kretischen Städten nur drei auf den Tafeln auf (Knossos, Lyktos und Phaestos), wenngleich die Tafeln mit Homer darin übereinstimmen, daß sich das Königreich des Idomeneos auf die zentrale Region beschränkte, und viele der in den Tafeln genannten Orte weiterer Untersuchung bedürfen. Eine weitere Stadt des Katalogs, Milatos, hat neuerdings bedeutende spätbronzezeitliche Überreste ans Licht gebracht. Noch größere Schwierigkeiten bietet Pylos, denn obgleich sowohl Homer als auch die Tafeln neun Städte in Messenien aufführen (für sich betrachtet eine interessante Übereinstimmung), so kommen doch nur Pylos und Kyparissia in beiden Listen vor, wenngleich Homers Amphigeneia und Helos auf anderen Bruchstücken der Tafeln aus Pylos zu identifizieren sein könnten. Auf jeden Fall können die übrigen sieben Namen wichtiger pylischer Städte nicht mit Homer in Einklang gebracht werden, so daß eine führende Linear-B-Autorität heute glaubt, Homer sei »nahezu wertlos« für

Kardamyle im Gebiet von Maine (mittlerer Südzipfel der Peloponnes). Diese dramatische Burganlage schenkte Agamemnon nach der *Ilias* Achilles; viele der von Homer erwähnten obskuren Örtlichkeiten waren in der Bronzezeit wirkliche Wohnorte.

jedweden Versuch, die Geographie des mykenischen Griechenlands zu rekonstruieren. Homer scheint jedoch in seiner Liste von wirklichen Orten zu sprechen. Bei allem Verdruß mit dem abweichenden Inhalt der Tafeln lohnt sich also die Frage, ob die politische Gliederung in dem Katalog, so bizarr sie in einzelnen Fällen ist, am Ende nicht eine einstmals bestehende Situation widerspiegelt, *jedoch zu einer anderen Zeit*. Könnte beispielsweise Homers pylisches Königreich die Situation nach der Zerstörung von Pylos wiedergeben? Sollte beispielsweise ein Barde im 12. Jahrhundert v. Chr. eine Liste berühmter Orte rekonstruieren, hätte er sicherlich gewußt, daß Pylos der Mittelpunkt Messeniens gewesen war, auch wenn es vor seiner Zeit schon zerstört worden war. Es könnte sogar irgendeinen unbedeutenden dorischen Kleinfürsten gegeben haben, der den Anspruch erhob, Nestors Erbe zu sein. Auf jeden Fall hätten pylische Flüchtlinge, die nach Athen ausgewandert waren, die Erinnerung an das »sandige Pylos« wachgehalten. An anderer Stelle gab es im 12. Jahrhundert immer noch eine als solche erkennbare mykenische Lebensweise in Königreichen wie Mykene, Tiryns und Athen; auch in Lakonien bestand auf dem Menelaion weiterhin eine Besiedlung, und an gewissen Orten wie Amyklai gab es offensichtlich Anzeichen einer Kontinuität. Gerade in Lakonien stimmt Homers Liste mit dem archäologischen Befund sehr gut überein.

Dennoch ist der Katalog voll von seltsamen politischen Unterteilungen. So läßt er die übrige *Ilias* unbeachtet, indem er den hervorragendsten Helden, Achilles und Odysseus, ganz unbedeutende Königreiche zuweist.

Er verbannt Ajax auf das winzige Salamis, er unterteilt die Ebene von Argos in der Weise, daß Agamemnon mit Mykene nur den nördlichen Teil und das Gebiet am Isthmus beherrscht, während Diomedes mit Tiryns den unteren Teil der Ebene mit Argos und Asine kontrolliert. Die meisten Fachleute sind davon ausgegangen, daß diese Unterteilung gerade wegen ihrer augenscheinlichen Unsinnigkeit eine Situation widerspiegeln müsse, die wirklich einmal in Griechenland bestanden hat. Der Versuch, sie mit den Gegebenheiten der Blütezeit im 13. Jahrhundert in Übereinstimmung zu bringen, hat sich jedoch als schwierig erwiesen. Da die Besonderheiten der einzelnen Fundorte sehr stark darauf hindeuten, daß der Kern der Aufzählung wirklich aus der Bronzezeit stammt, scheint es zumindest vorstellbar, daß auch ein Teil der politischen Gliederung bronzezeitlich ist. Die Antwort könnte sein, daß die Königreiche in etwa das Jahrhundert nach der Blütezeit Mykenes widerspiegeln und daß der Katalog in seiner ursprünglichen Form, von späteren Hinzufügungen bereinigt, tatsächlich eine Schöpfung des 12. oder 11. Jahrhunderts v. Chr. ist. Das wäre die Zeit nach dem Verfall der mykenischen Zivilisation, als einige Königreiche vom Niedergang betroffen und manche Paläste zerstört waren, aber Reste der alten Kultur sich noch immer stellenweise hielten. So deutet beispielsweise im Falle von Mykene der Katalog auf eine Zeit hin, in der ein größerer Staat, der den ganzen Nordwesten der Peloponnes umfaßt hatte, in zwei Teile zerbrochen war. Für Mykene und Tiryns kann der Katalog nicht als ein Dokument des 13. Jahrhunderts (S. Hell. III B) gelten. Damals war Mykene das Zentrum der Argolis mit einem Netz davon ausgehender Straßen (siehe Kapitel 5). Er gibt aber sehr wohl einen Sinn, wenn man ihn auf die Situation nach 1200 bezieht, als Tiryns womöglich an Macht und Bevölkerungszahl noch zunahm (s. Seite 251). Wie wir noch sehen werden, deutet auch der Befund aus Orchomenos, das auf eine kleine Ecke am Kopais-See beschränkt war (s. Seite 182), auf ähnliche Verhältnisse hin. Auch hier fände der Katalog eine Bestätigung, wenn er nämlich die Böotier hervorhebt, die in ihm eine beherrschende, in der Geschichte des Trojanischen Krieges jedoch gar keine Rolle spielen: Nach der zur Zeit des Thukydides gängigen Überlieferung kamen die Böotier erst sechzig Jahre nach dem großen Ereignis in Böotien an. Damit verrät der Katalog Spuren des mykenischen Niedergangs und müßte somit in seinen Ursprüngen auf das (späte?) 12. Jahrhundert v. Chr. zu datieren sein. Daß er auf Orte Bezug nimmt, die um 1200 v. Chr. zerstört wurden, spricht nicht dagegen; mündliche Überlieferungen aus der mykenischen Welt waren in den darauffolgenden drei oder vier Generationen vermutlich lebendig genug, um sich ihrer Namen und sogar ihrer kennzeichnenden Beiworte zu erinnern. Man könnte sich vorstellen, daß der Katalog in den Jahren des Niedergangs der spätmykenischen Welt zur Erbauung der unbedeutenden Kleinfürsten verfaßt wurde, die anstelle der Atriden ein schrumpfendes Mykene regierten. Daß er irgend etwas mit einem eventuellen Trojanischen Krieg zu tun gehabt hätte, ist nicht zu beweisen. Selbst wenn er wirklich aus der mykenischen Welt stammte, bietet dies keine Gewähr dafür, daß es sich nicht einfach um eine Liste »interessanter Orte«

handelt, die mit dem Krieg durch eine Art »erfundener Überlieferung« in Verbindung gebracht werden, wie es in den Nachwehen eines Goldenen Zeitalters öfters geschieht: Zuhörerschaften aus nach-heroischer Zeit sind die begierigsten Konsumenten solcher dramatischen Schilderungen. Der Katalog mit seiner Vision eines geeinten Griechenlands bei seinem letzten großartigen Übersee-Unternehmen blendet somit zurück auf die »gute alte Zeit«, als die Achäer noch groß und stark waren und von mächtigen und ruhmreichen Königen regiert wurden – »Führern von Männern« und »Königen vieler Inseln«, die wußten was zu tun sei, wenn Fremdlinge daherkamen und ihre Schätze stahlen oder mit ihren Frauen davongingen.

Im übrigen ist zu fragen, ob die Barden, die als erste auf die Idee kamen, die Namen und Taten der am Trojanischen Krieg teilnehmenden Helden in epischen Gesängen festzuhalten, wirklich etwas von den Kräften und Gewalten eines richtigen Krieges wußten, oder ob sie sich die große Liste mykenischer Ortsnamen nur ausdachten. Erfanden sie einfach Helden nach gängigen Namen wie Ajax, dessen Turmschild vielleicht einen Helden aus einer früheren Epenschicht erkennen läßt? Oder wie Achilles mit seiner Meeresgöttin als Mutter und seinen magischen Eigenschaften? Wenn es außerdem eine mykenische Ependichtung gegeben hat, wäre die Geschichte von Troja nicht die erste Belagerung gewesen, die Gegenstand solcher Heldengesänge wurde. Auf dem von Schliemann gefundenen »Belagerungs-Rhyton«, einem Ziergefäß aus dem 16. Jahrhundert, ist eine Belagerung dargestellt; auf einem Wandgemälde im Megaron von Mykene wird der Angriff auf eine Stadt gezeigt; die Geschichte vom Feldzug gegen Theben war vielleicht bereits Gegenstand dichterischer Darstellung, auf jeden Fall ein geeignetes Vorbild. Kurzum, enthält die Geschichte vom Trojanischen Krieg irgendwelche besonderen Elemente, die darauf schließen lassen, daß das uns überlieferte Epos Einzelheiten und Vorgänge eines wirklichen bronzezeitlichen Ereignisses zutreffend wiedergibt?

Homers Schilderung

Ich möchte davon ausgehen, daß gewisse Grundelemente in Homers Geschichte richtig sein müssen, wenn wir wenigstens die grundsätzliche Wahrscheinlichkeit der Erzählung von Troja akzeptieren. Selbst wenn es noch nicht zu beweisen ist, daß eine Stadt dieses Namens von Griechen erobert wurde, so können wir doch wenigstens aufzeigen, daß die homerische Überlieferung in anderen bezeichnenden Einzelheiten richtig ist. So deuten beispielsweise hethitische und ägyptische Zeugnisse darauf hin, daß Homers Namen, mit denen er die beteiligten Völker bezeichnete, korrekt waren: Die Griechen nannte er Achäer und Danaer, die Trojaner nannte er Dardaner. Aber hieß Troja wirklich Troja?

Wie wir sahen, ist in Hisarlik nie irgend etwas gefunden worden, was auf den bronzezeitlichen Namen des Ortes hinweist. Selbst wenn es dort je Tontafeln mit einer »diplomatischen Korrespondenz« gegeben haben sollte,

sind sie schon vor langer Zeit zerstört worden. Die Linear B nennt vielleicht eine trojanische Frau (Toroja), wir können dessen jedoch keineswegs sicher sein. In einem hethitischen Dokument von ca. 1420 v. Chr. erscheint der westanatolische Staat Wilusa (oder Wilusiya) in nächster Nähe zu einem Ort namens Taruisa, der aber unglücklicherweise in dem hethitischen Archiv nur einmal vorkommt. Könnten wir von einer alternativen Form Taruiya ausgehen, hätten wir einander entsprechende Formen zu Homers Troia und Wilios in Nordwestanatolien zum richtigen Zeitpunkt. Leider läßt es der gegenwärtige Stand der Erforschung hethitischer Geographie nicht zu, diese verlockende Hypothese zu weit zu treiben. Die dornigen Probleme, die mit der Frage einer Erwähnung der Griechen in hethitischen Quellen zusammenhängen, werden im sechsten Kapitel näher besprochen. Wir können aufgrund zunehmender Einblicke in die spätbronzezeitliche Geographie hier immerhin soviel sagen, daß Homer noch nicht widerlegt ist, ja, daß seine Darstellung in einigen neueren Fällen bestätigt wurde. Wir müssen uns also Hisarlik selbst zuwenden, wenn wir eine Antwort auf die Frage zu finden hoffen, ob sich die Geschichte seit der Späten Bronzezeit wirklich um Hisarlik-Troja drehte. War Hisarlik schon immer der Schauplatz des griechischen Epos um Troja?

Die »Heilige Ilios«: Homer und die Topographie Trojas

Seit wann kommt Troja in der Geschichte vor? Mit anderen Worten: Handelte die Geschichte schon immer von einer Stadt, die nahe den Dardanellen in einer Gegend gelegen war, die seitdem die Troas genannt wird? Diese Frage muß gestellt werden, denn es ist des öfteren behauptet worden, die Barden hätten diesen Schauplatz auf eine ältere Geschichte aufgepfropft, zum Beispiel auf eine Dichtung über die mykenische Eroberung Thebens oder gar einen achäischen Angriff auf Ägypten wie jenen, der in der *Odyssee* erwähnt wird. In gewisser Weise kommt es nicht so sehr darauf an, wie wir Homer zeitlich einordnen, ob die Epen 730 v. Chr. in Jonien verfaßt oder von einem Barden aus Chios um 550 v. Chr. niedergeschrieben wurden. Ganz gleich, welches Datum wir wählen: wir haben es mit der Phase der äolischen Kolonie zu tun, die im achten Jahrhundert auf dem Hügel von Hisarlik gegründet wurde. Aus der Erzählung von den lokrischen Jungfrauen im ersten Kapitel geht hervor, daß dieser Ort bereits mit der Geschichte einer griechischen Expedition gegen Troja vor 700 v. Chr. verknüpft war. Selbst wenn wir zusammen mit vielen anderen annehmen, daß ein Barde namens Homer tatsächlich die äolische Kolonie Ilion bald nach ihrer Gründung um 750 v. Chr. besuchte, müssen wir immer erklären, warum dieses kleine obskure Ilion zum zentralen Schauplatz des griechischen Nationalepos wurde. Denjenigen, die die Geschichtlichkeit des Trojanischen Krieges glattweg ablehnen, fällt es schwer, diese Frage zu beantworten. Wir können nicht mit Sicherheit sagen, ob um 730 v. Chr. noch bauliche Merkmale des bronzezeitlichen Hisarlik (Troja VI–VII) sichtbar waren. Wenn aber eine epische Erzählung, die auf das Ende der

Die Ebene von Troja, von der Stadt aus gesehen (aufgenommen 1893). Das Foto vermittelt einen lebhaften Eindruck von der Höhe und Steilheit der Zitadelle. Ein großer Teil der Ebene war in der Bronzezeit Sumpf oder Flachsee.

Bronzezeit zurückgeht, vom Angriff auf eine wirkliche Festung damaliger Zeit berichtet – sollten dann nicht zumindest Spuren davon in Homers Beschreibung erhalten sein?

Wie wir im ersten Kapitel sahen, waren die ersten Reisenden, die die Troas aufsuchten, überzeugt, daß der Dichter von persönlichen Beobachtungen ausging, daß er also tatsächlich dort gewesen war. Von Cyriac von Ancona bis zu Alexander Kinglake hatten sich die Besucher beispielsweise überzeugen können, daß es wirklich möglich ist, von der Kuppe von Hisarlik über den Bergrücken des 80 Kilometer entfernten Imbros hinweg Samothrake zu sehen. »So hatte es Homer angegeben, und so war es«, wie Kinglake schrieb. Auf keinen Fall konnte es Zweifel an der allgemeinen geographischen Lage – den Inseln, den Dardanellen, dem Berg Ida usw. – geben. Aber andere Aspekte der homerischen Topographie gaben Anlaß zu Meinungsverschiedenheiten (und tun dies noch heute). So konnte beispielsweise die doppelte Quelle mit heißem und kaltem Wasser unterhalb der Westmauer nicht gefunden werden, obwohl dies vielleicht der genaueste

Das Südtor von Hisarlik mit den Steinsockeln, auf denen nach Ansicht Dörpfelds trojanische Götterbilder aufgestellt waren.

topographische Anhaltspunkt ist, den Homer erwähnt. Er führte einen so aufmerksamen Beobachter wie Lechevalier in die Irre, nämlich zur »Vierzig-Augen-Quelle« von Bunarbaschi. Schliemann fand tatsächlich zweihundert Meter von der Westmauer von Hisarlik entfernt die Reste einer Quelle, die schon vor langer Zeit von einem Erdbeben blockiert worden war. Es scheint jedoch, daß Homer wegen der dichterischen Wirkung die Quellen von Bunarbaschi mit denen von Hisarlik zu einer einzigen verwob. Hier geht es nicht so sehr um Homers Zuverlässigkeit als Topograph, eine ganz unsinnige Idee, sondern um die gewaltige Wirkung seiner vornehmlich das Typische und Wesenhafte herausstellenden Schilderungen – was ja schließlich auch den großen Dichter ausmacht. Man würde sicherlich zu weit gehen, wenn man von einer näheren Prüfung der örtlichen Gegebenheiten erwartete, daß alle diese schmückenden Beiwörter und erzählerischen Details hier ihre wörtliche Bestätigung fänden. Ist es dennoch möglich, daß etwas von den bronzezeitlichen Elementen, die zweifellos an anderer Stelle der Dichtung überlebt haben, in Troja selbst erhalten geblieben ist?

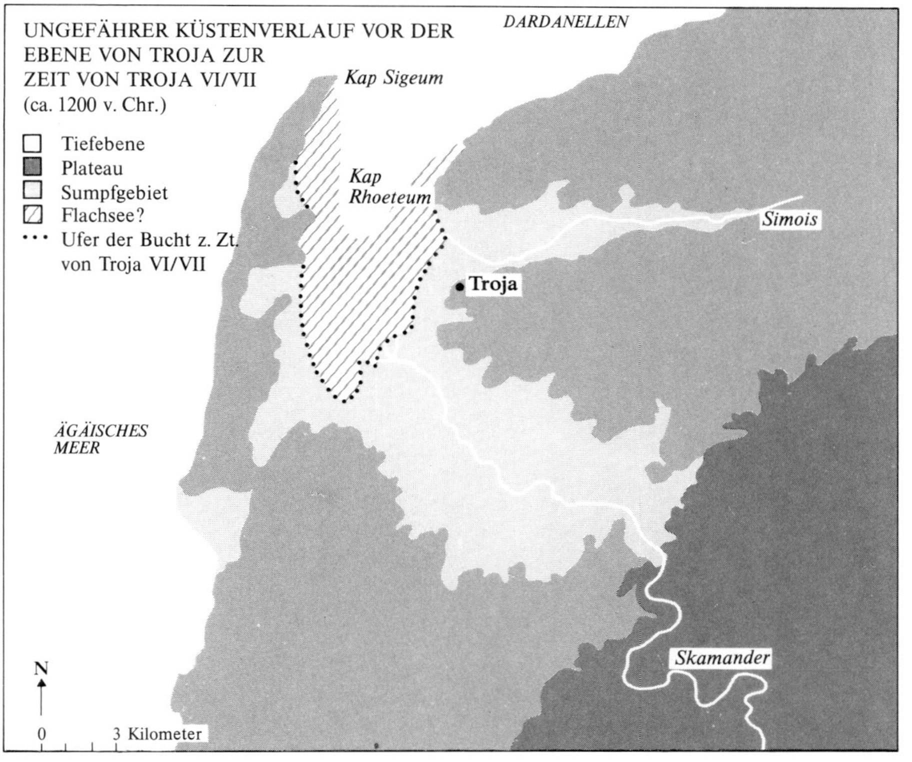

Die Beiwörter mehr allgemeiner Natur, die Homer für Troja verwendet, sind selbstverständlich für die Festung von Hisarlik nicht unangebracht – »wohlgebaut, steil, überhängend, pferdezüchtend« usw., aber keines ist sprachgeschichtlich alt. Das letzte dieser Beiwörter hat natürlich die Aufmerksamkeit der Archäologen auf sich gezogen, weil die zahlreichen Funde von Pferdeknochen vermuten lassen, daß die Pferdezucht eine typische Erscheinung der Ebene von Troja in der Bronzezeit war (wie dies auch für später gilt). Die Redewendung stammt jedoch nicht aus mykenischer Zeit, wenn man sich auch vorstellen kann, daß die Erinnerung weit zurückreicht. Die wohlgebauten Mauern, starken Türme und breiten Straßen, die Dörpfeld in Troja VI so sehr beeindruckten, sind sicherlich auf das bronzezeitliche Hisarlik besser als auf irgendeine Festung in der Ägäis anwendbar, aber sie werden von Homer auch für andere Orte verwendet. »Windig« ist bemerkenswert, denn es wird, wie wir gesehen haben, nur noch für einen anderen Ort gebraucht, nämlich für Enispe, und es paßt sicherlich auch für Hisarlik. Das kann jeder bestätigen, der einmal dort war und den kalten Nordwind erlebt hat, der das ganze Jahr über den einst noch höheren Bergvorsprung bläst. Aber eine solche Beschreibung bedeutet nicht, daß wir bronzezeitliche Sphären berührt hätten. Die Beschreibung von Ilios als »heilig« ist dagegen bemerkenswert und wirft ein besonderes sprachkundliches Problem auf. Das hier verwendete Wort stammt aus Äolien in der nordwestlichen Ägäis und nicht aus Jonien und könnte sehr wohl auf ein

frühzeitliches linguistisches Stratum, wenn auch wahrscheinlich nicht mykenischen Alters zurückgehen. Dennoch könnten die Funde von Kultfiguren im Umkreis der Tore von Troja VI darauf hindeuten, daß der Ort als besonders geheiligt in Erinnerung blieb.

Es ist schade, daß Homer sich nicht präziser über die Lage der Festung zum Meer ausdrückt; denn beachtliche neue Entdeckungen zeigen, daß Hisarlik in der Bronzezeit tatsächlich ein meeresnaher Landvorsprung war. Zur Zeit von Troja II führte die von Schliemann gefundene Rampe zu einem schmalen Küstenstreifen und zum Meer hinab, einer weiten Bucht, deren Zugang zwischen zwei Landzungen hindurchführte. Zur Zeit von Troja VI war das Meer vielleicht anderthalb Kilometer von dem Hügel entfernt. Troja war demnach ein größerer Hafen am Eingang der Dardanellen, der – wie Milet und Ephesus – schließlich versandete und seine Daseinsberechtigung verlor. Diese entscheidende Entdeckung gibt der ganzen Geschichte von Troja-Hisarlik mit einemmal einen Sinn, wie dies vorher gar nicht möglich war (auch wenn die Existenz einer Bucht schon von antiken Schriftstellern und auch von jüngeren Autoren wie Wood vermutet wurde). Homers topographische Hinweise schildern in diesem Fall jedoch nicht das, was er selbst gesehen haben muß, wenngleich zwei Sätze etwas derartiges widerspiegeln könnten. Homer spricht einmal von dem wirbelnden Skamander, der sich in die »breite Bucht des Meeres« ergießt, und beschreibt dann ein Schiff, das von der Hauptzufahrt zum Hellespont abbiegt, um nach »Ilios hereinzukommen«. Offenbar können wir von Homers Topographie nicht sagen, daß sie der der Späten Bronzezeit besser entspricht als der seiner eigenen Zeit, wenngleich einige Geologen, die den neuen Befund untersucht haben, meinen, daß dies doch zutreffen könnte.

Die dichterische Redeweise in Verbindung mit Troja und Ilios beschränkt sich selbstverständlich nicht auf Subjekt-Attribut-Verbindungen wie »windiges Troja« und dergleichen. Sie enthält gewisse archaische Besonderheiten, die nicht genauer zu datieren sind, so die seltsame Präposition *proti* und die regelmäßige Verwendung des Digamma (des »W«, das im späteren Griechisch nicht vorkommt) in *W*ilios, der ursprünglichen Form von Ilios. Die Sprachwissenschaft hat aus diesem Material den allgemeinen Eindruck gewonnen, daß die Geschichte und ihre ganze Ausdrucksweise allmählich verfeinert und zurechtgestutzt wurde, um mit einem kleinen Wortschatz eine außerordentliche Schmiegsamkeit und Verwendbarkeit zu erzielen – ein wichtiger Hinweis darauf, daß die Geschichte von Troja viele, viele Male erzählt worden ist, bevor sie die Form angenommen hat, die uns in der *Ilias* entgegentritt. Was uns die Sprachwissenschaftler jedoch nicht sagen können, ist, ob diese lange Folge von Rezitationen eine, zehn oder zwanzig Generationen von Sängern umfaßt.

Fassen wir zusammen: Man glaubt, daß es in mykenischer Zeit irgendeine Art erzählender Dichtung gab und daß einige Bruchstücke davon, jedoch nur sehr wenige, in den homerischen Epen weiterleben. Ein sehr großer Teil, der aus den formelhaften Prägungen Homers besteht, ist jüngeren Datums. Selbstverständlich aber können Fragmente der hypothetischen mykeni-

Rekonstruktion des Südtores von Troja VI, wie es ca. 1300–1250 v. Chr. ausgesehen haben dürfte.

schen Sage ganz unabhängig von Wortschatz und Redeweise in den homerischen Epen fortbestehen. Das frappanteste Beispiel ist der berühmte Eberzahnhelm, ganz eindeutig ein mykenisches Ausrüstungsstück, obwohl die Redeform, in der Homer ihn beschreibt, in keiner Weise altertümlich ist. Dies sollte uns daran erinnern, daß eine urtümliche Redeweise aus einem dergestalt überlieferten Text völlig verschwinden kann, auch wenn der sachliche Inhalt korrekt weitergegeben wird.

Wir wollen nun im Lichte dieser Feststellungen noch drei Punkte in Homers Beschreibung äußerer Gegebenheiten näher betrachten, von denen man annehmen kann, daß sie bis auf die Bronzezeit zurückgehen und die einem Sänger aus Homers Tagen vermutlich unbekannt waren. Keiner enthält irgendwelche sprachlichen Merkmale, die unbedingt alt sein müssen; alle enthalten einige seltene authentische Einzelheiten, die aus der Beschreibung einer tatsächlichen Belagerung des bronzezeitlichen Hisarlik stammen könnten.

1. Die »Schräge« oder »Rückwärtsneigung« der trojanischen Mauern. »Dreimal klomm Patroklos die Schräge der hochragenden Mauer hinan« (*Ilias*, XVI, 702). Ist dies eine Beschreibung der für die Bauweise von Troja VI typischen Besonderheit? Blegen vermerkt in seinem Bericht, daß es Abschnitte gab, wo die einzelnen Steinblöcke nicht genau aufeinanderpaßten, so daß seine Arbeiter auf diese Weise leicht hinaufklettern konnten. (Nur die oberen Steinreihen der Mauern von Troja VI waren im achten Jahrhundert v. Chr. sichtbar, »so verwittert, daß sie kaum als das einst so festgefügte Mauerwerk zu erkennen waren«, wie Dörpfeld sagte.)

2. »Der große Turm von Ilios« (*Ilias*, VI, 386). Hier handelt es sich um einen schöngebauten Turm, der das Haupttor der Stadt flankiert, wobei es gewisse Hinweise gibt, daß es ein Ort der Götterbeschwörung sein könne – Andromache begibt sich dorthin statt zum Tempel der Athene. Das südliche Tor von Troja VI war sicherlich das Haupttor der spätbronzezeitlichen Stadt, das Skäische Tor, wenn es dies überhaupt gegeben hat. (Nachdem wir wissen, daß die Ebene in Wahrheit eine Meeresbucht war, erscheint es als durchaus sinnvoll, daß das Haupttor in das Landesinnere ausgerichtet war und es keinen archäologischen Anhaltspunkt für ein größeres Tor auf der meerzugewandten Seite gibt.) Das Südtor von Troja VI war von einem großen Turm aus feingefügten Kalksteinblöcken flankiert; außerdem war es um einen größeren Altar herumgebaut, und an seiner Außenseite befanden sich sechs Postamente (für Kultfiguren?) sowie ein Kulthaus für Brandopfer. Alles in allem scheint sehr viel für die Auffassung zu sprechen, daß der »große Turm von Ilios« eine Erinnerung an Troja VI bewahrt.

3. Das vielleicht überzeugendste Relikt von allen ist der Mauerabschnitt, der *epidromos* »bei dem Feigenbaum, wo leichter die Stadt zu ersteigen ist und frei die Mauer dem Angriff« (*Ilias*, VI, 434). Die Überlieferung von einer schwachen, offenbar auf der Westseite gelegenen Mauer fand eine außergewöhnliche archäologische Bestätigung, als Dörpfeld feststellte, daß – wie wir im zweiten Kapitel sahen – die Umfassungsmauer mit Ausnahme eines kurzen Abschnitts im Westen, der eine deutlich schwächere Bauweise

zeigt, erneuert worden war. Auch dies sieht wie eine authentische Einzelheit von Troja VI aus.

Der schwache Abschnitt der Stadtmauer (linke Bildhälfte). Der rechte Abschnitt ist leider bei späteren Baumaßnahmen schwer beschädigt worden.

Man muß also wohl fairerweise zu dem Schluß kommen, daß die Geschichte von Troja der *Ilias* um mindestens soviel Zeit vorausgeht, wie die jonischen Barden benötigten, um das umfangreiche und ausführliche, aber auch verfeinerte und gestraffte Repertoire von stereotypen Beiwörtern und formelhaften Wendungen für Ilios, Troja und die Trojaner zu schaffen. Es gibt reichlich Anlaß für die Vermutung, die auch Martin Nilsson in seiner klassischen Untersuchung *Homer and Mycenae* (1933) anstellt, daß der Zug gegen Troja der grundlegende Tatbestand und der Angelpunkt der Sage ist und auf die Bronzezeit zurückgehen muß. Nichthomerische, auf dem Festland heimische Versionen der Sage gab es ebenfalls, was vermuten läßt, daß die Geschichte der Zeit der Wanderungen mindestens teilweise vorausging. Diese Anhaltspunkte verweisen das Thema in eine Zeit deutlich vor der griechisch-äolischen Besiedlung der Troas und der Neugründung des griechischen Ilion, deren frühestmögliches Datum ca. 750 v. Chr. ist. Nur die seltsame Geschichte von den lokrischen Jungfrauen (s. Seite 26) deutet auf eine griechische Verbindung mit der Troas während des Dunklen Zeitalters hin, oder zumindest auf ein Interesse daran und es scheint keinen historischen oder archäologischen Anhaltspunkt zu geben, um die Erschaffung einer Geschichte des Trojanischen Krieges zwischen dem Ende der

Bronzezeit und dem achten Jahrhundert v. Chr. zu erklären. Dies ist meiner Ansicht nach eines der Argumente, die die Versuche mancher Gelehrter scheitern lassen, jeden Zusammenhang zwischen dieser Geschichte und dem Hügel von Hisarlik zu leugnen. Ein verlassener, verwüsteter, von Gestrüpp überwachsener Flecken in einer dünnbesiedelten Region Nordwestanatoliens, ohne erkennbare Verbindungen mit Griechenland, kann wohl kaum zum Schauplatz des griechischen National-Epos auserkoren worden sein, wenn es nicht irgendwann in der Vergangenheit der Brennpunkt kriegerischer Taten gewesen wäre, die denkwürdig genug waren, um in Heldenliedern gefeiert zu werden. Die einfachste Erklärung wäre, daß die Geschichte von Troja ihre zentrale Stellung in der späteren epischen Überlieferung der Tatsache verdankt, das letzte derartige Heldenstück vor dem Untergang der mykenischen Welt gewesen zu sein. Die Barden aller Kulturen müssen in ihrem Repertoire sowohl die allerneuesten als auch die althergebrachten Heldenlieder führen, und Troja war deren letztes.

5. Agamemnons Reich

... Da erhub sich der Held Agamemnon,
Haltend den Herrscherstab, den mit Kunst Hephästos gebildet.
Diesen gab Hephästos dem waltenden Zeus Kronion;
Hierauf gab ihn Zeus dem bestellenden Argoserwürger;
Hermes gab ihn, der Herrscher, dem Rossebändiger Pelops;
Wieder gab ihn Pelops dem völkerweidenden Atreus;
Dann ließ Atreus ihn sterbend dem lämmerreichen Thyestes;
Aber ihn ließ Thyestes dem Held Agamemnon, zu tragen
Viel Eilande damit und Argos reich zu beherrschen.

Homer, *Ilias*, II, 101–108 (nach J.H. Voss)

Ungeachtet der Anachronismen ist in Homers Version der Geschichte von Troja eine Grundtatsache seiner Schilderung Griechenlands klar und ohne innere Widersprüche – daß nämlich Agamemnon von Mykene der mächtigste König in Griechenland war und eine Art Oberherrschaft über die anderen unabhängigen Könige des griechischen Festlands, Kretas und einiger Inseln ausübte. In Homers Augen bildeten demnach das griechische Festland und die Inseln eine einzige Welt, in der örtliche Herrscher sehr wohl die Führung durch einen »Ober-König« anerkennen konnten, zumindest in Kriegszeiten. Wenn wir Homers Darstellung akzeptieren wollen, setzt dies Verhältnisse solcher Art voraus. Dabei können wir darauf verweisen, daß solche Vormachtstellungen ein gemeinsames Kennzeichen vergleichbarer Gesellschaften in vielen geschichtlichen Epochen sind – beispielsweise im frühmittelalterlichen Europa – und auch im Nahen Osten der Bronzezeit häufig vorkommen. Das Bild, das Homer von Griechenland zeichnet, ist also keineswegs unwahrscheinlich oder gar unmöglich. Ist es jedoch zutreffend? Ist es wirklich denkbar, daß eine Koalition achäischer Griechen unter einem mykenischen Oberherren den Nordwesten Kleinasiens angegriffen und dort eine Stadt erobert und geplündert haben soll? In den vorausgehenden vier Kapiteln wurde versucht, die Rahmenbedingungen unserer Geschichte und die damit verknüpften Annahmen zu untersuchen. Nunmehr ist es Zeit, daraus ein überzeugendes Bild zusammenzusetzen.

Allem weiteren möchte ich zunächst eine generelle Bemerkung über die bahnbrechenden Bemühungen Schliemanns, Tsountas', Evans', Waces, Blegens und aller übrigen vorausschicken. Die Archäologie hat nachzuweisen vermocht, daß die wohlhabendste und bevölkerungsreichste Zeit der griechischen Festlandsstaaten, die Ära der »Paläste« und des »imperialen Auftretens«, in der die mykenische Expansion in der Ägäis ihren Höhepunkt erreichte, in das 14. und frühe 13. Jahrhundert v.Chr. fiel. Gerade diese Ära leitete die Zeit ein, der die alte Überlieferung einstimmig das »imperiale« Unternehmen des Feldzugs gegen Troja zuschrieb. Die ersten großen Bauwerke mit Zyklopenmauern in Mykene, Tiryns und Gla sind nicht früher als im 14. Jahrhundert v.Chr. entstanden; Höhepunkt und zugleich Schlußphase dieser gewaltigen Bauleistungen – der Mauern, Tore

Gedenkstätte für Helena aus klassischer Zeit in Therapne bei Sparta, die sich über mykenischen Baulichkeiten erhebt.

Gegenüberliegende Seite: Die Kirche Prophitis Ilias in nächster Nähe der Therapne-Gedenkstätte; auf diesem sowie dem dahinterliegenden Hügel erhob sich der Königspalast von Sparta (ca. 1250 v. Chr.), vielleicht die Heimat der »Schönen Helena«.

und riesigen Tholosgräber von Mykene und Orchomenos – sind der Mitte des 13. Jahrhunderts zuzurechnen. Zeitpunkt und Maßstab dieser Leistungen passen in den Rahmen.

Mykene war zweifellos der größte Festungspalast in Griechenland. Tiryns war ihm möglicherweise untergeordnet, wenngleich neuere Funde von Linear-B-Tafeln auf ein gewisses Maß an Unabhängigkeit hindeuten. Pylos, Iolkos, Theben und Orchomenos waren offensichtlich ebenfalls größere regionale Mittelpunkte mit reichgeschmückten Palästen. Lakonien (Sparta) hat noch nicht mit Sicherheit den Fürstensitz erkennbar werden lassen, den Schliemann suchte, doch sind zwei mögliche Standorte bekannt, einer bei Vaphio und der andere am Menelaion; der letztere ist von erheblicher Ausdehnung und wurde in der Mitte des 13. Jahrhunderts erneut in Besitz genommen. So dürften wir auch in Sparta – dem anderen großen homerischen Palast auf dem Festland – einen größeren Herrschersitz haben, der dem der *Ilias* entspricht. Es ist sogar denkbar, daß hier eine Wieder-Inbesitznahme eines alten lakonischen Königshofes durch einen »Zugereisten« vorliegt, den Atriden-König Menelaos, der nach der Sage in die spartanische Königsfamilie einheiratete und damit König von Sparta wurde. Eine weitere Schlüsselstellung in Lakonien nimmt das Heiligtum (und ein Palast?) in Amyklai ein, das ebenfalls von Homer erwähnt wird – es ist der Ort, wo Paris zum erstenmal Helena begegnet. Neuere Forschungen

haben hier gewisse Hinweise auf ein Fortbestehen religiöser Verehrung bis ins klassische Altertum erbracht. Soweit wir aufgrund des archäologischen Befundes urteilen können, waren alle diese Orte kulturell eng miteinander verbunden. Mykene, Pylos und das Menelaion sind hinsichtlich ihrer Töpferware nicht zu unterscheiden; die Fresken in Mykene, Tiryns und Pylos verraten dieselbe höfische Kultur, dieselbe künstlerische Tradition und denselben Geschmack; die Linear-B-Archive, die wir inzwischen auch aus Theben und Tiryns kennen, zeigen, daß die bedeutenderen Königreiche alle dieselbe Organisation mit denselben bürokratischen Methoden besaßen. Ihre Stein- und Stuckornamente sind hinsichtlich Formgebung und Ausführung derart ähnlich, daß viele Fachleute (so auch Arthur Evans) zu der Auffassung gelangt sind, Künstler, Steinmetzen und Stukkateure seien möglicherweise von einem Königreich zum andern gereist (ganz wie Homer in der *Odyssee* berichtet, obwohl dasselbe auch für seine Zeit zutrifft). Die großen Tholosgräber von Orchomenos und Mykene sind sich in ihren Abmessungen und ihrer Konstruktion derart ähnlich, daß sie demselben Architekten zugeschrieben wurden. Diese kurze, vom äußeren Eindruck ausgehende Übersicht zeigt, daß es gewichtige Argumente für die Homogenität der mykenischen Kultur gibt. Während ich dies hundert Jahre nach Schliemanns Grabung in Tiryns zu Papier bringe, kann ich nur staunend hervorheben, wie recht der außergewöhnliche »Amateur« mit seiner

Fragmente des Wandschmucks im »Schatzhaus des Atreus« (oben) und im Palast von Knossos.

intuitiven Eingebung hatte: Dies war in der Tat eine einzige Welt, die eine gemeinsame Kultur und (wie wir heute wissen) eine gemeinsame Sprache hatte. Die Vermutung scheint daher gerechtfertigt, daß die Herrscher dieser mykenischen Welt ein Gefühl für ihr Griechentum hatten und eine gemeinsame Bezeichnung für sich selbst besaßen – vielleicht so etwas wie Homers *Achaiwoi*, die Achäer.

Ein Besuch in Mykene zur Zeit des Trojanischen Krieges

Mykene war für den Krieg gebaut. Ursprünglich muß es das gewesen sein, was die Türken ein *dervendji* nennen, das heißt eine Festung, die an einer Vereinigung von Gebirgspässen errichtet ist, um auf den Durchgangsverkehr Steuern oder Tributzahlungen zu erheben, also eine Raubritterburg. Sie steht auf einem felsigen Hügel unterhalb zweier dreieckiger Gipfel, mit dem Rücken den Bergen zugewandt, »in drohend geduckter Haltung zusammengekauert«, wie Henry Miller es schilderte. Nach vorne, gen Süden, öffnet sich die reiche Ebene von Argos zum Meer. Im Norden erheben sich Berge, hinter denen die Ebenen von Sikyon und Korinth liegen, von denen Homer sagt, daß sie zum Reich Agamemnons gehörten. Zwischen diesen Bergen liegt Mykene, von mächtigen Mauern umschlossen, bis an die Zähne bewaffnet. In die nordwestliche Ecke der Ebene gedrückt, ist es weder nahe am Meer, noch besitzt es gutes Ackerland in unmittelbarer Reichweite. Es ist nicht recht erkennbar, wie ein Ort in dieser Lage gedeihen konnte, noch warum er solche großen Mauern brauchte, bis man um ihn herum marschiert und feststellt, daß er sich am Schnittpunkt eines alten Wegesystems befindet, das die Ebene von Argos im Süden mit der Ebene von Korinth im Norden verbindet und auch die kleine Ebene von Berbati und den Kontoporeiapaß einbezieht. Wenn Mykene sein Dasein als Stammessitz einer Lokalgröße begonnen hatte, so war es im 16. Jahrhundert v. Chr., als Schliemanns Schachtgräber angelegt wurden, zu Macht und Reichtum gelangt. Von da an muß seine Bedeutung von Gewerbefleiß und Handel im Rahmen einer größer gewordenen Welt getragen worden sein.

Ich gehe von der allgemeingehaltenen, zugegebenermaßen subjektiven, aber doch wohl nicht irrigen Vorstellung aus, daß das Mykene des 13. Jahrhunderts v. Chr. imperiale (das heißt über seine unmittelbare Umgebung hinausgreifende) Züge hatte, sowohl hinsichtlich seiner Architektur als auch seiner künstlerischen und materiellen Beziehungen zu anderen mykenischen Zentren. Berufsarchäologen begegnen solchen Ideen naturgemäß mit einer gewissen Zurückhaltung, weil sie vielleicht über die an Ort und Stelle im eigentlichen Sinn beobachtbaren Gegebenheiten hinausgehen. Sie drängen sich jedoch dem politischen Journalisten in Gestalt von offenbaren Parallelen mit anderen Kulturen unmittelbar auf, insbesondere mit den nahöstlichen »Reichen« des 13. Jahrhunderts v. Chr. Mykene bietet ganz einfach den Anblick einer imperialen Stadt. Ich möchte erklären, worauf ich hinaus will, wenn ich das Bild eines Besuches in Agamemnons

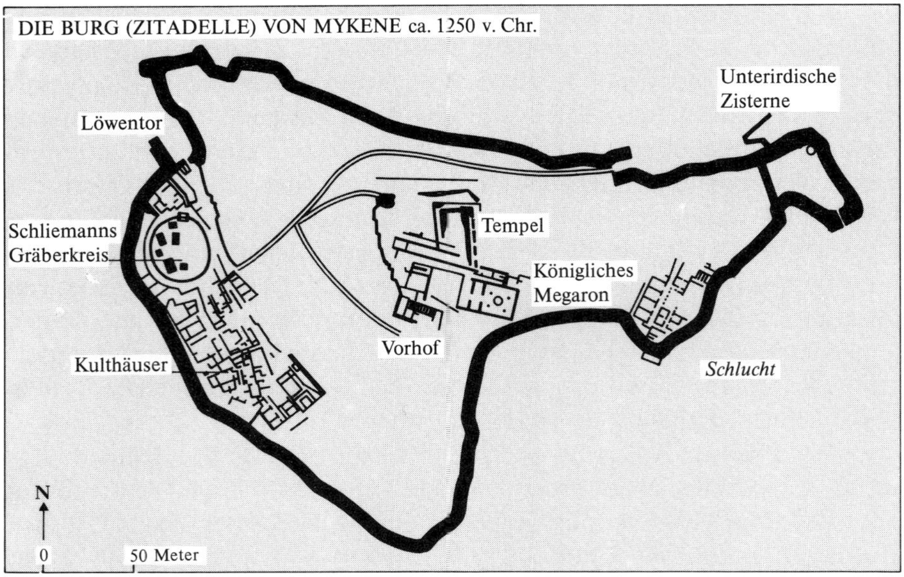

Hauptstadt auf der Höhe ihrer Macht und ihrer baulichen Entwicklung, etwa um 1250 v. Chr., entwerfe. Wenn ich mir den Besucher als Botschafter eines der anderen großen Reiche der damaligen Zeit, der Hethiter oder der Ägypter, vorstelle, so soll uns dies daran erinnern, daß das mykenische Griechenland Kontakte mit den großen Königreichen des Nahen Ostens hatte und durch deren Formenwelt beeinflußt wurde. Solche Kontakte haben mit Sicherheit bestanden, wie wir im sechsten Kapitel sehen werden. Der Bericht über eine ägyptische Gesandtschaft nach Griechenland einschließlich Mykenes um 1380 v. Chr. ist kürzlich gefunden worden. Wir können sogar die Art von Persönlichkeiten angeben, denen solche Missionen auf oberster Ebene übertragen wurden (s. Seite 225). Versuchen wir, Mykene mit den Augen eines solchen Gesandten – und mit unseren eigenen Augen – zu sehen. Dabei denke ich mir, daß die Baulichkeiten und die äußere Aufmachung deutlich erkennen lassen, daß es sich um eine »imperiale« Stadt ganz nach Art des hethitischen Hattusa, des mittelalterlichen Aachen oder Winchester, ja – in einem entfernteren Sinn – des viktorianischen London handelt.

An dieser Stelle ist ein Vorbehalt hinsichtlich der Terminologie anzumelden. Wenn wir hier den Ausdruck »Reich« (oder Großreich*) verwenden, so

*) Die Problematik der englischen Terminologie, auf die der Verfasser hier aufmerksam macht, erweist sich im Deutschen als noch viel heikler. Dies hat vor allem zwei Gründe: Erstens decken sich die englischen Begriffsinhalte nicht mit den deutschen – für »British Empire« sagen wir »Britisches *Welt*reich«, für »Roman Empire« oft (je nach Zusammenhang) ebenfalls »Römisches *Welt*reich«. Zweitens gibt es kein aus »Reich« abgeleitetes Adjektiv; für das englische »imperial« gibt es außer dem deutschen Wort »kaiserlich« (das den hier gemeinten Inhalt in keiner Weise trifft) höchstens noch den Ausdruck »imperial«, der hier nur mangels einer besseren Entsprechung verwendet wird.
Wir haben im folgenden in Anlehnung an die im deutschen Sprachgebrauch gerade für den Mittleren Osten üblichen Bezeichnungen statt »Emperor« und »Empire« die Ausdrücke »Großkönig« und »Großreich« verwendet.

DIE EBENE VON ARGOS MIT DEN MYKENISCHEN STRASSEN
(nach Klaus Killian)

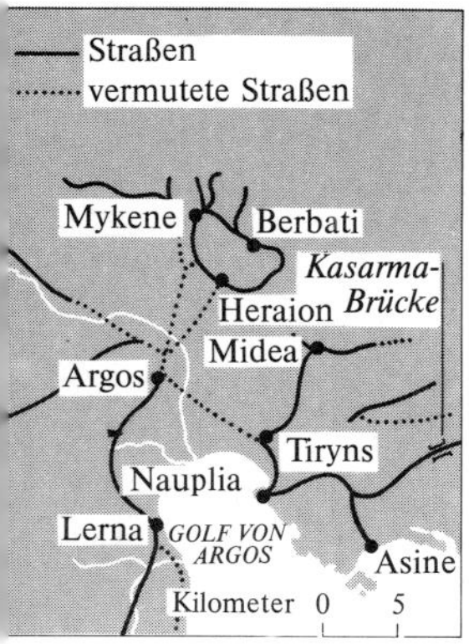

dürfen wir uns darunter nicht die zentralistische Form der politischen und administrativen Lenkung vorstellen, die wir in modernen Weltreichen wie dem britischen oder gar dem römischen vor uns haben. Die Analogie bezieht sich auf »Großreiche« wie das der Hethiter (s. Seite 242): Die unmittelbare Beherrschung eines Kernlandes durch einen König, darum herum verbündete Staaten, die durch Vertrag oder Eid dem Oberherrn verpflichtet waren; darüber hinaus die Zwangsvereinbarungen, die der Oberherr mit den ihm verbündeten Völkern getroffen hat, wie die Zahlung von Tributen, der Austausch von Geschenken oder die Hergabe von Geiseln. In diesen Randgebieten verteilte sich die Macht auf örtlich abgegrenzte Regierungskompetenzen von Klientelkönigen und mündete schließlich in ein Untertanenverhältnis, das durch ein raffiniertes System von »Schutzgeldzahlungen« garantiert war.

Definitionsgemäß herrschte ein Großkönig über andere Könige. Aus dieser Zeit erhaltene hethitische Verträge zeigen die Art von Verpflichtungen, die solche Klientelkönige gegenüber ihren Oberherren hatten. Grenzen wurden festgelegt und garantiert, gegenseitiger Beistand bei Angriffs- oder Verteidigungskriegen wurde zugesagt, und Auslieferungsverträge und Bedingungen für die Überstellung von Flüchtlingen wurden festgelegt. Verpflichtungen dieser Art gab es in allen indogermanischen Kleinkönigreichen der europäischen Frühzeit; sie finden enge Parallelen in angelsächsischen, keltischen und germanischen Kleinkönigreichen der Völkerwanderungszeit und des frühen Mittelalters. »Großreiche« dehnten sich schnell aus und schmolzen ebenso schnell wieder zusammen, je nach der Macht und Befähigung des »Großkönigs«, sie zusammenzuhalten. Oft mußte beim Regierungsantritt eines Königs das Großreich durch heftige Kämpfe neu etabliert werden. Die Vorteile für die Klientelkönige bestanden in der Stabilität, dem Schutz gegen auswärtige Angriffe und der Unterstützung ihrer Dynastie gegen Rivalen. Vorstellungen wie diese bieten eine plausible Erklärung für manches, was wir in Griechenland beobachten können. Die Pflichten, die nach Darstellung Homers die anderen Könige in einem Krieg gegenüber Agamemnon hatten, passen sehr gut zu dem, was wir über derartige Pflichten bei den Hethitern wissen – oder auch bei den Angelsachsen. In diesem lockeren Sinn möchte ich die Bezeichnung »Großreich« gebrauchen. Doch war die Machtstellung Mykenes damals so groß, daß es, wie wir sehen werden, den Palästen im südlichen Griechenland eine kulturelle Einheitlichkeit aufprägte.

Wir nähern uns Mykene vom Meere her, indem wir in Tiryns an Land gehen und die gepflasterte Straße nach Mykene einschlagen, die aufwärts durch die Chavos-Schlucht nach Norden führt. Sie ist eine der mindestens fünf von Mykene ausgehenden gepflasterten Straßen, die bisher nachgewiesen worden sind, alle mit sorgfältig angelegten Brücken und Wasserdurchlässen. So hatte beispielsweise die Straße von Prosymna mindestens fünf Brücken. Die eindrucksvollen Überreste einer von ihnen sind noch heute auf der rechten Seite der jetzigen Straße zu sehen; der Bogen ist zwar verschwunden, aber die mächtige südliche Auffahrt ist erhalten, über

dreieinhalb Meter hoch, sechs Meter breit und aus sauber gesetzten Lagen von Steinen ausgeführt. Die Brücke überspannt das Bachbett, durch das im Winter der Sturzbach von der Zitadelle herunterrauscht. Sie war nach der Mitte zu fast viereinhalb Meter breit, so daß Streitwagen aneinander vorbeifahren konnten. Wie sie ursprünglich aussah, kann man an der noch vollständig erhaltenen Brücke bei Kasarma, östlich von Tiryns, sehen. Dieses Straßensystem ist ein deutlicher Hinweis auf die zentrale Machtstellung Mykenes. Höchstwahrscheinlich verband es die Stadt mit den vormals unabhängigen Stadtstaaten der argivischen Ebene – Argos, Tiryns, Midea und Prosymna. Die Territorien dieser Städte waren durch Wachtposten an ihren Grenzen markiert.

Das Löwentor von Mykene mit den Bastionen, die den Zugang flankieren.

An der Chavos-Brücke wird die vom Palast überragte Zitadelle sichtbar, flankiert von den beiden Bergen, von denen einer auf dem Gipfel einen Wachtturm mit Signalstation trägt. Vielleicht ist unsere Ankunft im Hafen der Zitadelle bereits durch Rauchsignale mitgeteilt worden. An dieser Stelle hätte der Besucher um 1250 v. Chr. das erste der riesigen Königsgräber der Atriden-Dynastie zu seiner Linken passiert, das sogenannte Schatzhaus des Atreus. Es war offensichtlich als ein großes öffentliches Monument gedacht, denn innerhalb des von niedrigeren Mauern eingerahmten Vorhofs am Ende des Eingangskorridors sah man sich einer fast zehn Meter hohen Fassade gegenüber, die zwei mächtige, fast fünfeinhalb Meter hohe bornzebeschlagene Holztüren einrahmte. Die Fassade selbst war mit Halbsäulen aus grünem Marmor mit feinen Zickzack-Verzierungen geschmückt. Darüber befand sich eine kunstvolle Linienverzierung aus rotem

Die Löwen des Löwentors – vielleicht das älteste europäische Wappen und Emblem der Dynastie Agamemnons?

Idolbild aus der Kultstätte in Mykene. Vielleicht sahen so die den Hethitern geschickten Kultbilder aus.

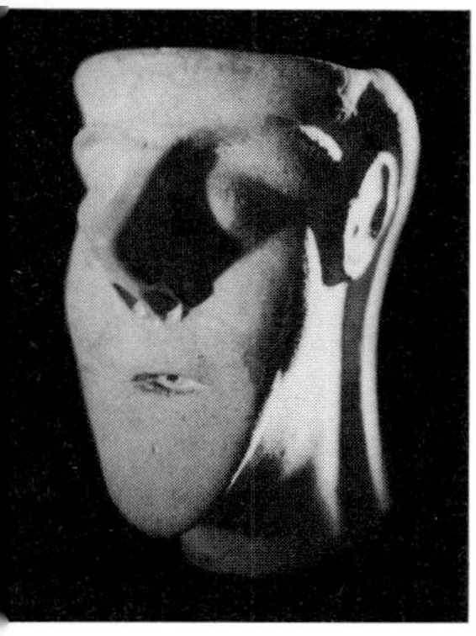

»Der Herr von Asine« – ein ungewöhnlich lebhaftes Stück Porträtkunst des 13. Jahrhunderts v. Chr.

und grünem Marmor, die von kleineren Halbsäulen eingerahmt war. Hätten wir das Vorrecht genossen, einen Blick in das Innere dieses großartigen Monuments werfen zu dürfen, hätten wir gesehen, daß die unteren Steinreihen mit Bronzeplatten verkleidet waren, deren letzte 1803 von Lord Aberdeen entfernt wurden. Das jüngste dieser großen Gräber, das sogenannte Grab der Klytämnestra (ca. 1250 v. Chr.), war mit dem blauen und weißen Marmorzierat seiner Fassade nicht minder eindrucksvoll, während das Entlastungsdreieck möglicherweise mit dem dreieckigen Stierrelief geschmückt war, das Lord Elgin gefunden hat. Stiere waren ein Emblem der Königswürde, und es ist nicht ausgeschlossen, daß dies das Grab von Agamemnon selbst ist. Wären diese großartigen Monumente in einem besseren Zustand erhalten geblieben (die Halbsäulen am Schatzhaus des Atreus waren noch 1801 an ihrem Platz), wäre unsere Vorstellung vom äußeren Erscheinungsbild des mykenischen Königtums – das gewohnheitsmäßig von den eindrucksvollen, aber rohen Zyklopenmauern bestimmt wird – eine völlig andere. Es sind dies unbestreitbar die kunstvollsten Baudenkmäler des prähistorischen Europa. Selbst wer geradenwegs aus Hattusa kommt, ist beeindruckt.

Wir nähern uns nun der eigentlichen Zitadelle. Die Straße führt bis unter die enorme zyklopische Bastion, die sich noch immer acht Meter über den gewachsenen Fels erhebt, aber einstmals eher drei Meter höher gewesen sein dürfte. Die Straße verengt sich dann durch eine weitere Bastion zu einem schmalen Zugangsweg, an dessen Ende das Haupttor liegt. Über dem Tordurchgang erhebt sich das Reliefbild zweier muskulöser Löwen, die Vorderpranken auf den Sockel einer Säule gestützt, auf der das Gebälk des Palastes ruht. Das Relief ist aus hartem schwärzlichem Kalkstein gemeißelt, drei Meter hoch und ein wenig breiter. Die Köpfe der Löwen fehlen heute; sie waren wahrscheinlich aus einem weicheren Material wie etwa Steatit gefertigt und dürften nach auswärts geblickt haben, um den Besucher beim Näherkommen mit blitzenden Augen aus Metall oder kostbaren Steinen zu grüßen. Das Relief symbolisiert den von Löwen bewachten Palast, das Haus des Atreus, ein Emblem Mykenes und der Dynastie Agamemnons. Der Altar, auf dem die Säule ruht, symbolisiert den göttlichen Segen für den Herrschaftsanspruch des Hauses. Im Grunde ist also die Skulptur nichts anderes als ein Wappen: Die Löwen sind – wie der Stier – die ältesten Symbole des Königtums im ganzen Nahen Osten.

Wenn sich die hölzernen Torflügel öffneten, sah man vor sich eine Rampe ansteigen (die Stufen am vorderen Ende sind neu). Zur Rechten gewahrte man einen großen Kreis aus aufrecht stehenden flachen Steinen. Dem Besucher wäre mitgeteilt worden, daß dies die Grabanlage der königlichen Ahnen sei. Sie befand sich ursprünglich außerhalb der Mauern der Zitadelle und wurde erst im 13. Jahrhundert v. Chr. durch eine neue Mauer und eine Stützterrasse in die Zitadelle mit einbezogen. Zur gleichen Zeit wurden die Gräber instand gesetzt und beschriftete Grabsteine aufgestellt, so daß die innerhalb des Tores besonders auffällige Anlage zu einem Gegenstand der Zurschaustellung und der Verehrung wurde. (Die Archäologie kennt aus

dem Ägypten des mittleren 13. Jahrhunderts v. Chr. eine interessante Parallele zu der Wiederinstandsetzung von Königsgräbern.) Ob diese toten Könige (die von Schliemann gefundenen Schachtgräberleute) zu derselben Dynastie gehörten wie die Atriden, wissen wir nicht. Vielleicht waren es die von der Sage so benannten Perseiden, Angehörige der Familie des Gründers Perseus. Wer sie auch immer waren – die späteren Könige vom Stamme der Atriden wollten die Gräber offensichtlich zu einer Demonstration ihres Sinnes für Geschichte und ihrer königlichen Abstammung benützen, vielleicht auch für ihre Verwandtschaft mit der älteren Dynastie. Der bronzezeitliche Besucher brachte hier vermutlich ein Opfer dar, bevor er weiter die Rampe hinaufging.

Die eiserne Faust der griechischen Eroberer Kretas: Eine Linear-B-Tafel von Knossos mit einer Aufzählung von Streitwagenrädern.

Auf diesem Weg erinnern wir uns, daß Schliemann in dem von weiter oben herabgefallenen Trümmerschutt Bruchstücke eines roten Porphyr-Frieses gefunden hatte, die vermuten ließen, dort hätten Palastanlagen gestanden, die mit solchen kunstvollen Steinreliefs – Spiralen, Rosetten und Palmetten – geschmückt waren. Am oberen Ende der Rampe erreichte man die königlichen Gemächer mit ihrer herrlichen Aussicht auf die argivische Ebene. Die einzelnen Räume waren zwar hinsichtlich ihrer Abmessungen und ihrer Großartigkeit mit denen eines ägyptischen oder babylonischen Herrscherpalastes nicht zu vergleichen, konnten sich aber sehr wohl mit denen des hethitischen Palastes in dem »Großen Fort« von Hattusa messen: Ein großer äußerer Raum mit Stuck- und Gipsboden besaß eine bemalte Säulenhalle; der Thronsaal war geschmückt mit Schild-Fresken, Schlachtszenen und der Darstellung einer Belagerung, auf der man einen Krieger von den Zinnen einer Stadt herabstürzen sieht. Hier pflegte der mykenische König Gesandte zu empfangen, die dann zu den Darbietungen von Saitenspielern und vor allem von Barden, die die großen Taten des Königs und seiner Ahnen besangen, feierlich bewirtet wurden, umgeben vom mykenischen Adel in seinen wallenden Mänteln und blinkenden Rüstungen.

Selbstverständlich hätte der aufmerksame Besucher viel mehr über die auswärtigen Beziehungen Mykenes herausgefunden, wenn er etwas neugieriger gewesen wäre. Er hätte dann asiatische Sklavinnen bemerkt, die bei Piratenüberfällen geraubt worden waren und nun in den Spinnereien und Webereien der Unterstadt arbeiten mußten. In den Häusern (von Kaufleuten?) hätte er Gewürze gesehen – »Ingwer-Gras« aus Syrien, Kümmel aus Ägypten, Sesam aus Mesopotamien, Cyperusknollen aus Zypern; er hätte gefärbte Stoffe und Würzmittel aus Kanaan vorgefunden. Wie in Pylos oder Knossos hätte er Fremde aus Ägypten, Zypern und Kleinasien antreffen können. Was uns hier aber vor allem interessiert, ist das äußere Auftreten, die Repräsentation. Ich könnte mir vorstellen, daß sich Könige in ihrer Grundhaltung gegenüber ihrem besonderen Status nicht wesentlich unterscheiden, ob sie nun Hethiter oder Angelsachsen sind. Aus diesem Grund fällt es schwer, in diesem architektonischen Aufwand an überflüssigen Verzierungen, königlichem Gepränge und Personenkult, an Königsgräbern mit äußerlichem Schmuck, an Reliefs, Säulen und Toren mit heraldischen

Emblemen, kunstvollen Verteidigungswerken, Brücken und Straßenanlagen nicht ein gewisses »imperiales« Gehabe auszumachen. Das ist kein Königtum bescheidenen Zuschnitts, nicht das Königtum eines kleinen Stadtstaates, und sein Wohlstand ist nicht nur als der Ertrag aus der Beherrschung der unmittelbaren Nachbarschaft zu erklären. Einen interessanten Hinweis liefert der rote und grüne Marmor, der beim Schatzhaus des Atreus Verwendung fand. Wir wissen heute, daß der rote Marmor, *rosso antico*, aus den Marmorbrüchen von Kyprianon im Süden der Maine-Berge auf der Peloponnes stammt; der grüne Marmor scheint von derselben Stelle zu kommen, einer Gruppe von fünf Steinbrüchen, die etwa fünf Kilometer von der Küste entfernt sind, wo in der Nähe des heutigen Dorfes Spira ein kleiner mykenischer Hafen lag. Die Marmorbrüche wurden vom 15. Jahrhundert v. Chr. bis zur Renaissance ausgebeutet, und die Verzierungen am Schatzhaus des Atreus zeigen, daß der König von Mykene in der Lage war, Tonnen von Stein von den Maine-Bergen bis in die Argolis zu schaffen, eine Seereise von 200 Kilometern mit anschließendem Landtransport 15 Kilometer bergauf.

Die Herkunft des weißen Marmors, der ebenfalls am Schatzhaus des Atreus verwendet wurde, konnte noch nicht mit Sicherheit ermittelt werden – in Lakonien kommt guter weißer Marmor nicht vor. Wahrscheinlich stammte er vom Pentelikon 20 Kilometer nordöstlich von Athen, woher anscheinend auch der weiße Marmor für das Schatzhaus des Minyas in Orchomenos kommt; der dortige graue Marmor ist von Levadhia.

Ein anderes interessantes Beispiel für diesen Aspekt mykenischer Machtfülle und Sachkenntnis stammt ebenfalls aus Lakonien. Hier in den Hügeln über dem Tal des Eurotas, in der Nähe von Krokeai, liegen die von der Vegetation überwachsenen Steinbrüche, die die einzige Quelle jenes seltsamen gesprenkelten Porphyrs ist, der unter dem Namen »Spartanischer Stein« bekannt wurde und von dunkelgrün gefleckt mit gelb bis zu einer rötlichen Färbung reicht. Dieser Stein war in der ausgehenden Bronzezeit für Luxuszwecke sehr gesucht. In römischer Zeit wurde er in großem Maßstab abgebaut; damals bestand sogar ein Staatsmonopol, zu dessen Überwachung ein *dispensator* an Ort und Stelle wohnte. Es ist sehr gut möglich, daß in mykenischer Zeit ähnliche Maßnahmen getroffen worden waren. In klassischer Zeit wurde der Stein, wie Pausanias bemerkt, besonders für den Schmuck heiliger Stätten verwendet. In der Renaissance war er ebenfalls hoch geschätzt. Wer beispielsweise den Vatikan besucht, wird feststellen, daß das Pflaster um den Obelisk vor dem Petersdom abwechselnd aus dem grünen Spartanischen Stein und *rosso antico* aus Spira hergestellt ist.

Alle Festlandsfunde dieses Steins an mykenischen Bauwerken – meistens von Mykene selbst – stammen aus dem 14. und 13. Jahrhundert v. Chr. In der Bildhauerwerkstatt in Knossos fand Evans einen noch rohen Block Spartanischen Stein. Der Fundzusammenhang ließ ihn vermuten, daß dieser Bereich in der letzten Phase des Palastes erneuert oder umgebaut worden war. Wenn dies zutrifft, sollte der Stein nach der revidierten

Datierung des Palastes aus dem 13. Jahrhundert v. Chr. stammen, mit Sicherheit jedoch aus der Zeit nach der griechischen Eroberung Kretas. Das Ganze ist ein bemerkenswerter Beweis dafür, daß auf dem Höhepunkt des mykenischen Zeitalters ein griechischer Herrscher in Knossos in der Lage war, in Lakonien Stein brechen und zur Verarbeitung in den königlichen Werkstätten nach Knossos transportieren zu lassen. Der Hafen, von dem aus der Stein verschifft wurde, ist Agios Stephanos, wo zahlreiche Bruchstücke gefunden wurden, zusammen mit Hinweisen auf andere gewerbliche Tätigkeiten. Der heute versandete, zugewachsene und verlassene Ort wurde noch im 13. Jahrhundert unserer Zeitrechnung von kleinen fränkischen Kaufleuten besucht: Erinnerungen – oder auch geographische Zwangsläufigkeiten – reichen in der mittelmeerischen Geschichte weit zurück!

In den Linear-B-Tafeln werden bergbauliche Aktivitäten nicht erwähnt, doch könnte man sich durchaus vorstellen, daß die mykenischen Könige den Abbau wertvollen Gesteins überwachten, wie ein Hethiterkönig den Handel überwachte und ein Monopol über den Außenhandel besaß und mykenische und hethitische Könige ein Monopol für die Einfuhr von Kupfer hatten (weswegen es naheliegt, sich einen in Spira wohnenden mykenischen Steinbruch-Aufseher vorzustellen). In Mykene und Knossos gefundener Stein aus den Maine-Bergen sowie kleinere Objekte an anderen Orten mögen als ein gutes Beispiel für die Fähigkeit der griechischen Königreiche gelten, sich selbst zu organisieren. Sie legen Zeugnis für ihren Wohlstand, für ihre Beziehungen, für die Stabilität während ihrer Blütezeit ab und lassen vielleicht auch auf die (lose) Einheit und Einheitlichkeit ihrer Welt schließen. Ist es »zu weit hergeholt«, wenn man in diesem Zusammenhang an den Stein denkt, den römische Baumeister zum Bau und zur Ausschmückung des Tempels im englischen Colchester verwendeten: Alabaster und schwarzer Marmor aus Kleinasien und Nordafrika, roter und grüner Marmor aus den Marmorbrüchen von Spina? Um es noch einmal zu sagen: das ist nicht der Stil lokaler Kleinkönige!

Vorgeschichtliches Wettrüsten?

Wie war das Verhältnis zwischen Mykene und den anderen Palästen? Die Historiker waren verblüfft von der Existenz mehrerer großer Festungen in einem einzigen Gebiet, wie das in der Ebene von Argos der Fall war. Unterstanden Mykene, Tiryns, Argos und Midea demselben oder verschiedenen unabhängigen Königen? Warum wurden solche mächtigen Befestigungsanlagen so nahe beieinander errichtet? Es scheint schwer vorstellbar, daß sie in einem so kleinen Gebiet völlig unabhängig voneinander waren. Wir müssen jedoch bedenken, daß es unsichere Zeiten waren, in denen ständig Angriffe von außerhalb drohten und erstklassiges Ackerland mit seiner dichten Bevölkerung eine Kette von Festungen zu seinem Schutz brauchte. Mykene konnte bei seiner großen Entfernung zum Meer diesen Schutz allein nicht bieten. Die Herrscher der Argolis hatten vielleicht an

jedem Ort Residenzen, womöglich bewohnt von Mitgliedern der königlichen Familie, von Brüdern, Söhnen und Königinwitwen, etwa nach Art der saudischen Königsfamilie unserer Tage. Es ist sogar möglich, daß die einzelnen Orte verschiedene Aufgaben hatten: Tiryns als Hafen, Argos als der Hauptmarkt der Ebene, Nauplion als die elegante Küstenstadt und so weiter. Mit ihrer großen Bevölkerung und mit ihrem kunstvollen Entwässerungssystem – auf das man erst in jüngster Zeit durch die Entdeckung eines Dammes in der Nähe von Tiryns aufmerksam wurde – bedurfte die Ebene massiver Verteidigungsanlagen.

Es scheint demnach, daß das festländische Griechenland zwischen einer Anzahl mächtiger – und im Vergleich mit denen klassischer Zeit größerer – Stadtstaaten aufgeteilt war, die vermutlich gegenüber ihren kleineren Nachbarn eine beherrschende Rolle spielten und in Kriegszeiten dem mächtigsten die Führung zuerkannten. Ein großer Teil ihrer militärischen Einrichtungen dürfte für die Verteidigung gegeneinander bestimmt gewesen sein. Aus Mittelgriechenland berichtet die Sage, daß Theben und Orchomenos tödlich verfeindet waren, und heute wissen wir, daß Orchomenos sich selbst und sein kunstvolles Drainage-System am Kopais-See durch eine Kette von Festungen und Wachttürmen im Umkreis des Sees und entlang der Grenze zu Theben schützte, deren Mittelpunkt die riesige Festungsanlage von Gla war. Auch Theben besaß eine Anzahl befestigter Städte, einschließlich Eutresis, dessen Mauern kaum weniger ausgedehnt als die von Gla waren. War die mykenische Welt um 1300 v. Chr. vielleicht in untereinander feindliche Gruppen zerfallen, wobei Theben und Orchomenos die beiden Rivalen in Mittelgriechenland waren und Mykene die Vormacht auf der Peloponnes? Jedenfalls können wir an den Verteidigungsanlagen in der Argolis und am Kopais-See sehen, daß das Kriegswesen sich recht »fortschrittlicher« Methoden bediente, die an die Kriegsführung zwischen Stadtstaaten des Nahen Ostens erinnert. Dabei machten es materieller Wohlstand und technisches Geschick möglich, innerhalb sehr kurzer Zeit zahlreiche bedeutende und umfassende Verteidigungsanlagen zu errichten. In einer Gesellschaft dieser Art war es vermutlich ziemlich leicht, die Masse der Arbeitskräfte außerhalb der Saat- und Erntezeit für solche Dienstleistungen bereitzustellen, wenngleich wir nicht wissen, wie gefügig sie waren. (Spielte dieser massive Rüstungswettlauf mit dem dafür erforderlichen Aufwand vielleicht bei dem schließlichen Zusammenbruch eine Rolle?)

Beschrifteter Steigbügelkrug, von Kreta an den Palast von Theben exportiert.

Wenn auch die Blütezeit der mykenischen Welt durch häufigen mörderischen Bruderkrieg gekennzeichnet war, so war sie doch eine Periode gemeinsamer Kultur und politischer Ideen. Denken wir an die Ausfuhr von Baustein von Lakonien bis nach Mykene und Knossos, den Export von Steigbügelkrügen von Kreta zu den Festlandspalästen von Theben, Mykene, Tiryns und Eleusis, die in Form und Abmessungen identischen »Schatzhäuser« in Mykene und Orchomenos, die gleiche Bürokratie in Pylos und Knossos, dann dürfen wir wohl annehmen, daß die Herrscher dieser Zeit sich in derselben Welt bewegten, dieselben Vorstellungen

pflegten und dieselben Künstler, Architekten und Maler beschäftigten. In diesem Licht ist es durchaus vorstellbar, daß die »Stadtstaaten« zu gegebener Zeit die Vorrangstellung eines *Primus inter pares* – eines Ersten unter Gleichen – anerkannten. Die »Könige der Achaiwoi« brauchen nicht aus demselben Königreich gekommen zu sein, doch stellte es die Überlieferung so dar, daß drei Generationen Atriden in Mykene eine derartige Macht über das südliche Griechenland ausübten, und so bleibt diese Möglichkeit bestehen. Selbstverständlich können sie Griechenland nicht buchstäblich »regiert« haben, schon gar nicht ganz Griechenland. Wir können uns jedoch durchaus einen »Oberkönig« in der Argolis vorstellen, der in Kriegszeiten in einem großen Teil der Peloponnes eine Führerstellung innehatte und durch Heirat oder Vertrag mit anderen verbündet war. Erinnern wir uns, daß der Sage nach der König von Sparta der Bruder Agamemnons war, wie auch die Könige von Pylos mit der königlichen Familie von Iolkos verwandt waren. Die Hilfe eines solchen Königs könnte durchaus von Herrscherhäusern außerhalb seines unmittelbaren Einflußbereichs in Anspruch genommen worden sein, wenn sie von mächtigen Rivalen herausgefordert wurden, wie dies beispielsweise zwischen Orchomenos und Theben geschah. Die Sage berichtet, daß Theben einen Eroberungszug gegen Orchomenos unternahm und dessen Deiche zerstörte und daß daraufhin Streitkräfte aus »Argos« Theben niederbrannten.

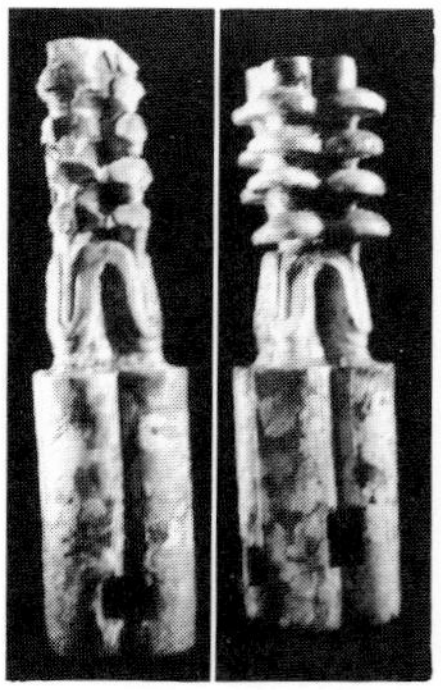

Elfenbeinerne Thronfüße aus dem »Palast des Kadmos«, dem Sitz des Königs Ödipus in Theben; Überrest der ersten Zerstörung ca. 1300 v.Chr.

Demzufolge ist es nicht unmöglich, daß ein König von Mykene sich als »König der Achäer« bezeichnete. Zugegebenermaßen sind wir hinsichtlich solcher Beziehungen in Griechenland weitgehend auf Vermutungen angewiesen. Doch in Kleinasien und im Nahen Osten des zweiten Jahrtausends v.Chr. gibt es eine Unmenge von Einzelheiten über die Beziehungen von Vasallen und Oberherren, Königen und Großkönigen, ganz besonders aus hethitischen Verträgen des 14. und 13. Jahrhunderts v.Chr. Diese Beziehungen wurden häufig mit Ausdrücken wie »mein Bruder« oder »mein Sohn« umschrieben, die für rechtliche Verpflichtungen standen, die dem Vasallen auferlegt waren. Wenn jemand der königliche »Herr« seines königlichen »Bruders« oder »Vater« eines »Sohnes« war, so hatte letzterer eine rechtliche Bindung akzeptiert. Das Bruderverhältnis scheint eine etwas andere Bedeutung gehabt zu haben, in diesem Falle konnte man – in verblüffender Übereinstimmung mit dem homerischen Vorbild – Mitglied einer Konföderation sein, die zwar den Führungsanspruch eines Großkönigs im Krieg und in der Außenpolitik anerkannte, ohne daß man jedoch in dem Ausmaß Untergebener war wie als »Sohn«. Dies könnte auch eine nützliche Modellvorstellung für Agamemnons »Reich« sein. Im Hethiter-Reich wurde ein Unterschied gemacht zwischen »assoziierten« Staaten und reinen Vasallenstaaten; im ersteren Fall beruhten die Verpflichtungen teilweise auf Gegenseitigkeit – keine Tributforderungen, aber Unterstellung der Außenpolitik und Waffenhilfe unter den Großkönig, im letzteren Falle Tributleistung und Eingliederung der Kampfverbände in die des Großkönigs. »Söhne« waren demnach für gewöhnlich untergeordnete Könige, »Brüder« dagegen oft gleichgestellte. Solche Überlegungen können uns

Die schweigsame Masse: Eine Linear-B-Tafel aus Knossos mit einer Aufzählung von Arbeiterinnen.

helfen, die Beziehungen beispielsweise zwischen Mykene und Pylos oder Orchomenos verständlich zu machen. Wenn es jedoch zu gewissen Zeiten einen »Großkönig« des »Achäer-Landes« gab (wir werden im sechsten Kapitel sehen, daß die Hethiter glaubten, es gebe ihn), dann war er definitionsmäßig ein König, der über andere Könige herrschte.

Heroisches Königstum?

Welche Art von Königtum war es? Wie könnte die Herrschaft Agamemnons ausgesehen haben? Infolge der Spärlichkeit klarer Tatsachen in den Linear-B-Tafeln waren die Historiker versucht, wieder auf Homer zurückzugreifen und die Könige des spätbronzezeitlichen Griechenlands als »Heroenkönige« zu bezeichnen. Was ist damit gemeint?

Während des letzten Jahrhunderts sind von Gelehrten umfangreiche Untersuchungen über das »heroische« Königstum der Völkerwanderungszeit und des frühen Mittelalters bei den Kelten und Germanen in Westeuropa angestellt worden. Hierzu liegt eine Überfülle von Material in der Form von Annalen, Gesetzessammlungen und Bußpredigten vor, in denen die Rolle des Königs in Gesellschaften definiert wird, die in mancher Hinsicht Ähnlichkeiten mit denen aufweisen, die Homer geschildert hat. Auch hier lieferten epische Dichtungen wie *Beowulf* die Grundlage der Interpretation. In der Tat waren es die Parallelen zwischen der angelsächsischen und der homerischen Ependichtung, die Anlaß zu einem der ersten Versuche gaben, diese frühen europäischen Überlieferungen »heroischen« Königtums zusammenzufassen. Es war H.M. Chadwicks *Heroic Age* (Heroisches Zeitalter, 1911), ein Klassiker, der die Homer-Wissenschaft der englischsprachigen Welt stark beeinflußte. Chadwick war überzeugt, daß die Ideale und die Lebensauffassung, wie sie in den alten germanischen Heldenliedern dargestellt werden, sehr viel mit Homer gemeinsam haben und daß die späteren nordischen, keltischen und angelsächsischen Überlieferungen sehr ähnlich seien. In vieler Hinsicht stimmte das: Es konnte gar nicht anders sein, als daß allgemeine soziale und materielle Kennzeichen – sogar auch politische – innerhalb gleicher aristokratisch-militärischer Gesellschaften übereinstimmten, in denen sich der König mit Kriegern umgab, die von seiner Freigiebigkeit und seinen kriegerischen Erfolgen angezogen wurden, und kriegerische Ideale der königlichen Sippe und ihres militärischen Gefolges in dem Drum und Dran kriegerischer Aufmachung, schimmernden Waffen und edlen Pferde ihren Ausdruck fanden. Doch wenn es hier auch Ähnlichkeiten gab, so waren sie doch dergestalt, wie man sie in der mündlichen Ependichtung vieler Kulturen findet, ob es sich um den *Beowulf*, die *Ilias* oder das *Mwindo*-Epos in Zaire handelt. Die Ähnlichkeit ist demnach ein Produkt des Epos und nicht notwendigerweise der Gesellschaften. Heute neigen Historiker und Anthropologen dazu, diese »heroischen« Züge als literarische Schöpfungen zu sehen, die für Zeiten wehmütig rückwärts blickenden Verfalls charakteristisch sind. Dennoch hat die Archäologie das »heroische« Zeitalter des Epos verführerisch nahe

gebracht. Die Entdeckung des Schiffbegräbnisses von Sutton Hoo (Suffolk) dreißig Jahre nach Chadwicks Buch hatte eine ähnliche Wirkung auf das Studium der angelsächsischen Zeit wie die Ausgrabungen Schliemanns in Mykene auf die Homer-Forschung. Auch hier fand die epische Dichtung ihre Bestätigung durch greifbare Gegenstände: die Ebermähne als Helmzier, wie sie im Beowulf beschrieben wird und in Sutton Hoo gefunden wurde, kommt einem als Parallele zu Homer unmittelbar in den Sinn. Mit dem nötigen Vorbehalt werden wir an unserem Gebrauch der Bezeichnung »heroisch« festhalten, soweit sie sich auf eine Gesellschaft bezieht, die ganz auf Krieg mit kämpferischen aristokratischen Idealen gestimmt ist: die Welt der »Erstürmer von Städten«.

Der Aufstieg Mykenes

Eine kurze Skizze des Aufstiegs mykenischer Macht stellt sich folgendermaßen dar: Griechisch sprechende Völker betraten bald nach 1900 v. Chr. das heutige Griechenland, wenngleich einige Gelehrte glauben, daß sie bereits seit der Jüngeren Steinzeit dort ansässig waren. (Einige wenige denken an eine sehr viel spätere Ankunft, doch scheint dies nicht sehr wahrscheinlich.) Damals stand das große Zeitalter der Paläste gerade an seinem Anfang; es war eine Kultur nach ägyptisch-syrischem Vorbild. Um dieselbe Zeit begann sich in Anatolien die hurritische Kultur (die der hethitischen vorausging) zu entwickeln, die ihrerseits stark von der mesopotamisch-altassyrischen Kultur beeinflußt war, mit der sie entlang dem Euphrat-Tal enge Berührung hatte. Assyrische Handelsniederlassungen von beträchtlicher Größe bestanden bereits um 1800 v. Chr. an verschiedenen Orten Anatoliens. In Griechenland scheint es zwischen 1700 und 1600 v. Chr. zu einem plötzlichen Aufblühen der mykenischen Kultur gekommen zu sein, die stark von kretischen Elementen gefärbt war. Diese Blüte kommt auch in den Schachtgräbern aus dem 16. Jahrhundert v. Chr. zum Ausdruck, die Schliemann in Mykene gefunden hat. Vor dieser Zeit scheint die Festlandskultur sich nicht auf Paläste gestützt zu haben, auch wenn das »Haus der Schmuckziegel« in Lerna (drittes Jahrtausend v. Chr.) wie eine Frühform des festländischen »Megaron« aussieht. Man könnte sich sehr wohl denken, daß sich große Festlands-Königreiche wie Mykene im 17. und 16. Jahrhundert v. Chr. aus lokalen Grundherrschaften mit einer Art besserem Gutshof als Mittelpunkt entwickelten, indem sie kleinere Besitztümer an sich rissen und einverleibten. Dennoch wissen wir noch immer nicht genau, wie die »Schachtgräber-Dynastie« so reich wurde oder wann Mykene Orte wie Barbati und Posymna »schluckte«, die wie früher unabhängige örtliche Mittelpunkte aussehen. Ein noch größeres Problem ist das Verhältnis von Mykene zu den anderen großen Herrensitzen der Argolis, nämlich Argos, Tiryns und Midea. Hier könnte vielleicht die klassische Überlieferung zu Rate gezogen werden, wenn auch mit aller gebotenen Vorsicht. Der Sage nach soll Mykene von der Dynastie der Perseiden gegründet worden sein, während die Atriden (Pelops, Atreus,

Komplette mykenische Rüstung aus dem 14. Jahrhundert, gefunden in der Nähe von Midea und heute im Museum in Nauplia.

Agamemnon) Außenseiter waren. Von den Kadmeiern Thebens wird ganz ähnliches erzählt. Die Atriden sollen lydischer, also kleinasiatischer Herkunft sein. Wir wissen, daß es dort seit dem 15. Jahrhundert v. Chr. ein griechisches Element gab, doch erlaubt uns der gegenwärtige Wissensstand nicht, etwas Brauchbares über die angeblich auswärtige Herkunft einiger spätbronzezeitlicher griechischer Dynastien auszusagen, so faszinierend dieses Thema auch sein mag. Ist die Überlieferung in ihren Grundzügen jedoch richtig, könnten die Toten in den von Schliemann gefundenen Schachtgräbern Angehörige der Perseiden-Dynastie sein, und der dort vorgefundene Reichtum der Reichtum dieser Sippe. Die Atriden gehörten dann einer späteren Zeit an, da sie von den Perseiden in Midea eingesetzt worden waren. Ihre Macht würde sich auf das ausgehende 14. und das 13. Jahrhundert v. Chr. erstrecken. Das würde, soweit man dergleichen überhaupt mit einiger Sicherheit sagen kann, sehr gut zu der herkömmlichen Zuschreibung der großen Tholosgräber von Mykene an diese Dynastie passen. Die sogenannten Schatzhäuser des Atreus und der Klytämnestra könnten tatsächlich die Gräber des Atreus und seines Sohnes Agamemnon sein. Außerdem stimmen die Sagen nachdrücklich darin überein, daß der Aufstieg Mykenes zur Festlandsvormacht erst spät, unter den Atriden, erfolgte. In diesem Zusammenhang könnte sich auch die frühere Ausdehnung der mykenischen Machtstellung über die argivische Ebene zu Orten wie Nemea, Lerna und sogar Tiryns selbst in der Sage widerspiegeln: Die Arbeiten des Herkules (Herakles) von Tiryns wurden im Auftrag des Eurystheus, des letzten Perseiden-Königs von Mykene, ausgeführt. Nach des Eurystheus Tod im Kampf gegen die Kinder des Herakles sollen die Leute von Mykene seinen Schwager Atreus zu ihrem Herrscher gewählt haben, da er sie am besten vor ihren feindlichen Nachbarn zu beschützen vermochte. Vergleicht man allerdings den archäologischen Befund mit der legendären Darstellung, so ist bei aller Großartigkeit der Goldfunde in den Schachtgräbern (16. Jahrhundert v. Chr.) festzustellen, daß die Fachwissenschaftler außerhalb der Argolis keine Präsenz Mykenes aus dieser Zeit feststellen konnten und das allgemeine Kulturniveau – beispielsweise in der Architektur – nicht höher als in den ersten Jahrhunderten des zweiten Jahrtausends war. Wir können, mit anderen Worten, gewisse Fakten über den Aufstieg der Festlandskönigreiche und insbesondere Mykenes beobachten, jedoch noch nicht den außerordentlichen Wandel im 14. und 13. Jahrhundert erklären, der in der Erbauung des »imperialen« Mykene (wie ich es nannte) zum Ausdruck kommt. Zu dieser Zeit hatten sich seine Machtposition wie auch sein Einfluß und seine materielle Kultur weit über die Argolis hinaus ausgedehnt.

Direkte Belege für ihr Königtum sind nur von der Archäologie zu erwarten. Die Schachtgräber, die Architektur und spätere Linear-B-Tafeln berichten uns viel über vornehme und königliche Kultur, zu der es auch anderwärts Parallelen gibt. Könige wie Agamemnon gaben einen außergewöhnlichen Teil ihrer Einkünfte und ihres Vermögens für königliche Grablegen und königliche Selbstdarstellung aus. Sie verschwendeten gro-

ßen Reichtum und viel handwerkliches Können auf ihre kriegerische Ausrüstung. Man dürfte kaum zu weit gehen, wenn man in den Jagd- und Kampfszenen auf den herrlich eingelegten Dolchen, auf den Fresken und den monumentalen Stelen ein Abbild der Lieblingsbeschäftigungen der herrschenden Klasse sieht, ob wir dies nun »heroisch« nennen wollen oder nicht. Dies war eine königliche Kriegerelite, die von dem gewöhnlichen Volk durch eine breite Kluft getrennt war.

Nun mußte der König wie in vielen anderen Königtümern, von denen wir Einzelheiten wissen – keltischen, germanischen und afrikanischen –, sein militärisches Gefolge durch Freigiebigkeit, das heißt durch Geschenke, Lebensmittel, Gastfreundschaft und vielleicht durch Landzuteilung an sich binden (wobei uns die Schrifttafeln über diesen letzteren Punkt im dunkeln lassen). »Agamemnon« hätte die Aufgabe gehabt, seinen Hof mitsamt den Chargen zu unterhalten, sein Heer auszurüsten und zu entlohnen und dabei erhebliche Aufwendungen an Zeit und Mitteln in die Ausbildung der Streitkräfte zu investieren, die ihm dienten. Dabei war die Kampfwagentruppe mit ihren Pferden die in jeder Hinsicht aufwendigste Investition. Um all dieses zu ermöglichen, um sein Heer bei der Stange, seine Freunde bei guter Laune und seine Feinde in Schach zu halten, mußte er Land, Sklaven, Frauen, Reichtümer und Beutegut aller Art beschaffen. Das erforderte ständige kriegerische Unternehmungen, Raubzüge und Überfälle zur See. Seit Thukydides haben alle Kommentatoren die Geschichte vom Trojanischen Krieg in diesem Licht gesehen. Schliemann selbst kam 1876 in Mykene zu diesem Schluß:

> Die Frage erhebt sich natürlich, wie die Stadt ihr Gold zu einem so frühen Zeitpunkt erhielt, als es noch keinen Handel gab. Es scheint tatsächlich, daß sie es auf keine andere Weise erhalten haben kann als durch machtvolle Piratenunternehmen an der asiatischen Küste.

Über den Handel werden wir im siebten Kapitel mehr erfahren. Hinsichtlich des Krieges können wir davon ausgehen, daß er das Handwerk aller bronzezeitlichen Könige war. Regelmäßige sommerliche Kriegszüge waren an der Tagesordnung. Die Annalen des Hethiter-Königs Mursilis II. vom Ende des 14. Jahrhunderts v. Chr. erwähnen zehn Feldzüge in 26 Jahren gegen die Grenzvölker der Kaska, ganz abgesehen von größeren Unternehmungen südwärts nach Syrien und westwärts nach Assuwa und Arzawa, wo ein einziger Feldzug 66000 Gefangene einbrachte. Die Assyrer machten bei zwei Unternehmungen gegen die Hethiter im Euphrat-Tal 28000 und 14400 Gefangene, nachdem sie Dutzende von Städten und Dörfern eingenommen hatten. Das sind große Zahlen, wenn man ihnen glauben darf. Aber wie groß waren »nationale« Heere zur Zeit des Trojanischen Krieges? Die zahlenstärkste damalige Armee war die Streitmacht der Hethiter bei Kadesch (1275/74 v. Chr.) mit 2500 Streitwagen und 37000 Fußkämpfern. Aber dies war eine außergewöhnliche Größe und schloß die Kontingente 16 verbündeter Staaten sowie die Aufgebote von Vasallen des Hethiterkönigs und Söldnertruppen ein. Heere in der ägäischen Welt müssen sehr viel kleiner gewesen sein. Wir können für die Bevölkerungszahlen mykenischer

Königreiche nur grobe Schätzungen vornehmen, doch kann die von Pylos kaum kleiner als 50000 gewesen sein, und Schätzungen für die mögliche Bevölkerung der Argolis aufgrund der landwirtschaftlich nutzbaren Fläche ergeben maximal 180000 für Mykene, 70000 für Midea, 90000 für Tiryns und 60000 für Argos. Die Vorstellung, daß auch nur zehn Prozent einer vorindustriellen Gesellschaft für den Wehrdienst hätten mobilisiert werden können, erscheint bereits weit hergeholt, so daß man davon ausgehen kann, daß ein Heer von ein paar Hundert Schwerbewaffneten bereits als groß galt. Eine Gruppe beschädigter Schrifttafeln aus Pylos erwähnt über 400 Ruderer und mindestens 700 Mann als Verteidigungstruppe. Es wäre überraschend, wenn der König für einen Angriffskrieg mehr als ein paar Tausend wohlbewaffnete und gutausgebildete Streiter hätte aufbieten können. Um 1420 v. Chr. bedeutete ein Trupp griechischer Marodeure in Lykien eine Bedrohung für ein hethitisches Heer von 100 Streitwagen und etwa 1000 Mann zu Fuß; eine reiche Stadt wie Ugarit konnte für ein Angriffsunternehmen 150 Schiffe bemannen (mit Söldnern?), alles in allem vielleicht 7000 Kämpfer. Diese Zahl stellt etwa die Größenordnung dar, wie wir sie für einen mykenischen Feldzug gegen Troja ansetzen können, sofern er überhaupt stattgefunden hat. Genausogut konnten aber bloße sieben Schiffe eine tödliche Bedrohung für Ugarit darstellen, wenn dessen eigene Flotte abwesend war. Das also sind die Maßstäbe bronzezeitlicher Kriegsführung – vergleichbar etwa den Kriegen der Wikingerzeit in Europa, als beispielsweise die Besatzungen dreißig befestigter Orte in Wessex zusammen 26671 Mann betrug, wozu noch die »mobile Einsatztruppe« des Königs mit höchstens ein paar Tausend Mann kam. Es ist somit wahrscheinlich, daß im 13. Jahrhundert v. Chr. ein paar Hundert schwerbewaffnete, »bronzegepanzerte« Kämpfer mit ihren Knechten, Pferden, Streitwagen, Troßkarren, Ersatzausrüstung und Hilfspersonal ein für den Einsatz gegen einen feindlichen Staat ausreichendes Heer darstellten. Offensichtlich hätten allein schon die größeren Königreiche der Peloponnes eine Streitmacht von mehreren Tausend Mann aufbieten können. Dagegen kann die Zitadelle von Hisarlik – wenn dies wirklich Troja war – kaum mehr als ein paar Hundert eigene Streiter mobilisiert haben. Ist es denkbar, daß das mykenische »Reich« einen so kleinen Ort angegriffen hätte – und warum? Gibt es überhaupt irgendwelche Beweise, daß die mykenischen Königreiche einen Feldzug in Westanatolien unternommen haben?

»Frauen aus Asien« und die Erstürmer von Städten

In den Linear-B-Tafeln findet sich ein Komplex, der hinsichtlich seiner möglichen Aussagekraft für unser Problem noch gar nicht ausgewertet worden ist. Besonders in den Tafeln von Pylos sind Gruppen von Frauen verzeichnet, die manuelle Arbeiten wie Mahlen von Getreide, Aufbereiten von Flachs und Spinnen verrichten. Ihre Zuteilungsquoten deuten darauf hin, daß sie nach Hunderten zählen. Manche werden durch ethnische Beiwörter gekennzeichnet, die vermutlich den Ort ihrer Herkunft angeben.

Wenn auch einige dieser Orte noch nicht identifiziert werden können, erfahren wir aus den übrigen, daß mehrere dieser Frauen von der östlichen Ägäis stammten – Knidos, Milet, Lemnos, Zephyros (das heißt Halikarnassos), Chios und *Aswija*. Der letzte Name kommt in Pylos, Knossos und Mykene vor und scheint ein Gebiet zu bezeichnen, das ursprünglich als Asien, das ist soviel wie Lydien (Assuwa auf hethitisch), bekannt ist. In Pylos findet sich sogar ein rätselhaftes *To-ro-ja* (»Die Frau aus Troja«?), »Dienerin des Gottes«. Die Pylos-Tafeln nennen 700 Frauen mit ihren 400 Mädchen und 300 Knaben, und weitere 300 Männer und Knaben, die »zu ihnen gehören«. Einige dieser ethnischen Gruppen sind durchaus ansehnlich: »Einundzwanzig Frauen von Knidos mit ihren zwölf Mädchen und zehn Knaben.« Diese Angaben verwenden oft das Wort *lawiaiai,* »Gefangengehaltene«, dasselbe Wort, das Homer verwendet, um die Frauen zu bezeichnen, die Achilles auf einem Beutezug südlich von Troja in Lyrnessos fortgeschleppt hat (*Ilias*, XX, 193). Es ist weiterhin bemerkenswert, daß Homer auch die Anzahl von Orten in der östlichen Ägäis als Heimat von Frauen erwähnt, die bei griechischen Überfällen verschleppt wurden, so die Inseln Lesbos, Skyros und Tenedos (*Ilias*, XVIII, 346).

Diese Tafeln vermitteln ein anschauliches Bild von dem räuberischen Charakter der mykenischen Expansion im ostägäischen Raum. Die Frauen müssen entweder bei Piratenüberfällen fortgeschleppt oder von Sklavenhändlern in Umschlagplätzen wie Milet gekauft worden sein. Die Tatsache, daß sie gewöhnlich mit ihren Kindern, aber nicht mit Männern aufgeführt werden, läßt auf das wohlvertraute Verhalten der »Städte-Erstürmer« schließen, die Männer umzubringen und die Frauen fortzuschleppen. Die *Ilias* und die Schrifttafeln ergänzen sich in dieser Hinsicht in bemerkenswerter Weise, und es ist anzunehmen, daß Homer auch hier wieder eine echte Bronzezeit-Erinnerung bewahrt. Vermutlich wurden die Frauen nur kurze Zeit als »Gefangengehaltene« bezeichnet, bis man ihnen bestimmte Tätigkeiten zugewiesen hatte; auch dann scheint man sie noch als ethnische Gruppen, ja sogar als Familien beisammengelassen zu haben – im Gegensatz zu der Praxis in den amerikanischen Südstaaten, wo Sklavenfamilien absichtlich auseinandergerissen wurden. Die erstgenannte Methode hatte für die Sklavenbesitzer anscheinend praktische Vorteile – vielleicht arbeiteten die Gefangenen auf diese Weise besser. In den Tafeln von Ugarit findet sich eine genaue zeitgenössische Parallele, indem hier von den »Söhnen der Sklavin aus Kt« die Rede ist – vielleicht aus Kition auf Zypern. Hier hätten wir also, selbst ohne das einzelne *To-ro-ja*, den denkbar deutlichsten Zusammenhang mit der Geschichte von Troja.

Man brauchte nicht viele Schiffe vollgepackt mit bewaffneten Plünderern, um eine kleine Stadt einzuschüchtern und auszurauben und ihre Bewohner zu verschleppen; in der Herakles-Sage plündern sechs Schiffe Laomedons Troja. Kleine Gruppen von Bewaffneten, Anführer mit ihrem kriegerischen Anhang kommen an vielen Stellen in nahöstlichen Texten des 13. Jahrhunderts vor. Sooft wir von plündernden Heeren lesen, stoßen wir auf kleine Trupps von Abenteurern, die versuchen, irgendwo im östlichen

Mittelmeer oder in der Ägäis eine neue Heimat zu gründen. Der begehrteste Titel war, wenn wir Homer glauben dürfen, der eines »Städteplünderers«. In den homerischen Epen, und noch bei Äschylos, begründete er den stolzesten Anspruch eines Anführers auf Ruhm. Agamemnon, Achilles, Nestor (»in meiner Jugend war ich einer«) und sogar Athene tragen bei Homer diesen Titel.

Wir sollten allerdings die Suche nach »modernen« Motiven hierfür nicht übertreiben. In der *Ilias* zerstört der Städteplünderer nicht, um seine politische Macht zu vergrößern, um die Inflation zu bekämpfen, Handelswege in das Schwarze Meer oder zu den europäischen Zinnbergwerken zu erschließen; er zerstört nicht, um die Makrelen- und Thunfischfänge an sich zu reißen. Er plündert Städte, um Beute zu machen – Schätze, Pferde, Vieh, Gold, Silber, gute Waffen und Rüstungen – und Frauen. Wir sollten die Frauen nicht vergessen. Schließlich will ja die Sage, daß die Entführung einer Frau die Ursache des Trojanischen Krieges war. Immer wieder erzählt Homer vom Kampf um »die Stadt und ihre Frauen«. Als Achilles dem Odysseus von den dreiundzwanzig Städten berichtet, die er geplündert hat, erwähnt er als Beute lediglich »Schätze und Frauen«. Das ist es, was ihn mit Stolz erfüllt und ihm Nachruhm sichert. Je schöner die Frauen, um so besser. In dieser Hinsicht bewegen sie sich in nächster Nähe des großen »Oberkönigs« der afrikanischen Zande, von dem E.E. Evans-Pritchard in seinem anthropologischen Werk berichtet: der siegreiche Häuptling nimmt die schönsten Frauen für sich und überläßt die anderen mit ihren Kindern seinem Gefolge. (»Diese *akanga vura*, ›Kriegs-Sklaven‹, wurden nicht viel anders als gewöhnliche Frauen angesehen...« Gibt das am Ende einen Hinweis auf die wirkliche »Helena«?).

Dies also waren die großen Ziele des »heroischen« Königtums. Wenn auch wirtschaftliche Notwendigkeiten solche Angriffe teilweise erklären können – um die Sklavenarbeiter in den »Staatsbetrieben« wieder zu ergänzen –, so ändert es doch nichts an der Tatsache, daß der Gewinn an Ruhm und Ehre für den Eroberer um so größer war, je größer die gemachte Beute, je größer die Menge an Gold und Silber, je edler die Pferde und je schöner die Frauen waren. Das war es, was dem siegreichen König eine große Gefolgschaft sicherte und deren Treue gewährleistete. Und je größer die Kriegerschar, um so kühner konnte das nächste Unternehmen sein. Vielleicht war der Trojanische Krieg ein solches Unternehmen. In diesem Licht sind die Frauen aus Asien, die in den Flachsfeldern um Pylos herum arbeiten mußten, ihre monatlichen Zuteilungen erhielten und ihre Kinder als Sklaven mit griechischen Namen aufzogen, unsere beredtesten Zeugen für die Gedankenwelt eines Agamemnon und der Städteplünderer. Das war die nüchterne Wirklichkeit des »Heroischen Zeitalters«, und in seinem Wesensgehalt wird sie in Homers Schilderung richtig wiedergegeben. Bis vor kurzem war es übrigens noch möglich, einen Hauch geschichtlicher Kontinuität zu verspüren: In der ländlichen Gegend oberhalb Pylos befand sich einer der regionalen Vororte des Palast-Territoriums nahe dem heutigen Dorf Koukounara (Ro-uso?). Die Schrifttafeln erwähnen Frauen,

die in diesem Gebiet Flachs rötteten Noch bis in unsere 50er Jahre wurde diese Knochenarbeit von den dortigen Frauen geleistet; inzwischen haben Chemiefasern dieser Tradition ein Ende bereitet. Aber der Fluß, an dem die »Frauen aus Asien« sich vor dreitausend Jahren abrackerten, heißt noch immer Linaria, der »Flachsfluß«.

MYKENER AN DEN KÜSTEN KLEINASIENS

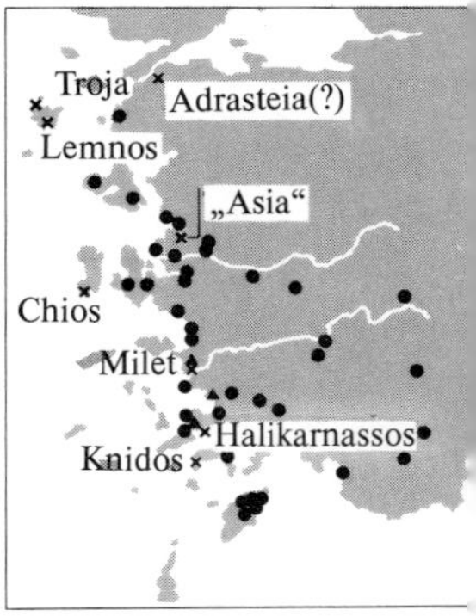

• Funde
▲ bisher nachgewiesene Niederlassungen
× auf Linear-B-Tafeln als Lieferanten von Sklaven genannte Orte

Mykener in Kleinasien

Mit unserer Suche nach den Mykenern in Kleinasien kommen wir weiter. Wichtige Beweise für eine mykenische Präsenz sind kürzlich an der kleinasiatischen Küste aufgetaucht, und zwar nicht nur in der Form von Plünderern, sondern auch von Siedlern. Wir hatten bereits die Anwesenheit von Sklaven aus diesen Gegenden in den mykenischen Palästen des Festlands konstatiert. Der archäologische Befund gestattet uns, diese Vorstellungen auf höchst interessante Weise zu erhärten. An der türkischen Küste sowie in ihrem unmittelbaren Hinterland sind 25 Fundorte mykenischer Töpferware identifiziert worden. Dies braucht natürlich noch nicht die Gegenwart von Griechen zu beweisen, auch wenn Gräber bei Kolophon und Pitane darauf hindeuten mögen. Wohl aber waren Mykener mit Sicherheit im südwestlichen Teil Anatoliens, südlich des Mäanders anzutreffen. Hier deutet der archäologische Befund auf eine große Enklave hin, deren Hauptorte Milet, Iasos sowie ein dritter Ort in der Nähe des heutigen Müsgebi waren, wo ein großer Friedhof gefunden wurde. Diese Orte waren alle nach Westen orientiert, in Richtung auf die Inseln, die bereits von Mykenern besiedelt waren, besonders Rhodos, Kos, Samos und Chios. Es gibt auch Hinweise auf mykenische Inlandskontakte von Iasos mit der Ebene von Mylasa, zumindest auf Kontakte von mykenischen Händlern. Die beiden hauptsächlichen Wasserwege ins Landesinnere, der obere Mäander und der untere Hermus, haben weitere, wenn auch schwächere Hinweise für den Transport mykenischer Waren erbracht. Das ergibt durchaus einen Sinn: Das Gebiet um den Unterlauf des Hermus versorgte die Mykener mit Sklaven; der Oberlauf des Mäanders führt weiter landeinwärts nach Beydschesultan, wo einige Funde bei dem spätbronzezeitlichen Palast gemacht wurden, der einer der Mittelpunkte des mit den Hethitern verbündeten Mira gewesen sein könnte, eines Staates, der immerhin bedeutend genug war, mit Ägypten zu korrespondieren.

Die Funde sollten nicht überbewertet werden, aber das Beweismaterial nimmt offensichtlich zu. In Ergänzung der bereits in Masat Hüyük im hethitischen Kerngebiet entdeckten Töpferware wurden 1983 weitere Funde gemacht, und nun kommen auch noch bronzezeitliche Fundstätten in Karien und Lykien, deren Existenz noch vor wenigen Jahren bestritten wurde, ans Tageslicht. Was uns diese griechische Enklave vor Augen führt, ist aufschlußreich: Milet, Iasos und Müsgebi-Halikarnassos könnten ein bedeutendes Hinterland beherrscht haben. Nach Ansicht vieler Gelehrter geht dies auch aus hethitischen Schrifttafeln hervor, wie wir im sechten Kapitel sehen werden.

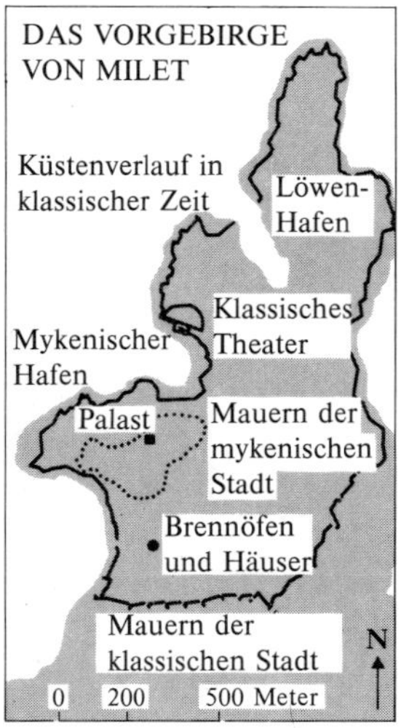

Milet – eine griechische »Kolonie« der Bronzezeit in Kleinasien?

Es lohnt sich, Milet ein wenig näher zu betrachten, da die in den ersten Jahren unseres Jahrhunderts dort gemachten hochinteressanten Funde großenteils vernichtet worden sind, ohne zuvor veröffentlicht zu werden. Desgleichen gibt es keinen allgemeinen Bericht auf englisch von den jüngsten Entdeckungen der »mykenischen« Mauer.

Unter allen antiken Stätten der kleinasiatischen Küste ist Milet für den Besucher von heute die dramatischste. Einst die selbsternannte »erste Stadtgründung Ioniens«, »Metropolis Asiens« und »Vaterstadt zahlreicher Städte in vielen Teilen der Welt«, liegt Milet heute sechs Kilometer vom Meer entfernt völlig auf dem Trockenen, oberhalb der versandeten Mündung des Mäanders. Heute kann der Besucher durch das wirre Gestrüpp seiner Hafenöffnungen laufen, vorbei an den Steinlöwen des Löwenhafens. Die ausgedehnten Ruinen der klassischen Stadt erstrecken sich über ein einstmals meerumspültes Vorgebirge von etwa anderthalb Kilometer Länge und reichlich einem Kilometer Breite (an der breitesten Stelle) und etwa 200 Meter an seinem nördlichen Ende. Dieses Vorgebirge besaß drei Vorsprünge, die zwei dem Ägäischen Meer zugewandte natürliche Häfen bildeten. An dem südlichsten und niedrigsten Vorsprung, gegenüber dem großen Theater, haben deutsche Ausgraber seit dem Zweiten Weltkrieg bemerkenswerte Überreste aus der Späten Bronzezeit entdeckt. Anscheinend war Milet ursprünglich eine kretische Siedlung, die im 15. Jahrhundert v. Chr. von Mykenern übernommen wurde. Die anschließende Siedlung wurde um 1320 v. Chr. durch eine verheerende Feuersbrunst zerstört. Im Anschluß an den Brand wurden umfangreiche Befestigungsanlagen errichtet, die den ganzen Hügel einschlossen. Die Länge der Mauer betrug über 1000 Meter, das von ihr umschlossene Areal 42000 Quadratmeter (zum Vergleich: Mykene 32000, Tiryns 18000 und Troja VI 17000 Quadratmeter). Der Ort war also groß genug, die Hauptstadt eines Königreiches zu sein. Die Mauer besaß eine bemerkenswerte Eigenheit; sie war alle 15 Meter durch quadratische Bastionen verstärkt, wofür es in der hethitischen, spätmykenischen und zypriotischen Befestigungsbaukunst Parallelen gibt. Deswegen wäre es möglich, daß Milet ein kulturelles Verbindungsglied zwischen dem anatolischen und dem ägäischen Raum bildete. Über die innere Gliederung der Stadt wissen wir wenig, nur daß es Töpferöfen und Häuser gab und auf der flachen Kuppe des Hügels einen um einen Hof gruppierten Wohnkomplex, vielleicht einen »Palast«. Die Ausgrabungen sind eingestellt worden, obwohl die Hoffnung bestanden hatte, es könnten dort Schrifttafeln gefunden werden. Die zu diesen Überresten gehörende Töpferware enthält viele mykenische Arbeiten. Es bestehen kaum Zweifel, daß es in der Stadt auch Griechen gab. Dieser Eindruck wurde 1907 durch die Entdeckung eines Friedhofs in Degirmentepe, anderthalb Kilometer südwestlich der Stadt, verstärkt. Noch heute kann hier der Besucher mindestens ein Dutzend in den Fels gehauener mykenischer Gräber mit der charakteristischen runden Kammer und dem schmalen Eingang sehen. Unglücklicher-

Oben: Die Ebene von Argos, das Kraftzentrum der griechischen Welt in der Späten Bronzezeit.

Nächste Seite: Palastgemächer des Goldenen Mykene.

Gegenüberliegende Seite: Mykenische Brücke über das Bachbett des Chavos in Mykene. Weiter auswärts befinden sich die Zitadelle und der Berg Prophitis Ilias, auf dem eine mykenische Signalstation und ein Wachtturm standen.

Links: Luftaufnahme von Tiryns. Das Meer reichte in der Bronzezeit bis auf die Linie der heutigen Straße (ganz vorn im Bild).

Unten: Das »mächtig ummauerte Tiryns«.

Rechts: Das »Megaron der Königin« in Knossos nach der Rekonstruktion durch Evans. Es war von den griechischen Eroberern im Festlandsstil ausgeschmückt worden (ca. 1300–1200 v. Chr.).

Gegenüberliegende Seite: Bronzezeitliche Kriegführung auf den Fresken von Thera; man beachte die Eberzahnhelme und die großen, mit Ochsenhaut bezogenen Schilde.

Vorherige Seite: Phaestos, ein minoischer Palast, der später ein regionales Zentrum der Mesara-Ebene unter den mykenischen Oberherren von Knossos war.

Oben: Schild in Form einer »8« von einem mykenischen Fresko des 13. Jahrhunderts v. Chr.

Rechts: Aristokratischer Zeitvertreib; Sauhatz mit Hunden (Tiryns, 13. Jahrhundert v. Chr.).

Oben: Midea, die dritte große Festung der Argolis, der Größe nach mit Mykene vergleichbar. An einem hier befindlichen Grab wurde später die Erinnerung an Hippodamia, die Mutter des Atreus und Großmutter Agamemnons, in Form eines Kults gepflegt.

Rechts: Das Theater von Alinda, dem steilen und wasserlosen Hügel, der um 1250 v. Chr. von Hattusilis auf seinem Zug gegen Milet angegriffen wurde.

Gegenüberliegende Seite oben: Boghaz Köy; eine der vier Hauptfestungen innerhalb der großen Umfassungsmauer der Stadt.

Gegenüberliegende Seite unten: Boghaz Köy; die südlichen Verteidigungswerke Anfang November.

Links: Das Löwentor von Boghaz Köy.

Unten: Yazilikaya; Detail vom persönlichen Heiligtum und Begräbnisplatz der hethitischen Großkönige des 13. Jahrhunderts v. Chr.

Vorherige Seite:
Ephesus, ein Querschnitt ägäischer Geschichte. Im Vordergrund sind die Reste des Diana-Tempels, eines der Weltwunder der Antike. Auf der Akropolis dahinter liegen die türkische Festung Seldschuks sowie die Kirche St. Johannis aus dem 16. Jahrhundert n. Chr. Neben der Kirche sind mykenische Kammergräber gefunden worden, vermutlich an der Stelle der arzawischen Hauptstadt Apasas, die ca. 1315 v. Chr. von den Hethitern erobert wurde.

weise wurde ihr Inhalt während des Zweiten Weltkriegs in Berlin zerstört, aber was an Töpferware ausgestellt gewesen war, stammte aus dem 13. Jahrhundert v. Chr. Wahrscheinlich können noch weitere Gräber, die auf die minoische Besiedlung zurückgehen, gefunden werden.

Die soziale Stellung der Menschen, die diese Gräber hatten anlegen lassen, ergibt sich vielleicht aus dem Friedhof, der südlich von Müsgebi gefunden wurde und aus dem 14.–13. Jahrhundert v. Chr. stammt. In etwa 50 Kammergräbern fand sich eine große Zahl von Steigbügelkrügen, kleinen und großen Schalen, Trinkbechern, eine typische Pilgerflasche und Näpfe und Kannen mit Ausgußtülle – alle auf dem griechischen Festland hergestellt – sowie Spinnwirteln, Halsketten, Weihrauchgefäße, Armreifen, kleine Näpfe für Weihrauch oder Salben und eine ganze Sammlung makelloser Bronzeklingen – Speerspitzen, gekrümmte Klingen und ein Dolch mit Heft sowie ein kurzes Schwert. Diese Funde, die nun im Bodrum-Museum ausgestellt sind, erwecken den Eindruck einer wohlhabenden Schicht von »Expatriierten«, also Angehörigen einer Ausländerkolonie. Zu diesen Kreisen gehörten sicherlich auch ganz oder teilweise die mykenischen Bewohner von Milet, und sie umfaßten offensichtlich auch Handwerker und Handwerkerinnen.

Wenn wir auch berechtigte Bedenken haben, Milet als eine mykenische »Kolonie« im eigentlichen Sinne zu bezeichnen, so haben wir doch genügend Beweise, daß diese Stadt während der ganzen Zeit der mykenischen Machtstellung auf dem Festland ein wichtiger Ausgangspunkt für griechische Kontakte mit Anatolien war. Von etwa 1300 v. Chr. an scheinen Mykener ein bedeutendes Bevölkerungselement gewesen zu sein. Ihre Bestattung in einem reichen Friedhof beweist allerdings nicht, daß sie die in Milet herrschende Klasse waren. Immerhin wurde Milet jedoch etwa ab 1300 v. Chr. von einer starken Zentralgewalt regiert, die eine mächtige Mauer von 1000 Meter Länge errichten lassen konnte. Man importierte mykenische Töpferware und produzierte lokale Nachbildungen, man hatte Beziehungen zu anderen griechischen Ansiedlungen in Anatolien, wie beispielsweise Iasos, man trieb Handel mit Ugarit in Syrien und vielleicht mit Zypern und Troja, und schließlich wurde mindestens ein hethitisches Importstück gefunden (wiederum eine Pilgerflasche). Darüber hinaus sieht es ganz so aus, als sei hier der Herkunftsort der Sklavinnen, die in den Linear-B-Tafeln als *Milatiai* bezeichnet werden und die wir bereits auf den Flachsfeldern der festländischen Güter angetroffen haben. Angesichts der Größe Milets und des Reichtums der Gräber kann man kaum den Schluß vermeiden, daß dies der bedeutendste und wohlhabendste Mittelpunkt mykenischen Einflusses in Kleinasien war, bewohnt von einem Bevölkerungsgemisch minoischer, griechischer, lykischer und anatolischer Herkunft. Ob es eine direkte politische Verbindung zu einem Teil des griechischen Festlands hatte, ist allein aufgrund des archäologischen Befunds nicht zu beantworten. Wie wir im sechsten Kapitel sehen werden, deuten die hethitischen Schrifttafeln darauf hin, daß es eine solche Verbindung in der Tat gab.

Gegenüberliegende Seite oben: Troja am Vorabend des Trojanischen Krieges, Troja VI, von Norden gesehen (von derselben Stelle wie Dörpfelds Foto auf S. 105). Man beachte, wie gut es den schmückenden Beiwörtern Homers entspricht – »wohlgebaut«, »wohlansehnlich«, »steil« und sogar »überhängend«.

Gegenüberliegende Seite unten: Rekonstruktion von Troja VI, wie es zu Anfang des 13. Jahrhunderts v. Chr. aussah.

Das Theater von Milet; es erhebt sich über dem verlandeten »Theaterhafen«, der vermutlich der mykenische Hafen der Stadt war.

Troja und Mykene

Wir besitzen somit einen wachsenden und aussagekräftigen Fundus an Beweismaterial dafür, daß die Griechen des 14. und 13. Jahrhunderts in bewaffnete Raubzüge an der kleinasiatischen Küste verwickelt waren. Ja, wir können wohl mit Recht sagen, daß wir nunmehr eine plausible Erklärung für die Hintergründe und den Rahmen der Geschichte haben, die Homer und die griechische Heldensage uns erzählen. Aber gab es irgendeine Verbindung zwischen der Stadt Troja und dem griechischen Festland? Auch hier liefert uns der archäologische Befund Anhaltspunkte.

Rufen wir uns zunächst die homerische Überlieferung ins Gedächtnis: Das Epos sagt aus, daß es im Heroischen Zeitalter zwei Erstürmungen Trojas gab, zuerst die Eroberung der Stadt des Laomedon durch Herakles und dann den Feldzug des Agamemnon gegen Priamos. Carl Blegens Ausgrabungen in den 30er Jahren belegten zwei Zerstörungen Hisarliks in der Späten Bronzezeit: das schöne, großartige mauerbewehrte Troja VI, das in der ersten Hälfte des 13. Jahrhunderts allem Anschein nach einem Erdbeben zum Opfer fiel, und das darauf folgende Troja VII a, die Stadt der Behelfshütten und Notunterkünfte, die irgendwann zwischen der Mitte des 13. und dem Beginn des 12. Jahrhunderts gebrandschatzt wurde (wobei Blegen das frühere Datum bevorzugt). Was fand der Ausgraber an möglichen Verbindungen zwischen Troja und Mykene? Wir dürfen hier nicht aus den Augen verlieren, daß Hisarlik noch immer der einzige Fundort in Nordwestanatolien ist, der wirklich gründlich erforscht wurde, so daß die Beharrlichkeit, mit der wir von diesen Funden sprechen, irreführend sein könnte: Immerhin war die mykenische Töpferware hinsichtlich Quantität und Qualität jedoch so bedeutend, daß sie Blegen vom Bestehen direkter Beziehungen zwischen Troja und Mykene überzeugte.

Trojanische Einfuhren aus der mykenischen Welt beginnen im 16. Jahrhundert (S. Hell. II A) und setzen sich in großem Umfang während des 14. bis in die erste Hälfte des 13. Jahrhunderts (S. Hell. III B 1) fort. Sie hören spätestens ca. 1250 v. Chr. auf. Nur eine Scherbe ist aus der Zeit von 1250–1200 (S. Hell. III B 2) bekannt, aber natürlich wird auch ältere Ware noch immer in Gebrauch gewesen sein. Die von früheren Ausgräbern gefundenen Gesamtmengen sind nicht bekannt, doch schätzte Blegen die erhaltenen Scherben aus der Zeit von ca. 1400–1250 als die von insgesamt etwa 700 bis 800 Gefäßen, entsprechend beinahe Dreiviertel aller von Troja eingeführten mykenischen Töpferwaren. Man darf jedoch nicht vergessen, daß die mykenische Ware nur ein oder zwei Prozent aller Keramik in Troja VI ausmacht. Im Vergleich mit den einheimischen Erzeugnissen ist es nur ein winziger Teil, der möglicherweise den Import von Luxuserzeugnissen (wohlriechendes Salböl?) repräsentiert – oder ganz einfach ausländische Keramik, deren Wert in ihrem Snob-Appeal liegt.

Dieser Verlauf – ein kräftiger Zustrom von etwa 1400 bis 1250 v. Chr., dann eine Lücke und anschließend die Wiederaufnahme der Beziehungen im 12. Jahrhundert (S. Hell. III c) – findet eine Parallele im Südwesten, beispielsweise in Milet. Wir dürfen dies ruhig als Leitlinie zu dem generellen Bild der Beziehungen zwischen Troja und Mykene nehmen.

Dieses Anschauungsmaterial können wir noch durch andere Importwaren aus dem mykenischen Raum ergänzen. Blegen zeigte, daß die letzten Phasen von Troja VI (ca. 1400–1250 v. Chr.) Luxuswaren mykenischer Herkunft aufweisen: Elfenbeinkästen mit charakteristischen Mustern, darunter vielleicht ein Spielbrett, Karneol- und Elfenbeinperlen, verzierte Straußeneier, Elektrum- oder Silbernadeln, eine kretische Lampe. Andere Funde deuten auf weiterreichende Kontakte hin: Rollsiegel, die aus dem hethitischen Raum stammen könnten, weißgeschlämmte Keramik aus Zypern (vielleicht früher mit Opium gefüllt), wobei manche der verzierten Schalen, wie die mykenischen, als exotische Erzeugnisse geschätzt wurden; auch dreibeinige Steinschalen könnten aus Zypern importiert worden sein. Wir sollten hier anmerken, daß das Wrack, das vor Kap Gelidonya gefunden wurde (s. Seite 247), auf der Route von Zypern nach Troja (oder auch Griechenland) lag: Zypriotische Töpferware fand man sowohl in diesem Wrack als auch auf Kreta, Thera, Melos, Keos, Rhodos und Kos, die vielleicht Anlegeplätze auf dem Weg nach Troja waren. Welches waren nun die Gegenlieferungen der Trojaner? Die große Anzahl in Hisarlik gefundener Spinnwirteln, von denen alle Ausgräber berichten, hat zu der Vermutung geführt, daß die Trojaner Spezialisten für Wolle waren, die Garne und Stoffe herstellten. Dies erscheint noch viel einleuchtender, wenn wir bedenken, daß die Nachbarn Iliums in klassischer Zeit – Städte wie Skepsis – als Zentren der Schafzucht bekannt waren. Die Trojaner exportierten auch ihre eigene Töpferware, denn ihre einheimische »graue minyische« Ware ist in Syrien (z. B. in Ugarit), in Zypern und in Palästina gefunden worden. Fisch wurde ebenfalls als eine mögliche Einnahmequelle der Trojaner genannt. Dies hat inzwischen an Wahrscheinlichkeit gewon-

Der Südost-Turm von Troja VI.

nen, nachdem uns die frühere Existenz der großen Meeresbucht bekannt ist. In späterer Zeit lockten die jahreszeitlichen Wanderungen von Makrelen und Thunfisch durch die Dardanellen Fischerflotten aus der ganzen Ägäis an. Diese Tatsache hat man sogar als einen möglichen Anlaß für den Trojanischen Krieg angeführt: Die Behinderung einer mykenischen Fischerflotte soll zu einer Art bronzezeitlichen Kabeljaukrieg geführt haben! Die Archäologie Hisarliks hätte diese Theorie auch noch stützen können, denn Schliemann fand mächtige Schichten von Fischgräten, zu denen vermutlich auch solche von Makrelen und Thunfisch zählten (Schliemanns Haifischreste?).

Ein letzter Wohlstandsfaktor dürfte auf einer sichereren Grundlage beruht haben: Homer hebt Troja wegen seiner schönen Pferde hervor und

Seetüchtige Schiffe auf den Fresken von Thera (ca. 1500 v. Chr.). Diese Malereien sind zwar früheren Datums als die Zeit des Trojanischen Krieges, vermitteln aber ein lebendiges Bild der Art von Booten, wie sie wohl in der Blütezeit des mykenischen »Reiches« verwendet wurden.

nennt seine Bewohner Pferdezüchter. Die Archäologen stellten fest, daß Troja VI sich durch das Vorkommen von Unmengen von Pferdeknochen auszeichnete, und wir können auf Pferdezucht in der Troas in klassischer Zeit verweisen. Ja, es gab noch bis zum Ersten Weltkrieg ein türkisches Gestüt in der Nähe von Troja! Die Herde wilder Pferde, die noch heute in den nordwestlichen Teil von Lesbos bevölkern, könnten ein fernes Verbindungsglied mit der »Pferde-Wirtschaft« des Gebiets um Troja in der späten Bronzezeit sein. Wenn wir auch nur die schmückenden Beiwörter Homers als direktes Zeugnis haben, scheint es doch wahrscheinlich, daß die Pferdezucht eine der Quellen des fabelhaften Reichtums der Trojaner war. Seltsamerweise wird die Plünderung von Laomedons Troja einem Streit um Pferde zugeschrieben!

Die wichtigste Frage hinsichtlich der Trojaner können wir allerdings noch nicht beantworten: Wer waren sie? Obwohl der Hügel von Hisarlik seit etwa 3600 v. Chr. bewohnt war, herrscht allgemein Übereinstimmung, daß Troja VI durch Neuankömmlinge erbaut wurde, die unter anderem auch das Pferd mitbrachten. Blegen setzte ihre Ankunft auf etwa 1900 v. Chr. an, vermutlich dieselbe Zeit, zu der griechisch sprechende Scharen in Griechenland auftauchten. Ja, Blegen und andere waren wegen der Töpferware versucht zu glauben, daß Griechen und Trojaner ursprünglich derselben Herkunft seien. Charakteristisch für Troja VI war das Graue Minyisch, das dem im mittelbronzezeitlichen Griechenland gefundenen äußerst ähnlich war. (Schliemann hatte es so genannt. Er fand es zuerst in dem »minyischen« Orchomenos.) Dieses gemeinsame Element veranlaßte viele Archäologen zu der Auffassung, daß Troja VI und Griechenland von Eindringlingen gleicher Herkunft überschwemmt worden seien (woran sie die verführerische Vorstellung knüpften, daß sie noch im 13. Jahrhundert in der Lage gewesen wären, sich gegenseitig zu verständigen). Diese Annahmen sind jedoch fragwürdig. Kenner der anatolischen Vorgeschichte haben

darauf hingewiesen, daß diese Art von Töpferware im westlichen Anatolien viel weiter verbreitet war, als Blegen geglaubt hatte, und ihren Ursprung schon im dritten Jahrtausend v. Chr. in Nordwestanatolien hat. Man ist heute der Auffasssung, daß das Graue Minyische des Festlands schon in der Frühen Bronzezeit, vor 2000 v. Chr., Vorläufer hatte – also zu einer Zeit, als nach Meinung einer wachsenden Zahl von Fachleuten griechischsprachige Bewohner bereits in Griechenland ansässig waren. Sprache und Zugehörigkeit der Trojaner bleiben ein Rätsel.

Der Trojanische Krieg, Hypothese Nr. 1: Mykenische Aggression – »Die Städteplünderer«

Wir können getrost davon ausgehen, daß die Griechen und die Trojaner sich gegenseitig kannten und direkt miteinander Handel trieben. Daß es einen griechischen König nach den Reichtümern Trojas gelüstete, ist keineswegs unwahrscheinlich. Wollten wir ein zeitgemäßes, auf archäologische Zeugnisse gestütztes Bild jener Zeit malen, hätten wir damit keine Schwierigkeiten. Stellen wir uns einen König von Mykene in der Mitte des 13. Jahrhunderts vor. Vielleicht hat er daheim Sorgen. Immer gibt es eifersüchtige Verwandte, Rivalen innerhalb des Königshauses, verärgerte Untergebene. Die Fertigungsstätten in der Argolis sind nur halb ausgelastet. Das Verteidigungsbudget ist riesig und steigt weiter – genau wie das Öl heute wird die Bronze nie billiger, und falls es wirtschaftliche Probleme gab, so bestanden sie wohl darin, daß die Bronze schwieriger zu beschaffen war (vor allem infolge der wachsenden Bedrohung durch das Seeräuber-Unwesen in der Ägäis). Kurzum, der König braucht einen auswärtigen Krieg. Er braucht Beute und Sklaven, um das Heer bei der Stange zu halten. Er braucht Rohmaterial und Edelmetalle. Dazu müssen wir uns gar kein großes »imperiales« Unternehmen vorstellen. Es genügt, wenn wir uns eine Reihe von Raubzügen in die nordöstliche Ägäis ausmalen, die sich über mehrere Jahre hinziehen. Dabei dürfte Troja kaum das einzige Ziel gewesen sein, sondern eher eines von vielen, die wegen ihrer Schätze und Sklaven angegriffen und geplündert wurden. Die Linear-B-Tafeln liefern uns Rahmenangaben für die Beschaffung von Sklaven in Kleinasien, doch sind dreißig in diesem Zusammenhang genannte Orte nicht zu identifizieren. Auch Homer überliefert Angaben, wonach zahlreiche weitere Orte in der nordöstlichen Ägäis angegriffen wurden, darunter Lesbos, wo interessanterweise die wichtigste bronzezeitliche Stadt, Thermis, etwa 1250 v. Chr. zerstört wurde, anscheinend durch einen bewaffneten Überfall.

Die homerische Geschichte paßt somit sehr gut zu dem, was wir über mykenische Beziehungen zu der kleinasiatischen Küste wissen. Der Angriff auf Troja wäre dann nur einer in einer ganzen Reihe räuberischer Überfälle in dieser Gegend gewesen. Die Erinnerung gerade an diesen würde sich erhalten haben, weil er eines der letzten erfolgreichen Unternehmen dieser Art war, bevor die Dynastie von Mykene kurz darauf ein Opfer innerer Fehden wurde. (Es gibt in Mykene einen Zerstörungshorizont, der auf die

Zeit von ca. 1230 v. Chr. datierbar ist.) Unsere Darstellung ist plausibel, aber mehr auch nicht. Wir können sie jedoch auf eine viel interessantere Grundlage stellen, wenn wir uns einer ganz neuen Quelle zuwenden: den diplomatischen Archiven der Hethiter. Hier stoßen wir bei unseren Nachforschungen zum erstenmal auf die Möglichkeit, wirkliche Primärinformationen über den Trojanischen Krieg zu finden. Ihnen wollen wir uns im nächsten Kapitel zuwenden.

Es sei hier noch ergänzend auf eine dramatische neue Entwicklung (1984) hingewiesen, die sich aus Funden eines Archäologenteams der Universität Tübingen in Beşik Tepe, acht Kilometer südwestlich von Hisarlik, ergeben hat. Beşik Tepe ist ein etwa 15 Meter hoch aufragender, kegelförmiger Grabhügel, der auf einer natürlichen Erhebung oberhalb des Meeres am Nordzipfel der Bucht von Beşika steht, in Sichtweite der Insel Tenedos. Er war bereits von Schliemann (1879) und Dörpfeld (1924) untersucht worden, die nachweisen konnten, daß ein früherer, prähistorischer Hügel irgendwann zwischen der mittleren Bronze- und archaisch-griechischen Zeit zu dem großartigen Gebilde umgeformt worden war, das wir heute vor uns sehen. Es muß also seine heutige Kegelform bereits besessen haben, als zu Homers Zeit griechische Siedler in der Troas erschienen. Dabei handelt es sich mit größter Wahrscheinlichkeit um den Hügel, der im Altertum als das Grab des Achilles galt, Schauplatz der berühmten Besuche Alexanders des Großen, Xerxes' und vieler anderer. Überraschenderweise fanden die Archäologen, als sie in die Basis des Hügels vordrangen, über fünfzig Erd- und Feuerbestattungen mit griechischen Grabbeigaben; die Töpferware ist zwar noch nicht genauer datiert, wird aber in loser Form dem 13. Jahrhundert v. Chr. zugeschrieben. Das Vorkommen möglicherweise griechischer (aristokratischer?) Bestattungen des Heroischen Zeitalters in einem Grab, das im Altertum als das des Achilles angesehen wurde, wirft hochinteressante neue Fragen hinsichtlich des Fortbestehens alter Überlieferungen über den Trojanischen Krieg auf.

6. Ein vergessenes Großreich: Die Hethiter und die Griechen

Man entferne die sagenhaften Elemente der Geschichte, und übrig bleibt als Kern die Unternehmung eines mächtigen Königs von Mykene gegen die Stadt in der Skamander-Ebene nahe dem Hellespont. Dieser Kern muß historisch sein, aber es ist unwahrscheinlich, daß wir in der Lage sein werden, den tatsächlichen Ablauf der Ereignisse zu rekonstruieren, wenn uns zeitgenössische geschichtliche Aufzeichnungen fehlen.

Eduard Meyer, *Geschichte des Altertums* (1928)

In der nächsten Phase unserer Nachforschungen beschäftigen wir uns mit einer ganz anderen Art von Zeugnissen als denen, die uns in den vorausgegangenen fünf Kapiteln zur Verfügung standen. Bemerkenswerte Entdeckungen in der Zentraltürkei haben zur Entzifferung der hethitischen Sprache geführt und die bis dahin unerwartete Existenz eines großen Reiches enthüllt, das sich genau zu der Zeit, die die Überlieferung dem Trojanischen Krieg zuweist, vom Ägäischen Meer bis zum Tal des Euphrats erstreckte. In den hethitischen Archiven liegen uns zum erstenmal bei unseren Nachforschungen »wirkliche« historische Texte zur Interpretierung vor: diplomatische Korrespondenz, Verträge, Annalen und königliche Autobiographien, in denen die Charaktere von Königen und Königinnen in einer höchst lebendigen Weise zum Ausdruck kommen. Am aufregendsten ist natürlich die Behauptung, daß in diesen »Akten« des »Hethitischen Auswärtigen Amts« auch Troja und der Trojanische Krieg aufgeführt sind; ja, es könnte allem Anschein nach sein, daß an Agamemnon gerichtete Briefe sowie ein Vertrag mit dem wirklichen Alexander von Ilios erhalten sind – also dem Alexander, der in der Sage als Paris, Sohn des Priamos, erscheint, Helena entführt und damit das Unglück über Troja heraufbeschwört.

Das Auftauchen der Hethiter aus einem nahezu völligen Dunkel ist eines der großen Ereignisse der Archäologie und Philologie der letzten hundert Jahre. Diese Leistung hat in der englischsprechenden Welt nicht die gebührende Anerkennung gefunden, vielleicht, weil die Hauptarbeit von Deutschen geleistet wurde und die Entzifferung der hethitischen Sprache von Deutschen und Tschechen erfolgte. Auf jeden Fall geht es um nicht weniger als die Wiederentdeckung einer der großen bronzezeitlichen Kulturen und, im Zusammenhang hiermit, der ältesten bisher bekannten indogermanischen Sprache, des hethitischen Zweigs des großen Stammes, aus dem auch das Keltische, das Germanische – und das Griechische hervorgingen.

Obwohl die klassischen Griechen sich der Existenz eines hethitischen Reiches im Kleinasien des Heroischen Zeitalters offenbar nicht bewußt waren, waren die Hethiter doch nie völlig in Vergessenheit geraten. Im Alten Testament wird häufig auf sie Bezug genommen, allerdings ohne einen

wirklichen Hinweis auf ihre Bedeutung. Nur an zwei Stellen findet sich ein Anhaltspunkt dafür, daß die Hethiter mehr waren als nur ein weiterer Stamm, auf den die Israeliten in Palästina stießen. Salomo nimmt sich hethitische Frauen und kauft teure ägyptische Pferde als Geschenke für den Hethiterkönig (Zweites Buch der Chronik, 1:17); an anderer Stelle lesen wir, wie der König von Israel die Könige der Hethiter und der Ägypter gegen seine Feinde mobilisieren könne (Zweites Buch der Könige, 7:6–7). Diese biblischen Berichte beziehen sich auf ein Reich, das sich bis zum Ägäischen Meer erstreckt hatte und bald nach 1200 v. Chr. zerstört worden war – mehrere hundert Jahre, bevor diese Teile der Bibel geschrieben wurden.

Die archäologischen Zeugnisse über die Hethiter waren so weit zerstreut, daß es einige Zeit dauerte, sie zusammenzutragen. John Burkhardt hatte die noch unbekannte Schrift 1812 in Hamath in Syrien bemerkt. Aber erst in den folgenden 30er Jahren begannen sich die einzelnen Teile des Bildes zusammenzufügen.

Die Entdeckung der Hethiter

Im Sommer 1834 ritt ein junger Franzose nordwärts durch das majestätische Tafelland zwischen Sungurlu und Yozgat in der Zentraltürkei. Dies ist noch heute eine wilde und kahle Landschaft mit langen, von Wasserläufen durchschnittenen Schwellen verwitterten Sandsteins und mit nur wenigen Bäumen. Charles Texier war auf der Suche nach frühen Überresten Inneranatoliens, vor allem nach der alten Stadt Tavium, wo eingedrungene Kelten sich in römischer Zeit angesiedelt hatten. Was er wirklich fand, sollte für die Geschichte von ungleich größerer Bedeutung sein.

In dem Dorf Boghaz Köy hörte er, daß es in der Nähe Ruinen gebe. Daraufhin machte er sich auf den Weg zu einer Gruppe zerklüfteter Hügel, die sich über dem Dorf erhebt. Hier fand er zu seiner Überraschung die niederen Fundamente eines ausgedehnten Bauwerks. Als er weitermarschierte, stieß er auf Befestigungsmauern und dahinter auf eine Kette von Felskuppen, auf denen sich kleinere Festungen erhoben, nicht unähnlich der zyklopischen Bauweise, mit der sich damals die Forscher in Griechenland vertraut machten. Auf der Kuppe, anderthalb Kilometer von den Ruinen, die er zuerst erreicht hatte, wurde der Hügel von einer riesigen Umfassungsmauer überragt, die noch auf einer Länge von etwa 1500 Metern erhalten war. An einem Tor stand die überlebensgroße Reliefgestalt eines Mannes (eines Königs oder eines Gottes?), einen Helm auf dem Kopf, eine Axt in der Hand und ein kurzes Schwert im Gürtel. Am anderen Ende dieses langen Mauerzuges fand Texier ein zweites Tor, das von zwei mächtigen steinernen Löwen flankiert war. Diese zeichnete er ab. Dann zeigte ihm ein ortsansässiger Führer den Weg durch eine Schlucht nach Norden zu einer zweiten Stelle, die in einer Spalte in den Felswänden bei Yazilikaya versteckt liegt. Zu seiner weiteren Überraschung sah Texier hier in den Stein gemeißelte Prozessionen von Göttern, die der Figur an dem Stadttor glichen. In einem inneren Heiligtum, das durch geflügelte Dämo-

Panorama der gewaltigen Südbefestigung (Yerkapi) von Boghaz Köy. Die Flanken des Hügels waren zu einem gemauerten Glacis ausgebaut, darüber erhob sich eine doppelte Umfassungsmauer mit quadratischen Türmen. In der Mitte befand sich ein Nebentörchen mit einem 100 Meter langen Tunnel am Fuß der Wallanlage.

Gegenüberliegende Seite: Rekonstruktion eines Teils der Befestigungswerke von Yerkapi (ca. 1250 v.Chr.).

nen bewacht wurde, befand sich ein Relief mit zwölf Figuren, die mit fremdartigen Hieroglyphen in einer unbekannten Sprache bezeichnet waren. Texier ermittelte die Länge der Stadtmauer durch Abschreiten mit etwa drei bis fünf Kilometer. Sie war also so lang wie die Athens in seiner klassischen Blütezeit. In einem ersten Begeisterungsausbruch glaubte Texier, sein verlorenes Tavium gefunden zu haben. Doch dann gestand er: »Später sah ich mich gezwungen, diese Meinung aufzugeben... Kein Bauwerk irgendeiner römischen Epoche wollte hierzu passen; die Großartigkeit und der eigenartige Charakter der Ruinen verblüffte mich außerordentlich.« Boghaz Köy verblüffte auch den Engländer William Hamilton, der die Ruinenstätte bald nach Texier besuchte. (Hamilton war dreißig Jahre zuvor mit Lord Elgin in Athen und Mykene gewesen.) Er sah noch eine zweite Stätte ein paar Kilometer weiter nördlich bei Alaça Hüyük, wo ein Stadttor mit einer Sphinx vor einem Trümmerberg aus der Erde hervorragte. Hamilton veröffentlichte seine Beobachtungen 1842, Texier die seinigen zwischen 1839 und 1849. Aber mit diesen bemerkenswerten Funden geschah bis zu den 70er Jahren des 19. Jahrhunderts nichts. Erst zu dieser Zeit hatten Heinrich Schliemanns Ausgrabungen in Griechenland und Troja der wissenschaftlichen Archäologie neue Perspektiven eröffnet. Dann legten von 1878 bis 1881 britische Ausgrabungen bei Karkhemisch am Euphrat einen ausgedehnten spätbronzezeitlichen Palasthügel frei, wobei sich riesige Lehmziegelmauern, eine Unmenge von Skulpturen und Hieroglyphen-Inschriften fanden, die denen von Boghaz Köy ähnelten. Zweitausend Kilometer weiter westlich, nahe der ägäischen Küste bei Izmir, schien das rätselhafte Felsbild eines unbekannten Königs am Karabel-Paß eine weitere Verbindung anzuzeigen. Der Mann, der diese Verbindung herstellte, war Schliemanns Korrespondent in Oxford und Professor für

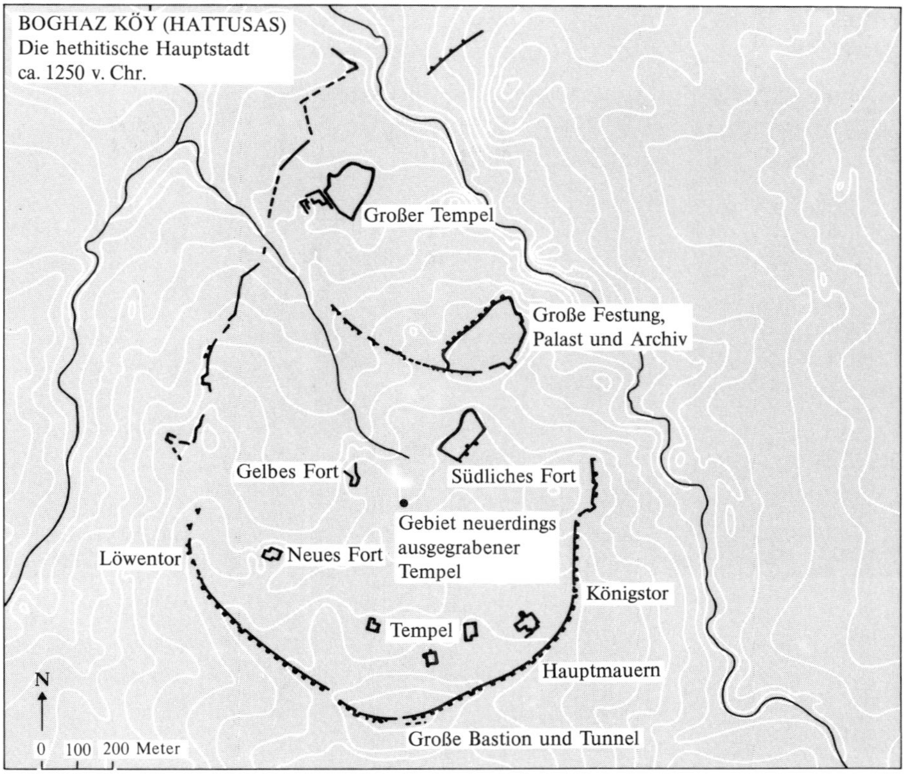

Assyrologie, A.H. Sayce. In seinen 1923 veröffentlichten *Reminiscences* schrieb er:

Plötzlich hatte ich eine Inspiration ... daß nicht nur die Kunst dieselbe war wie in Boghaz Köy, in Karabel, in Ivriz und in Karkhemisch, sondern daß auch die Figuren in Boghaz Köy von Hieroglyphen begleitet waren, die denen von Ivriz glichen. Es war klar, daß in vorhellenischer Zeit ein mächtiges Reich in Kleinasien bestanden haben mußte, das sich von der Ägäis bis zum Halys und südlich bis nach Syrien, nach Karkhemisch und Hamath erstreckt hat und seine eigene künstlerische Kultur und seine eigene besondere Schrift besessen haben muß. Und so fand die Geschichte vom Reich der Hethiter Eingang in die Welt...

Sayce machte sich nun daran, seine Theorie mit einer weiteren brillanten Idee auszubauen. Seit mehr als einem halben Jahrhundert war der Gelehrtenwelt ein ägyptischer Bericht bekannt (eingemeißelt in die Tempelmauern von Karnak, Luxor und Abydos), dessen Gegenstand eine große Schlacht bei Kadesch im Tal des Orontes in Syrien war. In dieser Schlacht, von der wir heute wissen, daß sie 1275 oder 1274 v. Chr. geschlagen wurde, stand dem ägyptischen Pharao Ramses II. der »Große König von Khatti« gegenüber, der »alle Länder bis zum Ende des Meeres« sowie »sechzehn Völker« und 2500 Streitwagen um sich geschart hatte. Sayce trug nun die Idee vor, daß der König von Khatti kein anderer sei als der Großkönig des Hethiter-Reiches, eines Reiches, das mächtig genug war, dem großen Krieger-Pharao persönlich Paroli zu bieten und mit ihm den berühmten Vertrag auszuhandeln, der auf den Wänden des Tempels von Karnak

Das Löwentor von Boghaz Köy.

verewigt ist. Diese Vorstellung wurde 1887 durch die Entdeckung mehrerer Hundert Keilschrifttafeln aus dem diplomatischen Archiv des ägyptischen Palastes in Tell el Amarna aufs dramatischste gestützt. Darin bestätigten zahlreiche »Schreiben« von syrischen und palästinensischen Kleinkönigen die höchst reale Anwesenheit der Hethiter in dieser Gegend im Jahrhundert vor Kadesch; hier fand sich auch ein Brief eines der »Großkönige von Hatti«, Suppiluliumas I. persönlich.

Damit stand Boghaz Köy endlich im Brennpunkt der Suche nach der Hauptstadt dieses angeblichen Hethiter-Reiches. Sayce drängte 1881 Schliemann, dort zu graben; im folgenden Jahr fertigte Karl Humann einen Plan der Stadt an und machte Abgüsse von Reliefs in der »Kapelle« von Yazilikaya. 1893 unternahm Ernest Chantre Probegrabungen an Ort und Stelle, wobei die ersten Keilschrifttafeln gefunden wurden. Damit waren alle Voraussetzungen für eine größere Ausgrabung gegeben. Diese erfolgte zwischen 1906 und 1908 durch den Deutschen Hugo Winckler. Die Ergebnisse übertrafen alle Erwartungen. Obwohl die Grabung hinsichtlich der Erfassung archäologischer Daten schlecht durchgeführt wurde, stieß sie unmittelbar auf das Archiv der königlichen Zitadelle. Insgesamt wurden 10000 Tontafeln gefunden, überwiegend auf hethitisch, aber viele auch auf akkadisch, der internationalen Diplomatensprache. Daneben gab es noch andere, vornehmlich literarischen Inhalts in älteren hurritischen und sumerischen Sprachen. Insgesamt wurden auf den Tafeln acht Sprachen

identifiziert, ein Beweis für den multinationalen Charakter des Reiches, das von Boghaz Köy aus regiert wurde – denn daran, daß dies wirklich die Hethiter-Hauptstadt war, konnte inzwischen kein Zweifel mehr bestehen.

Die wohl verblüffendste Entdeckung wurde bereits in einem frühen Stadium der Ausgrabung gemacht:

> ... eine wunderbar erhaltene Tafel, die sofort bedeutsam zu werden versprach. Ein Blick auf sie, und alles, was ich in meinem Leben erreicht hatte, verblaßte zur Bedeutungslosigkeit. Hier war es nun – etwas, das ich im Scherz vielleicht als Geschenk einer guten Fee bezeichnet hätte. Hier war es – *Ramses schreibt an Hattusilis* wegen ihres gemeinsamen Vertrages... Eine Bestätigung dafür, daß der berühmte Vertrag, den wir in der Fassung kennen, die in die Tempelmauer in Karnak gemeißelt ist, auch von der anderen Seite erhellt werden kann. Ramses wird durch seine königlichen Titel und durch seine Ahnenreihe näher bezeichnet, genau wie in dem Vertragstext in Karnak; Hattusilis wird in gleicher Weise beschrieben – der Inhalt ist Wort für Wort mit Teilen der ägyptischen Fassung identisch (und) in schöner Keilschrift und ausgezeichnetem Babylonisch geschrieben... Wie die Geschichte des Volkes der Hatti war auch der Name dieses Ortes völlig vergessen. Aber das Volk von Hatti spielte offensichtlich eine bedeutende Rolle in der Entwicklung der alten westlichen Welt, und wenn auch der Name dieser Stadt und der Name des Volkes so lange untergegangen waren, so eröffnet die Wiederentdeckung nunmehr Möglichkeiten, an die wir noch gar nicht zu denken wagen.

Wincklers Erwartungen erwiesen sich als zutreffend. Die hethitische Sprache wurde während des Ersten Weltkrieges und danach entziffert und enthüllte in den Schrifttafeln von Boghaz Köy außerordentlich interessante Einzelheiten, die ein sehr sympathisches Licht auf Lebens- und Denkweise der Bewohner werfen. Es handelt sich um literarische, juristische und religiöse Texte sowie verwaltungstechnische Aufzeichnungen, die uns eine Menge über das hethitische Königtum sagen, und eine wirklich faszinierende Entdeckung – die Enthüllung der bedeutsamen Rolle der Hethiter in der Geschichtsschreibung. Das größte Interesse fanden jedoch die Tafeln diplomatischen Inhalts aus der Registratur des hethitischen Auswärtigen Amts, denn sie zeigten die Funktionsweise des »Großreiches« in allen Einzelheiten. Zwar ist es noch nicht möglich gewesen, die Fülle des Materials in vollem Umfang auszuwerten; so konnte beispielsweise hinsichtlich der geographischen Grenzen, der Lage der rund zwanzig darin eingebetteten Staaten oder gar 40 oder 50 kleinerer »Länder« keine Einigkeit erzielt werden. Wohl aber hat das Archiv uns Einblicke in jeden Aspekt hethitischen Lebens vermittelt, etwa die verhältnismäßig hohe gesellschaftliche Stellung der Frau.

Es war naheliegend, daß die Gelehrten in den hethitischen Dokumenten auch besonders nach den Griechen Ausschau hielten. Es gab da Berichte über ausführliche Beziehungen zu westanatolischen Staaten wie Arzawa, Mira, Hapalla und Wilusa, die wir auf der Karte ungefähr angeben können. Diese Staaten befanden sich unter den Hethitern im 14. und 13. Jahrhundert v. Chr. auf ihrem Höhepunkt, genau zu der Zeit also, in der die Griechen sich über die Ägäis ausbreiteten und in Westanatolien Siedlungen errichteten. Insbesondere müßten die Hethiter die Griechen, von denen wir ja wissen, daß sie im östlichen Mittelmeer, in Ägypten, Syrien

und Palästina Handel trieben, gut gekannt haben. Es bestand daher die feste Hoffnung, daß sich in dem Archiv von Boghaz Köy etwas über die Griechen finden ließe. Dennoch rief die Nachricht, als sie endlich kam, eine Sensation hervor. 1924 verkündete der Schweizer Hethitologe Emil Forrer, daß er in dem mysteriösen Land Ahhiyawa das Land der Griechen wiedergefunden habe – »Achaia-Land«. Ferner komme Troja in den Texten vor, sogar Paris persönlich – »Alexander von Ilios« – sowie Eteokles, der Bruder des griechischen Königs, der den Hethitern in Milet Schwierigkeiten machte. Sie alle spielten nach Forrers Auffassung in den zweihundert Jahren diplomatischer Beziehungen zwischen den Hethitern und einer achäisch-griechischen Festlandsmacht eine Rolle, die in dem hethitischen Archiv aufgeführt war. Viele dieser verführerischen Deutungen wurden 1932 von Ferdinand Sommer in »Die Ahhijawa-Urkunden« widerlegt, einem der großen Werke nahöstlicher und ägäischer Philologie. Dennoch haben Sommers Betrachtungen, so scharfsinnig sie zweifellos waren, die Kontroverse nicht entschieden, die statt dessen so wütend wie eh und je weitergeht. Ich werde hier den Standpunkt vertreten, daß die Griechen doch in den Schrifttafeln vorkommen und daß dasselbe für Troja gilt – vielleicht sogar auch für den Trojanischen Krieg. Ich tue dies nicht nur im Hinblick auf den inneren Gehalt der Tafeln selbst und das, was sie uns über das Königreich Ahhiyawa berichten (das ja irgendwo gelegen haben muß), sondern auch im Hinblick auf den weitergespannten Rahmen der internationalen Diplomatie im nahöstlichen, kleinasiatischen und ägäischen Raum zur Zeit des Trojanischen Krieges. Es ist eingewendet worden, daß es keinen Grund gebe, warum die Griechen und die Hethiter überhaupt Kontakt miteinander gehabt haben sollen oder auch nur voneinander gewußt hätten. Wir werden jedoch sehen, daß diese Auffassung vor dem Beweismaterial als Ganzem nicht bestehen kann.

Internationale Diplomatie zur Zeit des Trojanischen Krieges

Wenn wir uns von den Linear-B-Tafeln den diplomatischen Keilschrifttexten des Nahen Ostens zuwenden, haben wir es mit einer anderen Welt zu tun. Hier handelt es sich um eine Korrespondenz zwischen wirklichen Personen, deren Gedanken und Handlungen von echtem Leben erfüllt sind. Historische Ereignisse in Ägypten, Palästina, Syrien und den hethitischen Ländern zur Zeit der mykenischen Vorherrschaft in der Ägäis können wir oft in allen Einzelheiten rekonstruieren. Die Könige pflegten diplomatische Beziehungen sowie den Austausch von Geschenken aus vielen Gründen: wegen der Erhöhung ihres Status und ihres Prestiges, zwecks Einräumung von Handelskonzessionen (beispielsweise Niederlassungsrechten für eigene Kaufleute in fremden Gebieten), aus Sicherheitsgründen, um ihre Grenzen zu schützen, und dergleichen. Da die Handelsbeziehungen weit reichten, waren auch die Beziehungen zwischen den Königen notwendigerweise häufig und zahlreich: In diesem Zusammenhang sollten wir uns des

Auftauchens mykenischer Waren in Syrien, Palästina und Ägypten sowie der Funde ägyptischer Erzeugnisse in Griechenland und Kreta erinnern. Die hethitischen und ägyptischen »Briefe« aus dem 14. und 13. Jahrhundert zeigen, daß es ein enges Netz diplomatischer Beziehungen gab, denn die maßgeblichen Reiche – also Hatti, Ägypten, Mitanni und Babylon – standen nicht nur untereinander in Kontakt, sondern auch mit vielen Staaten mittlerer Größe, zu denen Länder in Westanatolien (Mira und Arzawa), Inseln wie Zypern und eine Vielzahl nahöstlicher Stadtstaaten wie Pella, Hazor, Damaskus, Tyrus, Sidon, Byblos, Jerusalem, Lachisch, Schechem, Megiddo und Gezer gehörten, von denen einige, wie Ugarit und Alalach, sehr wohlhabende und einflußreiche Handelsstädte waren. Alle diese Städte unterhielten Schreiber und korrespondierten mit den wichtigeren Königen ihrer Zeit. Gegenstand ihres Briefwechsels waren Unternehmungen von Kaufleuten, Handelskonzessionen, militärische Unterstützungen und Heiratsverbindungen; man bittet um Geschenke, fordert Ärzte oder Handwerker an oder schickt sich einfach freundliche Grüße.

Die Art und Weise, wie diese Beziehungen in einem praktischen Fall funktionierten, erhellt sich aus einem faszinierenden Briefwechsel zwischen dem Hethiterkönig Suppiluliumas und der Witwe des bekannten ägyptischen Pharaos Tutanchamun, betreffend ihre Bitte um einen hethitischen Prinzen als Ehegemahl. Die Geschichte wird von Suppiluliumas Sohn, Mursilis II., erzählt. Die von einem ägyptischen Adligen namens Hani geführte Gesandtschaft trug ihre Bitte in einem bewegenden Gesuch am hethitischen Hof vor, nachdem Suppiluliumas einen hohen Hofbeamten, Hattusaziti, nach Ägypten geschickt hatte, da er nicht ganz sicher war, ob das Ersuchen ernst gemeint sei. Mursilis schildert den Vorgang weiter:

> Mein Vater wünschte dann, die Schrifttafel über den Vertrag (mit Ägypten) zu sehen, in dem berichtet wird, wie der Sturmgott einen Vertrag zwischen den Ländern Ägypten und Hatti abschließt und wie sie seitdem stets freundschaftlich miteinander waren. Und nachdem sie die Tafel vor allen laut vorgelesen hatten, richtete mein Vater folgende Worte an sie: »Seit alters her waren Hatti und Ägypten einander freundlich gesonnen, und nun hat auch dies in unserem Namen zwischen den beiden stattgefunden. So laßt denn Hatti und Ägypten immerwährend miteinander befreundet sein.«

Der Fortgang der Geschichte ist bekannt: Prinz Zannanza wurde nach Ägypten gesandt, dort jedoch von einer rivalisierenden Hofclique ermordet, wodurch eine größere diplomatische Krise entstand. Die großartig lebendige Szene vor dem hethitischen Hof führt uns genauestens vor Augen, wie dieses Archiv funktionierte, wie Verträge und Korrespondenzen in der »Registratur« abgerufen werden konnten, um aktuelle diplomatische Schritte abzuwägen und zu lenken.

Eine ägyptische Gesandtschaft nach Mykene

In welchem Umfang waren die Mykener Partner dieses erlesenen Kreises, und sei es nur in einer Außenseiterrolle? Noch bis vor kurzem galt ein

solcher Gedanke als absurd – ja, es wird oft nachdrücklich versichert, daß die Hethiter keinen Anlaß hatten, auch nur zu wissen, wer die Griechen waren (wir sprachen bereits davon). Doch wie immer führen neue Entdeckungen auch zu neuen Einsichten. So können wir beispielsweise unsere Vorstellungen von den Beziehungen der Mykener mit Ägypten auf eine völlig neue Grundlage stützen, seit kürzlich in Kom-el-Heitan in der Nähe des ägyptischen Theben der Sockel eines Standbildes mit einer Aufzählung ägäischer Namen gefunden wurde. Die Aufzählung beginnt mit zwei Gattungsnamen, »Keftiu« (was, wie wir heute mit Sicherheit wissen, Kreta bezeichnet) und »Danaja«, was beweist, daß Homer recht hatte, wenn er die Bewohner des Festlandes Danaer nannte. Dann folgen Amnisos, Phaestos (?) und Kydonia auf Kreta, sodann vom Festland Mykene (»Mukanu«), ein nicht identifizierter Ort »Deghajas«, Messene, Nauplia, die Insel Kythera sowie ein »Wilia«, das manche Ägyptologen in Versuchung geführt hat (sicherlich zu Unrecht), es mit Ilios gleichzusetzen. Die Aufzählung endet wieder auf Kreta mit Knossos, Amnisos, Lyktos und einem Namen, der wie »Seteia« aussieht.

Aus dieser außergewöhnlichen Aufstellung sind eine ganze Reihe bedeutender Schlüsse zu ziehen. Zunächst einmal scheint sie eine Reise zu schildern, und zwar die Reise von Gesandten des Pharao Amenophis III. in die ägäische Welt zu einer Zeit, als Kreta, Messenien und die Argolis deutlich als eine politische Einheit zu erkennen waren. In den Augen seiner Verehrer erhob der Pharao Anspruch auf eine nominelle Vorherrschaft im östlichen Mittelmeer und sandte Botschafter zu vielen »Barbarenländern« am Rande dieser Welt, darunter den »Fremdlingen auf ihren Inseln jenseits des Großen Grüns«. Ja, eine solche Reise ist genau das, was wir nach ägyptischen Zeugnissen erwarten würden. Eine Inschrift aus dem Jahr 42 des Thutmosis III. (um 1450 v. Chr.) erwähnt Tribute der Danaja, darunter eine silberne Schmuckvase in »Keftiu-Technik« und vier Bronzegefäße; eine andere Liste von Amenophis III. aus Karnak nennt Danaja mit Ugarit und Zypern, während Berichte von Keftiu-Gesandtschaften nach Ägypten aus dem 15. Jahrhundert die Vorgeschichte dazu liefern. Wiederum gibt es zahlreiche ägyptische Stücke von festländischen Fundorten wie Mykene und (nach der griechischen Eroberung) Kreta. Skarabäen von Amenophis III. in Kydonia und Knossos, eine Alabastervase von Thutmosis III. in Knossos sowie verschiedene spätmykenische, in Ägypten gefundene Kultgefäße vom Typ »Alabastron« lassen sich sehr viel einleuchtender solchen diplomatischen Aktivitäten zuschreiben als zufälligen Handelsgeschäften. Die Schmuckvase, die die Kartusche des Thutmosis trägt, ist genau die Art von Geschenk, das bei solchen diplomatischen Kontakten ausgetauscht zu werden pflegte; dasselbe gilt auch für jüngst in Mykene aufgefundene Fayenceplatten mit dem Namen des Pharao Akhenaten (Echnaton).

Hier haben wir also einen wirklich faszinierenden Fund, der für alle, die sich mit der Welt der Ägäis befassen, von großer Bedeutung ist. Wir dürfen nunmehr sagen, daß um 1380 v. Chr. ägyptische Gesandte zuerst nach Kreta segelten, dann nach Messenien an der Westküste der Peloponnes und von

dort um das Kap Tainaron und das Kap Malea nach Nauplion in der Argolis, wo sie den König von Mykene aufsuchten; dann steuerten sie südwärts über Kythera und machten in Knossos halt, um schließlich von Amnisos am Ostende von Kreta vorbei nach zu Hause fahren. Eine solche Reise erinnert an das Bild, das uns ägyptische Schulbücher vermittelt haben, auf dem Schüler die »Keftiu-Namen« in ihrer richtigen »Originalform« lernen. Sie ergänzt unser Anschauungsmaterial über beträchtliche mykenische Handelsgeschäfte mit Ägypten, wozu auch eine Menge Töpferware gehört, die in Amarna gefunden wurde und wahrscheinlich in die Zeit um 1350 v. Chr. datiert werden kann, die kurze Lebensspanne dieser Stadt. Schließlich vermittelt sie uns ein besseres Bild von den Lebensumständen eines Mannes wie *ai-ku-pi-ti-jo*, »des Ägypters«, der auf den Tontafeln aus Knossos vorkommt: Solche heimisch gewordenen Fremden dürfte es in der Ägäis häufig gegeben haben.

Ein nicht minder dramatischer Fund wurde in jüngster Zeit – 1981 – bekannt. Er betrifft eine Grabung, die 1963 in dem um 1220 v. Chr. zerstörten mykenischen Palast in Theben in Zentralgriechenland durchgeführt wurde. Hier fanden sich neben zahlreichen anderen Schätzen 36 gravierte Rollsiegel aus Lapislazuli sowie neun noch ungravierte, die offensichtlich zum königlichen Schatz gehörten. Lapislazuli, der im Nordosten Afghanistans abgebaut wird, wurde wegen seiner leuchtend blauen Farbe besonders geschätzt und ist häufig Gegenstand bronzezeitlichen Schriftwechsels. Zwei Briefe, die im 13. Jahrhundert v. Chr. an den König von Ugarit gerichtet wurden, zeigen, daß sogar Könige darauf erpicht waren, diesen gesuchten Artikel ihrem Schatz einzuverleiben. »Der Hethiterkönig ist sehr an Lapislazuli interessiert«, schreibt ein Botschafter. »Wenn Ihr ihm etwas davon schickt, wird er Euch ebenfalls seine Gunst beweisen.« Andere Briefe zeigen, daß ein *mina* (etwa 500 Gramm) Lapislazuli ein annehmbares königliches Geschenk war, um »gute Beziehungen« zu pflegen. Es trifft sich, daß sich unter den thebanischen Siegeln eine Gruppe befindet, die tatsächlich ein *mina* wiegt. Sie konnte mit ziemlicher Sicherheit datiert und eingeordnet werden. Sie gehörte zum Hort des Marduk-Tempels in Babylon, bis dieser ca. 1225 v. Chr. von den Assyrern geplündert wurde. Danach wurde sie offenbar vom Assyrerkönig zur Pflege der Beziehungen an den Herrscher von Theben gesandt. Nun wissen wir aber, daß die Hethiter genau um diese Zeit versuchten, gegenüber Assyrien ein Handelsembargo durchzusetzen, wobei Hinweise vorliegen, daß die Griechen in diese Maßnahmen einbezogen wurden (s. Seite 229). Wenn diese Hypothese zutrifft, benützte der Assyrerkönig seine Beute aus Babylon – den wertvollen Lapislazuli –, um eine Allianz mit einem der Völker herbeizuführen, das wie er selbst den Hethitern feindlich gesinnt war. Dieses interessante Beispiel für die Wege, auf denen griechische Königreiche – und nicht nur Mykene – in das diplomatische Kräftespiel hineingezogen wurden, sollten wir für das weitere im Auge behalten.

Nachdem wir nunmehr wissen, daß die Griechen Beziehungen zu den nahöstlichen Königreichen hatten, scheint es durchaus vorstellbar, daß sie

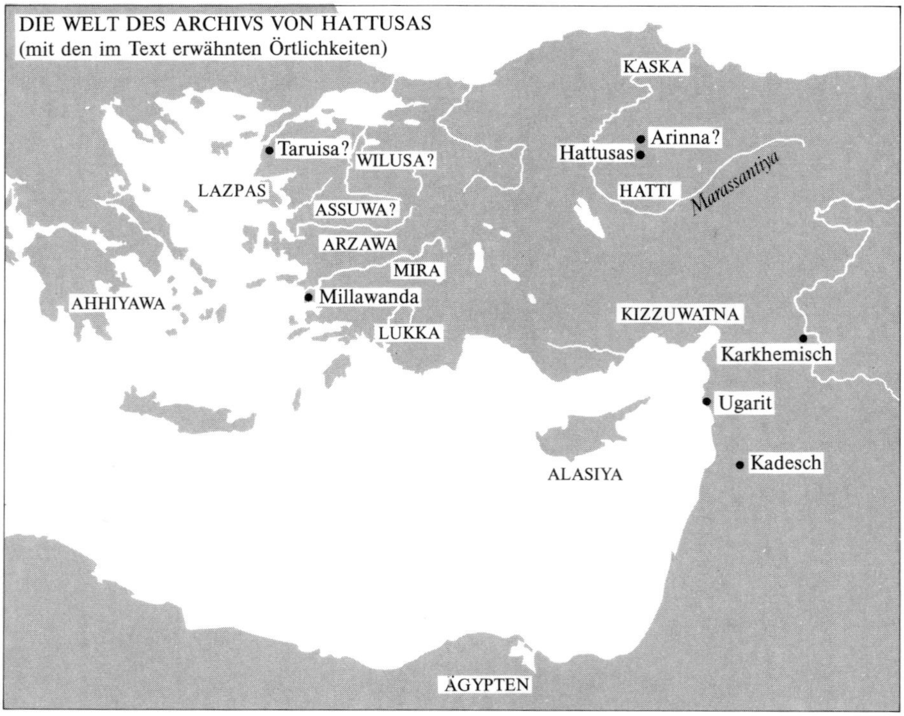

in dem Archiv des hethitischen Auswärtigen Amts vorkommen. Angesichts der griechischen Präsenz an der kleinasiatischen Küste wäre es sogar überraschend, wenn sie in einer repräsentativen Auswahl hethitischer diplomatischer Korrespondenz mit dortigen Kleinkönigreichen wie Arzawa und Mira nicht vorkämen, denn die Griechen müssen direkte Berührung mit diesen Völkern gehabt haben. Das Ganze läuft auf eine einfache Frage hinaus: Können wir die Mykener vom Festland mit dem Königreich identifizieren, das den Hethitern unter dem Namen Ahhiyawa bekannt war? Was diesen Namen anbetrifft, so nannte Homer die Griechen »Achaiwoi«, woraus dann für Griechenland ein Name etwa wie Achaiwai abzuleiten wäre, eine Form, die sich auf Linear-B-Tafeln findet. Die hethitische Form ist ähnlich genug, um einen Zufall auszuschließen. Es ist auf den ersten Blick kaum vorstellbar, daß ein so mächtiges Königreich woanders als in Griechenland zu suchen sein sollte. In neuerer Zeit haben Wissenschaftler jedoch versucht, es in verschiedenen anderen Gegenden zu lokalisieren – in Westanatolien, in der Troas (mit Troja als Mittelpunkt) und sogar in Thrakien. Wir können mit Sicherheit sagen, daß ein Teil des Gebiets von Ahhiyawa in Kleinasien lag, da ein Grenzvermerk es westlich von Mira plaziert, einem Königreich am Mittellauf des Mäander. Dieses kleinasiatische Gebiet befand sich unter der Obhut einer Küstenstadt, die von den Hethitern Milawata oder Millawanda genannt wurde. Es dürfte praktisch sicher sein, daß ihre geographische Lage der griechischen Enklave im Umkreis von Milet entspricht, zumal die Frühform dieses Namens offenbar Milatos (in bronzezeitlichem Griechisch vielleicht auch Milwatos) gewesen

ist. Diese Deutung wird noch gestützt durch ein ganzes Netz den Tontafeln entnommener hethitischer Ortsnamen, die im Hinterland von Milet lokalisiert werden können und es damit noch wahrscheinlicher machen, daß das ahhiyawische Millawanda der hethitischen Texte dem griechischen Milet entspricht. In diesem Fall muß Ahhiyawa – das die Hethiter häufig als »überseeisch« bezeichnen – das festländische Griechenland gewesen sein. Wenn es auch nicht völlig unmöglich ist, daß ein König etwa von Theben oder Orchomenos im 14. oder 13. Jahrhunder v. Chr. hier die Vorherrschaft besaß, ist es doch sehr viel wahrscheinlicher, daß Mykene der Sitz jenes Königs war, den das Auswärtige Amt in Boghaz Köy als »Großkönig« betrachtet – nach damaliger diplomatischer Praxis ein Großkönig nicht nur des festländischen Griechenlands, sondern, wie Homer sagt, auch vieler Inseln. Diese dramatische Schlußfolgerung rückt unser Bild des spätbronzezeitlichen Griechenlands in ein völlig neues Licht, bedeutet sie doch nicht mehr und nicht weniger, als daß wir Aufzeichnungen über ihr Verhältnis zu den Hethitern gerade während der zwei Jahrhunderte ihrer Blütezeit besitzen. Betrachten wir nunmehr im einzelnen, was die »Briefe« uns zu sagen haben.

Diplomatische Beziehungen Mykenes mit den Hethitern

In den Augen der Hethiter war das mykenische Festland ein mächtiger überseeischer Staat mit einem die anderen überragenden »Großkönig«. Sie waren bedeutende Seefahrer, die mit ihren Schiffen im ganzen östlichen Mittelmeer Handel trieben. Auch die Griechen hatten häufig freundliche Beziehungen zu den Hethitern. Sie sandten Geschenke an den Hethiterkönig, die dieser dann unter seinen Vasallen verteilte. Diese Geschenke dürften Kleider, Tuche und sonstige Texttilien sowie kupferne Gegenstände »in archäischem Stil« umfaßt haben. Neben Botschaftern haben vermutlich Mitglieder der Königsfamilien anderen Höfen wechselseitige Besuche abgestattet; der Bruder des griechischen Königs, Eteokles, und der Rosselenker des Hethiterkönigs waren zusammen »in demselben Wagen gefahren«; »im Gegenzug« könnte dann ein Hethiterkönig seine in Ungnade gefallene Gemahlin nach Griechenland verbannt haben. Ihre gegenseitigen Beziehungen wurden offensichtlich durch dieselbe Art von Verträgen geregelt, wie wir sie zu dieser Zeit im ganzen Nahen Osten finden; der Großkönig Mursilis konnte eine Auslieferungsklausel anrufen, damit ein Schiff entsandt würde, um den Fürsten von Arzawa aus Griechenland »zurückzubringen«, und das griechische Gebiet um Milet war durch eine vertraglich vereinbarte Grenzlinie markiert. Schließlich berichtet ein hochinteressanter Text von etwa 1300 v. Chr., wie Kultbilder aus Griechenland und »Lazpas« an das Krankenlager des von der Pest befallenen Hethiterkönigs gesandt wurden, in der Hoffnung, daß er auf diese Weise zu kurieren sei. Genau dasselbe trug sich zwischen Nahost-Staaten zu. (Die Kultbilder sahen vermutlich ähnlich aus wie die kürzlich in Mykene und Tiryns

gefundenen. Daß man sie auch von Lesbos – Lazpas – holte, ist einleuchtend, da der große vorgriechische Gott von Lesbos, Smintheus, ein Pestgott war, dessen Name auf den Linear-B-Tafeln auftaucht.)

Der allmähliche Fortschritt, mit dem sich die Griechen in Westanatolien eine bedeutende Stellung erwarben, ist aus den Schrifttafeln abzulesen. Sie beginnen mit den räuberischen Überfällen eines königlichen Freibeuters mit seinen hundert Streitwagen um 1420 v. Chr. und enden mit der Lage, wie sie sich zu Beginn des 13. Jahrhunderts darstellt, als die Griechen ein unter dem Namen »Achaja-Land« bekanntes Gebiet in Südwestanatolien mit Milet als Mittelpunkt beherrschten. Die Hethiter erkannten Milet als griechisches Territorium mit einer klar definierten Grenze an, auch wenn sie darauf vorbereitet waren, sich im Notfall darüber hinwegzusetzen. Um 1315 v. Chr. plünderten Mursilis' Generäle die Stadt (der Zerstörungshorizont konnte identifiziert werden), worauf mächtige Befestigungsanlagen errichtet wurden. Im Rahmen einer weiteren Auseinandersetzung besetzte Hattusilis III. um 1250 v. Chr. die Stadt; etwas später scheint sie unter die Herrschaft eines pro-hethitischen Regenten geraten zu sein. Von Milet aus wollte dann, wie wir noch sehen werden, ein Bruder des Achäerkönigs mit dem Segen der Hethiter ein Königreich für einen Verbündeten errichten – eine interessante Parallele zu Homers Geschichte von den königlichen Brüdern der Achäer, die in Kleinasien um Troja kämpften.

Das Ausmaß griechischer Einmischung in Angelegenheiten Westanatoliens wird in einer Reihe von Schrifttafeln deutlich. Kurz vor 1300 v. Chr. war der Griechenkönig stark genug, bedeutende asiatische Staaten an sich zu binden, darunter auch den mächtigsten, Arzawa, dessen König Unhazitis als Bundesgenosse der Griechen mit den Hethitern Krieg führte; nach der gemeinsamen Niederlage floh die königliche Familie Arzawas nach Griechenland. Ein Achäerkönig lag um 1250 v. Chr. wegen eines anderen westanatolischen Staates, Wilusa, mit den Hethitern im Streit. Ebenfalls in Hattusilis Regierungszeit war der »König von Achaia-Land« in ein Bündnis mit dem benachbarten »Land des Seha-Flusses« gegen den »Großkönig von Hatti« einbezogen. Ein Hinweis entweder aus dem 14. oder dem 13. Jahrhundert spricht von den Achäern in Verbindung mit Vorgängen in Assuwa, vermutlich im Süden der Troas. (Eine versuchsweise Lokalisierung dieser Länder zeigt die Karte auf S. 232.) Griechische Aktivitäten in Kleinasien waren somit nicht auf die im Kapitel fünf geschilderten Verschleppungen von Sklaven beschränkt.

Im 13. Jahrhundert v. Chr., traditionsgemäß die Zeit des großen Unternehmens gegen Troja, waren die Griechen im diplomatischen Spiel der Hethiter ein bedeutender Faktor. Sie waren wichtig genug, in einem hethitischen Vertrag mit Amurru in Syrien aufgeführt zu werden, in dem ihren Schiffen untersagt wird, mit den Assyrern Handel zu treiben. Ja, sie wurden für bedeutend genug befunden (wenn die Stelle auch später wieder gelöscht wurde), im Rohentwurf eines Vertrages Erwähnung zu finden, in dem die mit dem Hethiterkönig gleichrangigen Herrscher aufgeführt werden, nämlich die von Ägypten, Babylonien und Assyrien. Um

1263 v. Chr. sollte sogar ein abgesetzter Hethiterkönig vor seiner Verbannung nach Syrien den griechischen König um Hilfe bitten. In einem Schreiben etwa aus dem Jahre 1260 konnte der Großkönig Hattusilis seine Schwierigkeiten mit den Ahhiyawa im Westen in einem Atemzug mit der Eroberung von Karkhemisch durch die Assyrer im Osten erwähnen. Dem Auswärtigen Amt in Hattusa dürfte es kaum gefallen haben, in größerem Umfang in Vorgänge in Westanatolien hineingezogen zu werden – man wählte nach Möglichkeit den diplomatischen Weg –, aber an der zunehmenden Verwicklung kann kein Zweifel bestehen. Der große Hethitologe Goetze bemerkt hierzu: »Hethitische Könige und das Militär müssen Grund gehabt haben, den Mann von Ahhiyawa zu fürchten.«

Zusammenfassend können wir sagen, daß die Griechen aus dem Blickwinkel der Hethiter zu ihren mächtigsten westlichen Nachbarn gehörten, die dank ihrer beherrschenden Stellung in der Ägäis in der Lage waren, Staaten wie Arzawa in Zeiten, in denen die Hethiterkönige verwundbar waren, zu Bündnissen zu verleiten. Hierin scheinen sie in Augenblicken dynastischer Krisen besonders erfolgreich gewesen zu sein, so, wenn ein neuer Hethiterkönig den Thron bestieg und seine Führungsrolle gegenüber seinen westlichen Untergebenen geltend machen mußte. In diesem Licht wird deutlich, wie gut unser Bild von dem »imperialen« Mykene zu dem Archivmaterial aus Boghaz Köy paßt, wenn wir dies alles mit dem archäologischen Material im fünften Kapitel kombinieren. Wenn unsere Identifizierung richtig ist – und tatsächlich scheint es keine andere einleuchtende Wahl für die Lage eines größeren Königreiches wie das der Ahhiyawa zu geben –, dann wurden die Könige der Atriden-Dynastie von Mykene (nach der Sage insbesondere Atreus und Agamemnon) vom hethitischen Auswärtigen Amt unter Hattusilis III. (1265–1235 v. Chr.) und Tudhalias IV. (1235–1215 v. Chr.) als »Großkönige« angesehen. Sie konnten als »Gleichgestellte« bezeichnet und als »Könige gleichen Ranges« mit denen der Hatti, Babylonier und Ägypter genannt werden. Ganz offensichtlich galt Ahhiyawa für die Hethiter als ein mächtiges Königreich mit Vasallenstaaten. Es handelt sich also um ein Königreich, das von hethitischen Diplomaten anerkannt wurde. Dennoch spielt Ahhiyawa in den Schrifttafeln der Hethiter nur eine Rolle am Rande. Es bleibt unerklärlich marginal und abgelegen, wenn wir es wirklich, wie manche es getan haben, in Anatolien plazieren wollen. Die Antwort kann nur sein, daß der eigentliche Mittelpunkt auf der anderen Seite der Ägäis lag und es eine Enklave im Südwesten Kleinasiens um Milet besaß.

Natürlich können auch andere griechische Könige von den Hethitern gelegentlich als »König von Achaia-Land« bezeichnet worden sein. So war Orchomenos mit seinem ausgedehnten Deichsystem in Kopais offensichtlich sehr mächtig (und der Name Eteokles kommt in seinen legendären Genealogien vor); Theben war vor seiner Zerstörung um 1220 v. Chr. ebenfalls sehr wohlhabend und dehnte seine diplomatischen Aktivitäten bis nach Syrien aus, wie wir schon gesehen haben. Selbst Iolkos, die Stadt Jasons, von der der Sage nach etwa um diese Zeit die Argonauten zu ihrer

Fahrt zum Schwarzen Meer aufbrachen, wäre denkbar. Aber sowohl die Archäologie als auch die Epentradition deuten zweifellos auf Mykene. Mit diesen Fakten vor Augen können wir uns nunmehr der wohl entscheidendsten hethitischen Schrifttafel aus dem Zeitraum des Trojanischen Krieges zuwenden.

Der »Tawagalawas-Brief«: Großkönig Hattusilis schreibt an Wanax Agamemnon

Es handelt sich hier um das berühmte hethitische Schreiben, das sich mit Ahhiyawa befaßt, und um eines der hinsichtlich der Details und ihrer Charakterisierung faszinierendsten Dokumente aus dem alten Nahen Osten. Betrachten wir es nicht so sehr wegen der politischen Lage, die es erkennen läßt, sondern wegen der Einblicke in die Verwicklung eines Griechenkönigs in das große Spiel der internationalen Diplomatie. Den zeitlichen Rahmen bildet die erste Hälfte des 13. Jahrhunderts v. Chr., vielleicht die Jahre um 1250. Der hethitische Großkönig ist höchstwahrscheinlich Hattusilis III. Der mythischen Chronologie zufolge könnte Agamemnon selbst gerade noch der Achäerkönig gewesen sein, oder aber sein Vater Atreus. Die äußeren Gegebenheiten sind schnell umrissen. In Millawanda (Milet) regiert der Bruder des Achäerkönigs, Tawagalawas (das zweimalige Vorkommen des patronymischen, das heißt von den Vorfahren abgeleiteten Namens Etewokleweios in Pylos zeigt, daß der vorerwähnte Name die hethitische Wiedergabe des griechischen Namens sein könnte, den wir in der Form von Eteokles kennen). Im westlichen Kleinasien steht es für die Hethiter nicht zum besten, sie haben die Arzawa-Staaten nicht mehr fest im Griff. Unter ihren Bundesgenossen, die zunehmenden griechischen Einmischungen ausgesetzt sind, breitet sich Unzufriedenheit aus. Besonders besorgniserregend ist das Verhalten eines mächtigen Abtrünnigen, Pijamaradus, vielleicht ein Arzawer königlichen Geblüts, der mit einem Heer und einer Flotte Raubzüge in Lykien unternimmt, anscheinend mit stillschweigender Zustimmung Tawagalawas' und der Griechen. Millawanda (Milet) ist der Mittelpunkt dieser Aktivitäten. Schließlich besetzt Hattusilis die Stadt, aus der sich Tawagalawas und Pijamaradus »übers Meer« abgesetzt haben. Der Hethiterkönig ist bemüht, keinen internationalen Zwischenfall zu provozieren. Obwohl er die Auslieferung des Pijamaradus fordert, entschließt er sich, einen königlichen Verwandten als Geisel zu stellen, um für Pijamaradus sicheres Geleit zu garantieren. Er entschuldigt sich sogar für sein kühnes Auftreten, eine soldatische Ausdrucksweise, die leider als Aggressivität mißdeutet wurde! Offensichtlich will er sein Gegenüber nicht gegen sich einnehmen.

In dem Brief redet Hattusilis den Achäerkönig stets als »mein Bruder« an, der übliche Sprachgebrauch unter den bedeutenderen Königen der damaligen Zeit, wie wir das bereits in Tell el Amarna sahen. Die entscheidenden Wendungen, die zu harten Auseinandersetzungen geführt haben, bestehen aus jenen Abschnitten, mit denen Hattusilis zu verstehen gibt, daß der

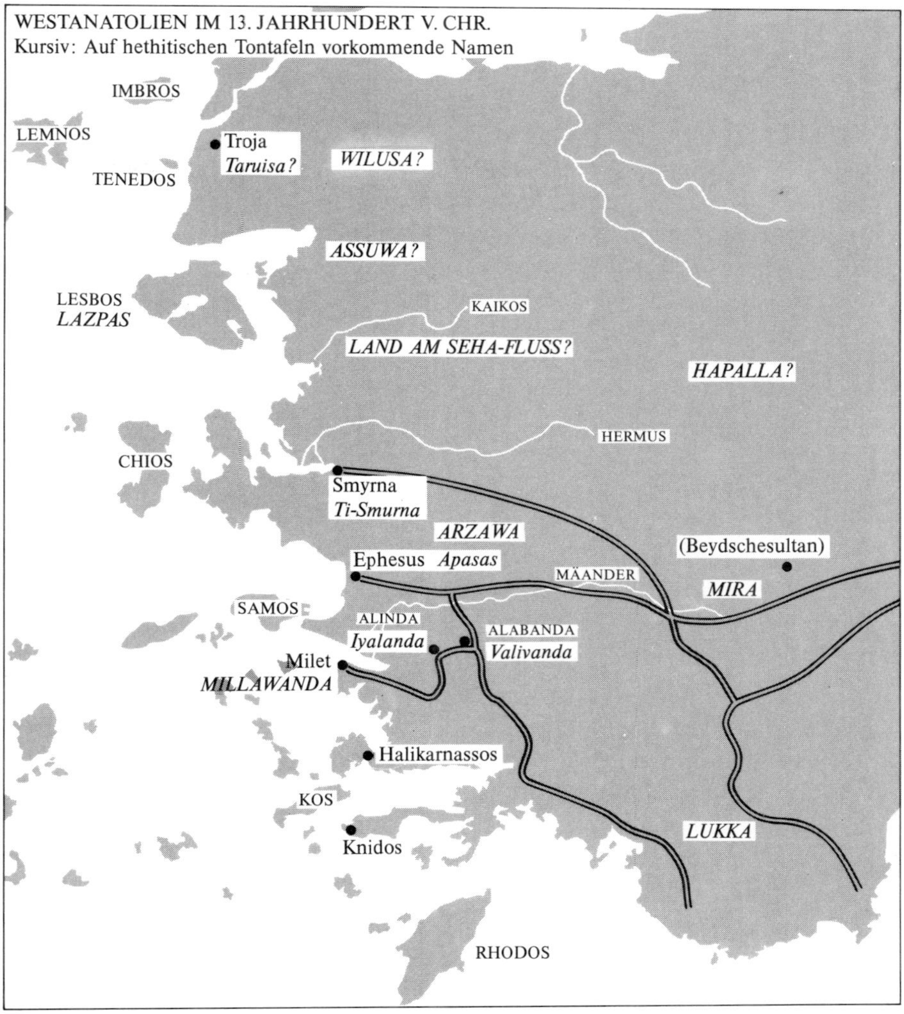

Achäerkönig gleichen Ranges sei. Die Schwierigkeit besteht darin, den Tenor richtig einzuschätzen – ist der Ton am Ende ironisch oder gar sarkastisch gemeint? Offensichtlich »hat er es in sich«, stärker, als manche es vermutet haben: »Wenn einer meiner hohen Herren zu mir gesprochen hätte – oder selbst einer meiner Brüder –, so würde ich auf sein Wort gehört haben. Nun aber hat mir mein Bruder, der Großkönig, ein Gleichgestellter geschrieben, und da sollte ich nicht auf das Wort dieses Gleichgestellten hören?« Wenn jedoch der Brief sarkastisch gemeint wäre, so könnte dies bedeuten: »Ich höre nicht die Worte eines Gleichgestellten.« (In anderen Worten: »Du bist ein Großkönig, ein Gleichgestellter, oder gibst vor, einer zu sein; aber ich höre nicht die Sprache, die zwischen Gleichgestellten angebracht wäre.«) Dasselbe Problem findet sich praktisch auf jeder Seite eines heutigen Parlamentsprotokolls: Wie etwas gesagt worden ist, kann nicht minder wichtig sein, als was gesagt wurde.

Überraschenderweise ist bei dem Versuch, den Tawagalawas-Brief zu verstehen, der Zusammenhang unbeachtet geblieben. Wie aber sollten wir den Ton losgelöst von allem übrigen beurteilen? Es gibt in der Tat andere hethitische Schreiben aus dieser Zeit, die uns das Verständnis erleichtern; eines von ihnen stammt von demselben König, Hattusilis III. Dieser hatte seinen Neffen abgesetzt, der so weit gegangen war, Ahhiyawa um Hilfe zu bitten. Wegen seiner eigenen widerrechtlichen Machtergreifung war Hattusilis sehr empfindlich und fühlte sich leicht zu Disputen über seinen Status herausgefordert, wenn er sich angegriffen wähnte. Dies muß man wissen, wenn man den Tawagalawas-Brief psychologisch richtig deuten will. Wir können dies auch in einem Brief Ramses' II. sehen, mit dem er Hattusilis auf einen verärgerten Brief antwortet; dieser hatte sich durch einen vorausgegangenen, vermeintlich anmaßenden Brief des Pharaos gekränkt gefühlt. Er glaubte, daß Ramses unterstellen wolle, der Empfänger sei von niedrigerem Rang und kein »Großkönig«. Ramses mußte daher nochmals schreiben, um seinen »Bruder« zu beruhigen:

Ich habe soeben all die Worte vernommen, die Du, mein Bruder, an mich geschrieben hast und mit denen Du sagtest: »Warum hast Du, mein Bruder, an mich geschrieben, als ob ich ein bloßer Untertan von Dir wäre?« Ich ärgere mich über das, was Du, mein Bruder, an mich geschrieben hast... Du hast in allen Ländern große Dinge verrichtet, Du bist wirklich ein Großkönig in den Hatti-Ländern... Warum sollte ich Dir wie einem Untertan schreiben? Du mußt daran denken, daß ich Dein Bruder bin. Du solltest ein ermunterndes Wort sprechen (wie etwa): »Mögest Du Dich jeden Tag wohl fühlen«, und statt dessen äußerst Du diese unverständlichen Worte, die nicht geneigt sind, eine Botschaft zu sein.

(Nach der Übersetzung von Ken Kitchen)

Wir könnten uns kaum eine engere Gemeinsamkeit mit der Haltung des Hethiterkönigs gegenüber Tawagalawas' Brief vorstellen: Hattusilis mag gelegentlich ein mürrischer Mensch gewesen sein, doch man sollte nicht verkennen, daß hinter beiden Briefen dieselbe Einstellung steckt.

Was die Situation, die in dem Brief an den König von Ahhiyawa enthüllt wird, im einzelnen besagt, ergibt sich aus einem Brief Hattusilis' oder seines Bruders Muwatallis an den assyrischen König, einem Emporkömmling unter den Herrschern des Nahen Ostens. Dieser hatte von einem Gebiet weiter aufwärts am Euphrat Besitz ergriffen, das vorher zum Machtbereich der Hethiter gehörte. Dann schrieb der Assyrer einen Brief, in dem er den Status eines Großkönigs beanspruchte und ein Bündnis vorschlug. Wutentbrannt sandte ihm der Hethiterkönig folgende Antwort:

Du prahlst, daß... Du meinen Bundesgenossen besiegt hast und Großkönig geworden bist. Aber was soll das, was Du immer wieder über unser brüderliches Verhältnis sagst? Du und ich sollen von derselben Mutter geboren sein? Weit davon entfernt, pflegten selbst mein Vater und mein Großvater an den König von Assyrien (Deinen Vorgänger) nicht von einem Bruderverhältnis zu schreiben; höre also auf, mir über ein Bruderverhältnis und einen Großkönigsstatus zu schreiben. Ich wünsche nichts dergleichen.

(Nach der Übersetzung von Ken Kitchen)

Laß mich gefälligst in Ruhe! Solche Beispiele könnten beliebig vermehrt werden. Sie machen ganz deutlich, was in den Ahhiyawa-Briefen vor sich

Kampf zwischen Hethitern und Ägyptern in der Schlacht bei Kadesch, 1274 v. Chr.; zeitgenössisches Flachrelief aus Abu Simbel in Ägypten.

geht: zwischen 1265 und 1240 v. Chr. nahm das »Achaia-Land« in den diplomatischen Beziehungen der Hethiter eine Rangstufe ein, die der Ägyptens und Babyloniens vergleichbar war; selbst für Assyrien galt das nicht, obwohl es bald dazu kommen sollte. Hattusilis mag verärgert gewesen sein, mag sich auch auf Schmeicheleien verlegt haben – auf jeden Fall waren die Griechen eine stattliche Macht im Östlichen Mittelmeer, vielleicht mächtiger und einflußreicher als Staaten wie Arzawa, Wilusa und Mira, die in den hethitischen Archiven besser belegt sind. Nicht zuletzt kam den Griechen in den Augen der Hethiter große Bedeutung zu, weil sie eine sehr reale »politische« und militärische Bedrohung an der Flanke ihres Reiches bedeuteten.

Es bietet sich uns hier ein großartiger Einblick in das diplomatische Kräftespiel der damaligen Zeit, und es ist wirklich faszinierend, sich vorzustellen, daß solche Botschaften im königlichen Megaron in Mykene verlesen wurden. Dieses diplomatische Raffinement ist genau das, was wir von den Hethitern des 13. Jahrhunderts erwarten dürfen, die um diese Zeit bei der Formulierung von Verträgen die Führung übernahmen. Sie waren

die Herren und Meister, und die Achäer waren als Neureiche möglicherweise blind für die Feinheiten und Umschreibungen der Etikette, die beispielsweise vom ägyptischen Auswärtigen Amt sofort begriffen wurden. Bei näherem Hinsehen bestätigt der Tawagalawas-Brief auch unseren Eindruck, daß während der Regierungszeit des Hattusilis (1265–1235 v. Chr.) und des Tudhalias IV. (1235–1215 v. Chr.) die Achäer als Großkönige gelten konnten und (mit einem gewissen »Schmeichel-Bonus«) mit denen der großen nahöstlichen Königreiche auf einer Stufe standen. Dies paßt genau zum archäologischen Befund und zur griechischen Überlieferung, der zufolge diese Periode die Blütezeit der Atriden-Dynastie war.

Die Schreibkenntnis nach dem Befund der Archäologie und des Textstudiums

Diese Art diplomatischen Schriftwechsels läßt vermuten, daß der Achäerkönig auf seinem Gebiet hethitische Schreiber hatte (wobei es ein Anzeichen für die Randstellung der Achäer in der internationalen Diplomatie ist, daß sie die hethitische Keilschrift und nicht die der Assyrer verwendeten, deren Sprache das Vehikel des diplomatischen Verkehrs zwischen den »Supermächten« war). Dies würde zweifellos die Gegenwart hethitischer Schreiber in Mykene und Milet voraussetzen. Im letzteren Fall ergibt sich offensichtlich kein Problem. Existieren jedoch irgendwelche Hinweise auf die Anwesenheit von Hethitern auf dem griechischen Festland? Bisher sind entsprechende archäologische Funde spärlich, obgleich es sie immerhin gibt; die Linear-B-Archive sind in dieser Hinsicht jedoch interessant, als darin Leute mit hethitischen Namen vorkommen, besonders in Knossos, aber auch in Pylos, wo wir einen gewissen Pijamaso finden. Alles in allem müssen wir annehmen, daß der Achäerkönig in seinem Auswärtigen Amt hethitische Schreiber beschäftigte, ganz nach Art westanatolischer Herrscher, wie etwa des Königs von Mira, der für seine Korrespondenz mit Ramses II. von Ägypten ebenfalls Hethiter benötigte. In Mykene sind nie Reste diplomatischer Korrespondenz gefunden worden, allerdings auch keine anderen. Es gab nur trockene Inventarlisten. Offensichtlich ist das königliche Archiv der Atriden nicht erhalten geblieben.

Was wir über die Korrespondenz von Arzawa und Mira mit Ägypten wissen, deutet entschieden darauf hin, daß die westanatolischen Königreiche ebenso wie die Achäer und Hethiter in dem diplomatischen Spiel nach Art der nahöstlichen Länder und Stadtstaaten mitgemischt haben. Wenn dies der Fall ist, ist die Frage durchaus angebracht, ob am Ende Troja selbst ein Mitglied dieses erlauchten Kreises war. Keiner der Ausgräber von Hisarlik hat Spuren von Schrifttafeln gefunden, doch ist dem ganzen Komplex soviel Schaden zugefügt worden, daß dergleichen kaum zu erwarten war. Dennoch sollte man die Möglichkeit nicht aus den Augen verlieren, daß eine in ihren Festungs- und Wohnbauten so geschickt angelegte Stadt wie Troja VI, eine Stadt, die mit Zypern und Syrien Handel trieb, Schreiber beschäftigte, die auf hethitisch an den Großkönig schreiben

konnten und vielleicht auch an das mykenische Griechenland, zu dem man ebenfalls Handelsbeziehungen unterhielt. Die Schreibkenntnis der spätbronzezeitlichen Welt wird in den homerischen Epen fast völlig ignoriert, doch scheint es zumindest vorstellbar, daß König Priamos mit Hattusilis III. – und warum nicht auch mit Agamemnon? – korrespondiert haben könnte.

Die Botschafter und Fachleute, die bei solchen Verhandlungen die Beinarbeit (und auch die Kopfarbeit) zu leisten hatten, standen offenbar dem König nahe. »Ich sende meinen Stallmeister«, schreibt Hattusilis an den Achäerkönig, »der seit meiner Jugend mit mir auf meinem Streitwagen zu fahren pflegte und der auch mit deinem Bruder Tawagalawas fuhr . . . Ist er nicht so gut wie mein Schwager, da seine Frau aus der Familie der Königin stammt?« Was diese Botschafter zu sagen hatten, wurde wegen ihrer weitreichenden Erfahrungen natürlich besonders hoch geschätzt. »Diese Geschichte wurde mir von Enlil-bel-nische erzählt, dem Gesandten des Königs von Babylon«, schreibt die Hethiterkönigin Pudukhepa an Ramses II. über irgendeinen Hofklatsch. Aber auch Könige selbst konnten Besuche machen. Nachdem dank diplomatischer Bemühungen der Hethiter ein Friede mit Assur, Babylon und Ägypten ausgehandelt worden war, besuchte Prinz Hischmi-Scharumma, der spätere Tudhalias IV., Ägypten, wo er sich mehrere Monate aufgehalten haben dürfte. Er scheint damit einem persönlichen Besuch Hattusilis' zwischen 1239 und 1235 v. Chr. den Weg geebnet zu haben. Hattusilis, der zuerst schlecht gelaunt war (»Was sollte ich dort? Was gäbe es zu tun?«) und von einem Fußleiden geplagt wurde, scheint mit Ramses in Ägypten zu einem »Gipfeltreffen« der damals mächtigsten Männer der Alten Welt zusammengekommen zu sein. Es wäre daher nicht überraschend, wenn Tawagalawas als Bruder des Achäerkönigs den hethitischen Hof besucht hätte – ja, man könnte sogar dasselben vom Besuch eines trojanischen Königssohns beim König des mykenischen Sparta sagen!

So stellt sich also der Hintergrund der internationalen Diplomatie zur Zeit des Trojanischen Krieges dar. Die Hethiter sorgten sich viel stärker um den Osten: wegen der zunehmenden Macht der emporgekommenen Assyrer im Euphratgebiet, wegen der Aufrechterhaltung ihrer Vormachtstellung gegenüber den reichen syrischen Städten, wegen der Normalisierung der Beziehungen zu Ägypten an der Grenze zu Kanaan, ja, sogar wegen der Zurückdrängung der kriegerischen Kaska-Stämme in ihre Grenzgebiete am Schwarzen Meer. Was sie am wenigsten brauchen konnten, war die Entstehung einer bedrohlichen Lage im Westen. Was sie wollten, war ein *cordon sanitaire* befreundeter, vertraglich gebundener Staaten in Westanatolien. Dabei ist ihr Wunsch bezeichnend – und verständlich –, stabile Verhältnisse lieber auf diplomatischem Wege als durch Krieg herzustellen. Der wachsende Einfluß der Achäer in Westanatolien war eine Bedrohung, und die Hethiterkönige waren, wie alle Hethitologen erkannt haben, im 13. Jahrhundert v. Chr. gezwungen, im Westen eine aktivere Rolle zu spielen. In diesem Licht sollten wir hethitische Zeugnisse für bewaffnete

Interventionen von Griechen im Gebiet westlicher Verbündeter der Hethiter sehen. Es ist möglich, daß wir hier dem wahren politischen Hintergrund des Trojanischen Krieges gegenüberstehen.

Tauchen Troja und der Trojanische Krieg in den hethitischen Schrifttafeln auf?

Wir sind zu dem Schluß gekommen, daß die Hethiter die mykenischen Griechen, Homers Achaiwoi, als einen mächtigen Seefahrerstaat namens Ahhiyawa kannten und daß die Griechen an der kleinasiatischen Küste in diplomatische und kriegerische Aktivitäten verwickelt waren. Können wir noch einen Schritt weitergehen? Wenn der Trojanische Krieg wirklich stattgefunden hat, und sei es nur ungefähr in der Form, wie Homer ihn schildert, würde er sehr gut in den weiteren Rahmen des hethitischen Archivmaterials passen. Wird ein solcher Krieg in den Tafeln von Boghaz Köy direkt erwähnt?

Die Frage zerfällt in zwei Teile: Erstens: war den Hethitern eine Örtlichkeit mit dem Namen Troja bekannt? War dies der Fall, kommt er nur in einem einzigen Dokument vor, und dieses ist kürzlich von Linguisten neu datiert worden. Nachdem es bisher dem 13. Jahrhundert zugeordnet war, glaubt man heute, daß es aus der Zeit Tudhalias I. (ca. 1440–1410 v. Chr.) stammt, eines kraftvollen Herrschers, dessen Annalen von der Eroberung Arzawas in Westanatolien durch die Hethiter berichten. Die Schrifttafel spricht von der Unterwerfung eines Assuwa genannten Nachbarlandes, dessen Name nach Meinung der meisten Gelehrten die Urform des griechischen Wortes Asien ist, eines Gebietes, das ursprünglich auf Lydien und die Region südlich der Troas beschränkt war. Bei den Hethitern bedeutete Assuwa eine bestimmte Örtlichkeit mit einer »Stadt Assuwa«. Mit ihr verbündet waren 22 andere Orte, die nach Auffassung vieler Experten von Süden nach Norden aufgezählt sind und mit der Nordwestecke Kleinasiens enden, dem Gebiet von Troja. Der letzte Name der Liste wird auf hethitisch »Taru(u)isa« geschrieben und bezeichnet vermutlich das nördlichste Glied des Bündnisses. Eine oberflächliche Ähnlichkeit rückt ihn in verführerischer Nähe zu Homers Troja. Könnte es sich wirklich um Troja handeln? Die Identifizierung des Namens wirft unglücklicherweise Probleme auf. Ein Punkt zu Trojas Gunsten ist die Tatsache, daß phonetische Regeln bei der Übertragung von einer Sprache in eine andere nicht immer Gültigkeit haben. Nach dem äußeren Bild paßt es nicht, und der einzige Weg, es passend zu machen, wäre, eine ursprüngliche Form Taruiya zu postulieren und anzunehmen, daß die in den Annalen des Tudhalias verwendete Form davon abgeleitet ist (Parallelen für eine solche Doppelform gibt es genug; so bezeichnen Karkisa und Karkiya offenbar denselben Ort). Für die meisten Gelehrten ist dies jedoch eine allzu spekulative Überlegung.

Viel verblüffender ist eine Verknüpfung des Namens Taruisa mit dem vorhergehenden Ort der Liste, Uilusiia, ausgesprochen Wilusiya. Hier

haben wir nach dem äußeren Eindruck das wirklich bemerkenswerte Zusammentreffen, daß diese beiden Namen sogar in einem Dokument von ca. 1420 v. Chr. an ungefähr derselben Stelle gemeinsam vorkommen, wo sich nach der Sage Troja befand. Eine der Seltsamkeiten von Homers Schilderung besteht darin, daß Troja in ihr zwei verschiedene Namen hat, nämlich Troja (womit oft die Stadt gemeint zu sein scheint) und Ilios (oft als das Land). Wie wir im vierten Kapitel sahen, wurde der Name Ilios ursprünglich mit einem Digamma, also Wilios ausgesprochen, und dies ist sicherlich als eine Wiedergabe des hethitischen Wilusa oder Wilusiya (beide Formen kommen vor) zu betrachten. Ist es möglich, daß im 13. Jahrhundert Hisarlik-Troja innerhalb des weiteren Bereichs des hethitischen Staats Wilusa lag?

Über das hethitische Wilusa wissen wir eine ganze Menge, leider jedoch nicht seine genaue Lage. Es war ein arzawischer Staat und somit einer aus der Gruppe der westanatolischen Staaten, zu denen Arzawa und Mira gehörten. Wenn sich ersterer um die Flußtäler des Hermos und des Kaystros herum befand (s. Karte Seite 232) und der letztere im mittleren und oberen Flußtal des Mäander einschließlich von Beydschesultan, dann lag Wilusa wahrscheinlich nördlich und nordöstlich von Arzawa. Wilusa war eine der bedeutendsten Mächte im Westen. Ob es sich jedoch bis zur Troas ausdehnte, ist ungewiß. Über seine Beziehungen zu den Hethitern und seinen Nachbarn wissen wir Einzelheiten aus einem Vertrag, der aus der Zeit Muwatallis' (1296–1272 v. Chr.) stammt. Dieser enthält einen weiteren Anhaltspunkt, denn zufällig erscheint darin der König von Wilusa unter dem Namen Alaksandus, was verblüffend an den homerischen Prinzen Alexandros (Paris) von Wilios erinnert. Muwatallis sagt, daß Alaksandus nicht der Sohn seines Vorgängers Kukunnis gewesen sei, sondern ein von den Hethitern zugeführter Adoptivsohn. Daher kann der möglicherweise nicht anatolische Name Alaksandos (die weibliche Form kommt in den Linear-B-Tafeln vor) keinen Aufschluß über die Volkszugehörigkeit der wilusischen Königsfamilie geben. Ist es möglich, daß Homer hier den wirklichen Namen eines der Herrscher von Wilusa bewahrt hat?

Der Vertrag liefert interessante Informationen über die Geschichte von Wilusa. Seit der Unterwerfung von Arzawa im 17. Jahrhundert hatte Wilusa sich gegenüber den Hethitern immer loyal verhalten. Obwohl es ein arzawischer Staat war (vermutlich aufgrund gleicher Volkszugehörigkeit), blieb es den Königen von Hatti selbst dann treu, als Arzawa gegen sie Krieg führte. Wenn immer unter Tudhalias I. und II., unter dem großen Suppiluliumas und unter Mursilis II. hethitische Heere in Arzawa einmarschierten, brauchten sie nie zugleich Wilusa anzugreifen, sondern wurden von diesem anscheinend isolierten Staat loyal unterstützt. Dies läßt vermuten, daß Wilusa am Nordrand der Arzawa-Staaten lag, weit genug von deren Hauptstadt Apasas (Ephesus?) entfernt, um eine eigenständige Politik zu treiben.

Zu den Bedingungen des Vertrages zwischen Alaksandus und den Hethitern gehörte die für einen königlichen Untergebenen übliche Ver-

pflichtung, im Kriegsfall sein Heer, sein Fußvolk und seine Streitwagen der Streitmacht des Hethiterkönigs zuzuführen (»Die folgenden Feldzüge von Hattusas sind für dich verpflichtend ... [gegen den] König von Ägypten ... [gegen den] König von Assyrien«.) Nun haben Ägyptologen den Gedanken zur Diskussion gestellt, daß die Drdny, die unter den Bundesgenossen des Muwatallis in der Schlacht bei Kadesch in Syrien 1275 oder 1274 v. Chr. (der Zeit dieses Vertrages) aufgeführt werden, keine anderen als die »Dardanier« wären, ein homerischer Name für die Bewohner der Troas. Demnach könnte ein junger Mann, der bei Kadesch mit Muwatallis' 2500 Streitwagen und den »Truppen von sechzehn Nationen« focht, als ein alter Mann das »heilige Wilios« gegen die Achäer verteidigt haben! Wenn der König von Wilusa so bedeutend war, wie der Vertrag vermuten läßt, können die Bewohner der Troas durchaus zu den kleineren Staaten gehört haben, deren Herrscher seine Versallen waren, wie er selbst ein Vasall des Großkönigs war. In den vorausgegangenen 150 Jahren waren zweifellos viele der kleineren Staaten, die zusammen die assuwische Föderation gebildet hatten, in Arzawa oder Wilusa eingegliedert worden, ähnlich wie Midea, Prosymma oder Berbati von dem Königreich Mykene vereinnahmt worden waren.

Man muß daher die Möglichkeit in Betracht ziehen, daß um die Mitte des 13. Jahrhunderts v. Chr. Troja in einem »Größeren Wilusa« lag und daß sich Wilusa wirklich hinter Homers Wilios mit seinem Prinzen Alexandros verbirgt. So faszinierend derartige Spekulationen sind – mehr als das sind sie gegenwärtig nicht. Bevor nämlich die heißumstrittenen Theorien über die hethitische Geographie nicht entschieden sind, können diese Ideen weder im einen noch im anderen Sinn bewiesen werden. Immerhin scheint viel für die Auffassung zu sprechen, daß Wilusa sich ein ganzes Stück nach Westen erstreckt und die Troas mit eingeschlossen hat. Auf diese Weise könnte Wilusa das Urbild des homerischen Wilios sein. Wenn das so war, ist es von größtem Interesse, daß Ahhiyawa und die Hethiter um die Mitte des 13. Jahrhunderts um Wilusa gekämpft haben.

Krieg zwischen Griechen und Hethitern um Wilusa?

Wenn wir die Gleichsetzung von Ahhiyawa mit dem achäischen Griechenland akzeptieren, können wir mit unserer Rekonstruktion der damaligen diplomatischen Aktivitäten bezüglich des Königreichs Wilusa, zu dem auch Troja gehört haben könnte, einen Schritt weitergehen. Der Tawagalawas-Brief (ca. 1250?) enthält zwei Andeutungen, daß die Hethiter und die Achäer tatsächlich wegen Wilusa aneinandergeraten seien. Angesichts der 400jährigen Geschichte des Treueverhältnisses Wilusas gegenüber Hatti müssen wir annehmen, daß dies eine Folge achäischer Einmischung war. Die Hinweise finden sich in Hattusilis' Brief an den Achäerkönig, in dem er die Griechen bittet, dem Unruhestifter Pijamaradus zu schreiben: »Sage ihm, daß der König von Hatti und ich, daß in der Angelegenheit Wilusa, in der wir uneins waren, er mich überredet und eines Besseren belehrt hat und

wir Freunde geworden sind. Ein ... Krieg ist falsch für uns.« Anschließend war vielleicht die Rede von »der bewußten Angelegenheit betreffend die Stadt Wilusa, um die wir Krieg geführt haben (und über die wir zu einer Vereinbarung gelangt sind)«. Dies wäre ein wichtiger Beleg für eine größere diplomatische und militärische Krise in Westanatolien. Leider ist die Schrifttafel zu sehr beschädigt, als daß wir sicher sein könnten.

Auf den Streit um Wilusa scheint sich auch ein quälend-unvollständiger Brief aus dieser Zeit zu beziehen, den der König des Landes am Seha-Fluß, Manapa-Dattas, an den Hethiterkönig gerichtet hat. (Diese Gegend muß irgendwo an Arzawa und Wilusa gegrenzt haben, und der Seha war vermutlich einer der Hauptflüsse, die in das Ägäische Meer mündeten.) Darin erfahren wir, daß ein Hethiterheer im Westen einmarschiert ist und jemand »sich zurückgewandt hat, um das Land Wilusa anzugreifen«. Der König des Landes am Seha-Fluß ist von dem mächtigen griechischen Bundesgenossen Pijamaradus überwältigt worden, der auch Lazpas (Lesbos) angegriffen hat. Leider ist die Tafel zu bruchstückhaft, um mehr aussagen zu können, doch mag sie ungefähr aus der Zeit des achäischen Angriffs auf Wilusa stammen. Unser letzter Hinweis auf die Vorgänge um Wilusa zeigt, daß kurz nach diesen Ereignissen (ca. 1230) der abgesetzte Herrscher dieses Landes in einem Nachbarstaat Zuflucht nahm, in der Hoffnung, von Todhalias IV. wieder eingesetzt zu werden – das bekannte Bild einer Königsfamilie im Exil. Schließlich haben wir noch eine weitere Schrifttafel aus der Zeit des Angriffs auf Wilusa, aus der wir erfahren, daß der Achäerkönig möglicherweise persönlich an der kleinasiatischen Küste anwesend war, ganz so, wie die griechische Überlieferung es wissen will.

Kommt der Trojanische Krieg in den hethitischen Schriftquellen vor?

Für den, der nach einer historischen Grundlage für die Troja-Sage sucht, ist unser nächstes Schriftzeugnis vielleicht das verwirrendste. Es handelt sich um eine Tontafel aus Boghaz Köy, die nunmehr eindeutig Hattusilis III. (1265–1235 v. Chr.) zugeschrieben werden kann. Es ist der einzige hethitische Text, in dem möglicherweise von einer persönlichen Einmischung des achäisch-ahhiyawanischen Königs auf dem kleinasiatischen Festland oder gar von Kämpfen in der dortigen Gegend die Rede ist. Die Vorgänge werden von dem Großkönig Hattusilis nach einem erfolgreichen Feldzug im Westen geschildert. Meine Fassung basiert auf Sommers deutscher Übertragung, wobei seine versuchsweisen Ergänzungen – der Originaltext ist verstümmelt – in eckigen Klammern eingefügt sind. Ich habe den Text noch weiter ausgebaut, wo mir dies zum besseren Verständnis nötig schien:

Das Land des Seha-Flusses erneut durchquert. *[Die Bewohner des Landes des Seha-Flusses sagten dann:]* »Der Großvater seiner Majestät eroberte [uns] nicht mit dem Schwert. [Als] er die Länder Arzawas eroberte, *(der Vater seiner Majestät,)* [da eroberte er uns nicht] mit dem Schwert. Wir haben [keine Verpflichtung?] zu ihm.« [So kam es, daß das Land des Seha-Flusses] zu den Waffen griff. Und der König von Ahhiyawa zog sich zurück. [Nun, als er sich]

zurückzog, rückte ich, der Großkönig, vor. [Dann suchten meine Feinde in gebirgigem Gelände Zuflucht:] Ich unterwarf den Berggipfel Harana. Fünfhundert Pferde[-Gespanne] brachte ich dann [nach Hattusas zurück].

Für die gemeinhin akzeptierte Lesung dieses Textes gibt es zwei entscheidende Schlußfolgerungen: Erstens, daß der König von Ahhiyawa in Westanatolien anwesend war, und zweitens, daß er einem Rebellen gegen den Hethiterkönig kriegerischen Beistand leistete. Leider ist diese Deutung nicht ganz sicher; das entscheidende Wort, das hier mit »sich zurückzog« übersetzt wurde, hat verschiedene Bedeutungen, darunter »Zuflucht suchen bei« oder »sich verlassen auf« (das heißt, er verließ sich auf Unterstützung durch den König von Ahhiyawa). Diese zweite Interpretation scheint die wahrscheinlichste.

Vielleicht können wir die Geschichte von dem Krieg im Land des Seha-Flusses ein wenig weiterführen. Immerhin informiert sie uns darüber, daß etwa um die Zeit, in die die Überlieferung den Trojanischen Krieg datiert, ein Achäerkönig direkt oder indirekt in einen Krieg an der kleinasiatischen Küste an einer der Troas nahegelegenen Stelle verwickelt war. Wenn wir die obige Übersetzung mit dem König des Achäerlandes, der sich aus dem Land des Seha-Flusses »zurückzog«, akzeptieren, zeigt die Geschichte eine verblüffende Ähnlichkeit mit Homers Schilderung, denn darin berichtet er – wie wir am Anfang unserer Nachforschungen feststellten – von einer ersten fehlgeschlagenen Unternehmung, bei der die Achäer unter Achilles in Teuthrania landeten, das sie fälschlicherweise für trojanisches Gebiet gehalten hatten. Dort, im Tal des Kaïkos (des heutigen Bakyr tschai), wurden sie von Telephos, dem König von Mysien, zurückgeschlagen und zu ihren Schiffen zurückgeworfen (Odyssee, XI, 519). Die Überlieferung eines »schmachvollen Rückzugs« nach der Plünderung Mysiens findet sich in einer Anzahl späterer griechischer Quellen, darunter Pindar und Strabo. Wenn der Kaïkos wirklich mit dem Seha identisch ist, ist dieses Zusammentreffen zweifellos bemerkenswert. Leider wissen wir nichts über die Lage des Seha, und der hethitische Text nennt auch nicht den Namen des »Königs aus Achäerland«, der »sich zurückzog«.

Wir sind damit so weit gegangen, wie die hethitischen Schrifttafeln es bei dem gegenwärtigen Informationsstand gestatten. Wir können jedoch zumindest das Gefühl haben, daß dieser reiche Schatz diplomatischen Archivguts es uns ermöglicht hat, uns näher an den wirklichen Machtkampf im Westanatolien des 13. Jahrhunderts heranzuarbeiten. Es liefert uns auch einen wirklichkeitsnahen Rahmen für die Art von Krieg, den Homer schildert. In den letzten dreißig Jahren sind sich die Archäologie, die hethitischen und die griechischen Schrifttafeln sowie die griechische Überlieferung nähergekommen. Wir haben heute eindeutige Zeugnisse für griechische Angriffe auf die kleinasiatische Küste und deren Besiedlung, und wenn wir das Archiv von Boghaz Köy richtig interpretiert haben, paßt es ebenfalls gut in dieses Bild. Auch wenn nicht zu beweisen ist, daß sich der Trojanische Krieg wirklich so zutrug, wie Homer ihn schildert, so können

wir doch zumindest zeigen, daß sich etwas dieser Art *ereignet haben könnte;* eine militärische Invasion der Troas, Angriffe auf Städte im Süden und in Mysien, Achilles' Verwüstungen auf Lesbos – alles würde sehr gut zu der verworrenen Geschichte passen, die uns in der hethitischen Korrespondenz entgegentritt. Es sieht sogar so aus, als kämen mitunter dieselben Namen vor. Wenn überhaupt ein Körnchen Wahrheit in der Sage enthalten ist, muß es an den einzigen zuverlässigen Quellen für die Geschichte des 13. Jahrhunderts v. Chr. in Kleinasien gemessen werden – den archäologischen Funden, den Linear-B-Namen und der diplomatischen Korrespondenz der Hethiter – und es besteht diesen Vergleich überraschend gut.

Plausible Hypothese Nr. 2: »Der Großkönig«

Bei all dem sollten wir freilich gegenüber jedem Versuch argwöhnisch sein, zeitgenössische Angaben aus den hethitischen Schrifttafeln unmittelbar gleichzusetzen mit den Schilderungen einer epischen Dichtung, die über 500 Jahre später verfaßt wurde. Immerhin zeigen die Schrifttafeln aber, daß die Achäer im 13. Jahrhundert v. Chr. den Hethitern nicht unerheblich zu schaffen machten und daß sie anscheinend militärische Unternehmungen gegen Westanatolien durchgeführt haben, die möglicherweise von dem »König des Achäerlandes« persönlich angeführt wurden. Wir dürften mit unseren Deutungsversuchen wohl kaum zu weit gehen, wenn wir annehmen, daß die homerischen Epen diese Vorgänge tatsächlich widerspiegeln, auch wenn sie vielleicht über Jahrzehnte sich hinziehende Aktivitäten zu einem einzigen »heroischen« Ereignis kondensieren. Dürfen wir jedoch versuchen, aufgrund der hethitischen Quellen wenigstens probeweise ein Bild der Ereignisse zu entwerfen? Beim gegenwärtigen Stand der Auswertung der Ahhiyawa-Tafeln ist dies, offen gestanden, nicht möglich. Trotzdem möchte ich – wie schon im fünften Kapitel – den hier angestellten Deutungsversuchen eine weitere spekulative Betrachtung anfügen. Ich fürchte, daß sie lediglich Unterhaltungswert besitzt, aber sie stützt sich zumindest auf die hethitischen Schrifttafeln, vorausgesetzt, daß die Gleichsetzung von Ahhiyawa und Griechen zutreffend ist.

Hattusilis III. und Tudhalias IV. mußten die Hilfsmittel ihres Reiches aufs äußerste in Anspruch nehmen, um ihre Machtstellung gegen die ständige Bedrohung durch die Kaska-Völker an ihrer Nordgrenze, die Rivalität mit Ägypten wegen der reichen syrischen Städte und den Expansionsdrang der neuen Militärmacht Assur im Tal des Euphrat zu behaupten. Im Westen mußte sich jeder Hethiterkönig den Untertanenstatus der mächtigen Gruppe der von Arzawa geführten westanatolischen Staaten erneut sichern. Alle diese widerstrebenden Kräfte machten im 13. Jahrhundert immer wieder militärische Eingriffe nötig – so wurden beispielsweise gegen die Kaska in zwanzig Jahren rund ein Dutzend Feldzüge unternommen. Kein Großreich der damaligen Zeit sah sich auf allen Seiten einem so starken Druck ausgesetzt. So ist es kein Wunder, daß das Instrument der Diplomatie im 13. Jahrhundert derart verfeinert wurde. In dieser Situation

bedeutete das zunehmende Interesse der Achäer an Westanatolien einen ernstzunehmenden zusätzlichen Druck. Die Hethiter waren bereit, zuzugestehen, daß das Gebiet um Milet griechisch war, und die Grenzziehung hinzunehmen. Die Staaten Arzawa, Mira, Wilusa und das Land am Seha-Fluß lagen dagegen in der hethitischen Einflußphäre, und jeder Einmischung – dem, was die Amerikaner heute Destabilisierung nennen würden – mußte entgegengetreten werden. So bahnte sich denn folgende Entwicklung an: Die Griechen entwickelten immer weitergespanntere Ambitionen. Um 1250 v. Chr. gewährte der Bruder des Achäerkönigs dem gefährlichsten Gegner der Hethiter an deren Westflanke militärische Hilfe. Vorausgegangen war ein Krieg (über den wir keine weiteren Einzelheiten wissen) zwischen den Achäern und den Hethitern um das Königreich Wilusa, dessen König vielleicht noch immer Alaksandus war. »Wir« – so verkündet Hattusilis – »haben in der erwähnten Angelegenheit wegen der Stadt Wilusa Einigkeit erzielt, um die wir Krieg geführt haben.« Nur ein oder zwei Jahrzehnte später befand sich die überlebende Königsfamilie von Wilusa in einem benachbarten westanatolischen Staat im Exil.

Dieser Krieg spielte sich im Nordwesten Anatoliens ab, wo sich die Griechen an der Küste und den vorgelagerten Inseln schon lange Sklaven beschafft hatten und enge Handelsbeziehungen mit einer starken und reichen Festung unterhielten, der Stadt Hisarlik, die wir als Troja VI bezeichnen. Daß Hisarlik so ähnlich wie Troja oder Wilios hieß, ist durchaus möglich. Der anatolische Name Taruisa bedarf wegen seiner Ähnlichkeit mit dem griechischen Troja und seiner Verknüpfung mit dem hethitischen Wilusa (möglicherweise der Urform von Wilios) noch der Erklärung. Diese vagen Ähnlichkeiten sehen nicht nach purem Zufall aus; Achaiwoi/Ahhiyawa, Alaksandus/Alexandros, Wilusa/Wilios, Taruisa-/Troja – jedes für sich erscheint problematisch, aber vier solcher Ähnlichkeiten können kaum mehr als Zufall gelten. Es sieht also so aus, als ob achäische Kriegsscharen irgendwann in den 50er Jahren des 13. Jahrhunderts einen Teil von Wilusa angriffen. Dieser Vorgang könnte die Grundlage der homerischen Überlieferung sein, die sich sogar des Namens des Trojakönigs erinnerte. In diesem Fall ist mit größerer Wahrscheinlichkeit Troja VI die Stadt, die angegriffen wurde. Wir müssen jedoch noch gewissen Folgerungen aus unserem Beweismaterial nachgehen, das eher auf diese Stadt als die homerische Zitadelle hinzudeuten scheint als auf Blegens Troja VII a.

Dies dürfte kaum die einzige Gelegenheit gewesen sein, bei der ein achäischer Fürst ein Heer nach Nordwestanatolien führte. Etwa um dieselbe Zeit – vielleicht sogar während desselben Feldzugs – hatte Hattusilis wegen der Einmischung der Achäer in einen westanatolischen Staat in der dortigen Gegend zu kämpfen. Eines der Arzawa-Länder, das Land am Seha-Fluß, stellte sich auf den Standpunkt, daß es dem Großkönig von Hatti die von ihm geforderte Gefolgschaftstreue nicht schuldete, und verbündeten sich statt dessen mit dem Großkönig der Achäer, wie die Arzawer es zuvor auch getan hatten. In diesem Fall landete der Achäerkö-

nig möglicherweise ein Heer auf kleinasiatischem Boden. Als Hattusilis dann mit seinem Heer weiter nach Westen marschierte, ließen die Griechen ihre Verbündeten im Stich, wobei sie sich, wie die griechische Überlieferung es will, anscheinend »schimpflich zurückzogen«. Hattusilis' Bericht läßt darauf schließen, daß das Land am Seha-Fluß von seinem Heer verwüstet, der König abgesetzt und ein ergebener Vasall eingesetzt wurde. Bei diesem Feldzug könnte Thermi, die bedeutendste Stadt auf Lesbos und eine der größten Städte in der Ägäis, von feindlichen Kräften erobert und gebrandschatzt worden sein. Auch hier wieder kann das eindeutige Beweismaterial der Archäologie sowohl mit dem hethitischen Bericht über den Angriff auf Lesbos (Lazpas) durch den griechischen Verbündeten Pijamaradus als auch mit Homers Schilderung von der Plünderung der Insel Lesbos durch Achilles verglichen werden. So gesehen, scheint die *Ilias* ein zusammengedrängtes Bild vieler griechischer Beutezüge in Kleinasien zu bieten; die hethitischen Tontafeln dürften dies bestätigen.

Aus der Sicht Hattusas' waren dies ernstzunehmende Vorfälle an der Nordwestgrenze ihres bereits anderwärtig bedrohten Reiches. Wir waren geneigt, die mykenischen Könige als brutale, räuberische und verschlagene Piraten zu sehen, stets auf Gewinn erpicht und bereit, jedes Zeichen von Schwäche zu nutzen. Vielleicht bestärken uns die Zeugnisse ihrer Vorstellungswelt in dieser Auffassung. Ich fürchte, daß wir damit nicht ganz falsch liegen; so sah die Welt der »Städteplünderer« wirklich aus. Was aber den brummigen alten Hattusilis, den kampferprobten alten Krieger mit den Fußschmerzen, oder den mehr intellektuellen Tudhalias anbetrifft, so kann man sie sich unschwer in ihrem Privattempel in Yazilikaya, in ihrem königlichen Empfangssaal oder im Archiv in der Zitadelle von Boghaz Köy vorstellen und für diese schwer bedrängten und unermüdlich tätigen Herrscher Mitgefühl empfinden. So hatte sich Hattusilis gegenüber dem Achäerkönig recht verständnisvoll gezeigt:

Yazilikaya: Der hethitische Großkönig Tudhalias IV wird von seinem göttlichen Schutzpatron umarmt.

> Mein Bruder schrieb mir einmal und sagte: »Du hast angriffslustig gegen mich gehandelt.« Aber zu jener Zeit, mein Bruder, war ich jung (noch ein Neuling?); wenn ich damals etwas Beleidigendes schrieb, so geschah das nicht absichtlich . . . ein solcher Ausdruck rutscht einem Soldaten, einem General leicht heraus . . .

Während draußen der Schnee des langen inneranatolischen Winters vom Himmel fiel, mußte er fast jedes Jahr neue Feldzüge gegen seine vielen Feinde vorbereiten und dürfte manche Nacht mit seinen Beratern die Bedingungen des Vertrages mit Wilusa oder die jüngsten Auseinandersetzungen mit Ahhiyawa diskutiert haben, während die Glut in den Kohlebecken verschwelte. In seinem Auswärtigen Amt waren Schrifttafeln abgelegt, die 200 Jahre diplomatischer Beziehungen mit dem Westen erfaßten. Ihre Kenntnisse der ägäischen Welt mögen oberflächlich, ihr Interesse, wenn möglich, noch geringer gewesen sein, aber nun war sie auf einmal ein wichtiger Teil ihrer Politik. Hattusilis und Tudhalias verfaßten beide »Memoiren« und »Autobiographien«. Es ist außerordentlich schade, daß sie nur bruchstückweise erhalten sind. Besäßen wir sie vollständig,

könnten sicherlich viele Fragen beantwortet werden. Inzwischen können wir hinsichtlich all dieser Probleme (wie etwa des hier unterstellten anatolischen Zusammenhangs der Troja-Erzählung) nur hoffen, daß zukünftige Endeckungen weiterer hethitischer Archive – vielleicht in der bisher nicht aufgefundenen südlichen Hethiterhauptstadt – ein neues Licht auf alte Rätsel werfen. Zumindest ist es erfreulich, sich vorzustellen, daß der wirkliche Paris, der Geliebte der Schönen Helena, nicht der von Homer geschilderte Playboy und Stammgast von Tanzvergnügen war, ein Weiberheld, auf den Freund und Feind vor allem wegen seiner äußeren Schönheit verächtlich herabsahen, sondern eine Kriegergestalt reiferen Alters, ergraut in zwanzig Jahren steter Kämpfe von Syrien bis zur Ägäis.

7. Die Seevölker

Nun hatte aber in früherer Zeit die Weltgeschichte gewissermaßen aus einer Reihe unzusammenhängender Episoden bestanden, deren Ursachen und Ergebnisse so weit voneinander getrennt sind wie ihre Schauplätze. Von diesem Zeitpunkt an wird die Geschichte jedoch zu einem organischen Ganzen: Die Angelegenheiten Italiens und Afrikas sind mit denen Asiens und Griechenlands verbunden, und alle Ereignisse stehen zueinander in Beziehung und tragen zu einem einzigen Endziel bei.

Polybios, *Universalgeschichte*

So bewertete Polybios, der Ende des zweiten Jahrhunderts v. Chr. lebende Historiker und Schilderer der Kriege zwischen Rom und Karthago, die Bedeutung des Aufstiegs Roms. Ja, je mehr wir über die Späte Bronzezeit herausfinden, desto stärker stellen wir fest, daß die Einheit des östlichen Mittelmeerraums ihre Wurzeln in einer sehr viel früheren Zeit hatte, als Polybios meinte: Wurzeln im Sinne kultureller und kommerzieller Beziehungen zwischen der ägäischen Welt, Westanatolien, Kreta und dem Nahen Osten der Bronzezeit. Die Menschen waren seit der Jüngeren Steinzeit zur See gefahren, hatten die Inseln bevölkert und die natürlichen Hilfsquellen erschlossen, soweit es ihre technischen Möglichkeiten zuließen. Bis zum Ende der Bronzezeit hatten sie Land- und Seewege zwischen den verschiedenen Regionen eingerichtet, die Jahrtausende überdauern sollten. Daher hatten sich nach Ansicht der meisten Forscher mykenische Kaufleute im 14. und 13. Jahrhundert auf Zypern und in Ugarit niedergelassen und waren wohl auch anderwärts tätig, so beispielsweise in Tell Abu Hawam in der Nähe von Haifa und in Sarafend im Südlibanon, wo eine bemerkenswerte Grabstätte aus dieser Zeit gefunden wurde. Die Bedeutung dieser Verkehrswege bestand darin, daß bereits in der Mittleren Bronzezeit Verbindungen zwischen den verschiedenen Regionen des östlichen Mittelmeers hergestellt und bis zur Späten Bronzezeit ihre Geschicke zu einem gewissen Grad miteinander verbunden waren. Ja, es ist wahrscheinlich, wenn auch noch nicht bewiesen, daß der Zusammenbruch der Zentralgewalt an vielen Orten der Ägäis und Kleinasiens durch eine Kombination ähnlicher oder gar zusammenhängender Umstände herbeigeführt wurde. Dementsprechend soll sich der Blickwinkel im letzten Abschnitt unserer Nachforschungen so erweitern, daß die größeren Zusammenhänge der Zerstörung Trojas und das Ende des mykenischen »Imperiums« ins Bild rücken.

Handelswege und Handelskontakte

Der Handel war im Nahen Osten bereits gut organisiert, noch bevor die Griechen in der Welt der Ägäis auftauchten, und sein Einfluß breitete sich allmählich nach Westen aus. In Kanesch in Anatolien gab es bereits 1800 v. Chr. eine Niederlassung assyrischer Kaufleute, die unter vertraglichem Schutz in ihrem eigenen, rund zwei Morgen großen Viertel lebten und deren Karawanenwege bis an das Meer im Westen reichten: »Die große

Stadt Smyrna«, wie sie bei dem angelsächsischen Reisenden Saewulf heißt, der um 1100 n. Chr. in der Ägäis umherfuhr, das Ti-Smurna, das auf den in Kanesch gefundenen Tafeln erwähnt wird. Die Könige übten schon früh eine Kontrolle über den Handel aus, denn das war der einfachste Weg, zusätzliche Einkünfte zu erzielen und sich in den Besitz von Luxusgütern zu bringen. Die Unmenge von Einzelheiten in den Linear-B-Archiven von Knossos und Pylos zeigt, daß die mykenischen Könige des 13. Jahrhunderts v. Chr. gerade diese Kontrolle ausübten. Zu den Einfuhrartikeln gehörten Elfenbein, Kümmel, Koriander und zypriotisches Kupfer, Produkte, die per Schiff kamen. Vielleicht gab es sogar kleine ausländische Gemeinden in dem mykenischen Knossos, mit Leuten wie dem »Ägypter« und dem »Lykier«, die auf den Schrifttafeln erwähnt werden, während Pijamunu und andere Namen anatolischen Ursprungs sind. Eine solche Bevölkerung muß es auch in Milet gegeben haben, das in unserer Geschichte eine so bedeutende Rolle spielt.

Wenn meine Beweisführung richtig ist und das Königreich Ahhiyawa der hethitischen Tontafeln wirklich ein Teil des festländischen Griechenlands war, können wir zu diesem Bild noch griechische Schiffe hinzufügen, die für Assyrien im Tal des Euphrat bestimmte Waren nach Amurru in Syrien transportierten. Wir hören von Kupfergefäßen im »Stil der Ahhiyawa« sowie von Stoffen. Sie exportierten vielleicht Olivenöl nach Ägypten, wo der Ölbaum nicht gedeiht. Ihre Töpferware ist an nahöstlichen Fundstätten so weit verbreitet, daß man versucht ist, an einen gewissen »Snob-Appeal« zu denken – oder ist es einfach ein Zeichen griechischer Geschäftstüchtigkeit? Ist der allenthalben anzutreffende Steigbügelkrug das Gegenstück zu unserer heutigen Coca-Cola-Flasche?

Nach Griechenland kamen Sklaven aus Kleinasien (und aus Afrika?). Die Schrifttafeln von Knossos erwähnen Cyperusknollen von Zypern, Sesam, Kümmel, Gold und Purpurfarbstoff aus Syrien, die alle unter ihrem semitischen Namen bekannt sind. Für Kupfer bestand ein großer wirtschaftlicher Bedarf (es kam natürlich aus Zypern, wie schon der Name verrät). Da Bronze eine Legierung aus Kupfer und Zinn ist, spielte Zypern während der ganzen Bronzezeit eine zentrale Rolle im Mittelmeer, zumal es der Hauptstapelplatz zwischen Griechenland und dem ägäischen Raum einerseits, und Syrien, Ugarit und dem Nahen Osten andererseits war.

Bemerkenswerte Zeugnisse eines solchen Handels sind kürzlich in einem ersten unter vermutlich zahlreichen bronzezeitlichen Wracks an der gefährlichen Südküste der Türkei gefunden worden. Aus einem im 13. Jahrhundert v. Chr. vor Kap Gelidonya gesunkenen Schiff wurden Bruchstücke von bis zu hundert Kupferbarren von je etwa 22 Kilogramm Gewicht geborgen, offensichtlich die Hauptladung eines Schiffes, das von Zypern in die Ägäis unterwegs war. Zu der untergegangenen Ausrüstung gehörten auch eine große Menge Werkzeuge wie Hacken, Schaufeln, Äxte, Klingen, ein Amboß, zwei Mörser, Vorratskrüge, Schleifsteine und dergleichen. Zum persönlichen Besitz des Kaufmanns zählten ein Bratspieß, ein Satz Gewichte, Bronzedraht, eine Lampe, ein Strohkorb, Rasiermesser und

Kupferbarren aus dem Wrack vor Kap Gelidonya, 13. Jahrhundert

Spiegel, ägyptische Skarabäen und ein Rollsiegel aus dem Nahen Osten, das der Schiffseigner möglicherweise als sein eigenes Siegel benützte – ein großartiger Einblick in das Leben eines solchen Kapitäns oder Händlers, der in der Späten Bronzezeit in der Ägäis hin- und herfuhr. Das letzte, 1982 bei Kars gefundene Schiff ist bisher (Mitte 1984) noch nicht gehoben worden, doch ist die Ladung – etwa 100 ägäische *pithoi* – bekannt. Vielleicht war es mit einer Fracht Korn oder Öl nach Osten unterwegs. Dieser Handelsverkehr kann noch tiefer in die Bronzezeit zurückverfolgt werden. Das älteste Wrack stammt aus dem 16. Jahrhundert v. Chr. und wurde 1975 bei Seytan Deresi in der Nähe von Bodrum (Halikarnassos) gefunden. Auch dieses Schiff war mit großen *pithoi* beladen, ein Beweis für einen Handel, der mindestens 3000 Jahre lang florierte – ungeachtet des Aufstiegs und Falls großer Kulturen und der allgegenwärtigen Bedrohung durch Seeräuber.

Daß ein solcher Handel auch auf »staatlicher« Grundlage organisiert werden konnte, schien bereits durch die Ausfuhr von Naturbaustein von Maine nach Mykene und Knossos bestätigt zu werden, und tatsächlich finden wir im 13. Jahrhundert Getreideexporte großen Stils von Ugarit in hethitische Gebiete »wegen der dort herrschenden Hungersnot«. Vermutlich wurden solche Transaktionen durch diplomatische Vermittlungen auf Regierungsebene organisiert. So ist es auch möglich, daß in einem Vertrag zwischen Ägypten und den Hethitern oder in einem Brief zwischen den Hethitern und Ahhiyawa von einem Handelsembargo die Rede ist. Ebenso scheint die Annahme gerechtfertigt, daß die Überschwemmung des östlichen Mittelmeerraums mit mykenischer Töpferware im 14. und 13. Jahrhundert (mit ihrer erstaunlichen stilistischen Einheitlichkeit) von Fabriken in der Argolis ausging, die direkt vom König von Mykene kontrolliert wurden.

Der Weg, auf dem es den Mykenern gelungen war, den Handel in der Ägäis zu beherrschen, scheint in großen Zügen klar. Nachdem das Netz altassyrischer Handelswege quer durch Anatolien nicht mehr bestand, scheinen die Minoer von Kreta zwischen dem 18. und 15. Jahrhundert als erste die unternehmerische Initiative ergriffen zu haben. Nichts anderes dürfte Thukydides mit seinem Bericht über die Beherrschung der Kykladen durch Minos gemeint haben, der von der Archäologie bestätigt wird. Britische Ausgrabungen in Phylakopi auf der Insel Melos förderten dort eine minoische »Kolonie« zutage, eine andere wurde auf Kythera gefunden. Amerikanische Ausgrabungen auf Keos haben bei Ayia Irini eine befestigte Stadt aus dem 16. Jahrhundert mit engen Beziehungen zu Kreta ans Licht gebracht. Die Kykladeninseln Amorgos, Thera, Siphnos und Delos erbrachten Zeugnisse minoischer Handelsbeziehungen, auf Delos und Keos sogar Hinweise auf den Export minoischer Webtechniken. Im 16. Jahrhundert v. Chr. ist dann der kretische Einfluß auf die mykenische Töpferware des Festlands sehr deutlich, noch mehr aber auf das Kunsthandwerk, das in solchen Meisterwerken wie den Dolchen und Bechern der Schachtgräber Ausdruck findet. Im Westen gelangten die Minoer bis nach Süditalien und Sizilien (wo einer alten Quelle zufolge Minos auf einer

Seereise starb), im Osten errichteten sie Niederlassungen in Rhodos, Kos, Samos und sogar an der Kleinasiatischen Küste bei Iasos und Milet. Dieser letzte Ort öffnete den minoischen Händlern den Zugang zum anatolischen Hinterland. Noch weiter von daheim entfernt trieben die Minoer Handel mit Syrien und Ägypten. Ihre Botschafter findet man sogar auf ägyptischen Wandbildern: Keftiu-(kretische) Schiffe waren offensichtlich in nahöstlichen Häfen ein gewohnter Anblick, wo die Minoer als Mittelsmänner für den Handel nach Westen auftraten. Manche von unseren Quellen lassen auf einen hohen Organisationsstand dieser Handelsbeziehungen schließen. In Texten aus Mari am Euphrat erscheinen Kreter mitsamt ihren Dolmetschern als ständige Bewohner von Ugarit, wo sie elamitisches Zinn kaufen, das vom Tal des Euphrats auf langen Karawanenstraßen durch Syrien an den König von Ugarit geliefert wird. Eine typische Transportkolonne zählte 29 Lastesel und 44 »Bronze-Männer«. Es war nur natürlich, daß die Könige den Handel mit diesen »strategischen« Rohstoffen fest in der Hand haben wollten und deswegen die Geschäfte in einer verblüffend modernen Weise organisierten. So unterhielten die Hethiter in Ugarit Beamte, um die Geschäfte abzuwickeln, während Ugarit in Hattusas ein »Haus der Dokumente«, eine Art Bank einrichtete. In Ugarit sind schön gebaute Kammergräber ausgegraben worden, die den Eindruck erwecken, daß die minoischen Einwohner wohlhabende Leute mit »gehobenen Ansprüchen« waren, die sich in einer vielrassigen und vielsprachigen Stadt wohl fühlten. Die Mykener hatten bereits begonnen, sich in dieser Umgebung breitzumachen, noch bevor sie die Machtstellung der Minoer beseitigten und um 1420 v. Chr. Knossos besetzten. Im vorausgehenden Jahrhundert gelangten ihre eigenen Erzeugnisse in großer Zahl nach Melos und Naxos, in gewissem Umfang auch nach Keos und Delos. Weiter außerhalb herrschten dagegen minoische Waren noch immer vor. Nach der Eroberung von Knossos ist mykenische Töpferware dann überall auf den Kykladen anzutreffen. In Phylakopi, Iasos, Milet und vielen anderen Orten treten mykenische Händler an die Stelle von Kretern, und in minoischen Ansiedlungen auf Inseln wie Kos und Rhodos scheinen griechische Siedler den Platz von minoischen einzunehmen, zumindest, was die herrschende und die handeltreibende Elite anbetrifft. Mit dem 13. Jahrhundert v. Chr. (S. Hell. III B) findet sich mykenische Töpferware nicht nur allenthalben im ägäischen Raum, sondern auch in großen Mengen in ganz Syrien, Palästina und Ägypten; selbst im Kernland der Hethiter ist sie neuerdings gefunden worden.

Die große Zahl mykenischer Töpferwaren aus dem 14. und 13. Jahrhundert v. Chr., die im Nahen Osten entdeckt wurden, gestatten uns zumindest die Feststellung, daß der Handel für die Herrscher der Argolis und ihre Nachbarn von großer Bedeutung war; an über 60 Fundorten in Syrien, im Libanon und in Palästina wurde solche Ware zutage gefördert, etwa ein Viertel davon in größeren Mengen. Über 20 weitere Fundorte sind heute in Ägypten bekannt, und zwar so weit südlich wie Luxor und Theben. Dazu gehört auch ein größeres Vorkommen in Tell el Amarna, das der

Ausgräber Flinders Petrie unterschiedlich auf 200 bis 300 und 800 Töpfe geschätzt hat (die kleinere Zahl ist wahrscheinlicher). Was auch immer die einzelnen Sendungen enthielten – Parfüm und Öl sind zwei Möglichkeiten –, es ist offensichtlich, daß wir es nicht mit bescheidenen Gelegenheitsgeschäften in der Ägäis und im östlichen Mittelmeer zu tun haben, sondern mit Handelsbeziehungen, die in der Wirtschaft der spätbronzezeitlichen Paläste eine zentrale Rolle spielten. Wie aufgrund der übergroßen Genauigkeit der Linear-B-Archive nicht anders zu erwarten, waren die Palast-Manufakturen ganz auf zügige Produktion ausgerichtet.

Es ist somit offenkundig, daß die Königreiche der Argolis und Messeniens bei allem äußerlichen Selbstversorger-Habitus und aller räumlichen Begrenztheit ihrer unmittelbaren Kerngebiete wegen ihres Bedarfs an Rohmaterial und Luxusgütern sehr stark auf Beziehungen mit der Außenwelt angewiesen waren. Die prunkvoll-aufwendige Lebenshaltung der großen Paläste war in deren Blütezeit auf den Überseehandel angewiesen. Angesichts ihres fragilen Wirtschaftssystems war es lebenswichtig, daß die Welt um sie herum verhältnismäßig unverändert blieb, um die soziale und politische Ordnung nicht zu gefährden. Man benötigte eine stetige Versorgung mit Bronze, das heißt mit Kupfer von Zypern und mit Zinn, um daraus die Waffen herzustellen, mit denen man die Streitkräfte ausrüstete. Man brauchte eine stetige Versorgung mit Sklaven aus Kleinasien, von Milet, Knidos, Halikarnassos (Zephyros), Chios und Lemnos, um die Güter zu bewirtschaften, wobei nicht nur für den eigenen Bedarf produziert, sondern auch Überschüsse erzielt wurden: Stoffe, Öl und andere Exportartikel. Eine weitere Lieferquelle für Sklaven könnten die rückständigen Bergvölker gewesen sein, die am Rande der zivilisierten Welt in Griechenland selbst lebten. Die Könige mußten unentwegt bewaffnete Überfälle auf überseeische oder benachbarte Gebiete unternehmen, nicht nur um Sklaven zu beschaffen, sondern auch Wertgegenstände und sonstiges Beutegut als Lohn für ihre Gefolgschaft nach Hause zu bringen, auf die sich ihre Macht stützte. Dies ist eine der Grundbedingungen urtümlichen Königtums. Man brauchte, um es kurz zu sagen, stabile Verhältnisse in der Ägäis und im Östlichen Mittelmeer, damit die Handelswege ungestört und die Märkte zugänglich blieben.

Nach allen uns vorliegenden Anzeichen waren das 14. und der größte Teil des 13. Jahrhunderts v. Chr. für die Paläste auf dem griechischen Festland eine Zeit der Beharrung, in der sie großen Reichtum entfalteten und prunkvolle Bauten errichteten. Es war aber auch eine Zeit, in der mächtige militärische Verteidigungswerke errichtet wurden – offensichtlich eine Zeit ständiger Bereitschaft und Wachsamkeit.

Höhepunkt und Fall der mykenischen Welt

Wie paßt unsere (gegenwärtig) bruchstückhafte Kenntnis des Handels in der Späten Bronzezeit zu dem, was wir über die mykenische Welt wissen? Wie wir gesehen haben, erhielt Mykene im 14. Jahrhundert den Status einer »Hauptstadt«; von da an könnte es die bedeutendste Macht in Griechen-

land gewesen sein, die den Hethitern als Königreich Ahhiyawa bekannt war. Den Höhepunkt seiner Ausdehnung und seiner baulichen Entwicklung erreichte es im 13. Jahrhundert (S. Hell. III B). Aber vor dem Ende von III B, also vor 1200, wurden die Hauptzentren bereits durch Feuer zerstört; dazu gehörten Mykene, Tiryns, Pylos, Theben, Orchomenos, Araxos, Krisa und Menelaion – praktisch alle größeren Fürstensitze, die berühmtesten Paläste der griechischen Sage. Von den bedeutendsten scheint lediglich die Zitadelle von Athen heil davongekommen zu sein. Bis vor einigen Jahren brachte man dies mit der – wie die Geschichtsschreiber des Altertums es nannten – Einwanderung der Dorer in Zusammenhang, was die griechische Überlieferung zugleich für die Ankunft der Griechen hielt. Dies scheint jedoch archäologisch nicht begründet. Man glaubt heute, daß die Dorer damals bereits in Griechenland wohnten und ein griechischsprechendes Volk (die Unterschicht?) waren, das nach dem Fall der Paläste die Nachfolge seiner einstigen Herren antrat. Was während dieser Zeit geschah, ist eine der umstrittensten Fragen in der Geschichte des ägäischen Raums, und die Schwierigkeiten, eine Antwort zu finden, berühren die meisten klassischen Probleme historischer Erklärung, die die Geschichtsschreibung von Thukydides bis Ibn Khaldun, Gibbon und Fernand Braudel bewegt haben. Was »geschah« um 1200? Fanden alle Zerstörungen zur selben Zeit statt? Haben sie alle dieselbe Ursache? Oder gibt es viele verschiedene Ursachen – vielleicht je nach den örtlichen Gegebenheiten? Hatten sie alle menschliche Ursachen, oder war irgendeine Naturkatastrophe mit im Spiel? Gab es eine Invasion von außen oder innere Fehden? Dynastische Auseinandersetzungen oder Klassenkämpfe, Bauernrevolten gegen Grundherren? Schon die Aufzählung der denkbaren Ereignisse läßt erkennen, wie komplex die Probleme sind. Der Leser muß sich damit zufriedengeben, daß die Fachleute bis jetzt keine befriedigenden Erklärungen vorgebracht haben. Vielleicht besteht der Irrtum in der Annahme, daß es eine einzige, allgemeingültige Lösung gebe.

Ein Teil des Problems ergibt sich aus unserem Beweismaterial – aus der Tatsache, daß kein größerer mykenischer Palast außer Pylos ganz mit modernen Techniken ausgegraben worden ist. Einige, wie Mykene und Tiryns, wurden von Schliemann ausgegraben, während andere, wie Orchomenos und Iolkos, lediglich etappenweise freigelegt wurden, ohne daß die Töpferware bis heute veröffentlicht worden wäre. Schliemann selbst erkannte, daß die Zerstörungen in Mykene und Tiryns aus dem Altertum stammten und große Bedeutung nicht nur für die Argolis, sondern für ganz Griechenland hatten. Seine Nachfolger in Tiryns sind es nun, die mit einigen verblüffenden neuen Antworten auf diese Fragen aufwarten.

Obwohl es in der Zitadelle von Tiryns – wie in Mykene – gegen Ende des 13. Jahrhunderts eine geringfügigere Zerstörung (vielleicht durch ein Erdbeben) gegeben hatte, ist die große etwa in die Zeit um 1200 v. Chr. zu datieren, also an das Ende von S. Hell. III B. Die gegenwärtigen Ausgräber in Tiryns, die sich mit der bisher unberührten »unteren Zitadelle« befassen, glauben, daß diese Zerstörung durch ein Erdbeben von außergewöhnlicher

Stärke verursacht wurde, dem auch Mykene zum Opfer fiel (eine Hypothese, der der dortige Ausgräber beipflichtet). In Tiryns stürzten alle großen Gebäude zusammen, und die Überlebenden errichteten nur winzige provisorische Unterkünfte, bevor sie im 12. Jahrhundert v. Chr. mit einer sorgfältig geplanten Stadt mit Wohnblocks (»insulae«) und in Nord-Süd-Richtung orientierten Straßen einen neuen Anfang machten. Zur Überraschung der Ausgräber beherbergte diese Stadt eine viel zahlreichere Bevölkerung, als sei sie durch Flüchtlinge von außerhalb angeschwollen. Architektonisch boten sich am ehesten die neuen griechischen Kolonien auf Zypern an. Von 1190 bis etwa 1150 v. Chr. gedieh diese Stadt; dann begann die Bevölkerungszahl vermutlich zurückzugehen (wenn auch nicht so drastisch, wie es nach 1100 der Fall war). Die Produktion von Töpferware nahm ab, und die Verzierung wurde anspruchsloser. Nach einer groben Schätzung fiel die Bevölkerungszahl in diesem Gebiet um die Hälfte. Ein ähnlicher Bevölkerungsrückgang ist nach dem Ende des 13. Jahrhunderts in Messenien und Lakonien zu beobachten. Offenbar weil die Argolis am Meer lag und gute Handelsbeziehungen zur Levante und nach Italien hatte, überlebte ihre Wirtschaft länger als die der westlichen Peloponnes. Über ein Jahrhundert nach 1200 v. Chr. sahen sich die Menschen hier noch immer als dieser früheren Welt zugehörig – also als Mykener, wie wir sagen würden. Eine deutliche Kontinuität herrschte beispielsweise in der Anordnung von Kulträumen, die bis 1050 v. Chr. an derselben Stelle blieben. In keiner dieser Einzelheiten scheinen die Dorer irgendeine Rolle zu spielen; archäologisch gesehen, sind sie nicht einmal da. Zumindest hier sind die Zerstörungen anscheinend nicht die Folge eines Krieges. Der Befund aus Tiryns ist neuesten Datums und bedarf noch sorgsamer Auswertung. Immerhin läßt er jedoch erkennen, daß die mykenische Gesellschaft – zumindest in dem Ausstrahlungszentrum der Argolis – einen vielgestaltigen Wandel durchmachte. Anderwärts deuten allerdings die archäologischen und die dokumentarischen Zeugnisse eher darauf hin, daß das »abscheuliche Getöse des Krieges«, um mit Hesiod zu reden, zu dem allgemeinen Niedergang beigetragen hat.

Das mittlere 13. Jahrhundert, das Zeitalter Agamemnons, war eine kriegerische Zeit, wie die Archäologie deutlich zeigt. In Mykene und Tiryns wurden riesige Festungsanlagen errichtet und kunstvolle Vorsorgemaßnahmen ergriffen, um durch Untertunnelung des Felsens unter den Mauern der Zitadelle die Wasserversorgung sicherzustellen. Auch in Athen, wo die Reste einer mächtigen Verteidigungsmauer am Eingang der Akropolis bis heute erhalten sind, wurde eine tiefe Zisterne angelegt, die lediglich einige wenige Jahrzehnte um 1200 v. Chr. in Gebrauch war. Anderenorts auf dem griechischen Festland wurden an isolierten Punkten riesige Festungen gebaut, die nur als äußere Verteidigungswerke gedacht gewesen sein können, da Küsten- und Vorgebirgsforts als Grenzbefestigung dienten, wenn die feindliche Außenwelt am Meer begann. In Araxos an der Nordwest-Ecke der Peloponnes sind große Mauern aus dieser Zeit erhalten. Sie liegen auf einer steilen Klippe über dem Meer mit herrlichem Blick nach

Westen bis zu den vorgelagerten Inseln. Vielleicht war dies das »äußerste Myrsinos« in Homers Aufzählungen der Schiffe, die nach Troja fuhren. Auch in den Maine-Bergen im äußersten Süden der Peloponnes, auf einem wilden und einsamen Vorgebirge, stand auf 30 Meter hohen, von Seevögeln bevölkerten Felsenklippen eine zyklopische Festung, wo sich später die fränkische Burg Maina erhob – ursprünglich vielleicht eine vorgeschobene Verteidigungsstellung für Lakonien, Homers »Messe mit den vielen Tauben«. Im Nordosten der Peloponnes, am Isthmus von Korinth, scheint mit dem Bau einer Mauer begonnen worden zu sein, die die gesamte Landenge gegen Angriffe aus dem Norden abschirmte. Der Gesamteindruck dieser sich so ähnelnden Bilder von der Peloponnes erweckt den Eindruck einer Gesellschaft, die einen Angriff vom Meer her erwartet. Das ist tatsächlich einleuchtend: Ägyptische Texte schon von ca. 1300 v. Chr. zeigen, daß im Östlichen Mittelmeer marodierende Seefahrer ihr Unwesen trieben und gefährliche, untereinander abgestimmte Überfälle ausführten, die sogar für gutorganisierte Staaten eine Bedrohung darstellten. Beweise für diese Interpretation hat man in den Schrifttafeln aus dem Palast von Pylos zu finden geglaubt, aus denen nach Ansicht einiger Forscher auf Vorbereitungen gegen Angriffe von See geschlossen werden kann. Diese dramatischen Dokumente gewähren uns einen faszinierenden Einblick in die Welt eines größeren Palastes am Vorabend seiner Zerstörung.

So sprechen die letzten Tafeln von Pylos von Ruderern, die aus fünf Orten zusammengezogen werden, um sich an die Küste bei Pleuron zu begeben. Eine zweite, unvollständige Liste erwähnt 443 Ruderer, ursprünglich Besatzungen für mindestens fünfzehn Schiffe. Eine viel längere, fast mit dem mykenischen »Schiffskatalog« vergleichbare Liste spricht von 700 Mann als Verteidigungsstreitkräfte; Lücken auf den Tafeln lassen vermuten, daß in unbeschädigtem Zustand etwa 1000 Mann erfaßt waren, was etwa der Bemannung von dreißig Schiffen entspricht. Wenn wir die vermutliche Größe des stehenden Heeres des Königs auf ein paar Tausend Mann veranschlagen, stellt dies schon eine ganz ansehnliche Streitmacht dar, mindestens vergleichbar mit den neunzig Schiffen, die Nestor der *Ilias* zufolge gegen Troja führte. Pylos scheint damals keinerlei Befestigungen gehabt zu haben; der König lebte in seinem herrlich geschmückten Palast hoch über den Sandstränden der Bucht von Pylos, anscheinend in vollem Vertrauen auf seine militärische Stärke. Nun jedoch sieht es so aus, als hätten wir eine Organisation vor uns, die die Küste der Peloponnes in ihrer ganzen Länge bewacht. Eine der wichtigsten Tafeln ist überschrieben: »So sichern die Wächter die Küsten.« Es liest sich ziemlich wie die Instruktionen für die englische Bürgerwehr während des Zweiten Weltkriegs. Örtliche Feudalherren wie Ekhelawon und Wedaneu sandten vierzig bzw. zwanzig Mann:

Befehl von Maleus in *Owitono* ... fünfzig Mann von *Owitono* begeben sich nach Oikhalia ... Befehl von Nedwatas ... zwanzig Mann von Kyparissia in *Aruwote*, zehn Kyparissia-Männer in *Aithalewes* ... Befehl von Tros in *Ro-o-wa: Ka-da-si-jo* ein Anteilseigner, der feudale Dienstleistungen erbringt ... 110 Mann von Oikhalia nach *A-ra-tu-wa*.

Linear-B-Tafel von Pylos: »So bewachen die Wächter die Küste« – der Anfang vom Ende der Dynastie eines der Sieger von Troja, des »ehrwürdigen Nestor«?

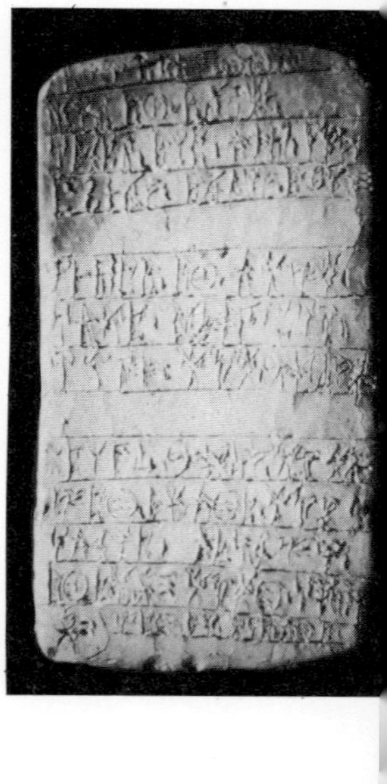

Schrifttafel von Pylos, hastig bekritzelt und nicht zu Ende geschrieben; goldene Gefäße und Menschen werden den Göttern geopfert – eine verzweifelte Anrufung angesichts unmittelbar drohenden Angriffs?

Was dann geschah, ist ziemlich mysteriös. Sicher ist, daß unmittelbar nach Abfassung der Tafeln der Palast in Flammen aufging und völlig zerstört wurde. Menschliche Überreste wurden nicht gefunden, so daß vielleicht ein Kampf um den Palast stattgefunden hat. Wenn die Katastrophe von Menschen herbeigeführt wurde, so müssen wir annehmen, daß die Schätze des Königs geplündert und Frauen und Kinder als Sklaven fortgeschleppt wurden: das Schicksal Trojas war nun das Schicksal von Pylos. Der Zeitpunkt lag im frühen Frühjahr, da noch keine Schafschur und noch keine Weinernte stattgefunden hatten – vielleicht war es im »Segel-Monat« Plowistio (März), wenn die Schiffahrt wieder aufgenommen wird. Die letzte Amtshandlung des Königs von Pylos war die Anordnung von Opfern, vielleicht Menschenopfern: »Vollzieht die Riten am Altar des Zeus und bringt die Geschenke: dem Zeus eine goldene Schale, einen Mann, der Hera eine goldene Schale, eine Frau.« Die Tafel, auf die dies geschrieben war, wurde unbeendet gefunden, hastig gekritzelt und schlecht geschrieben, vielleicht unmittelbar, bevor der Palast unterging. Pylos ist nie wieder von einer Menschenseele bewohnt worden.

Es ist eine dramatische Geschichte – wenn wir sie richtig gelesen haben. Aber wir können nicht mit Bestimmtheit sagen, ob diese Dokumente von einem besonderen Notstand, von einem letzten verzweifelten Widerstand oder überhaupt von einer durch Menschen verursachten Katastrophe handeln. War das Schicksal von Pylos, wenn dies der Fall war, auch das Schicksal der übrigen mykenischen Welt? Wie wir gesehen haben, wurden damals auch viele andere Orte zerstört. Manche, wie Pylos, das Menelaion, Krisa, Zygouries, Midea und Eutresis, wurden nie wieder aufgebaut. Andere, wie Mykene, Tiryns und Araxos, erstanden neu, bis sie dann im 12. Jahrhundert endgültig untergingen. Wieder andere kamen heil davon, so Athen und – überraschenderweise – Asine an der Küste unweit Tiryns. Wie ist dieser Befund zu deuten? Manche Historiker beginnen sich von der Vorstellung zu lösen, daß eine einzige Katastrophe das griechische Festland erfaßte, als es von fremden Eindringlingen überschwemmt wurde. Statt dessen glaubt man heute eher, daß eine Vielzahl örtlicher Bedingungen und komplexer Ursachen zu einem Verfall führten, der sich an manchen Orten sehr schnell vollzog und von Katastrophen wie in Pylos beschleunigt wurde, an anderen Orten jedoch nur einen allmählichen Niedergang auslöste, der über ein Jahrhundert währte und sogar, wie in Tiryns, eine Aufwärtsbewegung der Wirtschaft und der Bevölkerungszahl zuließ. Dennoch gab es ein fremdes, von außen einwirkendes Element, das eine wesentliche Rolle gespielt haben könnte, sei es als Ursache oder als Auswirkung der allmählichen Verschlechterung der Wirtschaftslage des Festlands gegen Ende des 13. Jahrhunderts – ein neues Element, das die in ihrem Reichtum erstarrte Welt der festländischen Fürsten erschüttert und die Art von Sicherheitsmaßnahmen notwendig gemacht haben könnte, die wir im ganzen südlichen Griechenland feststellten. Wir meinen die Eindringlinge, die oft als Vorboten des gewaltsamen Endes der ägäischen Bronzezeit angesehen wurden: die Seevölker.

Wer waren die Seevölker?

Die moderne Bezeichnung »Seevölker« ist direkt von der Bezeichnung abgeleitet, die die alten Ägypter benützten, um die Menschen zu beschreiben, von denen sie bei zwei größeren Angriffen ca. 1210 und 1180 v. Chr. bedroht wurden. Tatsächlich kommen die Seevölker in ägyptischen Quellen schon beträchtlich früher vor, aber die beiden wohlbekannten Erwähnungen schildern größere Überfälle auf Ägypten. Etwa 1210 berichtet der Pharao Merenptah von seinem Sieg in der westlichen Wüste über Libyer, die als Bundesgenossen begleitet waren von »Sherden-Leute, Sheklesh-Leuten, Aqaiwasha-Leuten aus den fremden Ländern des Meeres ... Aqaiwasha, die Fremdlinge des Meeres«. Obwohl speziell die Aqaiwasha als »Seevölker« bezeichnet werden,wird deutlich, daß es auch andere gibt, die ebenfalls als solche betrachtet werden und in anderen ägyptischen Texten und Inschriften vorkommen. In einer Aufzählung der nördlichen Feinde Ramses' III. (ca. 1180 v. Chr.) wird ein Anführer der Sherden als »Sherde des Meeres« bezeichnet; bei ihm sind »der Anführer der Tjekeryu-Feinde« und »Tursha des Meeres« sowie der »Anführer der Pulisati-Feinde«, der Philister. Eine andere Inschrift Ramses' III., die an seine Erfolge gegen libysche Feinde im Westen und Nubier im Süden erinnert, erwähnt als Feinde im Norden »Seevölker«, wörtlich »die fremden Länder, die Inseln, die herübersegelten gegen seine Länder«; zu diesen gehörten Philister und »Thursha aus der Mitte des Meeres«. (Bei allen diesen Erwähnungen muß man bedenken, daß die Philister sich damals noch nicht in ihrer biblischen Heimat niedergelassen hatten; sie gehörten zu den Wandervölkern aus dem Norden, den Inseln, wo hartnäckiger biblischer Überlieferung zufolge Kaphtor ihre ursprüngliche Heimat war, nichts anderes also als Kreta.) Schließlich findet sich im Harris-Papyrus im Britischen Museum eine Stelle, an der Ramses III. sagt: »Ich besiegte alle, die, aus ihren Ländern kommend, die Grenzen Ägyptens gewaltsam überschritten. Ich schlug die Danuna von ihren Inseln, die Tjekeryu und die Philister ... die Sherden und Weshesh des Meeres wurden wie nicht-existent gemacht.«

Wer auch immer diese geheimnisvollen Invasoren waren – die Ägypter hatten sie schon seit einiger Zeit gekannt. Irgendwann um 1290 v. Chr. hatte Ramses II. bereits solche marodierenden Seefahrern im Delta abwehren müssen, unter ihnen auch Sherden, »die in Kriegsschiffen von der Mitte des Meeres kamen«. Dies könnte eine größere Konfrontation gewesen sein; das Delta »liegt nun sicher in seinem Schlummer«, sagt eine Quelle von 1278 v. Chr., nun, da der König »die Krieger der Großen Grünen See vernichtet hat«. Ja, so viele Gefangene wurden bei diesem Angriffsunternehmen gemacht, daß Ramses in der Lage war, in der Schlacht gegen die Hethiter bei Kadesch 1274 v. Chr. Sherden als Hilfstruppen einzusetzen.

Man gewinnt daher den Eindruck, daß diese marodierenden Seefahrer schon ein Jahrhundert, bevor die Angriffe ihren Höhepunkt erreichten, eine wachsende Bedrohung für das Östliche Mittelmeer darstellten. Woher kamen sie und wer waren sie? Dies sind heftig umstrittene Fragen. Trotzdem

Bei dem großen Landungsunternehmen von 1180 v. Chr. gefangene Pulisati (Philister), kenntlich an ihrem eigenartigen Kopfschmuck, werden Ramses III. vorgeführt. Von Medinet Habu.

ist das Bild in großen Zügen einigermaßen klar. Während sich manche Seevölker auf der Wanderschaft befanden, waren andere nachweislich gewohnheitsmäßig Piraten. So unternahmen beispielsweise die Lukka, die an der anatolischen Küste gegenüber Rhodos wohnten, räuberische Überfälle auf Zypern, dann weiter nach Phönizien und südwärts bis nach Nordafrika, wo sie an dem libyschen Angriff gegen den Pharao Merenptah teilnahmen. Der Ausdruck »Meer« oder das »Große Grün« wird zur Bezeichnung für das Östliche Mittelmeer als Ganzes. Völker wie die Aqaiwasha, die Philister, die Sherden und die Lukka haben ursprünglich keine Verbindung mit Syrien-Palästina oder Ägypten; sie kommen von außerhalb dieser Welt, aus dem Nordwesten jenseits des Meeres. Höchstwahrscheinlich befinden sich die »Inseln«, von denen sie stammen, in der Ägäis. In diesem Zusammenhang ist eine hochinteressante Vermutung angestellt worden: Könnten die Aqaiwasha der Ägypter die Achaiwoi Homers gewesen sein (auch wenn sie nach Angaben der Ägypter beschnitten waren, was bei den historischen Griechen nicht gebräuchlich war)? Ist es möglich, in den Tjekeryu die homerischen Trojaner alias Teukrier wiederzuerkennen? Oder Tyrsenoi (Lydier in Westanatolien, die später angeblich nach Italien auswanderten) in den »Tursha des Meeres«? Kurzum, waren diese Seevölker eine Woge wandernder Völkerschaften, die auf dem Weg aus dem Norden nach Ägypten durch die Ägäis zogen und mithalfen, die Welt der mykenischen Paläste zum Einsturz zu bringen? Oder bestanden sie teilweise aus mykenischen Griechen, entwurzelten Umhertreibern, Krieger-

trupps und *condottieri* auf der Suche nach neuen Betätigungsmöglichkeiten, nachdem andere Umstände – wirtschaftliche, soziale und dergleichen – das zerbrechliche Gleichgewicht ihrer Welt umgestoßen hatten? Sicherlich scheint es auffällige Parallelen zwischen Bewaffnung und Helmen der Griechen, wie sie beispielsweise auf der Kriegervase in Mykene abgebildet sind, und denen der Seevölker zu geben, wie sie auf ägyptischen Flachreliefs und Kacheln erscheinen; nicht minder bemerkenswert ist, daß, als die Philister nach ihrer Niederlage von den Ägyptern im Gaza-Streifen angesiedelt wurden, ihre Töpferware und ihre Waffen eine enge Verwandtschaft mit der Ägäis erkennen ließen. Weiterhin bringt auch die biblische Überlieferung die Philister mit Kaphtor (Kreta) und der Ägäis in Verbindung. Hinsichtlich der anderen unter den Eindringlingen aus dem Norden aufgeführten Völker sind wir trotz der verführerischen Namensähnlichkeiten nicht in der Lage, außer den Lukka und Danuna noch weitere mit Sicherheit zu identifizieren. Einige sind ganz obskur und dürften es auch bleiben. Nur die Sherden und Skelesh können wie die Philister später aufgespürt werden; die Etymologie ihrer Namen verbindet sie mit Sardinien bzw. Sizilien. Vielleicht wanderten also gewisse Gruppen nach den Umwälzungen des frühen 12. Jahrhunderts v. Chr. nach Westen. Interessanterweise geht aus der griechischen Überlieferung und dem archäologischen Befund hervor, daß es damals tatsächlich Wanderungen griechischsprechender Völker in eben diese Länder gegeben hat.

Man sollte sich diese Wanderungen allerdings nicht im Sinne einer Völkerwanderung vorstellen, wie man sie gedanklich mit den Vorgängen nach dem Untergang Roms in Verbindung zu bringen pflegt. Die ägyptischen Inschriften nennen uns offensichtlich zutreffende Zahlen über die Verluste der Seevölker. In der Schlacht unter Merenptah zählte man unter den Toten mindestens 6300 Libyer, 1213 Aqaiwasha, 742 Tursha und 222 Sheklesh; die übrigen Zahlen sind verloren. Über 9500 Menschen (einschließlich Frauen und Nichtkämpfer) werden als Gefangene genannt. Der Angriff von (ca.) 1210 v. Chr. war also vor allem von einer libyschen Streitmacht getragen, die durch Gruppen von Kriegern der »Seevölker« verstärkt waren, insgesamt vielleicht 20000 Mann, von denen etwa ein Viertel Seevölker gewesen sein mögen. Hatten Seevölkertrupps sich in Libyen regelrecht angesiedelt, oder operierten sie von der Ägäis aus? Wir wissen es nicht. Etwa eine Generation später sah sich Ramses III. Angriffen in ähnlicher Stärke gegenüber. In einer Schlacht mit Libyern in seinem fünften Regierungsjahr wurden 12000 Angreifer getötet, und sechs Jahre später wurden 2000 getötet und 2000 gefangengenommen. Über einen Angriff der Seevölker in seinem achten Regierungsjahr (ca. 1180 v. Chr.) haben wir keine Zahlen; mit einer Schätzung von 10000 Kriegern, zu denen noch Frauen, Kinder und Nichtkämpfende (die in Ochsenwagen fuhren) zu zählen wären, dürften wir nicht weit »danebenliegen«. Für die damalige Zeit waren das große Heere; das Hethiter-Heer bei Kadesch zählte mit seinen Verbündeten 35000 Mann; doch können die Heere einzelner Königreiche nicht annähernd so groß gewesen sein. Selbst große mykenische Königrei-

che wie Tiryns oder Pylos mit schätzungsweise 60000 Einwohnern konnte für Feldzüge größeren Stils allerhöchstens 2000 bis 3000 Mann mobilisieren.

Was geschah?

Die Geschichte dieses letzten Angriffs wird auf einem herrlichen Flachrelief an dem Großen Tempel Ramses III. in Medinet Habu in Ägypten erzählt.

... die fremden Länder machten auf ihren Inseln eine Verschwörung. *Alle auf einmal waren die Länder in Bewegung,* auf Kriegszügen zerstreut. Kein Land konnte vor ihren Waffen bestehen. Hatti, Kode (das heißt Kizzuwatna, das Gebiet um Tarsus in der südlichen Türkei), Karkhemisch, Arzawa und Alashiya. Sie wurden abgeschnitten. Ein Lager wurde aufgeschlagen an einem Ort in Amor (Amurru: Syrien, vermutlich die Küstenebene). Sie mordeten die Bevölkerung, und das Land war wie etwas, was nie entstanden war. Sie rückten gegen Ägypten vor, während die Flamme für sie bereitet wurde. Ihr Bund war Puliset (Philister), Tjeker, Shekelesh, Denyen und Weshesh, vereinigte Länder. Sie legten ihre Hand an die Länder am unmittelbaren Umkreis der Erde, ihre Herzen zuversichtlich und siegesgewiß: »Unsere Pläne werden gelingen.« ... Ich (Ramses) organisierte meine Grenze bei Djahi (zwischen Ägypten und Palästina)... Ich ließ die Flußmündung (des Nils) herrichten wie eine Mauer mit Kriegsschiffen, Lastschiffen und Handelsschiffen, gänzlich bemannt vom Bug bis zum Heck mit tapferen Kämpfern... (Hervorhebung des Autors)

Es kam zu zwei Schlachten, eine zu Land, eine zur See. Die Invasoren waren wahrscheinlich bis zur ägyptischen Grenze vorgedrungen; vielleicht wurden sie völlig überrascht, denn die Reliefdarstellungen in Medinet Habu zeigen ein wildes Getümmel, in dem Kämpfende und Ochsenkarren mit Frauen und Kindern durcheinandergeraten waren. Die Ägypter waren unbehindert und konnten ihre Reiterei und ihre Streitwagentruppe vorteilhaft einsetzen, kräftig unterstützt von Söldnern mit Sherden-Hilfstruppen. Die Invasoren zu Lande wurden samt und sonders vernichtet. Der Höhepunkt spielte sich im Delta mit einer erbitterten Seeschlacht gegen die Flotte der Seevölker ab. Sie wurden irgendwie eingeschlossen und in einem Durcheinander kenternder Schiffe aufgerieben.

Was die angeht, die auf dem Meer kamen, so war die volle Flamme vor ihnen an den Flußmündungen, während eine Palisade von Lanzen sie am Ufer (oder »Kanalufer«) umringte. Sie wurden ans Ufer gezerrt, eingekreist und am Strand niedergeworfen, geentert, zum Kentern gebracht und am Ufer tot hingestreckt, ihre Schiffe vom Bug bis zum Heck zu Trümmerhaufen gemacht, und ihr Hab und Gut...

Gefangene aller dieser Völker sind auf den Reliefbildern in der für jedes typischen Kriegstracht dargestellt, unter ihnen »Anführer aus jedem Land«, die hingerichtet wurden. »Wie Vögel in einem Netz ... wurden ihre Anführer fortgeschafft und erschlagen.« Die gewöhnlichen Gefangenen wurden an strategischen Punkten der Grenze angesiedelt, ähnlich wie es die Römer gegen Ende des Kaiserreiches mit ihren germanischen Bundesgenossen taten. »Ich siedelte sie an befestigten Plätzen an, auf meinen Namen verpflichtet«, sagt Ramses. »Sie zählten Hunderttausende. Ich ließ sie alle einschätzen, mit Kleidung und Nahrung von den Vorratslagern und Getreidespeichern, jedes Jahr.« Unter diesen Zwangssiedlern befanden sich

auch Philister, die dann im 12. Jahrhundert auf dem »Weg nach Kanaan« in Erscheinung treten, jener Kette ägyptischer Festungen, die den Gaza-Streifen säumten. Hier hat man auch ihre Gräber gefunden, die eine seltsame Mischung von Bestattungssitten erkennen lassen: menschenförmige Särge nach ägyptischem Vorbild, Töpferware, die vom Typ her der mykenischen des 12. Jahrhunderts gleicht, und eine Kriegsausrüstung, die der auf der Kriegervase von Mykene ähnelt. Sie waren ihren alten Traditionen verhaftet, wenn diese wirklich der ägäischen Welt entstammten, wie die Bibel versichert: Als Goliath, der Vorkämpfer der Philister, gegen den Knaben David antritt, trägt er eine Ausrüstung, die noch deutlich als mykenisch zu erkennen ist! So kann also der Höhepunkt des großen Überfalls zu Land und zu Wasser aus der Zeit um 1180 v. Chr. mit ziemlicher Sicherheit rekonstruiert werden.

Was aber ging ihm voraus? Woher kam dieser Bund der Seevölker, und warum befanden sie sich auf Wanderschaft? Existierten sie überhaupt als eine einheitliche, zusammengeschlossene Wanderbewegung? Das sind Fragen, mit denen sich die Fachleute noch immer herumschlagen. Vielleicht versetzt uns der archäologische Befund in die Lage, den allgemeinen Eindruck einer Periode der Instabilität und der gewalttätigen Zerstörung zu erhärten. Nun bezeichnet aber Ramses Hatti, Kode, Karkhemisch, Arzawa und Alashiya ausdrücklich als durch die Seevölker »abgeschnitten«. Ist das glaubhaft? Ist es tatsächlich möglich, daß alle diese Orte durch den Angriff von 1180 wirklich zerstört wurden? Das Datum stimmt zweifellos sehr gut mit der Zerstörung der Hethiter-Hauptstadt Boghaz Köy, des Palastes von Mersin in Kilikien (Kode), von Tarsus in Kilikien und von Karkhemisch überein. Ganz besonders ist hier das dramatische Zeugnis der letzten Tontafeln zu nennen, die in der großen Stadt Ugarit in Nordsyrien geschrieben wurden:

> Zu dem König von Alashia (Zypern), meinem Vater, sage ich: So spricht der König von Ugarit, Dein Sohn. Schiffe des Feindes sind gekommen, einige meiner Städte sind niedergebrannt worden, und sie haben in unserem Lande schlimme Dinge getrieben. Mein Vater weiß offensichtlich nicht, daß alle meine Truppen auf hethitischem Gebiet eingesetzt sind und alle meine Schiffe vor der lykischen Küste bereitliegen. Sie sind (bisher) nicht zurückgekehrt, so daß mein Land dem Feind schutzlos preisgegeben ist. Mein Vater möge dies verstehen! Auch daß sieben feindliche Schiffe vor der Küste erschienen sind und böse Dinge getan haben. Wenn nun noch mehr feindliche Schiffe auf dem Wege sind, dann gib mir Bescheid, auch welcher Art sie sind. Ich muß davon wissen!

Diese Tontafel war noch im Ofen, um gebrannt zu werden, als Ugarit in Flammen aufging – vielleicht von Eindringlingen vom Meer her angezündet, wenngleich der Ausgräber die endgültige Zerstörung einem Erdbeben zuschreibt. Gleichzeitige Zerstörungen auf Zypern könnten mit denselben Vorgängen zusammenhängen, die die Flotte von Ugarit veranlaßten, nach Westen zu segeln.

Diese letzten Schrifttafeln von Ugarit geben uns einen weiteren, möglicherweise entscheidenden Hinweis: Gerade in diesem kritischen Augenblick schickte der König von Ugarit dringend Getreide von Mukisch nach Ura in

Gefangener Hethiter (Mitte) vor Ramses III., zusammen mit Libyern und Kriegern der Seevölker. Darstellung auf einem zeitgenössischen ägyptischen Relief.

Kilikien (südliche Türkei), »um die dortige Hungersnot zu mildern«. Falls dies mehr als eine nur örtliche Krise gewesen sein sollte, könnte sie darauf schließen lassen, daß klimatische und wirtschaftliche Verhältnisse in der Ägäis und in Anatolien einer Wanderbewegung Richtung Süden Vorschub leisteten; dies würde es uns wiederum möglich machen, beispielsweise eine vernünftige Erklärung für die archäologisch nachgewiesene, drastische Entvölkerung Messeniens zu finden. Diese Deutung der vorliegenden Befunde ist von Klimatologen mit interessanten Ergebnissen weiterverfolgt worden. Untersuchungen der Klimaschwankungen mittels der Baumringmethode und der Pollenanalyse, der Wachstumsänderungen von Torfmooren und Binnenseen haben Fachleute zu der Auffassung gebracht, daß im Klima des europäischen und ägäischen Raums um 1200 v. Chr. eine Krise eingetreten ist, die zu einer Völkerbewegung aus der ungarischen Tiefebene nach Thrakien und von dort in die Ägäis beigetragen haben könnte. Die Entvölkerung Messeniens (und Inneranatoliens?) könnte dann mit einer Dürreperiode als einem zusätzlichen Einflußfaktor in Verbindung gebracht werden. In diesem Zusammenhang sollte man sich vielleicht an Herodots Bericht erinnern, daß nach dem Trojanischen Krieg speziell Kreta unter Epidemien und anderen Plagen derart gelitten hatte, daß es praktisch unbewohnt geworden war. Wir stoßen hier auf einen größeren Fragenkomplex, der zwar mit unserem Thema in engem Zusammenhang steht, aber im Rahmen des vorliegenden Buches nicht verfolgt werden kann, so daß der Leser wegen weiterer einschlägiger Lektüre auf die Bibliographie verwiesen werden muß. Immerhin zeigen uns solche Überlegungen, wie irreführend es sein kann, herkömmliche Methoden historischer Forschung auf Probleme anzuwenden, die sich als langfristige Verfallserscheinungen erweisen.

Die verstreuten Hinweise – einschließlich der Bemerkung über eine Hungersnot aus Ugarit – deuten darauf hin, daß es gegen Ende des 13. Jahrhunderts um die Ägäis und Kleinasien nicht zum besten stand. Sie verbieten beinahe die Behauptung, daß die Seevölker für den Untergang des Hethiter-Reichs verantwortlich waren. Wenn wir berücksichtigen, daß das, was die Ägypter als Seevölker bezeichneten, nur ein Teil größerer Bewegungen und weitreichenderer Umwälzungen im Östlichen Mittelmeer war, braucht das durchaus nicht zuzutreffen. Andererseits neigt der gegenwärtige Ausgräber von Boghaz Köy dazu, die Feuersbrunst, die diese Stadt und Masat Hüyük zerstörte, eher inneren Revolten als äußeren Angriffen zuzuschreiben, auch wenn eine Reihe hethitischer Orte wie diese beiden um 1180 v. Chr. untergingen. Dennoch können wir, wenn wir uns nicht zu sehr auf Einzelheiten versteifen, die Spur der Seevölker auf dem Weg durch Amurru-Syrien verfolgen, das sie, wie Ramses sagt, verwüsteten. Damals wurde Tell Sukas an der syrischen Küste gebrandschatzt, und dasselbe geschah mit Hamath, Karkhemisch, Açana, Sidon und Tell Abu Hawan, einem großen Ort in der Nähe von Haifa. Mehrere von ihnen sind durch Funde von Töpferware gekennzeichnet, die Experten als S. Hell. III C 1 bezeichnen und in die Zeit um 1180 v. Chr. datieren; ihr Untergang paßt zeitlich also sehr gut zu dem großen Angriff zu Lande und zu Wasser. Auf Zypern deuten die Katastrophe, die über Kition hereinbrach, sowie die Brandschatzung von Enkomi ebenfalls auf die Seevölker hin. Interessanterweise wurden diese Orte von Griechen wieder aufgebaut; trotz ihrer engen Kontakte mit Zypern beginnt die eigentliche griechische Einwanderung auf Zypern erst mit der Zeit der Seevölker.

Setzten sich die Seevölker teilweise aus ägäischen Kriegern zusammen? Es scheint möglich, sogar wahrscheinlich, aber gegenwärtig sind diese Zusammenhänge noch in Rätsel gehüllt. Wo und wie passen sie zu der Geschichte der Festlandskönigreiche, die inzwischen für viele von ihnen in allen Einzelheiten herausgearbeitet worden ist? Zum Beispiel zu der Entvölkerung Messeniens nach dem Untergang von Pylos? Oder dem gleichzeitigen Anwachsen der Bevölkerung der Argolis im Raum Tiryns? Besteht irgendein Zusammenhang zwischen den ägyptischen Berichten und späteren griechischen Legenden, die im Anschluß an den Trojanischen Krieg von Wanderungen nach Anatolien, Sizilien und Süditalien berichten und mit unseren zugegebenermaßen unsicheren sprachwissenschaftlichen Zeugnissen über Wanderungen von Seevölkern in diese Gegenden ganz seltsam in Einklang stehen? Könnte gar Odysseus' Überfall auf das Nildelta in der *Odyssee* eine vage Erinnerung an die schreckliche Katastrophe beinhalten, die über den Bund von Aqaiwasha und die übrigen hereinbrach?

Aber am fünften Tage erreichten wir des Aigyptos
Herrlichen Strom und ich legte die gleichen Schiffe vor Anker.
Dringend ermahnt ich jetzo die lieben Reisegefährten
An dem Gestade zu bleiben und unsere Schiffe zu hüten,
Und versendete Wachen umher auf die Höhen des Landes.
Aber sie wurden von Trotz und Übermute verleitet,

Mykenischer Steigbügelkrug von Troja VI, gefunden auf dem Zerstörungshorizont. Die Stadt dürfte völlig geplündert worden sein, denn in den Trümmern fanden sich kaum Gegenstände von Wert.

Daß sie ohne Verzug der Aigyptier schöne Gefilde
Plünderten, ihre Weiber gefangen führten, die Männer
Und unmündigen Kinder ermordeten. Und ihr Geschrei kam
Schnell in die Stadt. Sobald der Morgen sich rötete, zogen
Streiter zu Roß und Fuße daher, und vom blitzenden Erze
Strahlte das ganze Gefild. Der Donner Zeus Kronion
Sendete meinen Gefährten die schändliche Flucht, und es wagte
Keiner, dem Feinde zu stehn, denn ringsum drohte Verderben.
Viele töteten sie mit ehernen Lanzen und viele
Schleppten sie lebend hinweg zu harter sklavischer Arbeit.

Odyssee, XIV, 257 (nach J.H. Voss)

Solche Spekulationen sind zwar reizvoll und einleuchtend, aber leider sind sie nicht mehr als das. Es gibt jedoch eine wichtige Verbindung mit dem Überfall der Seevölker von 1180, die wir noch nicht untersucht haben – könnte der Untergang Trojas am Ende selbst das Werk der Seevölker sein?

Troja VIIa – doch wieder nicht das Troja Homers

Der Leser wird sich erinnern, daß wir die Frage nach der Eroberung und Plünderung Trojas zunächst einmal mit Blegens Schlußfolgerung auf sich beruhen ließen, daß die mit Troja VIIa bezeichnete Stadt, die mit den Hütten, der Suppenküche und den Vorratsgefäßen im Fußboden, das Troja Homers sei und seine Zerstörung durch Feuer und Gewalttätigkeit die von der *Ilias* geschilderte Eroberung. Wir hatten gegen diese Deutung Bedenken, stellten sie aber für eine Weile zurück. Dennoch können wir die Frage nach dem Zeitpunkt der Zerstörung von VIIa, der einzigen bronzezeitlichen Schicht von Hisarlik, die nach Eroberung mit Waffengewalt aussieht, nicht länger ungelöst vor uns herschieben. Hatte Blegen recht? Leider werden wir hier um einige technische Einzelheiten nicht herumkommen, und ich hoffe, daß der Leser mithalten wird. In der Blütezeit von Troja VI (Phase d–g) treten Stücke importierter mykenischer Töpferware vom Typ S. Hell. III A auf. Der letzte und großartigste Abschnitt, die »Stadt der großen Türme« (VIh), enthält S. Hell. III A und III B nebeneinander. Die Keramikphase III B begann vermutlich um 1300 v.Chr., so daß die Zerstörung Trojas durch ein Erdbeben nach ca. 1300 (und vermutlich näher an 1250 oder noch später) erfolgt sein muß. 1250 scheint ein vernünftiges Datum zu sein. Daher war Troja VIh die Stadt, die die Mykener zur Zeit des Machthöhepunkts der Paläste des griechischen Festlands im 14. und 13. Jahrhundert kannten, was auch durch die große Menge mykenischer Importe bewiesen wird. Somit wurde das Troja der Hütten und der Suppenküchen, Troja VIIa, als eine Weiterführung derselben Ansiedlung einige Zeit nach 1250 gegründet. Es enthält fast keine mykenische Töpferware dieser Periode, nur den vereinzelten Scherben – ja, in den meisten Fällen handelt es sich um trojanische Nachahmungen mykenischer Stile. Aber wie lange bestand Troja VIIa, und wann ging es unter?

Einer der typischen S. Hell. III C-Scherben von Troja VI a, die ein Umdenken hinsichtlich des Zeitpunktes des Trojanischen Krieges unumgänglich machen. Bei dem hier abgebildeten handelt es sich möglicherweise um eine örtliche Nachahmung.

Blegen behauptete, daß in diesem Troja »kein einziges Stück« S. Hell. III C-Ware gefunden worden sei. (Als er schrieb, glaubte man, diese

Ware beginne ca. 1230–1200; dieser Anfang wird heute auf 1190–1185 oder später datiert.) Heute wissen wir jedoch, daß mehrere Stücke S. Hell. III C tatsächlich in Troja VII a gefunden worden sind und daß dieses wahrscheinlich um 1180 v. Chr. zerstört wurde. Bestätigt wird dies durch das Auftauchen einer anderen Art von Töpferware, der sogenannten »Kornspeicher-Ware«, in der darauffolgenden Phase Troja VII b I. Diese Phase kann kaum begonnen haben, bevor die »Kornspeicher-Ware« in Griechenland verbreitet war, das heißt zwischen 1170 und 1160. Somit bestand Troja VII a, das Blegen für das homerische Troja hielt, viel zu spät für den Trojanischen Krieg – ja, wir müssen, so schwer es uns fällt, seine Zerstörung schon auf ca. 1180 ansetzen. Dementsprechend könnte, wenn Blegen hinsichtlich der Lebensdauer der VII a-Phase recht hatte, der Untergang der großen Stadt Troja VI erst zwischen 1250 und 1200 erfolgt sein. So hatte sich Blegen mit seinem Datum von 1240 für die Eroberung von Troja VII a eines Übermaßes an Enthusiasmus schuldig gemacht, von 1270 ganz zu schweigen. Dies wird vollends offenkundig, wenn wir von der Eroberung von VII a rückwärts gehen. Blegen schlug ein Bestehen von nur ein paar Jahren vor, innerhalb eines halben Jahrhunderts oder »gar nur einer Generation« (offensichtlich zögerte er, von zehn Jahren zu reden). Wenn Troja VII a um 1180 v. Chr. unterging, könnte das Ende von Troja VI h näher an 1200 herangerückt werden.

War aber das Leben von Troja VII a wirklich so kurz? Dies scheint zumindest zweifelhaft. Blegens vorherige Angabe, »innerhalb eines Jahrhunderts«, scheint der Wirklichkeit näher. Zwei Häuser wiesen zwei Fußböden übereinander auf, eines sogar drei. Es handelte sich nicht um einfache Renovierungsarbeiten, wie wir sie in Anatolien noch heute auf dem Lande finden, die Böden waren vielmehr von mehr als ein Meter dicken Schichten getrennt, wie sie sich nur über längere Zeit ansammeln. Damit rückt Troja VII a zweifellos weit in das 13. Jahrhundert v. Chr. zurück, bleibt aber doch von ausreichender Lebensdauer, um noch III-C-Töpferware aufzuweisen. Vierzig bis fünfzig Jahre scheint somit eine einleuchtend niedere Schätzung. Deshalb sieht es so aus, als habe Blegen die Lebensspanne von Troja VII a gewaltsam verkürzt; die Hütten und Vorratsgefäße waren nicht für ein einmaliges Ereignis gedacht; sie spiegeln die Zustände einer ganzen Periode, keineswegs nur eines kurzlebigen Notstandes. Sie zeigen uns den baulichen Charakter dieser ganzen Siedlungsphase. Es ist seltsam, daß die Kritiker seinerzeit nich hierauf aufmerksam machten. Tatsächlich würde die Archäologie von Troja VII a sehr gut mit den unruhigen Zeitläufen von ca. 1210–1180 zusammenpassen, der Zeit der Invasionen der Seevölker, der Umwälzungen auf den »Inseln des Großen Grüns«, wie sie in ägyptischen Quellen geschildert werden, und der Zeit, in der alle Städte in den östlichen Mittelmeerländern Angriffen ausgesetzt und übergebietliche Machtzentren allenthalben geschwächt waren. Wenn wir die brutale Plünderung und Brandschatzung, die Blegen an den Tag brachte, mit einem bestimmten Einzelereignis identifizieren wollen (wobei ich betonen möchte, daß hierfür keine Notwendigkeit besteht), wäre es

widersinnig, den Angriff der Seevölker von 1180 zu ignorieren. Wir wissen, daß in Verbindung mit den Verwüstungen auf arzawischem und hethitischem Gebiet auch Orte in Westanatolien, genau in der Gegend von Troja, zerstört wurden, bevor die Woge nach Süden weiterrollte. Troja VII a kann durchaus Seevölkern zum Opfer gefallen sein – wer auch immer diese waren –, nicht anders als viele weitere Orte in Anatolien und Syrien.

Wir sehen also, daß Blegen sich von seinem Bestreben fortreißen ließ, einen zeitlichen Zusammenhang mit Homer herzustellen. Seine Zeitangabe für die Existenz von Troja VII a von 1270 bis 1240 ist unannehmbar; es ist sogar wahrscheinlich, daß die Zerstörung von Troja VI in diese Zeit fiel. Troja VII a fiel um 1180, nach den Zerstörungen auf dem Festland, die in manchen Fällen die großen Paläste für immer in Schutt und Asche legten. Es sieht demnach so aus, daß Troja VII a nicht das homerische Troja sein kann; bei Troja VI h wäre es möglich. Wenn nun aber Troja VI h einem Erdbeben zum Opfer fiel, löst sich dann der Trojanische Krieg in Schall und Rauch auf? Ist Schliemanns Traum drauf und dran, für immer in nichts zu vergehen? Ich für mein Teil glaube nicht, daß diese neuen Entdeckungen über den Zeitpunkt des Untergangs von Troja VII a es als Modell für den Trojanischen Krieg unbedingt ausschließen.

Plausible Hypothese Nr. 3: Seevölker – »die Völker auf ihren Inseln waren in Bewegung«

Kann Troja VII a nicht doch von den Mykenern geplündert worden sein? Nicht von einer großen Koalition unter einem mykenischen »Oberkönig«, wohl aber von mykenischen »Wikingern«, die in der ersten Hälfte des 12. Jahrhunderts, in der Zeit der großen Erschütterungen durch die Seevölker, ihre Raubflottillen in die ägäische Welt schickten? Die Gattungsbezeichnung »Seevölker« sollte uns nicht zu der Vorstellung verleiten, daß es sich hier um eine einzige organisierte Bewegung handelte. Für eine Zeit mörderischer Umwälzungen und Wanderzüge dürfen wir uns durchaus der Analogie mit den Wikingern bedienen. Mykenische Königssöhne mit ihrer bewaffneten Gefolgschaft, Könige ohne Land, Renegaten und Piraten können sich sehr wohl die allgemeine Unruhe und Unsicherheit zunutze gemacht haben, um Städte in der Ägäis zu überfallen und zu plündern. Von Tiryns müssen noch im 12. Jahrhundert solche Raubzüge ausgegangen sein. Ist es denkbar, daß Troja VII a das Opfer von Seevölkern wurde, die in Wirklichkeit Mykener waren? Daß die Geschichte in den Jahren des Niedergangs im 12. Jahrhundert daheim an den Höfen von Tiryns und Mykene vorgetragen wurde? Diese Deutung läßt zwar keinen Raum für ein ruhmreiches Troja oder ein mykenisches »Großreich«, aber wenigstens hat die Stadt in ihrem archäologischen Befund eine Belagerung aufzuweisen. Die einzig mögliche andere Erklärung bringt uns zwar der Sage näher – sie ginge davon aus, den Trojanischen Krieg in die Zeit des mykenischen Großreichs und der großartigen Mauern von Troja VI zu verlegen, ganz so,

wie die Epen es wollen. Aber gerade da gibt es nach dem archäologischen Befund keine Belagerung. Können wir diese Fakten miteinander in Einklang bringen? Betrachten wir noch einmal die Zerstörung von Troja VI. Hier weiß uns die Archäologie mehr zu sagen, als Blegen glaubte. Der Zeitpunkt war später als ca. 1275, vielleicht um 1250; leider ist es nicht möglich, genauer zu sein. Die Belege für Erdbebenschäden scheinen überzeugend, aber Blegen hat nur einen kleinen Ausschnitt der Stadt untersucht.

Die Zerstörung von Troja VI durch Erdbeben

Der ägäische Raum ist infolge seiner Lage an der Konvergenzzone der sogenannten afrikanischen und eurasischen Platte für Erdbeben berüchtigt. Troja selbst liegt nahe der Berührungsstelle eines der zwischengelagerten »Krustenblöcke« dieser Zone und nahe dem Ende der großen anatolischen Verwerfung. Infolgedessen kommt es zu einer regen seismischen Aktivität. Seit 1912 wurden in diesem Gebiet 27 Erdbeben registriert, einige von ihnen (1912, 1935, 1953, 1968) mit einer Stärke von 6 oder 7 auf der Richter-Skala (». . . allgemeine Panik. Schlechtes Mauerwerk zerstört, gutes Mauerwerk stark beschädigt. Gebäude von den Fundamenten verschoben«). Das ist die Bebenstärke, die für Troja VI in Betracht kommt. Sie kann natürlich noch heftiger sein – die schlimmste je verzeichnete war 8,9, wobei es zu einem totalen Schaden an von Menschen errichteten Bauwerken kam. Die Zeitspanne von 1939 bis 1968 scheint besonders schlimm gewesen zu sein. Es sieht so aus, als folgten größere Beben schnell aufeinander, um dann von einer Periode relativer Ruhe abgelöst zu werden, die bis zu 150 Jahren dauern kann. Im Gebiet von Troja treten in dieser Ruheperiode dann nur kleinere Beben etwa alle zwanzig Jahre auf. Ein Beben von der Stärke 6 oder 7 ist in der Troas im Durchschnitt alle 300 Jahre zu erwarten. Allerdings ist »das Gebiet von Troja« ein weiter Begriff; ein Erdbeben dieser Stärke in einer Entfernung von 100 Kilometern (wie es für die meisten hier genannten gilt) würde Troja nicht in Mitleidenschaft gezogen haben; damit dies der Fall wäre, müßte der Bebenherd unmittelbar unter der Stadt liegen.

Die seismische Vergangenheit Trojas wurde stellenweise von Schliemann entdeckt. Blegen und seine Arbeitsgruppe konnten zeigen, daß Troja II, IV und V unter Erdbebenschäden zu leiden hatten und ihrer Meinung nach auch Troja VI, das prächtigste von allen, schwer beschädigt worden war. Sie vermuteten, daß der aus Lehmziegeln gefügte obere Teil der Hauptmauer herabstürzte und die oberen Partien aller ausgegrabenen Häuser offenbar in derselben Weise gelitten haben. Blegen gibt indirekt zu verstehen, daß diese Zerstörungen wirtschaftliche Probleme verursachten, die den Charakter der Nachfolgestadt Troja VIIa bestimmten. Die Hauptargumente dafür sind:

Die Hauptmauer von Troja VI war auf einer Erdschüttung über dem gewachsenen Fels errichtet, wahrscheinlich, um sie vor Erdbeben zu schützen. Der Turm VIh stand jedoch unmittelbar auf dem Felsboden, und an ihm sind heute große Risse sichtbar. Die Innenfläche des großen

Mauerabschnitts im Süden hatte sich teilweise verschoben und leicht nach Norden geneigt. Dieser Vorgang scheint vom Herabstürzen einer großen Menge Steine vom Oberteil der Mauer begleitet worden zu sein, was sich alles vor der Gründung der Nachfolgestadt abspielte. Das Haus VI G stürzte bei der Katastrophe ein: An seinem nördlichen Ende brach die Mauer an der Ostseite zusammen. Massen behauener Steine vom oberen Teil des Turmes VI h fielen einwärts auf die Zitadelle. Die Ostfront des Hauses VI E stürzte um. Die Amerikaner stießen auf dem von ihnen untersuchten Areal überall auf eine bis zu anderthalb Meter hohe Trümmerschicht, die von der letzten Phase der sechsten Stadt stammte.

Blegen war überzeugt, daß Dörpfeld mit seiner Ansicht im Irrtum war, wonach die Zerstörung von Troja VI einem feindlichen Heer zuzuschreiben sei. Gehen wir zunächst einmal von dem Faktum eines Erdbebens aus. Experten unterscheiden zwischen Totalschaden und weniger dramatischen baulichen Schäden, wobei das von Blegen diagnostizierte Beben der Kategorie »Totalschaden« nahekommt. Dennoch sollten wir uns als erstes die Frage vorlegen, ob Blegens Rückschlüsse auf die wirtschaftlichen und sozialen Folgen einer solchen Zerstörung wirklich zutreffend sind. Immerhin war ja, soweit wir sehen können, die eigentliche Stadtmauer auf ihrer ganzen Länge stehengeblieben. Selbst heute, nach den durch die Bautätigkeit in klassischer Zeit angerichteten Zerstörungen, bieten die Mauern und Türme noch immer ein eindrucksvolles Bild und stellen ein beachtliches Hindernis dar. Die Schäden waren somit erheblich, aber keineswegs so katastrophal, wie behauptet. Einige der großen Häuser lagen in Trümmern, und der obere Teil der Stadtmauer war stellenweise herabgestürzt. Es gibt jedoch kein Anzeichen dafür, daß ein Teil der Stadtmauer umgestürzt wäre. Sie steht noch heute und ist (wenn man von späteren Beschädigungen durch Bauarbeiten absieht) auf ihrer gesamten Länge intakt; an einigen Stellen sind Risse, und an einem Abschnitt ist die Mauer verrutscht, aber im wesentlichen blieb die Stadtmauer damals unversehrt. Nirgends öffnete sich eine Bresche. Es ist daher nicht richtig, zu sagen (wie es tatsächlich behauptet worden ist), daß »nichts unbeschädigt stehen (blieb), nicht einmal der große Mauerring mit seinen Türmen« (Denys Page). Man beachte, wie es nun weitergeht. Troja VI war eine Stadt auf der Höhe ihres Reichtums, ihrer Pracht und ihrer baulichen Entfaltung, errichtet von Generationen ehrgeiziger Städtebauer. Solche Naturkatastrophen ereignen sich im östlichen Mittelmeerraum häufiger; auch in Troja waren sie nichts Neues. Gewöhnlich raffen sich die Bewohner wieder auf, reparieren die Schäden und bauen größer und besser als zuvor. Warum wurden die großen Häuser von Troja VI dann nie wieder aufgebaut? Weshalb errichtete man armselige Massenquartiere und Hütten auf offener Straße zwischen früher vornehmen Häusern? Warum wurden einige dieser Häuser nicht einfach dem Verfall überlassen, sondern aufgeteilt? Es gibt keinerlei archäologischen Nachweis, daß auch nur eines dieser großen Häuser nach dem Erdbeben weiter seine ursprüngliche Funktion erfüllte. Wenn wir von der Annahme ausgehen, daß die großen Gebäude von Troja VI Häuser und

Tempel für die königliche Sippe und ihr unmittelbares Gefolge waren, die um den Palast herum und unter ihm wohnten, dann müssen dramatische Veränderungen eingetreten sein. Warum ließ man die geräumigen herrschaftlichen Häuser verfallen oder teilte sie auf? Warum verstellte man die »breiten Straßen« mit dürftigen, oft nur 3,5 × 4,5 Meter großen Häuschen, eines davon mit 22 unter dem Fußboden vergrabenen *pithoi?* Der Charakter dieser Siedlung ist nunmehr so verändert, daß die Frage berechtigt ist, ob sich in Troja VI wirklich nichts weiter als ein Erdbeben ereignet hat. Es sieht vielmehr ganz danach aus, als ob die mächtigen Herren, die in Baulichkeiten wie dem »Pfeilerhaus« wohnten (über den Palast selbst können wir nichts sagen), nicht mehr da waren. Sicherlich konnte kein Erdbeben stark genug sein, um die gesamte königliche Familie auszulöschen, der diese Zitadelle gehörte. Entweder hatten die Trojaner den Willen zum Wiederaufbau verloren, oder die herrschende Schicht, die die großartigen Bauten von VI hatte aufführen lassen, existierte nicht mehr. Es ist schwierig, angesichts des Ausmaßes der Zerstörung weitere Spekulationen anzustellen. Immerhin wissen wir, daß die Trojaner durchaus in der Lage waren und den Willen hatten, die Straße zum südlichen Torweg wiederherzustellen und einen neuen Wasserablauf anzulegen. Wir wissen weiterhin, daß die Verteidigungsanlagen durch ein neues Außenwerk am Südosttor verstärkt wurden. Vielerorts aber blieben die Trümmer liegen, wo sie herabgestürzt waren. Alles in allem sieht es so aus, als hätten die großen Häuser ihren ehemaligen Zweck verloren, ein mächtiges Herrengeschlecht zu beherbergen.

Ein solcher Schluß kann notwendigerweise nur eine Vermutung sein, da ein sehr starkes Erdbeben nach übereinstimmender Auffassung von Fachleuten allen Bewohnern einer Stadt das Leben kosten kann, wenn es zu einem besonders ungünstigen Augenblick eintritt (zum Beispiel nachts, wenn die Leute schlafen, oder zur Zeit des Gebets, wie dies zu unserer Zeit im Nahen Osten geschehen ist). Ist Troja VI angegriffen und geplündert worden, als es hilflos am Boden lag, hingestreckt von einem Erdbeben? Wenn es so gewesen wäre, hätten wir eine Erklärung für die außergewöhnliche Veränderung der trojanischen Gesellschaft nach dem Erdbeben. Wenn dagegen kein solcher Angriff stattgefunden hat, bleibt uns kein archäologischer Beweis für den Trojanischen Krieg. Wollten wir unbedingt an dem Glauben an die epische Überlieferung festhalten, müßten wir zu dem Schluß kommen, daß die Griechen Troja zwar angriffen, aber nicht einnehmen konnten, wie seit Lechevalier vielfach geargwöhnt worden ist.

Haben denn nun die Ausgräber in Hisarlik irgendwelche Hinweise auf einen Angriff von Mykenern auf Troja VI gefunden? Sieht man die Berichte von Blegen, Dörpfeld und Schliemann (der ja nicht ahnte, daß seine sechste oder »lydische« Stadt die Zeitgenossen von Mykene war) sorgfältig durch, so ist es tatsächlich möglich, Stützen für eine solche Annahme zu finden.

Zunächst einmal ist es offensichtlich, daß Troja VI gewaltsam durch Feuer zerstört wurde. Blegen ging in seinem Abschlußbericht hierauf kaum ein, doch läßt Dörpfelds Darstellung keinen Zweifel: »Die Zitadelle wurde durch Feindeinwirkung völlig zerstört«, schrieb er 1902. »Wir konnten *die*

Spuren eines großen Brandes an vielen Stellen deutlich erkennen.« (Hervorhebung des Autors) Er fügt hinzu, daß das Herabstürzen der oberen Partien der Mauern und Türme nicht allein durch Feuer, auch nicht durch ein Erdbeben, zu erklären sei. Blegen überging in seinem Bericht diese Feuersbrunst, obwohl er die schwarzverkohlten Trümmer überall in der tiefen »Erdbebenschicht« erwähnt. In einem 1963 veröffentlichten Interview bestätigte er jedoch ausdrücklich: »Troja VI ist niedergebrannt worden – daran gibt es keinen Zweifel.« Menschen waren ebenfalls erschlagen worden: Auf der Straße westlich des »Pfeilerhauses« fand Blegen einen menschlichen Schädel.

Interessanter als diese vagen Hinweise ist die große Zahl der in der Trümmerschicht von Troja VI gefundenen mykenischen Waffen. Angesichts der Bedeutung, die Blegen in seiner Version des Untergangs von Troja VII a einer einzigen »ägäischen« Pfeilspitze beimißt, lohnt es sich, das regelrechte Waffenarsenal aufzuführen, das in Troja VI gefunden wurde und zum Teil eindeutig der »Erdbebenschicht« zugeordnet werden kann. Blegen fand eine gestielte Pfeilspitze aus VI b, die er aufgrund anderer, von ihm in Prosymna bei Mykene gefundener Exemplare für mykenisch hielt; Schliemann fand ein gleiches Stück in seiner Sechsten Stadt. Eine Pfeilspitze mit Widerhaken, die Blegen zwischen Haus VI G und der Stadtmauer fand, gleich denen, die Schliemann und Dörpfeld gefunden hatten. Auch hier konnte Blegen ein festländisches Gegenstück von seinen Ausgrabungen in Prosymna vorweisen. Desgleichen fand Blegen ein genietetes mykenisches Messer mit einem umgebördelten Heft. Wiederum in der Sechsten Stadt – leider wissen wir nicht, in welcher Schicht – fand Schliemann eine mykenische Lanzenspitze mit einer hohlen Fassung. Er wies auf die Parallele zu Homer hin und erwähnte, daß er viele ähnliche in Mykene gefunden hätte. (Dörpfeld fand ein weiteres Exemplar in Troja VI.) Ebenfalls in der Sechsten Stadt grub Schliemann vier bronzene Doppeläxte aus, »völlig identisch« mit Äxten, die er in Mykene gefunden hatte; Dörpfeld fand eine weitere dieses Typs, dazu noch Unmengen von Schleuderkugeln aus gebranntem Ton, drei sichelförmige Bronzeklingen, Messer und Kelte (Tüllenbeile), alle ganz nach Festlandsart. Nun können zwar die meisten von ihnen nicht mit Sicherheit in die letzte Phase von Troja VI datiert werden, nicht alle sind bestimmt griechisch, obwohl sie so aussehen, aber die Frage ist gerechtfertigt, ob sie alle im Zuge friedlichen Handels hierher gelangten.

Abgesehen von den eindeutigen Anzeichen einer Feuersbrunst brauchen diese Funde nicht allzuviel zu bedeuten; aber sie bringen uns auf eine letzte Frage, auf die kein Kommentator je gekommen ist, seit Blegen seine Entdeckungen bekanntgab. Wurde Troja VI wirklich durch ein Erdbeben zerstört? Die Beweise schienen so felsenfest, daß man sich ganz auf sie verließ. Ist es nicht doch möglich, daß die in Troja VI angerichteten Zerstörungen letzten Endes Menschenwerk waren, wie Dörpfeld glaubte, als er die Stadt 1893 freilegte? Für ihn waren »die Spuren eines großen Brandes an vielen Stellen deutlich zu erkennen«. Das Herabstürzen der oberen Partien von Mauern und Türmen konnte nach seinem Eindruck

jedoch »weder durch eine Feuersbrunst *noch durch ein Erdbeben allein* völlig erklärt werden.« (Hervorhebung des Autors) Der Brand stand außer Frage; zwar nicht »so umfassend und so augenfällig wie in Troja II, doch nur deshalb nicht, weil das Baumaterial von Troja VI nicht so leicht brennbar war«. Wie wir hörten, pflichtete Blegen bei; es gab »keinen Zweifel«, daß die Stadt niedergebrannt worden war, auch wenn er das in seinen Berichten nicht zum Ausdruck brachte. Ist es somit denkbar, daß Troja absichtlich zerstört und nach einer Belagerung geschleift worden war? Es gibt hierzu beinahe gleichzeitige Parallelen in den Belagerungskriegen der Assyrer, von denen man weiß, daß sie Städte, um die besonders erbittert gekämpft worden war, völlig verwüsteten und zerstörten. Es ist hochinteressant, daß Blegen diese Idee ernsthaft erwog. In seinem *Troy*, III, 53, schrieb er:

> Eine größere Zahl finster entschlossener Leute könnten, mit Brechstangen und ähnlichem Werkzeug versehen, so ziemlich jede von Menschen errichtete Mauer in Trümmer legen, wenn man ihnen Zeit läßt. Hätten sie sich jedoch zielstrebig darangemacht, die ganze Stätte auszutilgen, dann hätten sie sicherlich damit begonnen, die Mauer der Zitadelle dem Erdboden gleichzumachen. Außerdem wäre die Zerstörung der im Kampf eroberten Stadt als Racheakt mit größter Sicherheit von einer gewaltigen Feuersbrunst begleitet gewesen. Hier sind jedoch nur die oberen Teile der Mauer umgestürzt worden, und wir fanden *keine Beweise für einen größeren Brand.* (Hervorhebung des Autors) Es stimmt zwar, daß verkohlte Reste reichlich vorkamen, doch ... war keine ausgedehnte Brandschicht zu erkennen. Dementsprechend dürfte menschliches Zutun mit Sicherheit auszuschließen sein... Ein heftiger Erdstoß dürfte eine viel überzeugendere Begründung für den Einsturz der Stadtmauer sein als eine mögliche menschliche Einwirkung.

Blegens Beweisführung hat Schwächen. Zweifellos hätte sich jede absichtliche Zerstörung der Mauer höchstwahrscheinlich mit dem Niederreißen ihres oberen Teils und der dahinterliegenden Häuser zufriedengegeben. Die mächtigen Fundamente der Mauer waren viel zu fest gefügt, um ohne weiteres zerstört zu werden. Sie sind noch heute fast völlig unversehrt, und die Archäologen können uns nicht sagen, ob die wenigen Risse und die auf eine Stelle beschränkte Schräglage damals entstanden sind. Das vernichtendste Argument gegen die Erdbebentheorie ergibt sich jedoch aus einer Durchsicht der Notizen vorheriger Ausgräber von Hisarlik. Demnach scheinen Spuren des großen Erdbebens von Troja VI ganz auf den südöstlichen Sektor der Stadt begrenzt zu sein, wo schon bei früheren Siedlungen eine Neigung zu Erdrutschen bestanden haben könnte. Auch nach Ansicht von Erdbeben-Experten ist Blegens Beweismaterial zweifelhaft und seine Schlußfolgerung nicht genügend belegt. Vom Standpunkt eines Seismologen ist es unmöglich, den Unterschied zwischen Erdbebenschäden und von Menschen verursachten Zerstörungen anzugeben, womit viele Archäologen übereinstimmen dürften.

Die Frage nach der Datierung der Töpferware sollte hier ebenfalls noch einmal aufgeworfen werden. Blegen hatte vermutlich seine Schlußfolgerung hinsichtlich der Datierung von Troja VII a – und damit dessen wahrscheinliche Identität mit dem homerischen Troja – bereits gezogen, bevor er sich Troja VI, die darunterliegende Schicht, näher ansah. Rückblickend hatten

wir bereits feststellen können, daß seine Schlüsse hinsichtlich der zeitlichen Einordnung von Troja VII a unzutreffend waren und dessen Zerstörung im 12. Jahrhundert und nicht in der Mitte des 13. stattfand. Was das Datum des »Erdbebens« von Troja VI anbetrifft, so neigte Blegen zu einem Datum bald nach 1300, der Nahtstelle zwischen den Keramikstilen S. Hell. III A und III B. Tatsächlich aber gehört beinahe ein Viertel aller in Troja VI gefundenen mykenischen Scherben dem Stil S. Hell. III B an; wenn wir auch noch eine Weiterbenützung dieser Töpferware berücksichtigen, scheint es offenbar unmöglich, Blegens Datierung zu akzeptieren. Troja VI muß noch weit in das 13. Jahrhundert hinein bestanden haben, vielleicht bis nahe an 1250 v. Chr. Wieder einmal können wir feststellen, wie das Gesamtbild, das der Archäologe zu beweisen hoffte, die Auswertung allen für die Datierung wichtigen Materials maßgeblich beeinflußte.

Unter diesen Umständen scheint es statthaft, die Sage in unsere Betrachtungen mit einzubeziehen. Die griechische Überlieferung erwähnt ausdrücklich, daß die Achäer vor ihrem Abzug die Mauern Trojas absichtlich zerstörten. So hieß es in der *Iliou Persis*, dem verlorenen Epos, das auf Homers *Ilias* folgte. Das Schleifen der Mauern war danach ein fester Bestandteil der Geschichte, bis hin zu der berühmten Schlußszene in den *Troerinnen* des Euripides, wo die gefangenen Frauen dem Donner der gewaltsam zum Einsturz gebrachten Mauern lauschen, so polternd und furchterregend, daß Hekuba ihn mit einem Erdbeben vergleicht! Auch bei Äschylos werden die Mauern »untergraben« und »umgestürzt«. Wenn es sich auch um späte Zeugnisse handelt, so sind sie doch ein Teil der Überlieferung, und die Archäologie könnte uns dies überraschenderweise bis zur letzten schrecklichen Einzelheit aufzeigen.

Es wäre faszinierend, schließlich doch zu einer so bemerkenswerten Übereinstimmung zwischen Archäologie und Sage zu gelangen; aber ein endgültiger Beweis dürfte wohl kaum möglich sein. Dennoch ist der physische Untergang Trojas Gegenstand der Überlieferung, und Troja VI ist mit Sicherheit die Stadt, zu der Mykene Beziehungen hatte, die Stadt, die zu den Angaben der Überlieferung paßt. »Die Stadt zu einem Hügel und einer Ruine zu machen« war häufig des Ergebnis assyrischer Belagerungen. Wir dürfen wohl vermuten, daß die Argiver auf genau dieselbe Weise mit der Stadt des Priamos verfuhren, wie sie es der Überlieferung nach auch mit Theben taten. Pausanias bestätigt, daß die dem Erdboden gleichgemachte Kadmea, die Akropolis von Theben, noch zu seiner Zeit ein verwunschenes Gebiet war. Die Überlieferung könnte schließlich mit den Erkenntnissen moderner Wissenschaft durchaus im Einklang sein.

Noch ein letzter Punkt bleibt im Zusammenhang mit dem Schicksal von Troja VI zu erörtern. Könnte die Geschichte vom Hölzernen Pferd vielleicht auf eine mykenische Belagerungsmaschine zurückgehen? Pausanias war dieser Meinung. (»Jeder, der die Trojaner nicht für äußerst dumm hält, wird begriffen haben, daß das Pferd in Wirklichkeit ein ingeniöses Gerät war, um die Mauern einzureißen.«) Und die Geschichte betont, daß die Mauer durchbrochen wurde, als das Pferd in die Stadt gelangte. Könnte es sich um

die verworrene Erinnerung an eine Belagerungsmaschine handeln? Tatsächlich waren sie der Kriegstechnik des damaligen Nahen Ostens nicht unbekannt. Starke »hölzerne Pferde«, in deren Innerem ein von zahlreichen Männern betätigter Rammbock aufgehängt war, waren bei den Assyrern schon seit dem 12. Jahrhundert in Gebrauch, um auf wirkungsvolle Weise Breschen in Stadtmauern zu schlagen. Doch besitzen wir absolut keinen Hinweis, daß solche Geräte auch in der Ägäis des 13. Jahrhunderts verwendet worden wären. Auch dies ist eine faszinierende, aber leider wiederum unbeweisbare Vorstellung.

Sturm auf eine Stadt unter Verwendung eines »hölzernen Pferdes« zur Zerstörung der Stadtmauer, nach Darstellung eines assyrischen Reliefs. Wäre dies eine mögliche Erklärung für die Legende vom Trojanischen Pferd?

Blicken wir zurück, so müssen wir sagen, daß das Schicksal von Troja VI mehr ungelöste Fragen aufwirft, als Blegen meinte. Obwohl die Fundstätte weitgehend ausgegraben ist, besteht dennoch Hoffnung, daß durch das fortgesetzte detaillierte Studium der Aufzeichnungen und Notizen der drei Ausgräber von Hisarlik noch weiteres Material zutage gefördert wird. Bis dahin sollten wir uns der Probleme bewußt sein, die Zeitpunkt und Umstände des Untergangs von Hisarliks größter Stadt noch immer umgeben.

Der Zeitpunkt des Trojanischen Krieges

Die vorgefundene Töpferware erlaubt uns, eine ungefähre Schätzung für den Zeitpunkt des Endes von Troja VI abzugeben. Auf dieses Ereignis folgte

Die große Ostbastion von Hisarlik, an die sich links eine römische Mauer anlehnt. Vielleicht hatte Dörpfeld am Ende doch recht, der dies für den Wachtturm der »Heiligen Ilios« hielt.

ein nahezu völliges Ausbleiben aller weiteren Einfuhren für Troja VII a; nur ein einziger Scherben mykenischer Töpferware des 13. Jahrhunderts kann der Nachfolgestadt mit Sicherheit zugeschrieben werden. (Die Fundschichten waren so nachhaltig gestört, daß Blegen es für möglich hielt, weitere Fundstücke könnten »Wechselbälger« von Troja VI sein.) Wenn wir versuchsweise ein Datum um 1250 vorschlügen, so würde dies sehr gut mit der Chronologie der Hethiter-»Briefe« übereinstimmen. Der Zeitpunkt entspräche der Regierungszeit Hattusilis' III., während der die hethitischen Beziehungen zum Königreich Ahhiyawa auffällig feindselig wurden. Aufgrund von Linear-B-Tafeln aus Pylos können wir sagen, daß um dieselbe Zeit (ca. 1220 v. Chr.?) die Griechen räuberische Vorstöße in den Nordosten der Ägäis unternahmen, sei es auf die Insel Lemnos (die Homer zufolge von Agamemnons Heer angegriffen wurde), sei es auf das Festland im Bereich von Aswija, einem Gebiet südlich der Troas, wo – wiederum nach Homer – Achilles einen Raubzug unternahm. Der Untergang Trojas fiele dann in die Lebenszeit des Alaksandus von Wilusa, den wir bereits nicht ohne Grund mit Alexandros von (W)ilios in Zusammenhang gebracht haben. Wie dem auch sei – wir können auf die Wahrscheinlichkeit verweisen, daß zu Hattusilis' Zeit die Griechen (Ahhiyawa) und die Hethiter wegen »der

Angelegenheit Wilusa« aneinandergerieten. Trotz aller Unsicherheiten, die das Wilusa-Problem umgeben, sind dies doch beachtliche Übereinstimmungen, die darauf hindeuten, daß der von Homer bewahrten Überlieferung Erinnerungen an diese Vorgänge zugrunde liegen, und seien diese Erinnerungen auch noch so schwach. Wie wir im vierten Kapitel sahen, machten die griechischen Epen sehr genaue Angaben darüber, wo Troja lag. Die Überlieferung hatte anscheinend bereits im achten Jahrhundert v. Chr. Gestalt angenommen, wobei sie Elemente einbezog, die bis auf die Bronzezeit zurückgehen. Wenn wir zu diesen Fakten noch die Möglichkeit hinzufügen, daß die große Stadt Troja VI erobert, geplündert und zielstrebig zerstört wurde, dann haben wir auf dem Weg zu dem Ziel, die grundsätzliche Richtigkeit der Überlieferung zu bestätigen, ein großes Stück zurückgelegt. Es wäre bestätigt, daß Troja auf dem Hügel von Hisarlik stand, daß Troja VI die Stadt Homers war und daß – wie Homer berichtet – bronzezeitliche Griechen diese Stadt eroberten und plünderten. Eine plausible Schätzung wäre die Zeit um 1250 v. Chr., vermutlich auch die Zeit des »Tawagalawas-Briefs«.

Wir haben also endlich Sicherheit hinsichtlich der Frage gewonnen, auf welches Troja sich Homer schließlich und endlich bezieht. Das Troja, das in der epischen Dichtung vielleicht schon vor dem Ende des mykenischen Zeitalters gefeiert wurde, war Troja VI, und zwar in seinem letzten großen Lebensabschnitt von ca. 1375 bis ca. 1250. Wie wir bereits in dem Kapitel über Homer sahen, sind zwar einige in der *Ilias* für die Stadt verwendete schmückende Beiwörter bloße Floskeln, andere sind jedoch so treffend und genau, daß sie sich auf Hisarlik beziehen müssen. Reiht man diese Epitheta aneinander, so deuten sie stark darauf hin, daß das späte Troja VI die homerische Stadt war. Nachdem wir nunmehr wissen, daß der Zeitpunkt des Untergangs von Troja VIIa zu spät für den Trojanischen Krieg liegt, ist das andere Datum um so sicherer. Diese letzten Phasen, deren Höhepunkt Troja VIh war, waren zugleich die Blütezeit der Stadt, sowohl in baulicher und wirtschaftlicher Hinsicht als auch im Hinblick auf Handel und auswärtige Beziehungen. Es war die Zeit, in der die Kontakte der mykenischen Welt mit Troja ganz besonders intensiv waren, wenn man nach den Keramikeinfuhren urteilen darf. Dies war somit auch die Stadt, die die Griechen zur Zeit des mykenischen Großreichs kannten.

Was hätte ein Reisender der Bronzezeit – oder auch ein fahrender Sänger – zu sehen bekommen, wenn er Troja gegen die Mitte des 13. Jahrhunderts v. Chr. besucht hätte? Es ist Zeit, daß wir die materiellen Zeugnisse, die Schliemann (wenn auch mitunter unbewußt), Dörpfeld und Blegen gefunden haben und zu denen wir weitere Details aus Troja VI hinzufügen können, zu einem geschlossenen Bild zusammenfügen. Wir werden eine Reise dorthin unternehmen, wie wir das schon in Mykene taten (s. Seite 147), um uns anzuschauen, wie es in seiner Glanzzeit aussah. Wir wollen uns jedoch diesmal unserem Ziel aus etwas größerer Entfernung auf einem seiner Handelswege nähern, da die Archäologie gezeigt hat, daß Troja-Hisarlik ganz unabhängig von seiner Rolle in der griechischen Sage ein

bedeutender Ort war und seine Existenz in gewissem Umfang von seinen Kontakten mit der Außenwelt abhing, in erster Linie mit Anatolien, dann aber auch mit der Ägäis und schließlich mit ferneren Gestaden.

Unsere erdachte Reise soll auf dem Seeweg stattfinden, auf einem griechischen Kauffahrteischiff der Bronzezeit, das mit einer Ladung Kupferbarren aus Zypern unterwegs ist. Vielleicht sind auch noch etwas unbearbeitetes Elfenbein aus Enkomi sowie ein paar Kisten zypriotischer Töpferware mit ihrem typischen Leitermuster oder den kreuzweise schraffierten Rhomben, die in Troja so geschätzt werden, an Bord. Die Töpfe enthalten Opium, Kumin (Kreuzkümmel) und Koriander. Wir betreiben Küstenschiffahrt, indem wir uns in Landnähe halten und einem uralten Netz von Seewegen folgen, von Insel zu Insel, von Landvorsprung zu Landvorsprung, winzige Anlaufhäfen an den wenigen Küstenstreifen, denen die Menschen der Bronzezeit eine Existenzmöglichkeit abgerungen hatten. Es ist die Art von Handel, wie sie Jahrhunderte später von dem Angelsachsen Saewulf, dem Spanier Clavijo und von Edward Clarke beobachtet wurde. Sie alle legten in denselben sicheren Häfen an, handelten dieselben Waren und kochten dasselbe Essen in der Kombüse – im Falle unseres Schiffes Fisch am Spieß, geröstet über einem Feuer auf Ballaststeinen im Schiffsbauch –, alles Einzelheiten, die archäologisch belegt sind (s. Seite 247).

Die Reise von Zypern nach Troja hätte zwei Monate oder mehr gedauert – nicht anders als im achten Jahrhundert n. Chr., als der Angelsachse Willibald vom 30. November 724 bis Ostern 725 unterwegs war, oder im 19. Jahrhundert, als Alexander Kingslake 1834 zwischen Smyrna und Zypern 40 Tage auf See verbrachte. Erst das Aufkommen der Dampfmaschine und der Telegraphie änderte die zeitlosen Realitäten ägäischer Schiffahrt. Unser Schiff würde alle Häfen auf den Inseln und der gegenüberliegenden Küste anlaufen: Rhodos, Kos und Milet mit ihren mykenischen Niederlassungen, Knidos und Zephyros, Iasos auf seiner Halbinsel mit ihren gepflasterten Straßen und Fischereien. Obwohl die Inseln nur dünn besiedelt waren, besaßen sie doch natürliche Reichtümer und boten keineswegs den kahlen, unfruchtbaren Anblick von heute – noch im 15. Jahrhundert n. Chr. erwähnen Reisende ihre außergewöhnliche Fruchtbarkeit.

Von Milet aus hätte der bronzezeitliche Kapitän um Samos herumsegeln und in die rauhe und windige Meerenge gegenüber von Ikaria hineinsteuern müssen, genau wie es Kingslake, Clarke und andere Troja-Besucher im 19. Jahrhundert miterlebten. Dann ging es an Chios entlang, der fruchtbarsten und ertragreichsten Insel vor der kleinasiatischen Küste, wo der Wind den Duft der Obstgärten und Olivenhaine herüberträgt, wie jeder, der einmal dort war, bestätigen kann. In Chios wurden – den Pylostafeln zufolge – asiatische Sklaven an Bord genommen, die für die Arbeit in den Festlands-Palästen bestimmt waren, wobei die damaligen Schreiber unter Chios zweifellos den schönen Naturhafen von Emborio an der Südspitze der Insel verstanden. Auf einem steilen Vorsprung über einer geschützten

Bucht stand eine mykenische Siedlung mit einem herrlichen Blick bis hinüber zu den Hügeln Kleinasiens. (Der Name der Insel auf den Linear-B-Tafeln, *Ki-si-wi-ja*, wird von manchen als das phönizische Wort für Mastix gedeutet, das eßbare Herz der rotblühenden Pistazie, das im Altertum sehr gesucht war.)

Nach Chios war ein weiterer wichtiger Anlaufhafen Thermi auf Lesbos. Diese Insel, so nahe der Küste der Troas, spielte immer eine Vermittlerrolle zwischen der Ägäis und Kleinasien. Sie hatte ihre Kultur mit Troja VI gemein und wurde wie dieses um 1250 geplündert – nach Homer von Achilles, nach dem hethitischen Archiv von Pijamarados. Der Hafen lag etwa in der Mitte der Ostküste der Insel und war durch eine Doppelmauer geschützt, hinter der sich enge Häuser an kieselgepflasterten Straßen drängten. Thermi war eine der größten Städte in der Ägäis; seine Bewohner verarbeiteten Kupfer, webten Stoffe und fertigten ihre heimische rote und graue Töpferware; sie fischten mit knöchernen Angelhaken und aßen gern Austern und Seeigel, falls die Archäologen recht haben. Thermi ist eine weitere bronzezeitliche Stadt, die in einer Feuersbrunst unterging. Im Mittelpunkt der Insel stand in klassischer Zeit das Heiligtum des bronzezeitlichen Gottes Smintheus, gewaltig im Bringen und Abwenden der Pest. Seiner Verehrung dienten vielleicht die Götzenbilder, die dem kränkelnden Mursilis II. geschickt wurden; zu ihm beteten nach Homer auch die Griechen vor Troja um Hilfe (*Ilias*, I, 456). Smintheus wurde später ebenfalls auf Tenedos und in der Troas verehrt, wo ihm ein Tempel bei Hamaxitos geweiht war. Ihm galt wohl auch die unter Schiffsleuten aufkommende Sitte, vor Kap Lekton, wo sein Tempel stand, Speiseopfer ins Meer zu versenken – ein Brauch, der bis in die moderne Zeit geübt wurde, wenn er auch inzwischen einem islamischen Heiligen gilt.

Bei der Annäherung an Troja und den Eingang der Dardanellen glichen die Gefühle der bronzezeitlichen Seefahrer sicherlich denen Edward Clarkes im Jahre 1801:

> Kein Schauspiel könnte großartiger sein als diese Ecke des Ägäischen Meeres ... *Tenedos* im Westen und diese kleinen Inseln, die gegenüber dem Vorgebirge von *Sigeum* (Sigeion) eine Gruppe bilden. Nichts, mit Ausnahme der Ruder unseres Bootes, kräuselte die stille Oberfläche des Wassers; kein Laut war zu hören. Die fernen Inseln der *Ägäis* sahen aus, als seien sie auf die Oberfläche eines riesigen Spiegels gestellt... (voraus) die bergige Insel *Imbros*, als Hintergrund die noch höheren, schneebedeckten Gipfel von Samothrake...
>
> *(Travels)*.

Es ist oft schwierig, gegen den Wind in die Dardanellen hineinzusegeln – dies ist der Grund, warum Lord Byron 1810 hier so lange ausharren mußte, umgeben von einem Dutzend anderer aufgehaltener Schiffe (s. Seite 41). In der Bronzezeit muß die Bucht von Troja jedoch wie ein Magnet auf die Seefahrer gewirkt haben, die sich in einem sicheren Hafen befanden, sobald sie »ins Innere von Ilios« eingebogen waren. Die Mündung der Bucht zwischen den beiden Landzungen war etwa zwei Kilometer breit; im

Inneren, unmittelbar gegenüber von Troja, weitete sie sich zu einem etwa fünf Kilometer breiten, seichten Meerwasserbecken, eingefaßt vom Schwemmland der Flußmündungen, Salzmarschen, Lagunen und windgeformten Sanddünen. Die Stadt stand auf einem Höhenrücken, der nach Westen in die Bucht hineinragte. Zu seinen Füßen lag eine etwa anderthalb Kilometer breite alluviale Ebene, die sich bis zum Ufer erstreckte, im Winter sumpfig, sonst aber trocken. In dieser Hinsicht muß sie der Ebene von Argos geähnelt haben, gut bewässert und grün im Frühjahr, rostbraun im Hochsommer außer im Umkreis des Sumpfgebiets – das ideale Gelände für Pferdezucht. Einen richtigen Hafen dürfte es nicht gegeben haben, lediglich eine flache Schiffsl ände, wo die Schiffe auf den Strand gesetzt und an Pfosten und Steinankern vertäut werden konnten. Unter den kleineren einheimischen Wasserfahrzeugen können wir uns Fischerboote vorstellen, vor allem während der jahreszeitlichen Makrelen- und Thunfischwanderungen, welche jeden Herbst die Dardanellen passieren. Vielleicht hatten die Trojaner, wie heute die Türken, hölzerne Wachttürme an den Meerengen, um die Leute für den Fang und das Gemetzel in den Netzen vor der Küste zusammenzurufen. Die Bucht muß auch besonders reich an Muscheln, Austern und Seeigeln gewesen sein.

Normalerweise dürften sich nur immer eine Handvoll Schiffe zur selben Zeit in der Bucht aufgehalten haben, auch wenn seitens der Archäologie nichts gegen die Vorstellung von einem gelegentlichen Tramper einzuwenden ist, der von Tiryns oder Asine eine Ladung Töpferware herüberbringt – Steigbügelkrüge mit wohlriechendem Öl, Alabasterbecher und -schalen für den Haushalt vornehmer Trojaner. Nach der einheimischen Ware zu urteilen, war dies allerdings kein umfangreicher Handel. Troja war immer eine anatolische Stadt gewesen und blieb dies auch. Dennoch hatten die mykenischen Kapitäne dem amtlichen trojanischen Aufseher ein paar Sachen anzubieten – Karneolperlen, Elfenbeinkästchen, ein elfenbeinernes Spielbrett mit Spielmarken, Nadeln aus Elektrum oder Silber, vielleicht sogar ein verziertes Straußenei –, das waren die Luxusartikel der Bronzezeit!

Der König von Troja hatte vermutlich seine eigenen Schiffe, nicht nur, um seine Küste vor den unentwegten Überfällen der Seeräuber zu schützen, sondern auch, um seinerseits Raubzüge zu unternehmen, Sklaven und Beute wegzuschleppen und schließlich, um einige seiner eigenen Erzeugnisse zu verkaufen, die auf entfernteren Märkten Absatz fanden. Vielleicht exportierte er Wollballen, gesponnenes Garn und verarbeitete Stoffe, denn Troja war (wie Knossos) ein Zentrum der Schafzucht mit (vermutlich) »staatlich gelenkten« Heimbetrieben in den umliegenden Dörfern, die ihre Erträge an die Lagerhäuser des Palastes ablieferten. Die örtliche graue Töpferware aus Troja fand ihren Weg in kleinen Mengen nach Zypern und sogar nach Syrien und Palästina, obgleich »Export« zweifellos ein zu hochtönendes Wort für die Wege ist, auf denen sie dorthin gelangte. Schließlich dürfte, wie wir gesehen haben, die Pferdezucht eine bedeutende Stellung in der trojanischen Wirtschaft eingenommen haben, wobei nicht nur Fohlen, sondern auch ausgewachsene Tiere für Kriegszwecke ausge-

führt wurden. Man könnte sich demnach vorstellen, daß die Küstenebene als Weide diente, während die Koppeln für das Zureiten näher bei der Stadt lagen.

Vom Meeresufer bis zur Stadt war es nur ein kurzer Weg von anderthalb Kilometer über die Schwemmlandebene. Troja stand auf der Nordecke eines Plateaus, das auf dieser Seite steil zu dem sumpfigen Flußtal des Dumrek Su (des klassischen Simois) abfiel. Ob es um die Zitadelle auf dem Hügel von Hisarlik herum eine Vorstadt gab, ist noch nicht bekannt. Blegen fand Spuren von Häusern im Süden und Westen und wies 500 Meter südlich der Stadtmauer auf dem Südhang des Plateaus einen Friedhof mit Brandgräbern für Troja VI nach. Von Schliemann und Blegen auf dem Plateau angelegte Probeschächte erbrachten jedoch keine bronzezeitlichen Überreste. Vielleicht wurden bei der späteren Erbauung von Neu-Ilium alle Spuren zerstört – jedenfalls ist es zumindest möglich, daß Troja VI eine ansehnliche Vorstadt besaß, an Ausdehnung etwa Eutresis entsprechend (ein von Außenmauern umschlossenes Geviert von etwa 450 × 450 Metern und eine bebaute Fläche von etwa 200 × 150 Metern, also ähnlich der Zitadelle von Troja VI). Sollte dies so gewesen sein, dann hätte der ganze Komplex viel mehr wie eine Regionalhauptstadt ausgesehen, als man heute nach den Ruinen schließen könnte. Die königliche Zitadelle auf Hisarlik stand auf der westlichen Erhöhung des Plateaus und erhob sich in drei konzentrischen Terrassen, die oberste etwa 40 Meter, die unterste etwa 30 Meter über dem Meeresspiegel. Sie umschloß ein Areal von etwa 200 × 120 Metern – vergleichbar also den größeren Anlagen in Griechenland –, innerhalb dessen die Wasserversorgung durch einen tiefen Brunnen in der Ostbastion gesichert war (wenn auch im Südwesten noch eine Quelle außerhalb der Mauern vorhanden war). Die großen Mauern von Troja VI waren zweimal neugestaltet worden, wobei die letzte Bauphase mit ihren Türmen von drei oder vier Herrschergenerationen nach 1400 geschaffen worden war. Die Westseite, wo die Straßen aus dem Innern und von den westanatolischen Staaten auf die Stadt zuführten, war natürlich am stärksten geschützt; hier befanden sich die höchsten Mauern und die massivsten Tore und Türme.

Ein Besucher des bronzezeitlichen Troja wäre am Südtor angekommen, vorbei an den Häusern, die außerhalb der Befestigungen lagen. Dieses Tor war der Hauptzugang zur Stadt. Von ihm führte eine gepflasterte Straße die Terrassen aufwärts bis zum Eingang des Königspalastes. Auf der linken Seite des Tores erhob sich ein großer viereckiger Turm aus Kalksteinblöcken, der etwa 15 Meter hoch war und etwa drei Meter über das Tor vorragte. In diesem Turm befand sich einer der drei Hauptaltäre der Stadt, und vor ihm stand eine Reihe von sechs Steinsockeln, von denen die Standbilder der trojanischen Götter den Besucher grüßten. Rechts vom Tor befand sich ein längliches Gebäude, in dem Brandopfer dargebracht wurden. Wir könnten uns vorstellen, daß hier die Trojaner Opfergaben darbrachten, bevor sie eine Reise antraten oder in den Kampf zogen, und daß auch Fremde diesem Brauch folgten, bevor sie die Stadt betraten. Diese

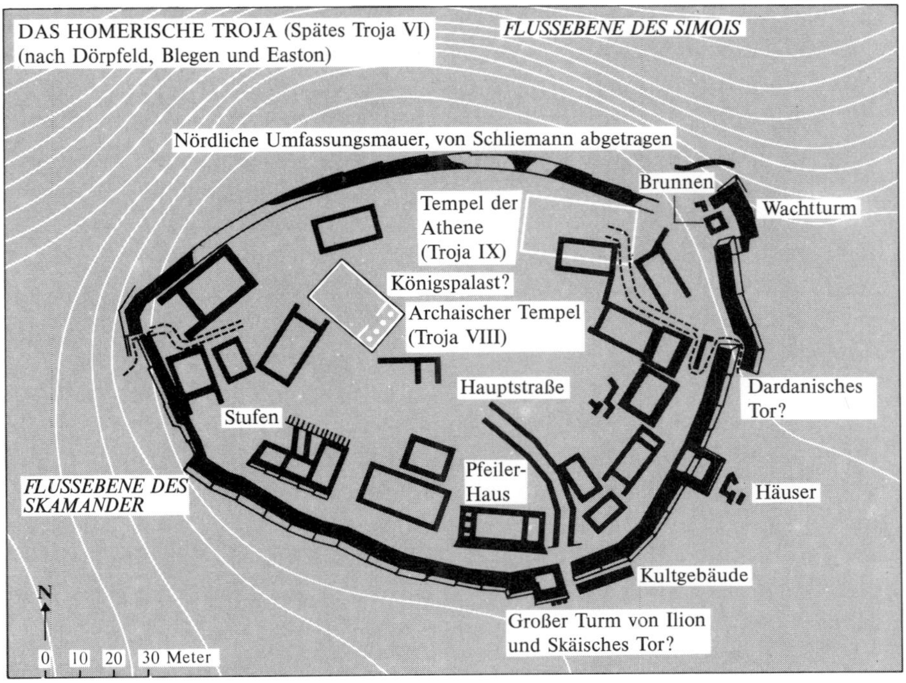

Kultstätten außerhalb des Tores und seines großen Turms bieten vielleicht eine Erklärung für die spätere griechische Überlieferung von einer »Heiligen Ilios«. Rechts vom Tor, von außen gesehen, waren nach Dörpfelds Meinung zwei große Fahnenmasten über die Mauer hinweg sichtbar. Troja besaß drei Haupttore, im Süden, Osten und Westen, möglicherweise alle mit davor aufgestellten Götterbildern, und an der großen Ostbastion befand sich noch eine Seitenpforte. Hinsichtlich der Anlage des Mauerwerks unterschied sich Troja sowohl von den Zitadellen der ägäischen Welt als auch von hethitischem Mauerwerk. Die enggefügten Kalksteinblöcke mit der charakteristischen, etwa dreieinhalb bis viereinhalb Meter nach oben reichenden Schräge, auf die dann eine senkrechte Mauerpartie gesetzt war, die senkrechten Absätze, die aus Mauerblöcken verschiedener Form und Größe herausgearbeitet waren, wobei die senkrechten Fugen von Lage zu Lage versetzt waren und die Endbearbeitung der Absätze nach dem Einbau der Blöcke erfolgte – all dies scheint eine einheimische, nordwestanatolische Bauweise widerzuspiegeln, die in Hisarlik viele Jahrhunderte zurückreicht und sich später an der nahegelegenen phrygischen Grabungsstätte von Gordion wiederfindet.

Von diesen großen Mauern ist auf der Südseite genug erhalten, um sich eine Vorstellung machen zu können, insbesondere an dem vorspringenden Turm im Südosten, dessen Mauerwerk außerordentlich fest gefügt ist, obwohl kein Mörtel verwendet wurde, vor allem aber an der Ostbastion, die – 35 Meter breit und immer noch fast zehn Meter hoch – früher vielleicht ein Wachtturm war, der die Ebene des Simois und das östliche Vorfeld auf dem

Hisarlik, Luftaufnahme der Verteidigungswerke auf der Landseite.

Plateau überblickte. Von dieser Bastion zog sich ein 200 Meter langer Mauerabschnitt am Nordrand des Hügels entland, eine »prächtige Mauer aus großen behauenen Kalksteinblöcken«, wie Schliemann es beschreibt. Nachdem die Mauer bereits bei baulichen Maßnahmen in klassischer Zeit schwer beschädigt worden war, wurde sie von Schliemann zwischen 1871 und 1873 völlig zerstört. Wie massiv sie gebaut war, erkannte Carl Blegen, als er in den 30er Jahren die Nordwestecke untersuchte. Hier beschrieb die Mauer einen scharfen Knick um den Hügel herum, wobei sie auf nur 14 Meter Länge sieben Meter abwärts führte. An dieser Stelle fand Blegen stufenförmige Fundamente, die nicht weniger als sieben Meter unter die Grundfläche von Troja VI abgesenkt worden waren, um darauf eine Bastion zu errichten, die noch ein gutes Stück höher als 35 Meter gewesen sein muß. Noch heute kann der Besucher die untersten Lagen des Mauerwerks sehen, das auf die Erbauer von Ilium Novum zurückgehen dürfte.

Das also waren die Mauern von Troja, sicherlich »wohlgebaut«, »schöntürmig« und »hochtorig«, wie die spätere griechische Überlieferung schildert. Nur auf der Westseite war ein schmaler Abschnitt der älteren Umfassungsmauer noch nicht ersetzt worden. Diese archaische Mauer, die noch heute zu sehen ist, war nur halb so dick wie die neue Mauer und lange nicht so kräftig gebaut, da sie ausschließlich aus kleineren, grob zugerichteten Steinen gefügt und nicht so tief gegründet war. An dieser Stelle waren die Verteidigungswerke der Stadt am schwächsten und am leichtesten verwundbar.

Troja VI, Haus VIM, eines der vornehmen Häuser der trojanischen Aristokratie.

Innerhalb der Stadt scheinen alle Straßen zu dem höchsten Punkt des Hügels im Westen geführt zu haben, wo vermutlich der Palast stand. Auf den darunterliegenden Terassen befanden sich etwa 25 größerer Häuser oder Wohnbauten, in denen die unmittelbaren Gefolgsleute oder Verwandten der Königsfamilie gewohnt haben müssen (vielleicht mit getrennten Häusern für die Brüder und Söhne des Königs). Die größten waren recht eindrucksvolle zweistöckige Gebäude von fast 30 Meter Länge, die den Megara von Tiryns und Mykene glichen, wenn auch die Eingangstüren an der Seite lagen. Eines von ihnen, das sogenannte Pfeilerhaus nahe dem Südtor, war 25 Meter lang und 12 Meter breit. Es besaß eine Haupthalle und einen Küchentrakt, und sein Dach wurde in der Mitte von großen steinernen Säulen getragen, von denen eine noch erhalten ist. Vermutlich bestand das obere Stockwerk aus Fachwerk mit Lehmziegeln und Putz, hatte Fenster oder womöglich ein Dach mit Lichtgaden (eine Bauweise, wie man sie heute noch in Nordwestanatolien antrifft). Interessanterweise glaubte Blegen, daß dieses Gebäude in der letzten Phase von Troja VI in ein Zeughaus oder eine Kaserne umgewandelt worden sei, weil darin ein Vorrat an Schleuderkugeln gefunden worden war und vieles darauf hindeutete, daß

Hisarlik heute; spätbronzezeitliche Schichten existierten bis 1870 sogar noch in der Mitte des Hügels, aber Schliemann hat uns die Ruine einer Ruine hinterlassen.

man hier große Mengen von Lebensmitteln verzehrt hatte. Außerdem hatte Blegen, wie wir schon erwähnten, in der westlich angrenzenden Straße – »unerklärlicherweise« – einen menschlichen Schädel gefunden.

Wie steht es nun mit dem Palast selbst? Seit Dörpfeld war die gängige Auffassung, daß von der Kuppe des Hügels keine Spur erhalten war, da sie bei der Anlage des Verwaltungszentrums des römischen Ilium gekappt worden war. Neuere Forschungen haben jedoch gezeigt, daß die linke Kuppe des Hügels noch erhalten war, als Schliemann 1870 mit seiner Grabung anfing, denn dort stieß er auf die Fundamente des archaischen Tempels, den Alexander der Große besucht hatte, sowie auf Teile einiger benachbarter Troja-VI-Gebäude. Es ist also durchaus vorstellbar, daß die griechischen Kolonisten, die Ilion ca. 730 v. Chr. gründeten, ihren Tempel auf den Ruinen des »Palastes des Priamos« errichteten. Außerdem fand Blegen, als er etwa zehn Meter weiter südwestlich in einer Höhe von 35 Metern, fast im Zentrum von Hisarlik, eine von Schliemann und Dörpfeld nicht berührte »Insel« untersuchte, ein armseliges fünf Meter langes Stück Mauer, sowie eine zweite, die parallel dazu verlief. Beide lagen unmittelbar unter den Fundamenten einer römischen Laden-Kolonnade. Dieser Über-

rest aus dem späten Troja VI befand sich unmittelbar westlich der Stelle, wo nach unseren Vorstellungen der Eingang zum Palast gewesen sein muß, am oberen Ende der Straße, die vom Südtor im Bogen heraufführt. So winzig dieses Überbleibsel auch ist – es könnte der einzig erhaltene Rest des Palastes des bronzezeitlichen Troja sein.

Über das Aussehen des Palastes wissen wir nichts, doch muß er den charakteristischen Megara von Troja VI geähnelt haben (einem Stil, der unmittelbar auf die großen Gebäude von Troja II zurückgeht, entsprechend der bemerkenswerten baulichen Kontinuität auf Hisarlik). Wie der Palast von Pylos dürfte er von Vorratsräumen und Wohnbereichen umgeben gewesen sein. Hier hatte der König von Troja vermutlich – wie alle spätbronzezeitlichen Herrscher – Magazine und Werkstätten sowie Vorräte von Hunderten von Tonkrügen mit Öl, Getreide, Feigen und Wein. Vielleicht gab es auch wie in Pylos eine Werkstatt für Streitwagen mit Handwerkern und Vorratslagern für Achsen, Wagenkästen und Räder; außerdem muß eine Schmiede vorhanden gewesen sein, wo Waffen hergestellt wurden – in Stilformen, die sowohl von ägäischen als auch von hethitischen Vorbildern beeinflußt waren. Töpfer muß es in großer Zahl gegeben haben, die die Unmengen einheimischer Ware und die einheimischen Imitationen griechischer Gefäße herstellten; ihre Brennöfen lagen vermutlich außerhalb der Zitadelle. Wie es sich für ein Textilzentrum gehört, befanden sich Werkstätten innerhalb der Mauern, in denen von allen drei Ausgräbern Tausende von Spinnwirteln gefunden wurden. Es geht sicherlich nicht zu weit, sich ein königliches Vorratshaus mit Wolle und Tuchen sowie mit fertigen Umhängen wie die in Pylos vorzustellen: gewöhnliche Umhänge, »Umhänge für Gefolgsleute«, königliche Gewänder und »als Gastgeschenke geeignete Umhänge«. Wenn wir unsere Gedanken in Analogie zu den hethitischen und den Linear-B-Tafeln noch ein wenig weiter ausspinnen, könnten wir uns vorstellen, daß der trojanische König außer seinen Bronzeschmieden auch noch einen Goldschmied beschäftigte. Er könnte einen Kunsthandwerker gehabt haben, der die schönen Schwertknaufe aus Alabaster oder weißem Marmor herstellte, die in der Späten Bronzezeit offenbar so begehrt waren. Er muß Färber beschäftigt haben, die sein Leinen und seine Wolle färbten. Diese Arbeit könnte, wie auch das Spinnen und Weben sowie das Mahlen von Getreide, von Frauen übernommen worden sein. Außer seinen Töpfern muß der König einen Tuchwalker, einen Messerschmied, Salbenkocher, Bäcker, Jäger, Holzfäller, einen Priester für seinen Hausaltar und einen Wahrsager gehabt haben – vielleicht sogar einen Arzt (wie den *i-ja-te* der Linear-B-Tafeln). Vielleicht hat er wie die Könige von Mykene einen Sänger und Geschichtenerzähler am Hof beschäftigt, der die Taten der königlichen Ahnen vorzutragen wußte; bestimmt hatte er eigene Boten und Herolde und vielleicht auch einen Schreiber, der auf hethitisch auf Ton- oder Holztafeln zu schreiben verstand. All diese Vorstellungen bewegen sich im Bereich des Möglichen, aber wir können sie nicht beweisen. Wenn wir die noch erhaltenen Häuser betrachten, müssen wir den Eindruck gewinnen, daß die

gesamte, innerhalb der Mauern wohnende Einwohnerschaft die Tausend kaum überschritten haben dürfte; wieviel noch in der Unterstadt und in der Ebene wohnten, wissen wir nicht, aber die Schätzung 5000 dürfte ganz grob zutreffen. Archäologische Zeugnisse scheinen allerdings darauf hinzudeuten, daß ein noch größeres Gebiet dem kulturellen Bereich von Troja VI angehörte, so etwa Niederlassungen auf Gallipoli; auch Thermi auf Lesbos hatte offensichtlich entsprechende Verbindungen. Es könnte sich also durchaus noch herausstellen, daß Troja VI in der nordöstlichen Ägäis über mehr Macht und Einfluß verfügte, als bisher angenommen wurde. Auf sich allein gestellt, konnte jedoch der König von Troja kaum eine Streitmacht von mehr als ein paar Hundert Schwerbewaffneten mobilisieren. Ob er sich im Fall einer Krise auf die Hilfe seiner arzawischen Nachbarn – oder gar auf den Großkönig in Hatti selbst – verlassen konnte, wissen wir nicht. Ein allzu großer Teil der Geschichte von Hisarlik bleibt für uns ein Rätsel. Aber es ist faszinierend, sich vorzustellen, wie sehr neue Entdeckungen diese Situation verändern könnten – besonders, wenn das Archiv eines der westasiatischen Nachbarn Trojas gefunden werden sollte, wozu es früher oder später kommen muß.

Troja-Hisarlik gehörte also dem anatolischen Kulturkreis an, zeigte aber deutliche Berührungspunkte mit der ägäischen Welt. Troja VI und Troja VIIa waren nur zwei der Orte, die am Ende der Bronzezeit in Anatolien und in der Ägäis zerstört wurden. Wenn wir diese Zerstörung mit den späteren griechischen Überlieferungen über »Troja« in Verbindung bringen wollen, sollten wir nicht vergessen, daß hier auch ein Zusammenhang mit den Problemen besteht, die sich aus der Zerstörung so vieler anderer Städte des Mittelmeerraums in der Späten Bronzezeit für die Geschichtsschreibung ergeben. In gewissem Sinne gab es viele Trojas und viele Trojanische Kriege, und dieser breiteren Betrachtungsweise möchte ich mich im Schlußkapitel zuwenden.

8. Schlußfolgerungen: Das Ende der Bronzezeit

Nach sorgfältiger Prüfung kann ich vier Hauptursachen für den Untergang des Römischen Reiches unterscheiden, die während eines Zeitraums von über tausend Jahren ständig am Werke waren. I. Die Schäden durch den Lauf der Zeit und durch natürliche Umstände. II. Die feindlichen Angriffe der Barbaren... III. Verbrauch und Mißbrauch von Materialien (das heißt Rohmaterial, Gebrauchsgüter und deren Märkte). Und IV. Die internen Streitereien der Römer.

Gibbon, *Decline and Fall of the Roman Empire,* Bd. VI, Kapitel LXXI (1787)

In den späteren Jahren von Dynastien werden Hungersnöte und Seuchen zahlreicher. Was die Hungersnöte anbetrifft, so sind sie darin begründet, daß die Menschen zu jener Zeit davon Abstand nahmen, den Boden zu bebauen. Denn in den späteren Jahren von Dynastien kommt es zu Angriffen auf Eigentum und Steuereinnahmen sowie, durch Zölle, auf den Handel. Oder es kommt zu Schwierigkeiten infolge der Unruhe der Untertanen und der großen Zahl jener, die durch die Vergreisung der Dynastie veranlaßt werden, zu rebellieren. Wenig Getreide wird eingelagert. Die Getreide- und Erntesituation ist nicht immer von Jahr zu Jahr stabil. Der Umfang der Regenfälle in der Welt ist naturgemäß unterschiedlich. Die Niederschläge können zu gering oder zu stark sein. Getreide und Früchte variieren entsprechend. Immerhin verlassen sich die Menschen hinsichtlich ihrer Nahrungsbedürfnisse auf das, was eingelagert werden kann. Wenn nichts eingelagert ist, müssen sie mit Hungersnöten rechnen. Der Preis des Getreides steigt. Mittellose Menschen sind außerstande, sich etwas zu kaufen, und gehen zugrunde. Wenn mehrere Jahre lang nichts eingelagert wurde, wird der Hunger allgemein. Die große Anzahl von Seuchen (die folgen) werden durch diese Hungersnöte verursacht oder auch durch die vielen Unruhen, die sich aus dem Verfall der Dynastie ergeben. Es gibt viel Aufruhr und Blutvergießen, und Seuchen treten auf ... da es nun Übervölkerung gibt.

Ibn Khaldun, *Eine Einführung in die Geschichte,* III, 49 (1377)

Die Leiden, die die Revolution – wie es war und immer sein wird – über die Städte brachte, waren zahlreich und schrecklich, wenngleich (von Fall zu Fall) schlimmer oder milder und in ihren Symptomen unterschiedlich, je nach der Verschiedenheit der einzelnen Fälle. In Frieden und Wohlstand haben Staaten und Einzelmenschen bessere Gefühle, weil sie sich nicht plötzlich gebieterischen Notwendigkeiten gegenübergestellt sehen; aber der Krieg beseitigt die bequeme Befriedigung der täglichen Bedürfnisse und erweist sich so als ein harter Zuchtmeister, der den Charakter der meisten Menschen mit ihrem Geschick auf eine Stufe bringt.

Thukydides, *Geschichte des Peloponnesischen Krieges,* III, 82 (ca. 400 v. Chr.)

Warum geraten Kulturen in Verfall? Was geschieht, wenn dies eintritt? Diese Fragen haben immer im Mittelpunkt der Geschichtsforschung gestanden, wie meine Zitate zeigen. Bei unseren Bemühungen, die Ursachen für den Zusammenbruch der griechischen Welt am Ende der Bronzezeit ausfindig zu machen, haben wir festgestellt, daß in verschiedenen Gebieten verschiedene Erklärungen vorgebracht wurden: Erdbeben, Seuchen, Hungersnöte, Klima, Krieg, Dürre, Entvölkerung, Pest, Angriffe von außen; an vielen Stellen haben die Archäologen eher an eine vielfältige Verquickung solcher Faktoren denken wollen als an eine einzige Ursache. Diese Art, die Vergangenheit zu betrachten, liegt ganz auf der Linie moderner Historiker wie Braudel: »In der historischen Analyse ... gewinnt am Ende immer die langfristige Betrachtungsweise ... indem sie ungezählte Ereignisse ausschaltet – alle die, die in der obwaltenden Hauptströmung nicht untergebracht werden können.« Diese Ansicht wäre von den oben zitierten großen

Historikern weitgehend akzeptiert worden, auch wenn sie sich gesträubt hätten, Vorgänge unter die »Eintagsfliegen der Geschichte« zu verbannen und Einzelmenschen als »Gefangene« eines Geschicks zu betrachten, auf das sie wenig Einfluß haben – wie Braudel es sehen will. Polybius und Thukydides würden jedoch der modernen Betrachtungsweise zugestimmt haben, die die Zusammenhänge zwischen Klima, Geographie, Wetter und Anbaumethoden, auf die die Kulturen aufgepfropft sind, besonders betont. Thukydides' bemerkenswerte »anthropologische« Betrachtung über das vorgeschichtliche Griechenland (s. Seite 28) zeigt, wie wirtschaftliche Faktoren Aufstieg und Untergang der minoischen und der mykenischen Kultur bestimmt haben könnten. Die Weltgeschichte des großen arabischen Gelehrten des Mittelalters, Ibn Khaldun, räumt den Zusammenhängen zwischen politischem Niedergang und Krankheit, Übervölkerung, Klima, Niederschlagsmenge und Mißernte einen weiten Spielraum ein. In der Vergangenheit gab es jedoch keine Möglichkeit, solche Faktoren wissenschaftlich zu quantifizieren. Erst in den letzten Jahrzehnten sind archäologische Verfahren entwickelt worden, die die heutigen Historiker in die Lage versetzen, Faktoren wie die Entvölkerung Messeniens wirklich zu messen und beispielsweise die Bevölkerung der Argolis durch Vergleich mit der Bodennutzung und dem Ernteertrag zu schätzen. Es bleibt noch viel zu tun, und zweifellos wird es auch in der Zukunft wichtige neue Entdeckungen geben. Aufgabe dieser geographischen Betrachtungsweise sollte es sein, die Rolle der langfristigen Entwicklung gegenüber dem einmaligen Ereignis herauszustellen, die Rolle der Hektors und der Agamemnons der bronzezeitlichen Welt zu beschneiden und statt dessen die Bedeutung von Leuten wie den Flachsarbeiterinnen von Pylos oder der schweigenden Massen näher zu betrachten, die die Stützen dieser Gesellschaften waren. Dies wird die Richtung sein, die die Ägäis-Forschung während der nächsten hundert Jahre verfolgen muß. So gesehen, ist der Trojanische Krieg – selbst wenn er tatsächlich stattgefunden hat – von geringer Bedeutung, handelt es sich doch nur um eines von hundert Trojas, eine von hundert Städten der spätbronzezeitlichen Welt, deren Schicksale als Ganzes wir begreifen müssen, bevor wir allgemeine Schlüsse über diese wichtige Phase menschlicher Geschichte ziehen. Man könnte sogar die Meinung vertreten, daß wir zunächst alle diese anderen Orte und ihre Schicksale kennenlernen müssen, bevor wir die Fundstätte Troja völlig verstehen. Ja, sollte die Zerstörung der Stadt Troja überhaupt nur auf diese Weise ermittelt, die Erzählung dagegen ignoriert werden? Solche Vorstellungen finden in neuesten Arbeiten über den Niedergang der ägäischen Bronzezeit Ausdruck. Ist die Zerstörung von Städten, sind die Einfälle von Invasoren wie den Seevölkern eher Symptome als Ursachen? War die Wirtschaft dieser Welt bereits im Niedergang, bevor die »glorreiche« Zeit des Mykene des 13. Jahrhunderts begann? Die Archäologie kann uns auf solche Fragen selten eindeutige Antworten erteilen, und die Historiker sind versucht, nach anderen Kulturen als Modellen Ausschau zu halten. Ein in diesem Zusammenhang besonders interessantes Modell wurde unlängst von amerikanischen Archäologen

präsentiert, die sich mit dem mysteriösen Verfall der Maya-Kultur in Zentralamerika befassen, für die es überhaupt keine äußere Erklärung zu geben schien. Sie kamen schließlich zu der Überzeugung, daß frühe Gesellschaften von einer auch nur einigermaßen komplexen Organisation oft in Verfall geraten, weil die für das Funktionieren ihrer sozialen Strukturen von ihnen geschaffenen Systeme schließlich nicht mehr in der Lage sind, mit der Vielfalt natürlicher Faktoren fertig zu werden, die ihre Produktionsmethoden bestimmen. Wie Khaldun bemerkte, kann dies durch viele Umstände ausgelöst werden – eine Aufeinanderfolge von Mißernten, Dürreperioden, Seuchen, habgierigen Herrschern. Angesichts solcher Faktoren zeigt sich, daß die wirklich grundlegenden Strukturen der Gesellschaft hierfür nicht stabil genug sind; sie brechen zusammen, weil ihre Widerstandskraft wie bei einem lebenden Organismus, der seinen Immunschutz verloren hat, erloschen ist.

Zusammenbruch des Systems

Die amerikanischen Archäologen stellten die Faktoren zusammen, die ihrer Ansicht nach für den Niedergang der Mayas maßgeblich sind. Diese Liste kann auch überzeugend auf den Untergang des mykenischen Griechenlands angewandt werden (übrigens auch auf das Ende der römischen Herrschaft im England des Dunklen Zeitalters). Es handelt sich um folgende Anzeichen (wobei der Leser sofort bemerken wird, daß wir sie eher als Symptome denn als Ursachen bezeichnen würden):

1. Die zentrale politische Organisation bricht zusammen oder bricht auseinander. Die Herrschaftszentren (die »Hauptstädte«) verlieren an Bedeutung, die öffentliche Bautätigkeit hört – wie alle übrigen öffentlichen Arbeiten – allmählich auf, die militärische Organisation zerbröckelt, Paläste werden verlassen und Vorratshäuser stehen leer; Tempel und heilige Stätten verlieren an Bedeutung und bestehen lediglich als örtliche Kultstätten weiter; die Kunst des Schreibens geht verloren. Dies gilt offensichtlich auch für das Mykene des 13. bis 12. Jahrhunderts.

2. Die traditionelle Herrschaftselite, die herrschende Klasse, löst sich auf. Die Könige verschwinden wie in Griechenland, und die maßgeblichen örtlichen Persönlichkeiten, in diesem Fall der *korete* (der »Bürgermeister«) und der *basileus* (das »Oberhaupt«) treten an ihre Stelle; die üppigen Bestattungen hören auf; die Residenzen werden von Hausbesetzern übernommen oder beherbergen Heimarbeitsbetriebe; die Versorgung mit Luxusgütern, die importiert oder exportiert wurden, kommt zum Erliegen. Dies gilt nicht nur für eine Anzahl mykenischer Hauptorte, sondern entspricht auch in verblüffender Weise dem Übergang von Troja VI zu Troja VII a – im Gegensatz zu der hypothetischen Interpretation, die auf Seite 132 vorgetragen wurde.

3. Die zentralisierte Wirtschaft bricht zusammen. Wie sehr sie in Griechenland zentralisiert war, läßt sich aus den Schrifttafeln in Knossos

und Pylos ersehen (s. Seite 140). Nun gibt es keinen Handel großen Stils mehr, keinen Warenaustausch und keine Gutsbetriebe; Handwerks- und spezialisierte Fertigungsbetriebe verschwinden, die organisierte und spezialisierte Landwirtschaft hört auf. Die Menschen ziehen sich auf örtliche Höfe zurück, betreiben Feldwirtschaft im kleinsten Rahmen und Tauschhandel.

4. Die Aufgabe von Siedlungen und die dadurch hervorgerufene Entvölkerung sind weit verbreitet. Größere und kleinere Städte werden häufig den unteren Bevölkerungsschichten überlassen; oft ist eine Fluchtbewegung auf Hügel und andere isolierte und leicht zu verteidigende Plätze festzustellen, wie beispielsweise Karfi auf Kreta oder Bunarbaschi in der Nähe von Troja.

5. Im Hinblick auf Homers Schilderung sind die kulturellen Strömungen ganz besonders interessant, die sich unter den Nachwirkungen eines solchen Zusammenbruches ausbilden. In dem nunmehr sich ausbreitenden »Dunklen Zeitalter« entsteht eine romantische Legende von der »Welt der Heroen«, die entschwunden ist. Die neuen Machtgruppierungen, die entstehen – und für die in Griechenland nunmehr der *basileus* der »König« ist –, legitimieren sich, indem sie Stammbäume konstruieren, durch die sie mit den Staaten des »Heroischen Zeitalters« verbunden sind. So nahmen zu Homers Zeit ionische Kleinfürsten wie Hektor von Kyme und Agamemnon von Chios die Namen der beiden Helden an, von denen sie auch abzustammen behaupteten, wie im England des Dunklen Zeitalters keltische Könige Stammbäume mit römischen Namen erfanden und angelsächsische Neuankömmlinge Königslisten fabrizierten, die sie mit den sagenhaften Königen ihrer germanischen Vergangenheit verbanden, in die sie mitunter zusätzlich noch römische Namen einbauten. Alte Chronisten und Dichter neigen dazu, den Zusammenbruch der alten Welt in der Form eines heldenhaften Kampfes mit äußeren Eindringlingen zu schildern – ob es nun die Dorer in Griechenland oder die Sachsen in England sind –, und die Schilderung erhält noch einen persönlichen Anstrich durch die Aufzählung großer Taten, grimmer Helden und Schlachten. Schließlich kommt es, im *Beowulf* nicht weniger als bei Homer, zu einer Vermengung zwischen dem Goldenen Heroenzeitalter der Vergangenheit und dem neuen Heroenzeitalter. Aufgabe des Barden ist es vor allem, die beiden miteinander gleichzusetzen.

Dieser Darstellung sollten wir vielleicht eine Schlußbemerkung anfügen, die unsere früheren Gedankengänge über das Wesen der Archäologie als einer Wissenschaft noch einmal aufgreift. Der Nachhall der Sagen von einem »Dunklen Zeitalter« und einem »Heroischen Zeitalter« läßt sich bis zu heutigen Historikern verfolgen, die diese romantischen Erzählungen, die mündlich überliefert und erst Jahrhunderte nach dem Zusammenbruch niedergeschrieben wurden, als Beweismittel akzeptieren. Wie wir gesehen haben, bestand die Neigung, die allmähliche Entwicklung einer wissenschaftlichen Archäologie durch die Überbewertung solcher Mythen in einem Maße zu beeinflussen, wie dies für die Geschichtsschreibung nicht gilt. So hat sie sich beispielsweise auf die größeren und auffälligeren Stätten der untergegangenen Staaten wie Mykene, Tiryns und Troja konzentriert,

und zwar auf Kosten Hunderter »unbedeutender« Stätten, die in den Sagen nicht erwähnt werden, an denen aber das wirkliche Leben der Menschen weiterging. In England gibt es hierzu eine Parallele mit dem Anspruch auf eine geschichtliche Grundlage der Arthus-Sage und den Ausgrabungen in Tintagel, Glastonbury und »Cadbury-Camelot«. Wie die Arthus-Sage ist auch die Geschichte von Troja eine Sage vom Goldenen Zeitalter, die durch einen angenommenen Kern historischer Wahrheit eine um so größere Überzeugungskraft besitzt.

Plausible Hypothese Nr. 4: Synthese

Wenn ich also an den Einzelmenschen denke, neige ich immer dazu, ihn als Gefangenen eines Geschicks zu betrachten, auf das er wenig Einfluß hat, fixiert in einer Landschaft, in der die grenzenlosen Perspektiven langfristiger Betrachtungsweise sich sowohl hinter ihm wie vor ihm in die Ferne dehnen... Wie ich es zu Recht oder zu Unrecht sehe, gewinnt die langfristige am Ende immer.

Ferdinand Braudel, *The Mediterranean,* S. 1244 (1973)

Solche Betrachtungen über die Bedeutung des Einzelmenschen in der Geschichte werden denen nicht zusagen, die sich für große Ereignisse und Schlachten interessieren und die an einen wirklichen Hektor, einen wirklichen Agamemnon und einen richtigen Trojanischen Krieg glauben wollen. Bei einer solchen »strukturalistischen« – also auf die Gesamtstruktur und nicht auf den Einzelfall gerichteten Sichtweise wäre es offensichtlich sinnlos, ein Geschichtswerk über einen »historischen« Trojanischen Krieg zu schreiben, eine *contradictio in adjecto*; selbst wenn wir beweisen könnten, daß es ein wirkliches Ereignis war, wäre es doch von untergeordneter Bedeutung im Vergleich zu den untergründigen langfristigen Strukturen, die wir in diesem Kapitel angesprochen haben. So wie die Dinge liegen – das heißt, ohne im Besitz eindeutiger Zeugnisse zu sein –, fällt es nicht schwer, den kritischen Anmerkungen Sir Moses Finleys beizupflichten, der nicht nur bestritten hat, daß der Krieg je stattgefunden habe, sondern in seinem Buch *The World of Odysseus* nachdrücklich erklärt, das »Homers Trojanischer Krieg ... aus der Geschichte der griechischen Bronzezeit verbannt werden muß«. Die Wahrheit ist, ob wir sie hören wollen oder nicht, daß der Trojanische Krieg längst über die streng sachliche Analyse der Bronzezeit-Experten hinaus ein Eigenleben führt, so sehr, daß die Arbeit von Schliemann, Dörpfeld und Blegen in Hisarlik sowie die Hunderter von Kommentatoren (obgleich methodisch von unterschiedlicher wissenschaftlicher Qualität) in einem gewissen Sinn das Sagenhafte, das Legendäre genauso ins Licht zu rücken geeignet ist wie die Werke von Berlioz, Virgil oder Äschylos, die im ersten Kapitel erwähnt wurden. In allen Fällen bestimmte die Sage die Interpretation des Beweismaterials. Der Grund ist, daß für die meisten Menschen Lord Byrons Bemerkung gilt: »Die Authentizität der Geschichte von Troja ist uns gleichgültig... Ich verehre das großartige Original als die *Wahrheit der Geschichte ... und des Ortes*; sonst hätte es mir keine Freude bereitet.« Angesichts dieses Paradoxons muß der korrekte Historiker Schliemanns Freund Charles Newton zustimmen, der

1878 in der Besprechung von Schliemanns *Mykenae* in der *Edinburgh Review* schrieb:

> Wieviel von der Geschichte wirklich als Tatsache zu akzeptieren ist und aufgrund welchen Tests wir unterscheiden sollen zwischen dem, was lediglich plausible Erfindung ist, und dem Rest an wahrer Geschichte, der unter einer mythischen Vermummung erkannt werden kann ... das sind bislang noch ungelöste Probleme, ungeachtet des gewaltigen Ausmaßes von Gelehrsamkeit und scharfsinnigem Abwägen, das auf sie verwendet worden ist.

Es wäre jedoch unfair, ein Buch dieser Art in einem solchen Tenor zu beschließen. Ich hoffe, bei unseren Nachforschungen ist deutlich geworden, daß es eine gewaltige Menge von Indizienbeweisen gibt, die alle darauf hindeuten, daß ein Kern der Geschichte von Troja auf ein wahres Ereignis der Bronzezeit zurückgeht. Wieviel das ist, können wir noch nicht mit Sicherheit sagen, aber es kann nicht schaden, wenn wir unsere Ausführungen mit einer plausiblen Rekonstruktion dessen beschließen, was aus der Masse des Beweismaterials vernünftigerweise geschlossen werden kann; ein Stück politischer Journalismus, wenn man will, das mit einer Prise Salz – oder, je nach Geschmack, mit einem Steigbügelkrug voll – zu konsumieren ist. Folgendes wäre somit meine Version des gemutmaßten »historischen« Kriegs um Troja und seines Hintergrunds.

Das 14. und das 13. Jahrhundert waren die Blütezeit der mykenischen Kultur. Der Schwerpunkt der Macht lag in Mykene; die dortige Dynastie dehnte durch militärische Eroberung oder durch eine im damaligen Nahen Osten übliche Heiratspolitik ihren Einfluß über die ganze Peloponnes aus. Diese Ausdehnung könnte sich im archäologischen Befund im Um- oder Neubau von Pylos (ca. 1300 v. Chr.) und des Menelaions (ca. 1300–1250) sowie in der ersten Zerstörung Thebens, des großen Rivalen in Zentralgriechenland (ca. 1300?) widerspiegeln. Die Archäologie zeigt uns auch, daß die Paläste von Mykene, Pylos, Tiryns und des Menelaions dieselbe materielle Kultur, dieselben künstlerischen Traditionen und dieselbe Bürokratie bis in die letzte Einzelheit miteinander gemein hatten. Tiryns besaß wie Pylos so etwas wie ein Archiv und könnte daher von Mykene unabhängig gewesen sein. Doch ist es wahrscheinlicher, daß es die Vorherrschaft von Mykene anerkannte und dessen Hafen war. Orchomenos, der Feind Thebens, könnte ebenfalls ein Teil dieser Welt gewesen sein, da es dieselben Künstler und Architekten beschäftigte. Auch Knossos scheint um diese Zeit von einer mykenischen Dynastie beherrscht worden zu sein, die enge Beziehungen zu Mykene und dem Festland unterhielt, Baustein aus denselben spartanischen Steinbrüchen importierte, dieselben Kunststile pflegte und eine bis in alle Einzelheiten gleiche Bürokratie besaß. Es war eine einheitliche Welt: Ihre Stadtstaaten mochten unabhängige Traditionen besessen haben, ihre eigenen Könige; aber zu gewissen Zeiten erkannten sie einen »Großkönig« in derselben Weise an wie andere Königsherrschaften im Nahen Osten. Bei weitem der Großteil unseres Anschauungsmaterials deutet darauf hin, daß die Griechen, die Achaiwoi Homers, das Volk waren, das den Hethitern während des ganzen 14. und 13. Jahrhunderts v. Chr. als das Volk von

Ahhiyawa bekannt war, und daß deren jeweiliger Oberherr im 13. Jahrhundert vom »Auswärtigen Amt« der Hethiter zeitweise genauso als »Großkönig« anerkannt wurde wie die Könige von Ägypten, Babylonien und – später – Assyrien. Ich nehme an, daß zu dieser Zeit der Sitz des Königs von Ahhiyawa in Mykene war und daß dieser der Dynastie angehörte, die in der Überlieferung der Griechen unter dem Namen der Atriden weiterlebt. Damals dehnten die Griechen ihren Einfluß über die ganzen Inseln der Ägäis aus. Ihre Handelswege führten westwärts bis nach Sizilien und ostwärts über Zypern bis nach Syrien. Sie hatten maßgeblichen Einfluß auf die Niederlassungen an der kleinasiatischen Küste an Orten wie Iasos oder Milet, deren Gebiet von den Hethitern als griechisches Territorium mit vereinbarten Grenzen anerkannt wurde. In beschränktem Umfang waren die Griechen auch in die damalige Diplomatie einbezogen, indem sie mit den Hethitern Geschenke und Botschafter austauschten, Kultbilder an den hethitischen Hof sandten und Angehörigen der hethitischen Königsfamilie Gastfreundschaft gewährten. Daß sie den Ägyptern bekannt waren und durch Austausch von Botschaftern direkte Kontakte hatten, ergibt sich aus den Inschriften, die von einem ägyptischen Besuch in Mykene und Kreta um 1380 berichten.

Für die Paläste auf dem Festland war die Periode zwischen 1300 und ca. 1250 v. Chr. die große Zeit mykenischer Bautätigkeit; es war eine Periode entweder großer Zuversicht oder großer Verteidigungsbereitschaft. Damals wurden in Gla, Tiryns, Mykene, Athen und Dutzenden kleinerer Orte wie Eutresis, Araxos, Krisa und Tigani gewaltige Befestigungsanlagen ausgebaut. Daß die großartigsten Baudenkmäler dieses Kulturkreises so kurz vor dessen Niedergang entstanden sein sollten, ist, wie Ibn Khaldun bemerkt, nicht ungewöhnlich:

> Am Ende einer Dynastie kommt es oft zu irgendeiner Machtdemonstration, die den Eindruck vermittelt, als sei die Altersschwäche einer Dynastie überwunden. Sie leuchtet strahlend auf, unmittelbar bevor sie erlischt, wie ein brennender Docht, der einen Augenblick, bevor er ausgeht, noch einmal hell aufflackert und dadurch den Eindruck hervorruft, er finge gerade an zu brennen, während er in Wirklichkeit am Ausgehen ist.

Hier dürfen wir nun wohl mit Recht die Überlieferungen heranziehen, die in den griechischen Sagen einen so bevorzugten Platz einnehmen und von denen wir wissen, daß sie auf die Bronzezeit zurückgehen. Es war die einheitliche Auffassung, daß Paläste wie der von Mykene blutige Stätten seien, beherrscht von gewalttätigen Männern, Opfer mörderischer Kämpfe und unentwegt in Kriege verwickelt. Die archäologische Hinterlassenschaft von Palästen wie dem von Mykene und gewisse Einzelheiten der Linear-B-Tafeln bestätigen, daß dies wirklich eine militaristische und aggressive Welt war. Im Grunde betrieben sie eine Wirtschaft, die von der Hand in den Mund lebte. Eine große Bevölkerung von Untertanen, die wahrscheinlich auch viele Sklaven mit einschloß, war an die Scholle gebunden und erzeugte die Nahrung für ihre Herren sowie genügend Überschüsse an Olivenöl, Getreide, Stoffe, Flachs und Töpferware für den Export. Desgleichen sollte

die besondere Bedeutung, die der kriegerischen Ausrüstung in den Schrifttafeln zukommt, beachtet werden. In Knossos und Pylos befinden sich bedeutende Mengen sehr teurer Metalle, die im Falle des Kupfers, des Zinns und des Goldes nur durch Handel oder Krieg zu beschaffen waren. Mit anderen Worten: sowohl die zu friedlicher Produktion benötigten Arbeitskräfte als auch die als Zwangsmittel benötigten Streitkräfte konnten nur durch Handel oder Gewaltanwendung unterhalten werden – ein echter *circulus vitiosus*. Zweifellos waren Könige wie Agamemnon so grausam und rücksichtslos, wie Könige unter solchen Umständen sein mußten. Es ist nicht mehr und nicht weniger als Notwehr, denn nur durch Gewalt konnte sich die herrschende Elite am Leben erhalten. Zitieren wir wieder Ibn Khaldoun:

Jede königliche Autorität muß auf zwei Fundamenten ruhen. Das eine ist Macht und Zusammengehörigkeitsgefühl, das seinen Ausdruck im Soldatentum findet. Das andere ist Geld, mit dem die Soldaten unterhalten werden und das den ganzen Apparat liefert, dessen die königliche Autorität bedarf. Die Auflösung befällt die Dynastie an diesen beiden Fundamenten.

Könige wie Agamemnon mußten also ihre Kriegerschar mit Kriegsbeute entlohnen und ausrüsten, das heißt mit Schätzen und Kostbarkeiten, mit Rohstoffen, wertvollen Metallen, Vieh und Frauen. Das gilt für alle sogenannten heroischen Gesellschaften. Bei Homer ist, wie wir gesehen haben, der größte Ruhmestitel der eines »Städteplünderers«. Dies ist die Wirklichkeit bronzezeitlicher Macht. Sie ist aufs innigste mit der Struktur und den Idealen dieser Gesellschaft verknüpft, was auch durch die Linear-B-Tafeln von Pylos eindringlich bestätigt wird. Der Einsatz von Sklaven aus Lemnos, Chios, »Asien«, Milet, Halikarnassos und Knidos, die in hochorganisierten »Staatsbetrieben« arbeiteten, zeigt uns, daß die Welt Agamemnons dergestalt war, daß sie ständig Sklaven benötigte und sich diese durch Kriege beschaffte oder auf ihren überseeischen Märkten kaufte. Es war eine Gesellschaft, in der der Verbrauch von Überschußerträgen an der Spitze – Ausgaben für Schätze, Herrscherkult, königliche Grabstätten, Kriegsgerät – solche Formen annahm, daß für seine Sicherstellung eine große Beschäftigtenpyramide erforderlich war, die fortwährend aufgefüllt werden mußte, da die weiblichen Sklaven zwar Kinder zur Welt brachten, die Lebenserwartung dieser Menschen aber sehr gering gewesen sein dürfte. Nichts erhellt diese Zustände deutlicher als der in den Pylos-Tafeln erkennbare Gegensatz zwischen den langatmigen Angaben über Vorräte an reichverziertem Inventar in den Speicherräumen des Palastes und den knappen Listen fremder Sklaven und ihrer Rationen. Man stelle sich den Aufwand an Kosten und handwerklicher Arbeit vor, der allein auf folgendes Stück verschwendet wurde: »Ein gefederter Stuhl, eingelegt mit *kyanos* (blauem Glasfluß), Silber und Gold auf dem Rücken, mit menschlichen Figuren in Gold und einem Paar Goldrosetten sowie mit goldenen Greifen und Greifen in blauem Glasfluß.« Und dies ist lediglich eine einzige Position unter vielen Dutzenden, die in den erhaltenen Tafeln aufgeführt sind. Wie zu erwarten,

zeigt sich dieselbe Liebe fürs Detail in der Beschreibung von Kriegsgerät, beispielsweise bei Wagenkästen: »Mit Elfenbein eingelegt, karminrot bemalt, versehen mit Zaumzeug mit ledernen Backenstücken und beinernem Gebiß.«

Im Gegensatz dazu betrachte man die »einundzwanzig knidischen Frauen, zwölf Mädchen, zehn Knaben ... In Eudeiwelos: acht Frauen, zwei Mädchen und drei Knaben; (Zuteilungen) 336 Liter Weizen, 336 Liter Feigen ...« Fachleute schätzen, daß jeder dieser Menschen eine Monatsration von 24 Litern erhielt, etwas weniger als die klassische Monatsration eines Soldaten; wurde sie durch Feigen ergänzt, konnte die Weizenration reduziert werden. Der Römer Cato, der sich auch als Agronom hervortat, empfiehlt eine Reduzierung der Brotzuteilung an Sklaven, »wenn sie anfangen, Feigen zu essen«. Das war die Welt Agamemnons.

Vor diesem Hintergrund müssen nun die besonderen Gegebenheiten des 13. Jahrhunderts in Rechnung gestellt werden. Die mykenische Gesellschaft war bereits Spannungen ausgesetzt. Bald nach 1300 wurde der Mittelmeerraum Zeuge weitverbreiteter Überfälle und zunehmender Unsicherheit, die später das Ende der bestehenden Ordnung herbeiführen sollten. Es könnte wirtschaftliche Probleme, Überbevölkerung, Mißernten, Dürre und Hungersnöte gegeben haben. Dies sind jedoch Fragen, die noch von Fachleuten gelöst werden müssen, wie wir auch die Frage einer Klimaänderung noch nicht beantworten können. Kam es vielleicht außerdem zu einem Rückgang oder gar Aufhören des mykenischen Handels mit dem Nahen Osten gegen Ende des Jahrhunderts? Alle diese Faktoren könnten eine Rolle gespielt haben. Ebensowenig ist die Möglichkeit mörderischer Fehden innerhalb von Sippenverbänden oder ganzen Dynastien oder auch von Kämpfen zwischen rivalisierenden Stadtstaaten auszuschließen, wie in der Sage des argivischen Angriffs auf Theben eine Generation vor dem Trojanischen Krieg. Auch Vorgänge an der kleinasiatischen Küste könnten dabei eine Rolle gespielt haben. Gerade zu diesem Zeitpunkt scheinen die Hethiter Milet eingenommen zu haben, eine der größten Städte in der Ägäis. Möglicherweise wurden auch griechische Interessen aus Südwestanatolien verdrängt, wodurch diese gezwungen worden wären, sich weiter im Norden nach Sklaven und Rohstoffen umzusehen – mehr in der Gegend von Troja!

Zwar mögen dies alles nur Hypothesen sein, aber eine Kombination von einigen oder allen genannten Faktoren muß richtig sein; Wir müssen den schwindenden wirtschaftlichen Wohlstand der Peloponnes erklären, und wir müssen annehmen, daß Agamemnon und seine königlichen »Vettern« mitsamt der übrigen herrschenden Schicht alles in ihrer Macht Stehende unternahmen, die Lage zum besseren zu wenden. Der Bestand ihrer Herrschaft hing von Beute, Sklaven und Schätzen ab. So dürften häufige Raubzüge die passende Methode gewesen sein, sich damit zu versorgen – ja, solche Unternehmen könnten jährlich stattgefunden haben. Höchstwahrscheinlich richteten sich diese Raubzüge auf den Norden und Osten, insbesondere auf die kleinasiatische Küste, wo die hethitischen Schrifttafeln eine im Verlauf des Jahrhunderts zunehmende griechische Aktivität ver-

zeichnen. So betrachtet, scheint ein Angriff auf Troja – neben anderen Orten – derart naheliegend, daß wir, wenn es die Geschichte von Troja nicht gäbe, etwas derartiges erwarten müßten. Hinsichtlich der Beweggründe für einen solchen Angriff brauchen wir uns also keine unnötigen Sorgen zu machen – diese Art kriegerischer Tätigkeit liegt vielmehr ganz in der Natur der mykenischen Gesellschaft und ihres Königtums begründet.

Es dürfte auch nicht schwierig gewesen sein, eine mykenische Unternehmung in den Nordosten der Ägäis zu organisieren. Die erforderlichen Mittel in Gestalt von Schiffen waren vorhanden, selbst wenn Homers Schiffskatalog hinsichtlich deren Anzahl übertrieben hat. Die Fresken von Thera zeigen uns eine möglicherweise gegen die libysche Küste gerichtete überseeische Expedition, Schiffe mit langen Rudern und Segeln, besetzt mit schwerbewaffneten Kriegern mit Eberzahnhelmen, langen Speeren und rechteckigen »Turmschilden«. Die Art und Weise, wie solche Streitkräfte mobilisiert wurden, ergibt sich aus den Pylos-Tafeln, wo ihre Ausrüstung in allen Einzelheiten aufgezählt wird. Im Falle einer Überseeunternehmung würde es sich um eine Elitestreitmacht handeln: die maßgeblichen Könige mit ihrem Gefolge und die vornehmsten Grundherren mit ihrem bewaffneten Aufgebot, höchstens einige Hundert von jedem Königreich. Troja war offensichtlich nicht das einzige, nicht einmal das wichtigste Angriffsziel. Tatsächlich stellt Homer ausdrücklich fest, daß Troja nur ein Vorgang in einer längeren Reihe von Raubzügen nach Teuthranien und Mysien mit Überfällen auf Lemnos, Lesbos, Pedasos, Lyrnessos und andere Orte und Inseln war, wo Städte geplündert, Weidetiere weggetrieben und Frauen und Kinder verschleppt wurden. Die archäologischen Zeugnisse für die Zerstörung einer der größten Städte der Ägäis, Thermi auf Lesbos, gerade zum damaligen Augenblick paßt sehr gut zu Homers Bericht über die Plünderung von Lesbos durch Achilles.

Die Geschichte von Troja ist somit Teil einer langen Periode mykenischer Angriffe auf die Küsten und Inseln Nordwestanatoliens. Troja war nicht der einzige Ort, der erobert und geplündert wurde, aber es war der, den die Griechen am besten kannten und der am schwierigsten einzunehmen war. Es ist sogar möglich – wie Lechevalier nicht ausschloß und die hethitischen Texte andeuten könnten –, daß das ganze Unternehmen ein Fehlschlag war und die Ereignisse zu Hause von den Barden der bedrohten Könige in dem Maße aufgebauscht wurden, wie ihre Welt zunehmend ins Wanken geriet. Fest steht jedenfalls, daß die Stadt zerstört wurde. Eine plausible Deutung der Geschichte wäre, daß die Griechen wie in Phylakopi und Knossos sich über das Goldene Troja hermachten, nachdem es von einer Naturkatastrophe heimgesucht worden war, eben dem schweren Erdbeben, das nach Blegens Meinung über Troja VIh hereingebrochen ist. Ich zögere jedoch nicht, die Vermutung auszusprechen, daß die Sage mit ihrer Behauptung recht hat, Troja sei nach einer erbitterten Belagerung absichtlich zerstört worden. Die Stadt wurde geplündert und die Frauen fortgeschleppt, um auf den Gütern um Mykene und Pylos zu arbeiten. Vielleicht befindet sich sogar eine von ihnen unter den verschleppten Frauen aus Lemnos und »Asien«,

die auf den Schrifttafeln in Pylos eine Generation später »erfaßt« sind und wo sich auch die Eintragung findet: »Eine Dienerin des Gottes, *To-ro-ja*« (Trojanerin?).

Was ist über die Einzelheiten zu sagen? Gab es Agamemnon wirklich? Möglicherweise: Wir wissen aus germanischen und keltischen Epen, daß die Namen und Stammbäume früherer Könige oft auf irgendeine Weise erhalten sind. So konnte Offa, der König des angelsächsischen Mercien, seine Vorfahren bis zurück zu jenen Königen aufsagen, die vor der Ankunft der Angelsachsen im heutigen England herrschten. Es ist durchaus nicht auszuschließen, daß die Namen der letzten großen Könige von Mykene, Atreus und Agamemnon, von den Barden überliefert wurden.

Hat es Helena wirklich gegeben, und war ihre Entführung die Ursache des Krieges? Eine Parallele dafür wäre, daß die Entführung einer Frau von königlichem Geblüt im 12. Jahrhundert n. Chr. als Vorwand für den Einfall der Normannen in Irland diente. Andererseits ist ein Angriff auf eine Burg oder eine Stadt, um eine entführte Prinzessin zu befreien, ein altbewährtes Thema epischer Dichtung, eine Standardgeschichte fahrender Sänger, ob es sich nun um das mittelalterliche Irland, das alte Indien oder gar das Ugarit des 13. Jahrhunderts v. Chr. handelt, so daß es verfehlt wäre, dem allzu großes Gewicht beizumessen. Immerhin haben unsere Untersuchungen gezeigt, daß die Verschleppung von Frauen bei Raubzügen über See in der damaligen Welt allgemeine Gepflogenheit war – um so mehr, wenn sie auch noch schön waren. Hinsichtlich Helenas können wir zumindest sagen, daß es sie gegeben haben kann!

An dieser Stelle wäre auch ein Wort über eine andere berühmte Frau in der Geschichte von Troja angebracht: die junge Iphigenie (oder Iphianassa, wie sie bei Homer heißt). Ihre Opferung in Aulis war das Vorspiel zu dem ganzen Unternehmen – und zugleich das Thema so vieler späterer literarischer und musikalischer Kunstwerke. Es gibt keinen Grund zu glauben, daß sie wirklich existiert habe, aber einer der bemerkenswertesten neueren archäologischen Funde hat Hinweise auf Menschenopfer, ja sogar auf rituellen Kannibalismus in der Bronzezeit ans Licht gebracht. Die Entdeckung der Überreste zweier Kinder von acht und elf Jahren (dem Alter der Iphigenie) in Knossos, die offenbar kurz vor der Katastrophe, die um 1420 v. Chr. über den Palast und die umliegenden Wohnbezirke hereinbrach, rituell getötet und teilweise verzehrt wurden, verleiht der Vorstellung eine gewisse Wahrscheinlichkeit, daß ein Kinderopfer in einem Augenblick der Krise in der Bronzezeit auch anderwärts vorgenommen worden sein mag. Daß Opferungen auch dem Fall von Pylos vorausgingen, könnte aus einer der letzten Schrifttafeln aus dem dortigen Palast geschlossen werden, doch ist dies keineswegs sicher (s. Seite 254). Immerhin gibt der Fund von Knossos Anlaß, berühmte Geschichten wie die kultische Tötung der Kinder des Thyestes (des Onkels Agamemnons) und die Opferung Iphigenies in einem neuen Licht zu sehen.

Hinsichtlich der trojanischen Helden ist es interessant, daß von den Namen auf den Linear-B-Tafeln, die bei Homer vorkommen, zwanzig

(immerhin ein Drittel) für Trojaner verwendet werden; das heißt nichts anderes, als daß für trojanische Helden, darunter auch Hektor, griechische Namen erfunden wurden. Für zwei Namen dürfte dies allerdings nicht gelten, und dies sind nun auch zwei ganz besondere: Priamos könnte der anatolische Name Pariamu sein, der in hethitischen Texten vorkommt, und Paris-Alexandros von Wilios scheint irgendwie mit dem Alaksandus von Wilusa zusammenzuhängen, der ebenfalls auf hethitischen Tafeln des 13. Jahrhunderts genannt wird. Mehr können wir dazu nicht sagen. Offensichtlich hatte die griechische Überlieferung während des Dunklen Zeitalters nur ganz verschwommene Vorstellungen von dem Kleinasien des Heroischen Zeitalters.

Und wie steht es mit dem Hölzernen Pferd? Es ist als ein simples Märchenmotiv abgetan worden. Andererseits haben wir gesehen, daß es als ein Rammgerät interpretiert worden ist, das zusammen mit seiner Bedienungsmannschaft in einem pferdeförmigen Gehäuse untergebracht war. In jüngster Zeit ist jedoch ein faszinierender Erklärungsversuch unternommen worden, der diskutiert zu werden verdient, auch wenn er schließlich verworfen wird. Bei dieser Version wird das Pferd mit dem Gott Poseidon in Verbindung gebracht, von dem wir wissen, daß er auch dem mykenischen Pantheon angehörte. In Arkadien wurde Poseidon stets in der Gestalt eines Pferdes verehrt, in anderen Gegenden als Reiter oder als Gebieter von Pferden. Für die Leute auf dem Lande war er Hippos, das Pferd. Aber Poseidon wurde auch – selbst noch in geschichtlicher Zeit – als der alleinige Urheber von Erdbeben betrachtet. Hier sollten wir uns wieder der angeblichen Zerstörung von Troja VI durch ein Erdbeben sowie der Erzählung von Laomedon erinnern, der Poseidon betrog und mit der Zerstörung seiner prächtigen Mauern bestraft wurde. Erfand vielleicht ein späterer Barde in Gedanken an den Zusammenhang mit Poseidon den aufregenden Trick mit dem Hölzernen Pferd und verlegte dabei die ältere Überlieferung auf eine frühere Plünderung durch Herakles? Mir erscheint eine solche Erklärung zu sehr an den Haaren herbeigezogen und alles andere als überzeugend. Falls die Griechen Troja tatsächlich erst erstürmten, nachdem es von einem Erdbeben in Trümmer gelegt worden war, können wir dann immer noch an dem Zusammenhang mit einem Kultbild des Poseidon, des Gottes der Erdbeben, in Gestalt eines hölzernen Pferdes festhalten, das die Griechen als ein Dankopfer zurückließen? Am besten gibt man wohl zu, daß die Geschichte vom Hölzernen Pferd von einem unlösbaren Geheimnis umgeben ist; offenbar kursierte sie schon lange vor Homers Zeit, wie wir von der Mykonos-Vase wissen (s. Seite 80). Mehr können wir dazu jedoch nicht sagen.

Unsere Nachforschungen sind nun fast am Ende. Die Eroberung Trojas blieb im Gedächtnis lebendig, weil dies das letzte große Unternehmen der mykenischen Welt war; kein anderer König von Mykene würde je wieder für sich in Anspruch nehmen, ein »Großkönig« zu sein. Wie im mittelalterlichen Irland besangen die besten Barden stets die neuesten und letzten Geschichten, und Troja war die letzte. Ein oder zwei Generationen später

zeigten sich die ersten Risse in dieser Welt. Das Schicksal der Städte war nicht unbedingt überall dasselbe; Mykene und Tiryns wurden durch Erdbeben schwer beschädigt, Pylos wurde vielleicht von einheimischen Rebellen gebrandschatzt, Messenien wurde Opfer einer Entvölkerung großen Ausmaßes, und ähnlich erging es vielleicht Lakonien. Die Argolis erlebte dagegen einen neuen Zustrom, in Übersee kam es zu Wanderbewegungen – alles in allem kein allgemeiner, alles umfassender Zusammenbruch, sondern fortschreitender Niedergang, Auflösungserscheinungen, Schwächung einst mächtiger Institutionen und Autoritäten, was gleichbedeutend mit ständig abnehmender Bautätigkeit war (wenngleich mancherorts, so in Tiryns, das Gegenteil zutrifft). Viele größere städtische Zentren wurden für immer aufgegeben. Um sie herum kam es zu einem steten Zustrom griechischsprechender Landbevölkerung aus entlegeneren Gegenden, die sich in aufgegebenen Bauernstellen niederließen wie verarmte Einwanderer aus der Dritten Welt – eine Art Goldrausch, an den sich die Überlieferung als Ankunft eines neuen Volkes erinnert, der »Dorer«. An manchen Orten hielt sich eine als solche erkennbare mykenische Lebensweise während des ganzen 12. Jahrhunderts; Mykene selbst wurde um 1100 v. Chr. aufgegeben. Die Landbevölkerung und lokale Größen hielten weiter an ihrem einfachen Leben fest, doch führte eine Reihe vielfach verschlungener Ereignisse zum Versagen der hochentwickelten Palastkultur der ausgehenden Bronzezeit. Die Schreibkenntnisse waren derart auf die Sicherstellung dieses Systems ausgerichtet, daß die Kunst des Lesens und Schreibens mit dem Untergang der Paläste und dem Tod und dem Auseinanderlaufen der winzigen Buchhalter-Elite völlig verlorenging; was übrig blieb, bedurfte des geschriebenen Wortes nicht länger.

Wenn wir alle diese Faktoren zusammenfassen, sollten wir darüber nicht die Sagen vergessen, und sei es nur als Modelle für das, was sich zugetragen haben könnte. Die Sagen wissen von ständigen Rivalitäten innerhalb der königlichen Sippen des Heroischen Zeitalters zu berichten – Atreus und Thyestes, Agamemnon und Aigisthos und wie sie alle heißen –, und wir können immerhin soviel mit Sicherheit sagen, daß solche Fehden für diese Art von Gesellschaft zu allen Zeiten kennzeichnend sind. Die Sagen von den Epigonoi und von Herakles dürften ebenfalls Überlieferungen von Kriegen zwischen der Stadtstaaten der mykenischen Welt und den sich befehdenden Sippen der großen Königsfamilien bewahren.

Historiker und Anthropologen, die sich mit dem Dunklen Zeitalter des Westens beschäftigen, können auf genau die gleichen Fehden in den königlichen Sippen der merowingischen, karolingischen, ottonischen und angelsächsischen Gesellschaft verweisen. Eine der Hauptfunktionen der königlichen Machthaber bestand darin, die internen Zwistigkeiten zu beschwichtigen, die in solchen Gesellschaften die Regel sind. Das griechische Königtum der Bronzezeit kann da nicht anders gewesen sein. Die *Odyssee* berichtet, wie der »Großkönig« Agamemnon bei seiner Rückkehr aus Troja von einem rivalisierenden Verwandten ermordet wird; anderen Königen drohte Absetzung oder Rebellion. Diese Sagen gehen auf das Ende

der Bronzezeit zurück und sind durchaus einleuchtend, auch wenn wir sie nicht beweisen können: Untersuchungen über das Königtum des Nahen Ostens bieten viele Parallelen und deuten darauf hin, daß die verwandtschaftlichen Cliquen der bronzezeitlichen Königssippen unentwegt rivalisiernde Prätendenten hervorbrachten. Wo die Person des Königs eine so wichtige Rolle spielte, hing viel von seiner Sicherheit ab. Stürzte er, konnte es zu inneren Auseinandersetzungen kommen – »politische« Macht breitete sich schnell aus und mußte sich auch schnell wieder zurückziehen. Thukydides' Bericht scheint demgemäß grundsätzlich annehmbar. Die lange Dauer des Krieges gegen Troja und »die späte Heimkehr der Hellenen von Ilion verursachte viele Umwälzungen, und fast überall erhob sich Zwietracht . . . und es waren die auf diese Weise ins Exil getriebenen Bürger, die die (überseeischen) Städte gründeten.« Thukydides datiert die Besetzung der Peloponnes durch die »Dorer« auf eine Zeit achtzig Jahre nach dem Fall Trojas. Erst danach, sagt er, erfolgten die Hauptwanderungen nach Ionien, den Inseln der Ägäis, Italien und Sizilien: »Alle diese Orte wurden (erst) anschließend an den Krieg mit Troja gegründet.« Dieses Bild ist zwar stark vereinfacht, wurde aber in seinen Grundzügen von der Archäologie bestätigt.

Athen. Hinten der Parthenon aus dem fünften Jahrhundert v. Chr., vorn die mykenische Verteidigungsmauer. Athen, der einzige größere Hauptort, der den Untergang der griechischen Königreiche der Bronzezeit überlebte, sollte später die Führung der griechischen Welt beanspruchen und die Niederschrift der *Ilias* als Nationalepos fördern.

Was die Bewahrung der Geschichte während des Dunklen Zeitalters anbetrifft, so kann man sich sehr wohl vorstellen, daß sie auch während des 12. Jahrhunderts an den Höfen von Mykene und Tiryns vorgetragen wurde.

Der »Schiffskatalog« wurde wahrscheinlich von einem Barden des 12. Jahrhunderts anhand einer echten Aufzählung berühmter Orte in den mykenischen Königreichen Griechenlands fabriziert. Die Absicht war, zurückzublicken und an das Goldene Zeitalter der Heroen anzuknüpfen. Zu seiner Zeit wußten die Zuhörer, daß Orte wie Pylos nicht mehr existierten. Nestor repräsentierte das Goldene Zeitalter einstigen Königtums: väterlich und streng, aber »gerecht«; so sah ein großer *wanax* aus (dieses Wort ist, gleich dem *»anax«*, durch Homer überliefert). Es waren »anständige Kerle«, die das »Imperium« zusammenhielten – man könnte sagen, das damalige Gegenstück zu den Wertvorstellungen des viktorianischen Zeitalters. Die Erinnerung an den Standort der meisten wichtigen Zentren wurde an Ort und Stelle mündlich gepflegt, so daß im achten Jahrhundert Erzählungen vorliegen, feierlich eingebunden in eine reiche und ausführliche Bardentradition, die in den »Emigrantengemeinden« Ioniens besonders gedieh. In Lakonien und der Argolis, den einstigen Kerngebieten mykenischer Macht, entwickelte sich ein Heroenkult, dessen Mittelpunkt die mykenischen Grabstätten waren, an denen Opfergaben für die Helden dieser großartigen Zeit niedergelegt wurden. So lebte am Menelaion das Gedächtnis fort, wachgehalten von zahlreichen Besuchern, die eigens hierher kamen, um der Erinnerung an Menelaos und Helena zu huldigen. In Amyklai, an der Stätte eines anderen bronzezeitlichen Palastes in Lakonien, scheint dieser Heroenkult bis in die klassische Zeit ohne Unterbrechung fortbestanden zu haben. Wie in Mykene finden wir überraschenderweise auch in Sparta einen Agamemnon-Kult. In Orchomenos wurde das große »Schatzhaus« zu einem Heiligtum des »König Minyas«; derselbe Vorgang wiederholte sich an zahllosen weniger bekannten mykenischen Tholosgräbern, besonders an Orten, die mit denen des »Schiffskatalogs« identifiziert werden konnten. Homer ist der Höhepunkt dieser Entwicklung, sozusagen der Gipfel, wenn auch keineswegs das Ende einer langen Bardentradition. Wenn wir sagen, daß er seine Dichtungen um 730 v. Chr. gestaltete, müßten wir der Wirklichkeit ziemlich nahekommen. Unklar ist dagegen, wieviel später die *Ilias* schriftlich niedergelegt wurde. Wie wir sahen, dürfte das siebente Jahrhundert eine realistische Schätzung sein. Lange zuvor jedoch war die Erzählung an der Stätte von Hisarlik selbst ausgesponnen worden, wohin die Lokrer vielleicht schon vor 700 v. Chr. ihre Jungfrauen schickten, um der trojanischen Athene zu dienen. Zu dieser Zeit waren die Fakten, worin auch immer sie bestanden haben mögen, zur Sage geworden, die dann ihrerseits zum Faktum wurde. Und damit sind wir wieder erneut am Anfang angelangt.

Die spätere Geschichte Ilions, Neu-Ilium

Die Kraft beharrlichen Überlebens auf dem angestammten Boden ist eine der verblüffendsten Eigenschaften der Menschen, die während der ganzen Bronzezeit auf der trojanischen Akropolis weiterlebten.

Carl Blegen, *Troy and the Trojans*

Wir können die Geschichte von Troja nicht beschließen, ohne einen Blick auf die weiteren Geschehnisse zu werfen. Immerhin ist die Stadt der Mittelpunkt unserer Betrachtungen, und sie bestand, wie wir eingangs sagten, über viertausend Jahre. Die Zerstörung im 13. Jahrhundert v. Chr. durch die Griechen von Mykene war, wenn sie je stattgefunden hat, nur eine unter vielen, und wie zuvor kehrten auch diesmal die Bewohner in die Ruinen ihrer Stadt zurück und bauten sie wieder auf. Aber die Menschen dieser wiedererstandenen Stadt durchlebten gewalttätige und wechselvolle Zeiten, was wohl durch ihre armseligen Hütten und die versteckten Vorratskrüge belegt wird. Diese kurze Phase in der Geschichte der Stadt endete in schrecklichen Greueln: Sie wurde erstürmt und niedergebrannt, viele Bewohner wurden umgebracht, manche sogar tot in den Straßen liegengelassen. Aber nachdem die Mordbrenner abgezogen waren, waren noch einige Menschen am Leben, die ihre in Schutt und Asche gelegte Stadt wieder bewohnbar machten und auf den verkohlten Stümpfen und geschwärzten Trümmern ihre Hütten errichteten. Was wir Troja VII b_1 nennen, war noch immer die Heimat von Nachkommen der Gründer von Troja VI, die sich zuerst um 1900 v. Chr. auf Hisarlik niedergelassen hatten. Offenbar war die Befestigungsmauer noch weit genug erhalten, um Schutz zu bieten und Häuser an sie anzulehnen; das Südtor blieb weiterhin das Haupttor der Stadt. Noch immer wurde die Graue Minyische Töpferware hergestellt. Selbst Kontakte mit der mykenischen Welt sind vorhanden; es findet sich noch eine ganze Reihe von Exemplaren der Töpferware des 12. Jahrhunderts (S. Hell. III C). Aber die ägäische Welt hatte große Veränderungen durchgemacht. Nach einem halben Jahrhundert ließen sich Neuankömmlinge auf dem Hügel von Hisarlik nieder. Ihre Ankunft hinterließ keine Spuren neuer Gewalttätigkeit, vielleicht, weil die verarmten Bewohner von VII b_1 keinen Widerstand geleistet haben. Diese Neuankömmlinge sind an einer drastischen Stiländerung der Töpferware zu erkennen, denn sie waren Hersteller einer groben handgeformten Keramik, die aufgrund ihrer Verzierung mit Höckern oder Hörnern als Höckerware bezeichnet wird: »Eine seltsame Erscheinung an einem Ort, wo die Töpferscheibe viele Jahrhunderte lang wohlvertraut war«, meinte Carl Blegen. Sie sieht primitiv aus, und vielleicht dachten die älteren Bewohner Trojas ebenso: Die Höckerware ist charakteristisch für die Späte Bronzezeit in Ungarn und die Donaukultur, kam aber vermutlich über Thrakien und die Dardanellen in die Troas. Die Neuankömmlinge brachten auch Hammeräxte, Spitzhämmer, flache Kelte und Tüllenkelte mit, alles wohlbekannte ungarische Gerätschaften, die schon Schliemann bei seinen Grabungen gefunden hatte.

Dennoch scheinen die früheren Bewohner überlebt zu haben. Immer noch wurde lokale Graue Minyische Ware in gewissen Mengen hergestellt und verwendet, so daß also mindestens ein Teil der Bewohner in Troja VII b sein Leben fristete. War ein thrakischer Kriegsfürst mit seinen Gefolgsleuten und seinen Frauen hierher gezogen, um vor den Völkerbewegungen nördlich der Ägäis, den Unruhen aus der Zeit der Seevölker, sicher zu sein,

und hatte von dem festen Platz kampflos Besitz ergriffen? War er vielleicht sogar von den Trojanern aufgenommen worden, die keinen eigenen König mehr hatten?

Troja VII b_2 erhielt somit zwar den einen oder anderen Anstoß aus Mykene, lebte aber sonst »hinter dem Mond«. Gegen 1100 v. Chr. hörte schließlich jedes Leben auf. Brandspuren in mehreren Häusern deuten darauf hin, daß auch diese Siedlung durch Feuer zerstört wurde, wahrscheinlich geplündert und in Brand gesteckt. Das bedeutete das Ende des alten Troja und – soweit wir wissen – auch das Ende der Trojaner. Dennoch müßte es selbst diesmal Überlebende gegeben haben. Obwohl der Hügel von Hisarlik aufgegeben wurde, mag doch eine stattliche Schar von Trojanern auf dem Gipfel von Bunarbaschi Zuflucht gesucht haben, hoch über der Schlucht, durch die der Skamander von den Bergen hinab in die Ebene von Troja fließt. Es ist ein Ort, der weiter landeinwärts liegt, weiter weg vom Meer und den ewigen Piratenüberfällen, und leichter zu verteidigen. Hier konnten die Trojaner hoffen, daß die Schrecken des Übergangs von der Bronzezeit zu der nicht weniger schrecklichen Eisenzeit sie ungeschoren lassen würden. (Wie erinnerlich, waren die Höhen von Bunarbaschi die Stelle, wo Lechevalier glaubte, Troja gefunden zu haben.) Diese Leute, wer auch immer sie waren, nahmen das Rezept für die Herstellung der Grauen Minyischen Töpferware mit und verwendeten es bis zum Ende des achten Jahrhunderts, immerhin eine Zeitspanne von beinahe 300 Jahren. Dann wurde Bunarbaschi ebenfalls aufgegeben.

Und nun kommt die erstaunliche Wende, die zuerst von Carl Blegen bemerkt wurde: Am Ende des achten Jahrhunderts, als Bunarbaschi aufgegeben wurde, war Hisarlik plötzlich wieder bewohnt, und zwar von Leuten, die immer noch Minyisch Grau herstellen konnten! Waren einige Nachkommen der ursprünglichen Bewohner in ihre alte Heimat zurückgekehrt? Das ist ein faszinierender Gedanke, aber leider ist Blegens Material äußerst dürftig. Im wesentlichen war das neue Troja – Ilion – eine nach Westen orientierte griechische Kolonie, die über 1000 Jahre lang einen Teil der *oikoumene*, der gemeinsamen Welt klassischer griechischer Kultur und Zivilisation bilden sollte.

Die griechische Kolonie wurde vor 700 v. Chr. von Kolonisten aus dem äolischen Lesbos gegründet. Es wäre zeitlich gerade noch möglich, daß Homer selbst die neue Kolonie besuchte, doch wissen wir nicht, welche Rolle dies bei der Entstehung des Epos gespielt haben könnte. Kannten beispielsweise die Bewohner dieser Zeit noch Schilderungen des Trojanischen Krieges, die durch mündliche Überlieferung an sie gelangt sein müßten? Unmöglich ist es nicht. Etwa um dieselbe Zeit, also um 700 v. Chr., entstand der seltsame Brauch mit den lokrischen Jungfrauen in Troja (s. Seite 26), der bis zur christlichen Ära fortbestand. Den Altar und ein Gebiet, das ihr Heiligtum gewesen sein könnte, fand Blegen auf der Westseite der Stadt. Die neue Siedlung war nie besonders erfolgreich; sie blieb lediglich ein Marktflecken für den Verkauf der landwirtschaftlichen Erzeugnisse der Ebene. So groß war jedoch der Ruhm der Geschichte und so einhellig die

Überzeugung, daß dies der wahre Ort der Handlung sei, daß viele berühmte Persönlichkeiten hierher kamen, um ihm ihre Verehrung zu bezeugen. So kam es, daß dieses eher unscheinbare Nest am Ende des vierten Jahrhunderts eine neue, wenngleich kurze Blüte erlebte, die wir als den Beginn des hellenistischen Ilion ansehen dürfen. Nun wurde es von hochmögenden Gönnern ausgeschmückt. Das auffälligste Bauwerk war ein dorischer Tempel der Athene auf der alten Akropolis von Troja VI. Um diese Zeit errichtete ein General Alexanders des Großen, Lysimachos, eine prächtige Mauer um diese Stätte, die ein Areal von etwa 1100 × 700 Meter umschloß. In der Unterstadt gab es einige Gebäude, eine Agora, eine Basilika und ein Theater mit 6000 Sitzplätzen (obwohl die Einwohnerzahl der Stadt nie so groß gewesen sein kann). Doch ohne die große Bucht, die längst verlandet war, blieb die Stadt völlig im Abseits. Sie kam immer mehr herunter, bis sie »so verfallen (war), daß es nicht einmal Ziegel auf den Dächern gab« (ca. 190 v. Chr.). Nachdem die Stadt in den Kämpfen des mithridatischen Krieges 83 bis 82 v. Chr. stark in Mitleidenschaft gezogen worden war, dürfte sie eine Zeitlang weitgehend in Trümmern gelegen haben. Die Schilderung von Caesars Besuch 48 v. Chr. läßt dies deutlich erkennen. Von da an existierte der Ort als ein armseliges Landstädtchen mit ein paar Hundert Einwohnern weiter, verdrängt von der reichen Küstenstadt Alexandria Troas mit ihrer großen Basilika, den öffentlichen Bädern und etwa 40000 Einwohnern. Es kann nicht mehr viel verdorben worden sein, als 259 n. Chr. die Gothen Ilium plünderten. Gegen Ende des Römischen Reiches war es zweifellos ein Provinznest, ein Bauernkaff, mit dem kein auf seinen Ruf bedachter Rhetor oder Gouverneur etwas zu tun haben wollte. Inzwischen hatte es allerdings einen christlichen Bischof und eine kleine byzantinische Kirche, wahrscheinlich eines jener weißgetünchten Gebäude aus rotem Backstein, wie man sie heute in Griechenland überall sehen kann. Und doch lebten die alten heidnischen Geister weiter, wie Julian Apostata 354 n. Chr. feststellen konnte, als er mit dem Bischof einen Rundgang machte (s. Seite 34). Wann erlosch der letzte Rest selbst dieses bescheidenen »städtischen« Lebens auf Hisarlik? Offensichtlich war der Ort bereits in Julians Tagen stark verfallen (man sieht förmlich die Gänse in den Gassen, die Schweineställe zwischen zerbröckelnden Mauern und die vielen verlassenen Häuser). Schliemann meinte, daß der Ort im fünften Jahrhundert n. Chr. verlassen worden sei, wobei er sich auf Münzfunde stützte – nur: wann hörten Münzen auf zu zirkulieren? Dennoch war es ein lobenswerter Versuch einer Schätzung, denn spätere Funde stützten Schliemanns Auffassung oder deuteten sogar darauf hin, daß der Ort noch bis in das sechste Jahrhundert weiterbestand. Die allerletzten Bewohner des klassischen Ilion lebten vielleicht gerade noch lange genug auf dem Hügel, um Zeugen der Schluß-Apotheose des von Julian erneuerten hellenistischen Reiches zu sein. Vom Leben dieser wenigen Bewohner in der letzten Lebensphase Trojas wissen wir nichts. Das fünfte und sechste Jahrhundert war für die Troas eine Zeit der Blüte, vor allem für die Dörfer, da es einen gewissen »Zug aufs Land« gab. Dieser letzte Hauch von Wohlstand dürfte auch Ilion

erreicht haben, wenn wir nach den Funden von Münzen Theodosius' I. und II. gehen können; die Bewohner hatten noch immer Geld zum Ausgeben, und es gab Dinge zum Kaufen. Von Justinians Regentschaft an hören diese Funde auf. Nach der Ursache brauchen wir nicht lange zu suchen: Im Jahre 542 wurde das Römische Reich von einer schrecklichen Seuche heimgesucht, die in Anatolien ganze Dörfer und Städte hinwegraffte. Wir können zwar nicht beweisen, daß dazu auch Ilion gehörte, doch verstummen von da an auf Jahrhunderte alle Nachrichten.

Vom sechsten Jahrhundert an ist der Ort also ein weißer Fleck auf der Landkarte. Vermutlich war er zu einer verlassenen und von Vegetation überwucherten Ruine geworden – es sei denn, daß eine Art kleines Dorf an der Stelle weitervegetierte, das keine archäologisch erkennbaren Spuren hinterließ. Ein entsprechender Hinweis findet sich in einem Werk des byzantinischen Kaisers und Reichsverwesers Constantin Porphyrogenitus, der angibt, daß um 930 n. Chr., also zur Zeit des angelsächsischen Reiches in England, Ilium Sitz eines Bischofs war. Befand sich dieser Sitz wirklich auf Hisarlik? Wäre dies der Fall, so wäre es ein Kennzeichen dafür, daß die Kirche aus dem vierten Jahrhundert weiterbestand (oder einen Nachfolger hatte).

Blegen fand einen weiteren Hinweis, daß ein byzantinisches Bauwerk dort gestanden hatte, und zwar in einem großen Einschnitt innerhalb des Südtors. Dies ließ an ein kleines Dorf mit einer noch immer werktätigen Bewohnerschaft, einer Kirche und vielleicht irgendeiner Art Mauer denken. Aber es waren harte Zeiten. Byzanz lebte in einem ständigen Belagerungszustand, »in Erwartung der Barbaren«: Sarazenen von Süden, Slawen aus dem Norden und Westen, Türken von Osten. Arabische Angriffe bis weit in die Ägäis hatten seit dem siebenten Jahrhundert ernste Formen angenommen, und zu Beginn des zehnten Jahrhunderts war es ihnen gelungen, Lesbos zu verwüsten und Saloniki zu plündern. Um diese Zeit wurden in vielen Dörfern Anatoliens Kleinbauern angesiedelt, um örtlich Wehrfähige für die byzantinischen Streitkräfte ausheben zu können; vielleicht bekam auch das kleine Ilium diese Ereignisse zu spüren. Im weiteren Verlauf des zehnten Jahrhunderts veranlaßte der zunehmende Druck slawischer Durchbrüche an der Nordgrenze die Regierung in Konstantinopel (das griechische Festland war bereits überschwemmt), einen Teil der Bevölkerung Kleinasiens an die Grenzen gegen die Slawen zu verpflanzen, wozu sie die anatolischen Kleinbauern enteignete. Neues Unheil während der Besatzung der Troas durch die Türken im elften Jahrhundert führte zu weiteren Bevölkerungsverlusten, doch hatte der Verfall offensichtlich schon vor langer Zeit eingesetzt. Es kann daher nur eine kleine und verarmte Gemeinde gewesen sein – vielleicht eine geringe Anzahl von Familien mit ihrem Priester, die sich vom elften bis zum Ende des dreizehnten Jahrhunderts auf Hisarlik verteidigten. Dann erlosch das buntbewegte Leben, das hier seit dem vierten vorchristlichen Jahrtausend geherrscht hatte.

Der letzte Abschnitt in der Geschichte der Troas ist türkisch. Das Gebiet war bereits in den 70er Jahren des elften Jahrhunderts von den seldschuki-

schen Türken überrannt und ein Vierteljahrhundert lang besetzt worden, ehe die Byzantiner es zurückeroberten. Funde von Münzen und Tongeschirr zeigen, daß Ilium in kleinem Umfang auch während der nächsten 200 Jahre bewohnt war, vielleicht – wie schon immer – gestützt auf das fruchtbare Schwemmland der Ebene und die jahreszeitlichen Fischzüge, doch längst nicht mehr in der Lage, sich irgendwelchen Luxus zu leisten, wie die archäologischen Zeugnisse deutlich erkennen lassen. Im Jahre 1306 ergriffen die ottomanischen Türken von der Troas Besitz; seitdem ist sie bis auf den heutigen Tag türkisch geblieben. Die ersten detaillierten Berichte von der Troas-Ebene stammen aus Steuerlisten des 15. und 16. Jahrhunderts; sie scheint darin mit Dörfern dicht besät, die jedoch meistens nur ein halbes Dutzend Familien umfaßten. Ilium ist offenbar endgültig verlassen.

Was geschah mit all den Griechen, die bis zu der türkischen Eroberung in der Troas gelebt hatten? Die Geschichte des griechischen Bevölkerungselements muß erst noch näher untersucht werden – in den Listen fehlen sie in auffälliger Weise. Wahrscheinlich blieben sie bei ihren Kirchen, in deren Angelegenheiten sich die Türken (im Gegensatz zur römisch-katholischen Kirche) nicht einmischten. Griechen wurden im 16. und 17. Jahrhundert von westlichen Reisenden in der Troas häufig angetroffen, so von Belon und Lithgow in Alexandria Troas. Im 18. und 19. Jahrhundert gab es griechischsprechende Bewohner im Innern der troischen Ebene, meist einzelne Handwerker, umherziehende Händler oder Gastwirte. Nach dem Ende der griechischen Freiheitskriege setzte dann, wie Alexander Kinglake feststellte, ein mächtiger Zustrom von Griechen nach Kleinasien ein, und zu Schliemanns Zeit gab es eine Handvoll Grundbesitzer, Ölhändler und Hausbesitzer, die Griechen waren. Ein vornehmlich griechisches Dorf war damals Kallifatli, etwas über anderthalb Kilometer südwestlich von Ilium; das heutige Dorf dieses Namens liegt ein paar hundert Meter vom Standort des alten Kallifatli entfernt, in Richtung auf den Fluß Menderes. Das alte Dorf wurde nach dem Krieg von 1922 aufgegeben und das neue von Türken aus Bulgarien gegründet. 1574 war Kallifatli anscheinend ein winziger Ort mit nur sechs steuerpflichtigen männlichen Bewohnern. Gell berichtet, daß es zu seiner Zeit (1801) groß und wohlhabend gewesen sei, vielleicht durch Einwanderung. 1816 wurden dann etwa 200 Menschen ein Opfer der Pest, so daß alle Häuser bis auf etwa ein Dutzend verfielen. Zu Schliemanns Zeit hatte es sich ein wenig erholt, so daß er unter den 100 oder 200 Einwohnern einige Arbeiter anwerben konnte. Leider war die Folge, daß die Dorfbewohner viel Marmor aus Ilium wegschleppten und man heute auf ihrem alten Friedhof zahlreiche Reste von Marmorbildern oder Inschriften findet. In gewisser Weise ist Kallifatli das letzte lebendige Verbindungsglied mit Ilium, sofern es nicht irgendwo auf dem griechischen Festland eine Familie gibt, die nach 1922 von Kallifatli dorthin zurückkehrte. In Anbetracht der Zähigkeit, mit der die alten Trojaner am Leben hingen, wäre es ein bewegender Gedanke, daß vielleicht ein winziger Blutstropfen der alten Trojaner noch heute in jemandes Adern rinne. Aber das hieße wohl, die Vorstellung von einer »Kollektiverinnerung« zuweit zu treiben.

Selbstverständlich ist Hisarlik heute eine archäologische Grabungsstätte, womit wir wieder zu unserem Ausgangspunkt zurückgekehrt wären. Die meisten seiner Geheimnisse sind gelüftet, obwohl es noch einige unberührte Areale gibt. Der Rest des Plateaus von Neu-Ilium, der nie richtig erforscht worden ist, besteht heute aus schuttbedeckten Äckern. Dazwischen liegen einige Eichenhaine, in denen Eichhörnchen hausen – und vielleicht auch Geister?

Literaturhinweis

Heinrich Schliemann

Deuel, Leo: »Heinrich Schliemann. Eine Biographie «, Hanser, München, Wien 1979

Meyer, E. (Hrsg.): »Briefwechsel«, Gebr. Mann, Berlin 1953–58

Schliemann, Heinrich: »Abenteuer meines Lebens. Selbstzeugnisse«, Dausien, Hanau 1982

Schliemann, Heinrich: »H. Sch. Selbstbiographie«, Brockhaus, Wuppertal 1975

Schliemann, Heinrich: »Kein Troja ohne Homer«, Glock & Lutz, Heroldsberg 1979

Schuchhardt, Karl: »Schliemann's Ausgrabungen in Troja. Ithaka im Lichte der heutigen Wissenschaft«, Brockhaus, Leipzig 1890, XII

Wilhelm Dörpfeld

Dörpfeld, Wilhelm: »Troja und Ilion«, Athen 1902

Leaf, Walter: »Troy, a study in Homeric Geography«, Macmillan, New York 1912

Sir Arthur Evans

Brown, Ann C.: » Arthur Evans and the Palace of Minos«, Ashmolean Museum, Oxford (TB)

Evans, Sir Arthur: »A comparative account of the succesive stages of the early Cretan civilisation«, Macmillan, New York 1921–1936

Harden, D. B.: »Sir Arthur Evans 1851–1941«, Ashmolean Museum, Oxford (TB)

Palmer, L. R.: »A new guide to the Palace of Knossos«, Faber & Faber, London 1969

Mykene

Reden, Sybille von: »Auf der Spur der ersten Griechen. Woher kamen die Mykener?«,DuMont, Köln 1981

Mylonas, G. E.: »Mycenae's last Century of greatness«, Methuen, London 1968

Wace, A. J. B.: »Mycenae: an archaeological history and guide«, Princeton University Press, Guildford 1949

Troja

Blegen, C. W.: »Troy and the Trojans«, Thames and Hudson, London 1963

Blegen, C. W.: Jährliche Berichte in »American Journal of Archaeology«, 1928–38

Finley, Sir Moses: »Schliemann's Troy – one hundred years after«, British Academy, London 1975 (TB)

Finley, Sir Moses: »The World of Odysseus«, Penguin Books, London 1972 (TB)

Linear B

Chadwick, John: »The Mycenaean world«, Cambridge University Press, Cambridge 1976

Homer

Griffin, J.: »Homer«, Oxford University Press, Oxford 1980

Hainsworth, J. B.: »Homer«, Clarendon Press, Oxford 1969

Jensen, Minna S.: »The Homeric question and the oral-formulaic theory«, Museum Tusculanum Press, Kopenhagen 1980

Kirk, G. S.: »The songs of Homer«, Cambridge University Press, Cambridge 1962

Kirk, G. S.: »Homer and the epic«, Cambridge University Press, Cambridge 1965

Lempp, Karl F.: »Die Odyssee«, Langen/Müller, München 1984

Lessing, Erich: »Die Odyssee. Homers Epos in Bildern erzählt und mit einer Interpretation«, Herder, Freiburg 1978

Luce, J. V.: »Homer and the heroic age«, Thames and Hudson, London 1975

Simpson, R. H. und Lazenby, J. F.: »The catalogue of the ships in Homer's Iliad«, Clarendon Press, Oxford 1970

Wace, A. J. B. und Stubbings, F. H.: »A companion to Homer«, Macmillan, New York 1962

Hethiter und Griechen
Gurney, Oliver: »The Hittites«, Penguin Books, London 1981
MacQueen, J.: »The Hittites and their Contemporaries«, Thames & Hudson, London 1975

Griechen in Kleinasien, Seevölker
Kitchen, K. A.: »Pharao triumphant«, Aris and Phillips, Warminster 1982
Sandars, Nancy K.: »The sea peoples: warriors of the ancient Mediterranean, 1250–1150 BC«, Thames and Hudson, London 1978
Velikovsky, Immanuel: »Die Seevölker«, Umschau, Frankfurt am Main 1978

Reiseführer
Bean, George E.: »Kleinasien – Bd. 1. Die Ägäische Türkei von Pergamon bis Didyma«, Kohlhammer, Stuttgart 1983

Bildquellen

Karten von Line and Line.
Ashmolean Museum, Oxford: Seiten 111, 113, 114, 115, 117, 119, 120, 121, 122, 124, 127, 179, 184; BBC Hulton Picture Library: Seiten 54 und 67 links; Bibliothèque Nationale, Paris: Seiten 22, 23, 25; Trustees of the British Museum, London: Seite 271; Peter Connolly: Seiten 165, 219 unten, 208 beide Abbildungen; *Description of the Plane of Troy* von M. Chevalier (übers. v. Andrew Dalzell) 1791: Seite 44; Deutsches Archäologisches Institut, Athen: Seiten 12, 15, 69, 87, 94, 100 oben, 102, 104, 105, 272, 280; C.M. Dixon: Seiten 79 oben, 80 beide Abbildungen, 200 unten links und rechts; Foto Marburg: Seite 234; Gennadion Library, Athen: Seiten 65, 66, 100 unten; L. Gristwood: Seite 61; Hannibal S. A.: Seiten 77 oben, 78 alle Abbildungen, 79 unten, 201; Robert Harding Picture Library Ltd: Seiten 73, 194/195, 197 unten; Bill Lyons: Seiten 279, 281; Mansell Collection: Seiten 67 rechts, 144; Oriental Institute, University of Chicago: Seiten 256, 260; Pitt-Rivers Museum, Oxford: Seite 126; Spectrum Colour Library: Seiten 74 oben, 75, 76, 135 oben; Tzaferis S. H.: Seite 200 oben; University of Cincinnati: Seiten 10, 49, 129, 130, 132, 133, 135 unten, 144; *Views and Descriptions of Cyclopean or Pelasgic Remains in Greece and Italy* von Edward Dodwell 1834: Seiten 82, 83, 92; *Views in Greece* von Edward Dodwell 1821: Seite 74 unten; *A Vindication of Homer* von J. B. S. Morritt 1798: Seiten 24, 45; Michael Wood: Seiten 64, 90, 152, 160, 172, 173 alle Abbildungen, 177 beide Abbildungen, 170 beide Abbildungen, 182, 183, 186, 210, 212, 213, 218/219 oben, 221, 193, 196, 197 oben, 198/199, 202, 203, 204 beide Abbildungen, 205 beide Abbildungen, 205/207, 244, 247, 253, 254, 262 oben, 297.

Register

Kursive Ziffern weisen auf Abbildungen hin.